Philosophische Waagschalen

TEXTE UND STUDIEN
ZUR EUROPÄISCHEN GEISTESGESCHICHTE

HERAUSGEGEBEN VON
IÑIGO BOCKEN, JOHANN KREUZER, KLAUS REINHARDT (†) UND
HARALD SCHWAETZER

REIHE B
BAND 11

Christiane Maria Bacher

Philosophische Waagschalen

Experimentelle Mystik bei Nikolaus von Kues
mit Blick auf die Moderne

Aschendorff
Verlag

Gedruckt mit freundlicher Unterstützung durch die FONTE Stiftung
zur Förderung des geisteswissenschaftlichen Nachwuchses

F O N T E

Stiftung zur Förderung des
geisteswissenschaftlichen Nachwuchses

Printed in Germany

ISSN 2365-015X

ISBN 978-3-402-15995-8

„Die unermeßliche Vollkommenheit des höchsten Gottes wird uns offenbar, während wir den unersättlichen Wissensdrang des Geistes erwägen; denn wenn auch die Wissenschaften sich zu vergrößern pflegen, so ist eine Vollständigkeit nicht zu erzielen. Je weiter wir im Wissen vorschreiten, um so mehr bleibt – wie wunderbar – zu lernen übrig, und zuletzt geschieht, wie man zu sagen pflegt, daß sich die Zweifel mehren, je mehr man gelernt hat. Also ist der höchste Grad der Vollendung von keinem Menschen zu erreichen; vielmehr wendet sich die Neigung nach der, wenn auch unvollständigen, Erledigung eines Falles einer anderen Untersuchung zu, was sich sicherlich bei diesem berühmten Mann und sorgfältigen Untersucher der tiefsten Dinge zugetragen hat."

Regiomontanus über Nikolaus von Kues, zit. n. Richard Newald: Probleme und Gestalten des deutschen Humanismus (Kleinere Schriften zur Literatur- und Geistesgeschichte), Berlin 1963, 172.

Inhalt

2. Kapitel: Naturwissenschaft

3. Kapitel: ‚Aenigmatische Naturwissenschaft‘ als ‚experimentelle Mystik‘

4. Kapitel:
Philosophische Waagschalen in
der Moderne

Vorwort

Die vorliegende Arbeit wurde im April 2014 an der Universität Hildesheim als Dissertation angenommen. Die Arbeit, die für die Publikation nochmals überarbeitet wurde, ist das Ergebnis einer Beschäftigung mit Nikolaus von Kues, die bis in die Zeit meines Studiums zurückreicht. Angeregt durch die Kolloquiumssitzungen am *Institut für Cusanus-Forschung*, Trier, sowie durch die zahlreichen Seminare von und Gespräche mit Prof. Dr. Harald Schwaetzer, untersuchte ich in meiner Magisterarbeit im Jahr 2010 das Verhältnis von Mystik und Wissenschaft bei Nikolaus von Kues erstmals in Ansätzen. Während die ursprüngliche Überlegung dahin ging, direkt von diesen Ergebnissen aus weiter in die Moderne hinein und damit weg von Nikolaus von Kues zu denken, wurde nach und nach klar, dass der Fokus noch einmal ganz konkret auf einen modernen Aspekt in den cusanischen Werken selbst gerichtet werden musste. Die Teilnahme an Tagungen der *Kueser Akademie für Europäische Geistesgeschichte* und die Partizipation an ihren nationalen und internationalen Kontakten erweiterte meine Forschungsperspektiven und führte zu einer eingehenden Untersuchung der Anfänge der modernen Naturwissenschaft bei Nikolaus von Kues und mich zu dem Ergebnis, dass das Thema der experimentellen Naturwissenschaft eine tragende Rolle im philosophisch-theologischen Denken des Cusanus spielt. Daraus entstand die These einer experimentellen Mystik des Cusanus, welche schließlich einen ausblickhaften Bogen bis in das moderne, von der experimentellen Naturwissenschaft (positiv wie negativ) geprägte existenzphilosophische Denken forderte.

Danken möchte ich der *Satoshi-Oide-Stiftung zur Förderung des Institutes für Cusanus-Forschung*, die durch ein Stipendium das Projekt überhaupt möglich machte sowie der *FONTE Stiftung zur Förderung des geisteswissenschaftlichen Nachwuchses*, die einen großzügigen Druckkostenzuschuss gewährte. Zudem danke ich den Herausgebern der Reihe sowie dem *Aschendorff Verlag* unter der Leitung von Herrn Dr. Dirk Paßmann. Herrn Prof. Dr. Tilman Borsche von *Institut für Philosophie* der *Universität Hildesheim* möchte ich für die Übernahme meines Projektes sowie dessen mühevolle Begutachtung danken.

Für die umfassende Betreuung, die motivierenden und erhellenden Diskussionen sowie die Begutachtung der Arbeit danke ich ganz besonders Herrn Prof. Dr. Harald Schwaetzer. Leider wurde die Arbeit für die Begutachtung von Prof. Dr. Reinhardt zu spät fertig. Die schönen Teestunden und Gespräche mit ihm behalte ich in dankbarer Erinnerung. Bestärkt und beraten in meinen Überlegungen zu Heinrich Barth sowie im Feld der Wissenschaftsphilosophie wurde ich v. a. durch PD Dr. Kirstin Zeyer; ihr danke ich zudem für den kostbaren Rat bzgl. des Satzes und der Redaktion des Textes. Dafür danke ich auch Dr. Matthias Vollet, vor allem aber für das stets offene Ohr, das er während der Höhen und Tiefen des Projekts für mich hatte. Alice Koller M.A. danke ich für die sorgfältige Korrektur des Textes. Für die unermüdliche Unterstützung danke ich meiner Schwester Nicole Hörnemann und meinen Eltern Christian und Barbara Bacher. Ich danke außerdem allen Kollegen und Freunden, die mich auf unterschiedlichste Weise während des Projekts unterstützt haben und die hier leider nicht alle aufgezählt werden können.

Widmen möchte ich dieses Buch Jan Kormann, dem mein Dank gilt nicht nur für die sorgfältige Korrektur und Redaktion des Textes, sondern auch für die unendliche Geduld sowie die immer offenen Ohren und Arme.

Christiane Maria Bacher, Juni 2015

Einleitung

Es geschah auf der Überfahrt von Konstantinopel nach Italien, zwischen November 1437 und Februar 1438, dass Nikolaus von Kues, wie er selbst schreibt, ein Geschenk des Himmels erhielt. Auf dem Rückweg der Delegationsreise, auf der das geplante Unionskonzil mit der Ostkirche vorbereitet werden sollte, vermochte er, wie er berichtet, „das Unbegreifliche in nicht begreifender Weise" zu erfassen. Damit erreichte er, was er zuvor intensiv in „verschiedenen Lehrmeinungen" gesucht, jedoch nicht gefunden hatte.[1] Diese Erfahrung veranlasste Cusanus dazu, hatte er bisher vor allem kirchenpolitische Schriften verfasst, sein erstes philosophisch-theologisches Werk *De docta ignorantia* niederzuschreiben und damit eben jenes Erlebnis einer ‚belehrten Unwissenheit', in welche er auf dem Meer Einsicht erlangte, in einem Traktat philosophisch zu behandeln. Was es mit dem Erlebnis der *docta ignorantia* auf sich hat und wie die danach entstandenen Schriften des Cusanus einzuordnen sind, bleibt umstritten. Immer wieder stufen Interpreten die Erfahrung als ein mystisch zu wertendes Erlebnis und viele der resultierenden philosophisch-theologischen Schriften als mystische Werke ein. Edmond Vansteenberghe spielt auf den Intellekt bei Cusanus als Domäne der Mystik an, wo nicht mit dem Verstand gedacht, sondern in einer Schau gesehen werde.[2] Ernst Cassirer bezeichnet Nikolaus als Mystiker und Theologen.[3] Birgit Helander ist der Meinung, dass „keinerlei Zweifel" an einer „unmittelbaren mystischen Erfahrung"[4] des Cusanus bestehe und „nicht zuletzt eine Form von Mystik in [seiner] *visio intellectualis* einbegriffen" sei.[5] György Geréby schätzt den thematischen Wandel seit *De docta ignorantia* als Abwendung des Cusanus von einem politisch-interessierten Leben hin zu einem der persönlichen Aufgabe eines Seelenaufstiegs zur höchsten *visio* verschriebenen Leben ein[6]

---

1 Vgl. De docta ign. III, Epistula auctoris, n. 263: „Accipe nunc, pater metuende, quae iam dudum attingere variis doctrinarum viis concupivi, sed prius non potui, quousque in mari me ex Graecia redeunte, credo superno dono a patre luminum a quo omne datum optimum, ad hoc ductus sum, ut incomprehensibilia incomprehensibiliter amplecterer in docta ignorantia, per transcensum veritatum incorruptibilium humaniter scibilium."

2 Edmond Vansteenberghe: Le Cardinal Nicolas de Cues (1401–1464). L'action – la penseé, Paris 1920 (ND Frankfurt 1963), 284: „[...] c'est le domain de la mystique, où l'on ne raisonne pas, mais où l'on voit"; vgl. auch etwa Margot Schmidt: Nikolaus von Kues im Gespräch mit den Tegernseer Mönchen über Wesen und Sinn der Mystik, in: MFCG 18 (1989), 25–49.

3 Vgl. Ernst Cassirer: Individuum und Kosmos, Darmstadt 1932, 37f.

4 Birgit Helander: Die *visio intellectualis* als Erkenntnisweg und -ziel des Nicolaus Cusanus (Acta Universitatis Upsaliensis, Studia Doctrinae Christianae Upsaliensia 29), Uppsala 1988, IV.

5 Helander: Die *visio intellectualis*, 1.

6 György Geréby: Diversitas in concordantia. Bemerkungen über die gesellschaftstheoretischen Folgerungen aus der cusanischen Anthropologie, in: Sozialgeschichtliche

und Fritz Krafft bezeichnet die *docta ignorantia* als „neuplatonische Mystik und Theosophie".[7] H. Lawrence Bond spricht sogar von einem „mystical corpus" des Cusanus, zu welchem er *De docta ignorantia, De Deo abscondito, De quaerendo Deo, De filiatione Dei, De dato patris luminum, Apologia de doctae ignorantiae, De non aliud, De apice theoriae* und Passagen des *Trialogus de possest* zählt.[8] Bernard McGinn widmet Cusanus in seinem großangelegten Werk über die Mystik im Abendland ein umfangreiches Kapitel.[9]

Von anderen Interpreten jedoch wird eine solche mystische Deutung des Erlebnisses auf dem Meer und der daraus erwachsenen cusanischen Philosophie als Fehldeutung der cusanischen Lehre eingestuft. Vor dem Hintergrund der cusanischen Aussage, er selbst habe niemals ein mystisches Erlebnis erfahren, erklärt Kurt Flasch, man missverstehe die cusanische Lehre, wenn man glaube, „in ihr sei von ‚mystischen Erlebnissen' die Rede".[10] Es handele sich eher um eine rein „argumentierende Anleitung"[11] zur Bewusstwerdung, um eine „einfache Einsicht in die Voraussetzungen, die jedes logische Vorgehen macht".[12] Die *visio intellectualis* als Höhepunkt der mystischen Theologie, die für Cusanus ein Berühren der Unendlichkeit bedeutet, setzt Flasch mit Einsicht oder Vernunft gleich: Cusanus' „[…] ‚Sehen' (*visio*) ist also nicht im Sinne einer unmittelbaren Schau oder einer Intuition zu deuten […]";[13] vielmehr, so Flasch, „[…] sollen wir sehen lernen, was unseren gewöhnlichen Sätzen und unseren wissenschaftlichen Bedeutungen zugrunde liegt […]".[14] Es lassen sich Interpretationen finden, so etwa bei Alfred Gierer, nach denen Nikolaus von Kues von den Gesprächen mit seinen höchst gelehrten Begleitern auf der mehrwöchigen Seereise so beeindruckt war, dass er erlangte Erkenntnisse und Einsichten als Geschenk Gottes ansah, oder dass das intensive Naturerlebnis des bewegten Meeres sowie des Sternenhimmels auf offener See ihn beeinflusst haben könnten.[15] Während Karl Jaspers Cusanus zwar die freiheitliche

Fragestellungen in der Renaissanceforschung, hg. v. A. Buck/T. Klaniczay, Wiesbaden 1992, 157–171, hier 165.

7   Fritz Krafft: Das kosmologische Weltbild des Nikolaus von Kues zwischen Antike und Moderne, in: MFCG 28 (2001), 249–289, hier 274.

8   Vgl. H. Lawrence Bond: Mystical Theology, in: Introducing Nicholas of Cusa. A Guide to a Renaissance Man, hg. v. Christopher M. Bellitto/Thomas M. Izbicki/ Gerald Christianson, New York/Mahwah, N.J. 2004, 205–231, hier 209, Anm. 21.

9   Bernard McGinn: Die Mystik im Abendland 4: Fülle. Die Mystik im mittelalterlichen Deutschland (1300–1500), übers. v. Bernardin Schellenberger, Freiburg [u. a.] 2008.

10   Kurt Flasch: Die Metaphysik des Einen bei Nikolaus von Kues. Problemgeschichtliche Stellung und systematische Bedeutung, Leiden 1973, 201.

11   Kurt Flasch: Nikolaus von Kues. Geschichte einer Entwicklung. Vorlesungen zur Einführung in seine Philosophie, Frankfurt a. M. 1998, 61.

12   Kurt Flasch: Nicolaus Cusanus (Bek'sche Reihe Denker), München 2005, 25.

13   Von einer ‚Intuition' spricht Thomas Leinkauf: Nicolaus Cusanus. Eine Einführung (Buchreihe der Cusanus-Gesellschaft XV), Münster 2006, 41.

14   Flasch: Nicolaus Cusanus, 25; vgl. Flasch: Nikolaus von Kues, 433.

15   Auf dem Schiff befand sich unter anderen Basilius Bessarion, ein griechischer

Einsicht, „die eben alle Schranken und Engen durchbrochen hatte und
vor das Unendliche führte" zugesteht, revidiert er dies gleichzeitig wieder,
wenn er erklärt, Cusanus gewinne zwar die „volle Befreiung für die [gött-
liche] Transzendenz für Augenblicke", würde jedoch „wieder eingefangen
in bestimmte dogmatische Vorstellungen",[16] und damit in greifbare, verstehbare Glaubensinhalte.[17]

Bleibt die Frage nach dem Zusammenhang der intensiven Erlebnisse
und einer Mystik des Cusanus auch offen, so ließen die Naturerlebnisse
Cusanus im Hinblick auf ein gänzlich gegensätzliches Thema gewiss nicht
unberührt: Nicht zuletzt auf Grund seiner zahlreichen Reisen durch ganz
Deutschland und seines Studiums in Padua beschäftigte sich Cusanus
mit Mathematik, Astrologie, Geographie sowie mit der aufkommenden
Naturerforschung, welche im 15. Jahrhundert immer größere Bedeutung
erlangte. Neben seinen insgesamt zwölf Schriften über das Problem der
Kreisquadratur stellte er Kalenderberechnungen an, welche in dem Werk
Reparatio kalendarii von 1436 dokumentiert sind,[18] und entwickelt im
zweiten Buch von *De docta ignorantia* eine metaphysische Kosmologie. In
den 1450 entstandenen Laien-Dialogen beschäftigt sich Cusanus in *Idiota
de mente* nicht nur mit erkenntnistheoretischen Themen, sondern verfasst
mit dem letzten Dialog *Idiota de staticis experimentis* eine explizit naturwissenschaftliche Schrift. Nicht zuletzt auf Grund dieses Werkes, in welchem es um naturwissenschaftliche Versuche mit einer Waage geht, wird
Nikolaus von Kues in der Forschung nicht selten als ‚Wegbereiter der Naturwissenschaften' bezeichnet.[19] Das naturwissenschaftliche Experiment

Gelehrter und Platon-Experte dieser Zeit, vgl. Alfred Gierer: Cusanus – Philosophie
im Vorfeld moderner Naturwissenschaft, Würzburg 2002, 25. Marjorie O'Rourke
vertritt unterdessen in ihrem Aufsatz *Cusanus at Sea. The topicality of illuminative
Discourse*, in: Journal of Religion 71 (1991), 180–191 die These, dass der Umstand,
dass Cusanus seine Erleuchtung auf dem Meer erfahren habe, lediglich ein rheto-
rischer Topos sei: „As epideictic rhetoric the epistle is not historical report […] As
epideictic in genre, it is not a brute fact that Cusanus experienced the illumination ‚at
sea returning from Greece' with reference to an actual voyage on the Mediterranean
or the Adriatic" (182).

16   Karl Jaspers: Nikolaus Cusanus (Serie Piper), München 1987, 68.
17   Jaspers: Nikolaus Cusanus, 68f.
18   Vgl. dazu Tom Müller: „ut reiecto paschali errore veritati insistamus". Nikolaus von
     Kues und seine Konzilsschrift De reparatione kalendarii (Buchreihe der Cusanus
     Gesellschaft XVII), Münster 2010.
19   Vgl. bspw. Fritz Nagel: Nicolaus Cusanus und die Entstehung der exakten Wissen-
     schaften (Buchreihe der Cusanus-Gesellschaft IX), Münster 1984; ders.: Scientia
     experimentalis. Zur Cusanus-Rezeption in England, in: MFCG 29 (2005), 95–
     109; Heinrich Rombach: Substanz, System, Struktur. Die Ontologie des Funktio-
     nalismus und der philosophische Hintergrund der modernen Wissenschaft, Bd.
     1, München 1965; Stefan Schneider: Cusanus als Wegbereiter der neuzeitlichen
     Naturwissenschaft?, in: MFCG 20 (1992), 182–220; Harald Schwaetzer/Klaus
     Reinhardt (Hg.): Vordenker moderner Naturwissenschaft? (Philosophie Interdiszi-
     plinär 7), Regensburg 2003.

nämlich erlangte im 15. Jahrhundert immer größere Bedeutung und trug
zur Entwicklung der modernen Wissenschaft wesentlich bei.

Die Bereiche Mystik und experimentelle Naturwissenschaft scheinen
weit voneinander entfernt. Zwar ist die Mystik des Nikolaus von Kues
nicht im Sinne von visionärer Entrückung und affektiver *unio mystica*-
Erfahrung als Einswerdung mit Gott zu verstehen; der aktiv-erkennende
menschliche Geist spielt eine bedeutende Rolle. Gleichwohl kann vor allem das in Gebetsform gehaltene Werk des Cusanus *De visione Dei* auf
Grund seines mystischen Duktus als Anleitung zu einem zurückgezogenen
Leben, in dem sowohl über intellekthafte Selbsterkenntnis als auch affektive Hingabe eine Annäherung an Gott geschieht, missverstanden werden.[20]
Es wird im Allgemeinen als Nikolaus' „Hauptwerk über die Mystik"[21]
bzw. als sein einziges ‚mystisches' Werk angesehen[22] und somit oft nicht
in direkten Zusammenhang mit seinen erkenntnistheoretischen, vor allem
aber nicht mit seinen naturwissenschaftlichen Werken gebracht. Dieses
Problem wurde zwar im Hinblick auf die Erkenntnistheorie in der Ver-
gangenheit in der Forschung behandelt,[23] und Harald Schwaetzer nimmt
mit seinen Aufsätzen zur aenigmatischen Naturwissenschaft und dem in
Vorbereitung befindlichen Beitrag *From Heaven to Earth – Nicholas of Cusa
as Scientist*[24] zusammen mit Marco Böhlandt die Problematik der Naturwissenschaft erstmals umfassender in den Blick – er untersucht darin nicht
zuletzt auch in Ansätzen die Rolle des Experimentes für die Entwicklung
der cusanischen Geistphilosophie und damit auch die mystische Theologie
in Bezug zu den exakten Naturwissenschaften. Dennoch ist der Zusammenhang zwischen der *mystica theologia* des Cusanus und seinem naturwissenschaftlichen Denken, welches sich v. a. in *De staticis experimentis*
niederschlägt, noch unzureichend erforscht. Angesichts dessen soll hier
Folgendes erörtert werden:

Erstens (Teil 1: Mystik) wird untersucht, wie die *mystica theologia* des
Cusanus mit seiner Epistemologie als Frage nach der Erkenntnisfähigkeit

---

[20]   So auch Bernard McGinn: Würde und Gottebenbildlichkeit des Menschen bei
       Nikolaus von Kues, Marsilio Ficino und Giovanni della Mirandola (Trierer Cusanus
       Lecture 16), Trier 2010, 11.

[21]   McGinn: Die Mystik im Abendland, 7.

[22]   Vgl. Karl Bormann: Nikolaus von Kues. De visione Dei, in: Großes Werkelexikon
       der Philosophie II, hg. v. Franco Volpi, Stuttgart 2004.

[23]   So etwa bei Helander: Die *visio intellectualis*; Johannes Hoff: Kontingenz, Berüh-
       rung, Überschreitung. Zur philosophischen Propädeutik christlicher Mystik nach
       Nikolaus von Kues, München 2007; Tilman Borsche: Was etwas ist. Fragen nach
       der Wahrheit der Bedeutung bei Platon, Augustin, Nikolaus von Kues und Nietzsche,
       München 1992.

[24]   Manuskript; erscheint zusammen mit Marco Böhlandt in: A Companion to Ni-
       cholas of Cusa (1401–1464), hg. v. Arne Moritz, Leiden (vorauss. 2015). Der
       Aufsatz wurde freundlicherweise von Prof. Dr. Harald Schwaetzer zur Verfügung
       gestellt.

des Geistes (*De mente*) zusammenhängt, und inwiefern sie sich gegenseitig bedingen. Die mystische Theologie des Cusanus fungiert als einsehbare Erkenntnistheorie: Als eine an Denkern wie Meister Eckhart angelehnte Intellektmystik kann sie für alle nach Weisheit Strebenden denkend über Sinnbilder (*aenigmata*), zugänglich sein.

Zweitens (Teil 2: Naturwissenschaft, Teil 3: ,Aenigmatische Naturwissenschaft als experimentelle Mystik') wird erörtert, inwiefern gerade die naturwissenschaftliche Erkenntnis und das für die Entwicklung der modernen Naturwissenschaften so bedeutende *experimentum* nach Cusanus als *aenigma* gleichermaßen eine Rolle in der Annäherung an Gott spielt. Die Naturwissenschaft nimmt in Cusanus' Werk einen besonderen Stellenwert ein, insofern sie als ,aenigmatische Naturwissenschaft', aber besonders im Hinblick auf das für sie paradigmatische Experiment als ,aenigmatisches Experiment' ein zentrales Thema in mindestens zwei seiner Werke (*De staticis experimentis* und *De visione Dei*) darstellt. Cusanus, der in seinem Werk *De staticis experimentis* als einer der Ersten ein Bewusstsein für den modernen Experimentiergedanken beweist, findet im Experiment als Paradigma der exakten, aber immer approximativen Naturerkenntnis (angesichts der Unendlichkeit der Welt), den Umschlagpunkt zu einer approximativen Erkenntnis des unendlichen Gottes. Das Experiment spielt insofern eine Rolle, als, wie zu zeigen sein wird, die mystische Theologie des Cusanus als geistig-aenigmatische Erkenntnis selbst einen Vollzug mit naturwissenschaftlich-experimentellem Charakter darstellt: Der Geist, so kann festgestellt werden, vollzieht eine experimentelle Bewegung am *aenigma*, welche die Kriterien des modernen Experiments erfüllt. Dies macht das Experiment zu einem besonderen *aenigma*, da es Verkörperung dieses geistig-aenigmatischen Vollzuges ist.

Die Hauptthese der Arbeit lautet somit:

1. In Cusanus' Denken ist nicht nur eine Balance[25] zwischen experimentell-naturwissenschaftlicher Welterkenntnis (*experientia/experimentum*) und mystischer Gotteserkenntnis (*cognitio Dei experimentalis*) gegeben, sondern beide Erkenntnisformen stehen als ,experimentelle Mystik' in Wechselverhältnis bzw. koinzidieren schließlich miteinander.[26]

Es lassen sich insgesamt vier Ebenen von *aenigmata* mit je unterschiedlichen Funktionen im cusanischen Werk ausmachen. Neben den im Folgenden

---

25 Vgl. Böhlandt/Schwaetzer: From Heaven to Earth.
26 Der Begriff einer ,experimentellen Reflexionsmystik' findet sich mit anderer Bedeutung bei Hans Gerhard Senger: Mystik als Theorie bei Nikolaus von Kues, in: Gnosis und Mystik in der Geschichte der Philosophie, hg. v. Peter Koslowski, München 1988, 118.

als ‚hinweisende *aenigmata*‘ bezeichneten Sinnbildern, welche als ‚Zeiger‘ auf eine Idee fungieren, wie etwa das Sinnbild der Kreisquadratur als Zeiger auf die Idee der Koinzidenz zwischen Linie und Vieleck und somit hinweisend auf die unendliche Koinzidenz in Gott, wird die zweite Ebene der hier als ‚reflektierende *aenigmata*‘ benannten Sinnbilder durch die *aenigmata* des Berylls und des Spiegels charakterisiert. In diesen kann der Vollzug des Geistes vom eigentlich Vollziehenden reflektierend, gleichsam ‚von außen‘ betrachtet werden. Weitere Ebenen bildet einerseits das Experiment als Verkörperung des experimentell-aenigmatischen Vollzuges im Geist. Es kann, zusammen mit dem Globusspiel, welches die gleiche Funktion erfüllt, als ‚performatives *aenigma*‘ bezeichnet werden. Das *non aliud* andererseits kann als den geistigen Vollzug am reinsten darstellend als ‚inhaltslos-prozessuales *aenigma*‘ bezeichnet werden. Die beiden letzteren Ebenen werden in Teil 3 ausführlich erörtert.

Als zweite These kann formuliert werden:

> 2. Insgesamt können vier unterschiedliche Ebenen von *aenigmata* im cusanischen Werk ausgemacht werden, welchen eine je andere Funktion zukommt. Durch diese vier Ebenen von *aenigmata* ist ein Kriterium zur Beurteilung der Bedeutungen der *aenigmata* im cusanischen Werk geschaffen.

Eine dritte These kann aus Teil 4 (Philosophische Waagschalen in der Moderne) entwickelt werden, in welchem ein Blick auf die Moderne geworfen wird. Tatsächlich lässt sich in den philosophischen Ansätzen zweier Opponenten der sich zu Beginn des 20. Jahrhunderts etablierenden Wissenschaftsphilosophie ein ähnliches Verhältnis zwischen Welt- und Gotteserkenntnis wie es bei Cusanus als am Anfang der Entwicklung der modernen Naturwissenschaften stehend noch vorliegt, immer noch finden. Trotz der verstärkten Ausrichtung auf den Primat der naturwissenschaftlichen Erkenntnis in den wissenschaftlichen und philosophischen Entwicklungen des 19. und 20. Jahrhunderts, findet die Waage bei den wohl wichtigsten Vertretern der deutschen Existenzphilosophie, Heinrich Barth (1890–1965) und Karl Jaspers (1883–1969) wieder ihr Gleichgewicht. Die kritische Gegenbewegung, aber nicht vollständige Ablehnung der naturwissenschaftlichen Entwicklungen führen zurück zu einem Ausgleich, der sich noch bei Nikolaus gerade durch den Aufbruch in die moderne Naturwissenschaft einstellte.

Eine dritte These der Arbeit lautet demnach:

> 3. Die bei Nikolaus von Kues entwickelte Wechselbeziehung zwischen mystischer Theologie (Gotteserkenntnis) und experimenteller Naturwissenschaft (Welterkenntnis) kann als Kerngedanke einer

technik- sowie wissenschaftsphilosophiekritischen Haltung zu Beginn des 20. Jahrhundert wiedergefunden werden. Eine solche Wechselwirkung, wie sie im 15. Jahrhundert zu Beginn der Entstehung der exakten experimentellen Naturwissenschaften auf Grund der Nähe des Denkens zur spekulativen Metaphysik und mystischen Theologie und der Abwesenheit des Primats der naturwissenschaftlichen Erkenntnisweise noch möglich war, wird bei Denkern der deutschen Existenzphilosophie auf andere, aber ähnliche Weise wieder ermöglicht.

Diese Auseinandersetzung mit den Zusammenhängen einer cusanischen Denkweise mit einem Ansatz aus dem 20. Jahrhundert erfährt weit weniger Gewichtung als die ersten beiden Thesen zum Denken des Nikolaus von Kues und kann als Anregung zu weiterer Diskussion dienen. Sicherlich ist die Beschäftigung mit dem Verhältnis zwischen Naturwissenschaft und Weisheitserkenntnis im Spätmittelalter als Zeitalter der sich etablierenden Naturwissenschaften und im 20. Jahrhundert als Zeitalter der Verwissenschaftlichung aller Lebensbereiche ein Desiderat, auf welche im Rahmen dieser Arbeit nur ein erster Blick geworfen werden kann. Thesen 1 und 2 sind folglich die Hauptthesen der Arbeit, welche sich aus den Überlegungen zu den Hauptfragen der Arbeit nach Mystik, Erkenntnistheorie, experimenteller Naturwissenschaft sowie der Rolle der *aenigmata* bei Cusanus ableiten.

In den jeweiligen Kapiteln der vier Hauptteile zur Mystik, Naturwissenschaft, ‚experimentellen Mystik‘ und Moderne wird im Einzelnen wie folgt vorgegangen: Zunächst wird einleitend in den Begriff der mystischen Theologie des 15. Jahrhundert eingeführt, um den Rahmen für die mystische Theologie des Nikolaus von Kues abzustecken. Am Beispiel der Schrift *De visione Dei* wird diese dargelegt. Die Rolle des Intellekts, welchem in der cusanischen *mystica theologia* eindeutig Vorrangstellung gegenüber dem Affekt zukommt, wird untersucht. Nur über die Intellekthaftigkeit des menschlichen Geistes ist es dem Menschen möglich, sich selbst nahe zu kommen und sich somit über ein unendliches Streben nach Erkenntnis, welches allerdings nicht an rationalen Verstandesbegriffen ‚hängen bleibt‘, sondern sich immer wieder darüber hinaus zu erheben versucht, dem überbegrifflichen unendlichen Gott zu nähern. Die beiden Prinzipien der belehrten Unwissenheit (*docta ignorantia*) und des Zusammenfalls der Gegensätze (*coincidentia oppositorum*) sowie Gott als das Unendliche werden in der Diskussion über die Intellektmystik eingeführt. Anschließend wird in einem kurzen Kapitel auf die Rolle der Liebe in der mystischen Theologie des Cusanus eingegangen. Das Werk *De visione Dei* endet mit der Behandlung der Gottesliebe, welche in der Interpretation der mystischen Theologie nicht fehlen darf, da das affektive Moment durchaus eine Rolle in der cusanischen *mystica theologia* spielt. Im Rahmen dieser Arbeit kann die Liebe jedoch bloß am Rande beleuchtet werden, der Fokus der Untersuchung muss auf die Intellektmystik gerichtet werden.

Wie in *De visione Dei* deutlich wird, kommt es Cusanus bei seiner mystischen Theologie auf die kognitiven Fähigkeiten des menschlichen Geistes an. Gotteserkenntnis bedeutet nach Cusanus nicht Weltflucht und kontemplativen Rückzug von allem Geschehen; der menschliche Geist soll sich vielmehr aktiv in der Welt (aus)bilden. An *De mente* (unter Berücksichtigung von *De coniecturis* als systematische Abhandlung über die Kraft des menschlichen Geistes) wird die Geist- und Erkenntnislehre des Cusanus untersucht und die *visio intellectualis* mit der Schau Gottes (*visio Dei*), erreicht durch höchste Intellekttätigkeit, gleichgestellt. Wissenschaftliche Erkenntnis und mystische Intellektschau fallen demnach in eins, was am *aenigma* der Ikone, welche im Zentrum der Schrift *De visione Dei* steht, deutlich gemacht wird. Ausgehend von der Ikone, welche als eines der wichtigsten und bekanntesten Sinnbilder des Cusanus gilt, wird die Bedeutung der *aenigmata* im cusanischen Werk erläutert. Dabei wird auf die ersten beiden von in dieser Arbeit insgesamt vier herausgearbeiteten Ebenen der *aenigmata* im cusanischen Werk, welche sukzessive eingeführt werden, eingegangen: Die Ebene des ‚hinweisenden *aenigma*‘ sowie die Ebene des ‚reflektierenden *aenigma*‘.

Nach diesem ersten Teil (Mystik), der die aktive Intellektmystik des Nikolaus von Kues in Blick nimmt und in die Bedeutung der Sinnbilder im cusanischen Werk einführt, wird einleitend zum zweiten Teil (Naturwissenschaft) der Stand der Naturwissenschaften zur Zeit des Cusanus diskutiert. Die Beleuchtung dieses Feldes ist von großer Wichtigkeit für das Verständnis der nächsten Punkte, in welchen die Frage behandelt wird, inwiefern Nikolaus von Kues – u. a. in Anbetracht seiner Kosmologie, in der er den Unendlichkeitsbegriff zur Basis der Erkenntnistheorie macht – selbst als Naturwissenschaftler gelten kann. Dinge in der Welt können niemals präzise erkannt werden; trotzdem, und das wird am Werk *De staticis experimentis* deutlich, betont Cusanus die Wichtigkeit der geistigen Bildung auch im Bereich der Naturerkenntnis und vor allem der experimentellen Naturerforschung, in welcher ihm zufolge die Chance liegt, Gott näher zu kommen. Es kommt nicht auf präzise Erfassung der Wesenheit der Dinge, sondern vielmehr auf die unendliche Bewegung des Geistes an, wodurch Unendlichkeit berührt ist.

Gerade das naturwissenschaftliche Experiment spielt hierbei eine Rolle. Als Paradigma der höchsten Erkenntnis der Natur steht es im Mittelpunkt des Werkes *De staticis experimentis*. Das Werk wird im Hinblick auf seine Bedeutung für die Grundlegung der exakten Experimentalwissenschaften beleuchtet: Cusanus' Werk über die Versuche mit der Waage ist eines der Ersten, in welchem sich die doppelte Bedeutung des Wortes *experimentum*

– *experientia* als unreflektierte Erfahrung einerseits – und *experimentum* – im Sinne des modernen Experimentes andererseits – findet. Auch im Hinblick auf die aenigmatische Bedeutung spielt die experimentelle Naturwissenschaft, welche paradigmatisch für die menschliche Erkenntnis steht, eine wichtige Rolle (Teil 3: ‚Aenigmatische Naturwissenschaft' als ‚experimentelle Mystik'). An der Schrift *De staticis experimentis* wird, sofern sie in Zusammenhang mit *De sapientia* und *De mente* gelesen wird, erkennbar, wie für Cusanus nicht nur geistige intellekthafte Erkenntnisfähigkeit einen Weg zu Gott eröffnen kann, wie in Teil 1 diskutiert, sondern gerade die experimentelle Naturwissenschaft (als ‚aenigmatische Naturwissenschaft') dies ermöglicht, obwohl sie, blickt man auf die in der Neuzeit beginnende Entwicklung der modernen Wissenschaften, geradezu als Gegensatz zu einem mystischen Ansatz gewertet werden könnte.

Unterstützt wird diese Interpretation des Experimentes im cusanischen Werk durch die Tatsache, dass das naturwissenschaftliche Experiment nicht nur in Cusanus' ausgewiesenem naturwissenschaftlichen Werk zu finden ist: Anlehnend an die dritte, traditionelle Bedeutung von *experimentum* als mystische Erfahrung (*cognitio Dei experimentalis*), welche zusätzlich zu den beiden oben erläuterten Bedeutungen von *experimentum* als einerseits *experientia* und andererseits modernes Experiment eingeführt wird, spielt das Experiment tatsächlich auch in Nikolaus' mystischen Werken im Hinblick auf die aenigmatische Erkenntnis eine bedeutende Rolle in zweierlei Hinsicht.[27] Es wird erörtert, inwieweit Cusanus erstens das Experiment nicht nur in *De staticis experimentis* als ‚aenigmatisches Experiment' benutzt, sondern es ebenso in *De visione Dei* den zentralen Ausgangspunkt für die mystische Theologie darstellt, was nicht nur auf seine charakteristische Methodik und höchste Erkenntnisleistung, sondern zudem auch auf den Wagnischarakter, der dem Experiment zukommt, zurückzuführen ist. Dieses Wagnis, welches beim Experimentieren immer eingegangen wird, da der aktive Schritt zu einer neuen Erkenntnis vollzogen wird, zeigt sich beim ‚aenigmatischen Experiment', welches gerade den Umschlagpunkt zu mystischer Gotteserkenntnis bedeuten kann, noch pointierter: Wird das Wagnis eingegangen, führt das moderne naturwissenschaftliche Experiment in ein mystisches *experimentum*. Weiter wird aufgezeigt, wie zweitens im aenigmatischen Vollzug des Geistes selbst ein experimenteller Charakter zu erkennen ist: Die geistige Bewegung zeichnet sich als Vollzug aus, welcher alle Kriterien des modernen Experimentierens erfüllt. Folglich bedient sich Cusanus, wie in einer zusammenfassenden

---

[27] Auf diese doppelte Bedeutung des Wortes *experimentum* bei Cusanus verweist Martin Thurner: „Unendliche Annäherung" – die Gestalt des Cusanus, in: Quod est dicendum. Die Online-Zeitschrift für Gesellschaft, Kultur und Glaube. http://www.quod-est-dicendum.org/Persoenlichkeiten_von_gestern_und_heute/Persoenlichkeiten_start. htm (zuletzt eingesehen am 03.4.2015).

Gegenüberstellung von ‚aenigmatischem Experiment' und ‚experimentellem *aenigma*' erläutert wird, des Konzepts des modernen Experiments für seine mystische Theologie einerseits im Hinblick auf das ‚aenigmatische Experiment', als paradigmatischer Ausgangspunkt des aenigmatischen Geistesvollzugs; andererseits als im Hinblick auf die an jedem aenigmatischem Vollzug zu erkennende experimentelle Charakteristik: *aenigmata* zeichnen sich als ‚experimentelle *aenigmata*' aus.

Dieser experimentelle Vollzug des Geistes (‚experimentelles *aenigma*') wird anschließend am Beispiel der Mathematik als besonders geeignetem *aenigma* illustriert und dadurch die experimentelle Charakteristik nochmals explizit verdeutlicht. Während die Mathematik gemäß der hier vorgestellten Interpretation ‚hinweisendes *aenigma*' ist und damit, wie gezeigt werden wird, ihre immer wieder postulierte Sonderstellung relativiert ist, werden in den folgenden Kapiteln das naturwissenschaftliche Experiment wie auch das Globusspiel aus Nikolaus' gleichnamigen Werk (*De ludo globi*) als *aenigmata* einer dritten Ebene, in dieser Arbeit bezeichnet als ‚performative *aenigmata*', vorgestellt. Das Experiment, da es selbst Vollzugscharakter hat und letztlich genau jene Tätigkeit des Geistes beim aenigmatischen Vollzug selbst ist, ist Verkörperung des experimentellen Vollzugs und kann somit als ‚performatives *aenigma*' bezeichnet werden. Die Tätigkeit des Spielens kann, ausgehend von unterschiedlichen Interpretationen in der Philosophiegeschichte im Hinblick auf die Bedeutung des Spiels für die Selbstindividualisierung des Menschen, mit der Tätigkeit des Experimentierens in Einklang gebracht werden: Das Experimentieren kann als Verkörperung des geistigen Vollzugs als epistemologische Selbstvervollkommnung in Welt und Gott zugleich angesehen werden; das Spielen kann als Verkörperung des geistigen Vollzugs im Sinne einer umfassend anthropologischen Selbstvervollkommnung in Welt und Gott zugleich angesehen werden. Das *non aliud* wird anschließend als vierte aenigmatische Ebene eingeführt. Es vervollständigt die vier aenigmatischen Ebenen, welche m. E. im cusanischen Werk spezifiziert werden können. Es kann als inhaltsloses *aenigma* betrachtet werden, da im ‚nichts-anderes' kein Begriff, sondern rein der geistige Vollzug des Geistes selbst, der sich vollziehende Prozess in ihm, zum Ausdruck kommt. Das *non aliud* wird daher als ‚inhaltslos-prozessuales *aenigma*' bezeichnet. Das *aenigma* Spiel, jedoch im Kontext dieser Arbeit vor allem das *aenigma* Experiment als ‚performatives *aenigma*', weisen allerdings die gleichzeitige Ausrichtung des Geistes auf Welt und Gott auf vorzüglichste Weise auf.

Das die moderne Naturwissenschaft bestimmende Experiment stellt somit eine wichtige Komponente im cusanischen Verständnis der mystischen Theologie dar. Durch das Experiment, welches einerseits paradigmatisch für die Naturwissenschaften und damit für die Erkenntnis der Welt steht, andererseits aber die intellektual-aenigmatische (höchste) Erkenntnis charakterisiert, welche letztlich auf Gott zielt, wird der Ausgleich der Ausrichtung des Geistes auf die mystische Gottsuche einerseits, und der Wahrheitssuche in der Welt andererseits bei Cusanus deutlich. Da letztlich die mystische Gottsuche nur über höchste Wahrheitssuche in der Welt (paradigmatisch dafür das Experiment) erfolgen kann, ist bei Cusanus nicht nur eine Balance, sondern eine Koinzidenz zwischen Welterkenntnis und Gotteserkenntnis im experimentellen Streben des menschlichen Geistes nach höchster Weisheit zu erkennen. Dies wird v. a. an Inhalt, Form und Figur des Laien als Experimentator bzw. Spielender in den *Idiota*-Dialogen deutlich. Abschließend wird der Blick auf die moderne naturwissenschaftliche Entwicklung in der Zeit nach Nikolaus von Kues gerichtet (Teil 4: Philosophische Waagschalen in der Moderne). Nachdem auf die immer größer werdende Kluft zwischen nicht nur Mystik, sondern auch Metaphysik insgesamt, und rational-naturwissenschaftlich exakter Erkenntnis, mit ihrem Kulminationspunkt im 20. Jahrhundert, hingewiesen ist, wird zuletzt eine ähnliche Wechselwirkung, wie sie bei Cusanus zu beobachten ist, in den Ansätzen von Karl Jaspers und Heinrich Barth untersucht. Unter der Annahme, dass bei diesen Denkern eine entsprechende gleichzeitige Ausrichtung auf Naturwissenschaft und Orientierung auf Gott bzw. göttliche Transzendenz als erstes Prinzip zu verorten ist, wird diskutiert, inwiefern Karl Jaspers' scheinbar offensichtliche und radikale Trennung von Philosophie (als existentielle Ausrichtung auf die absolute Transzendenz) und Naturwissenschaft in einer Linie mit der cusanischen Einheitsidee im Streben nach Weisheit gebracht werden kann, und inwiefern Heinrich Barths Einsicht in die theoretische Erkenntnis als Profil der existentiellen Erkenntnis, welche in Bezug zu transzendentaler Transzendenz steht, ebenso als Ausgleich zwischen Welterkenntnis und Gotteserkenntnis angesehen werden kann.

Aufgrund dieser sukzessive sich entfaltenden Thematik von Gottes- und Welterkenntnis, angefangen bei der Mystik, über die Anfänge der Naturwissenschaft hin zu einer Synthese nicht nur bei Cusanus, sondern auch wieder im 20. Jahrhundert, wird wie folgt im Sinne einer genetischen Methode vorgegangen: Bestimmte Themenbereiche werden erörtert und an einem späteren Punkt nochmals aufgegriffen, um im Lichte der sich in der Arbeit entwickelnden neuen Erkenntnisse nochmals diskutiert zu werden. So wird das Werk *De visione Dei* im ersten Teil bspw. zunächst bloß von einer Seite beleuchtet, bevor nach der Untersuchung des cusanischen Wissenschaftsbegriffs sowie nach der Auseinandersetzung mit der Rolle der Naturwissenschaft und dem Experimentbegriff im zweiten Teil nochmals darauf eingegangen wird. Ausgangspunkt ist der Begriff der mystischen Theologie des Cusanus, welcher nach und nach durch die Beleuchtung vonseiten der (Natur)wissenschaft untermauert und dadurch in seiner Facettenhaftigkeit als ‚experimentelle Mystik' dargelegt wird, welche sich in anderer Färbung in der Moderne wiederfindet.

1. Kapitel: Mystik

1.1 Mystik im 15. Jahrhundert und bei Nikolaus von Kues

Immer wieder herrschte unter den christlichen Denkern rege Diskussion darüber, auf welchem Wege es möglich sei, zu einer mystischen Gottesschau zu kommen: über den Weg der Liebe, d. h. im affektiven Aufstieg, bei dem in liebender Hingabe alles Wissen der Welt zurückgelassen wird, oder durch einen intellekthaften, d. h. erkennenden Aufstieg, bei dem das erkennende Denken des menschlichen Geistes von Wichtigkeit ist. Dies war kein einfacher Bücherstreit,[1] sondern eine Debatte von immenser Bedeutung. Es ging bei dieser Frage um mehr als theoretische Lösungsansätze; es ging darum, auf welche Weise der Mensch Gott am nächsten kommen konnte und somit um eine existentielle Frage der klösterlichen Praxis. Ein erneut entflammter Streit über die mystische Theologie veranlasste die Mönche des Klosters St. Quirin am Tegernsee, welches seit der Leitung durch Kaspar Aindorffer (1402–61) und Bernhard von Waging (~1400–1472) 1426 Mittelpunkt des geistigen Lebens sowie der Klosterreform in Bayern war, einen Brief mit folgender Frage an Nikolaus zu richten: „[…] ob die fromme Seele ohne Vernunfterkenntnis oder ohne vorhergehendes oder gleichzeitiges Denken, allein durch den Affekt oder die Geistesspitze, die synderisis genannt wird, Gott erreichen und unmittelbar in Gott gelangen kann."[2]

Wird ein Blick auf frühere Formen der Mystik geworfen, tauchen sowohl das Element der Liebe wie auch der Erkenntnis immer schon zugleich auf. Augustinus (354–430) beispielsweise betont in seiner Schrift *De trinitate*: „Wenn wir ihn [Gott] jetzt nicht lieben, werden wir ihn niemals sehen. Wer aber kann lieben, was er nicht kennt? Es kann zwar etwas gewusst und nicht geliebt werden; aber ich frage, ob etwas geliebt werden kann, von dem man nichts weiß. Wenn das nicht möglich ist, dann liebt niemand Gott, bevor er ihn kennt."[3]

---

[1] Vgl. McGinn: Die Mystik im Abendland, 744.

[2] Brief vom 22. September 1452, Edmond Vansteenberghe: Autour de la docte ignorance. Une controverse sur la théologie mystique au XVe siècle, Münster 1915, 110: „Et autem hec quaestio utrum anima devota sine intellectus cognicione, vel etiam sine cogitacione previa vel concomitante solo affectu seu per mentis apicem quam vocant synderesim Deum attingere possit, et in ipsum immediate moveri aut ferri". Bonaventura und Johannes Gerson, in deren Geiste die Frage von Kaspar Aindorffer an Nikolaus von Kues gestellt wurde, bezeichnen die „letzte Stufe des Erkenntnisvermögens" mit „apex mentis, den sie als synderisis scintilla bestimmen" (Übers. Hans Gerhard Senger: Einleitung zu Schriften des Nikolaus von Kues in deutscher Übersetzung. De apice theoriae. Die höchste Stufe der Betrachtung, hg. v. Ernst Hoffmann [u. a.], Heft 19, Hamburg 1986).

[3] Augustinus: De trinitate = Des Heiligen Kirchenvaters Aurelius Augustinus fünfzehn

Die Schriften des Pseudo-Dionysius Areopagita, welcher die Entwicklung der christlichen Mystik vom Neuplatonismus her kommend im
Mittelalter maßgeblich beeinflusste, können als Ausgangspunkt für die
Diskussionen über die genannten Unsicherheiten und die daraus resultierenden Konflikte angesehen werden.

1.1.1 Pseudo-Dionysius Areopagita

Wird im christlichen Mittelalter von Mystik gesprochen, ist damit
in der Regel die Interpretation der Schriften des syrischen Mönches
Dionysius Areopagita, der im 5./6. Jahrhundert lebte, gemeint. Dieser
wurde zunächst mit dem Dionysius der Apostelgeschichte identifiziert.
Im 15. Jahrhundert kamen erste Zweifel über die Echtheit der Identität
des Dionysius und des wahren Areopagiten auf, doch erst im 16./17.
Jahrhundert stellte sich heraus, dass es sich um zwei verschiedene Personen handeln musste.[4] Deshalb erhielt Dionysius später den Beinamen
‚Pseudo'.[5] Ob Pseudo-Dionysius allerdings tatsächlich der Autor des
Corpus Dionysiacum ist, ist ebenso wenig verifiziert wie die Frage, von
wem genau die genuine Terminologie stammt.[6]

In seinen Werken *De divinis nominibus* sowie *De mystica theologia* behandelt Dionysius hauptsächlich Fragen zum Aufstieg zu Gott und legt
dar, auf welche Weise im Diesseits ein Weg zu Gott als dem Über-Seienden (*hyperousios*) möglich sei. Er diskutiert die beiden Positionen der *via*

Bücher über die Dreieinigkeit. Des heiligen Kirchenvaters Aurelius Augustinus ausgewählte Schriften Bd. 11 (Bibliothek der Kirchenväter, 2, 13) Kempten/München,
1935, VIII, IV, 6. Auch etwa zu Plotin schreibt Bernard McGinn: Love, Knowledge
and Unio mystica in the Western Christian Tradition, in: Mystical Union in
Judaism, Christianity, and Islam. An Ecumenical Dialogue, New York 1999, 59–86,
61: „Although love is superior to intellect in Plotinus's mystical theory, love is not
without a form of knowing".

4   Lorenzo Valla (1407–57) bezweifelte als erster die Echtheit des Dionysius. Justus
     Scaliger (1540–1609) und Jean Daille (1594–1670) deckten den Irrtum letztendlich
     auf. Auch Cusanus scheint schon die Echtheit des Dionysius bezweifelt zu haben,
     was ein Eintrag in dem heutigen Cod. Cus. 44 bestätigt, vgl. dazu Rudolf Haubst:
     Nikolaus von Kues und die moderne Wissenschaft (Kleine Schriften der Cusanus-
     Gesellschaft 4), Trier 1963, 15: Auf Folio 1v heißt es: „Considera, an (Athanasius)
     loquatur de Dionysiuo Areopagita, sicut videtur; et tunc mirum, quod Ambrosius,
     Augustinus et Hieronymus ipsum Dionysium non viderunt, qui fuerunt post
     Athanasium. Damascensus etiam Dionysium allegat, qui fuit post illos tempore
     saeculi VIII; Gregorius papa ante Damascensum Dionysium allegat." Cusanus be-
     merkt auch in seiner *Apologia de doctae ignorantiae*, dass die *via negativa* von Platons
     Parmenides her bestimmt wurde und christliche Theologen, so auch Dionysius, „rei-
     henweise" (*seriatim*) von ihm abschrieben, vgl. Dirk Westerkamp: Via negativa Spra-
     che und Methode der negativen Theologie, München 2006, 23.
5   Vgl. Alois Maria Haas: „...das Letzte unserer Sehnsüchte erlangen". Nikolaus von
     Kues als Mystiker (Trierer Cusanus Lecture 14), Trier 2008, 19.
6   Dazu und zum Thema der negativen Theologie insgesamt vgl. Westerkamp: Via
     negativa.

affirmativa und der *via negativa*; erstere führt Gott über Begrifflichkeiten und Analogien zu einer göttlichen Schau, letztere fordert, von allem Begrifflichen und Weltlichen abzulassen und über Verneinung Gott zu finden, dort, wo kein Wissen mehr ist. Dionysius, der an einer Synthese zwischen christlicher und neuplatonistischer Lehre interessiert ist, verbindet affirmative und negative Theologie mit dem neuplatonischen Schema von Ausfließen des und Rückkehr zum Einen:[7] Der affirmative Weg zu Gott vollzieht sich über die Welt. Gott bleibt zwar, wie bei Plotin das Eine, absolut, jedoch ergießt sich Gott in die Vielheit, welche so teil am absoluten Einen hat. In dieser Weise passen auf Gott alle Namen, da aus seiner Vollkommenheit alles ist und über alles eine Annäherung an Gott möglich ist: „Man muß ihm […] alle Eigenschaften der Dinge zuschreiben und (positiv) von ihm aussagen – ist er doch ihrer aller Ursache".[8] Die affirmative Theologie ist demnach eine Weise der Verehrung Gottes über alles Begriffliche, platonisch gesprochen über die Schönheit oder das Gute in der Welt.

Die *via affirmativa* ist Dionysius zufolge jedoch nicht genug. Da alle Begrifflichkeit menschlich und damit endlich ist und somit unangemessen für Gott, muss Dionysius noch einen anderen Weg gehen – den Weg, welcher über die Unaussprechlichkeit des Absoluten führt, d. h. über die negative Theologie (*via negativa*): Zwar müsse man Gott positive Eigenschaften zusprechen, aber auch, so Dionysius selbst „[…] und noch viel mehr ihm diese sämtlich absprechen – ist er doch allem Sein gegenüber jenseitig".[9] Gott ist also nicht-gut, nicht-gütig, nicht-allmächtig, nicht-seiend, vielmehr ist er über allen Begriffen. Damit wird alles Aussagbare über Gott verneint, da über ihn als Über-Seienden nichts in menschlichen Begriffen und Kategorien ausgesagt werden kann. Der Geist wird somit angeleitet, sich über die Begriffe hinaus zu erheben. Die negative Theologie bedeutet folglich eine Korrektur der affirmativen Theologie und stellt ein Hilfsmittel dar, um über alle endlichen Namen sowie alles menschliche Wissen, das seine Grenzen an Gott erfährt, hinauszukommen.

Ein weiterer Schritt folgt; denn nur durch eine Überwindung beider *viae* kann „in das wahrhaft mystische (Dunkel)"[10] eingetreten werden, in dem es letztendlich keine Rede über Gott mehr gibt:

> „Denn je mehr wir zum Höheren hinstreben, umso mehr ersterben
> uns die Worte unter der zusammenfassenden Schau des nur geistig Er-
> fassbaren. So werden wir auch jetzt, da wir in das Dunkel eintauchen,

---

7   Vgl. Donald Duclow: Mystical Theology and Intellect in Nicholas of Cusa, in: The American Catholic Philosophical Quarterly LXIV, 1 (1990), Special Issue: Nicholas of Cusa, 111–129, 113.

8   Dionysius Areopagita: Über die mystische Theologie und Briefe (Bibliothek der griechischen Literatur 40, Abteilung Patristik), eingel., übers. u. m. Anm. hg. v. Adolf Martin Ritter [u. a.], Stuttgart 1994, I, 2.

9   Dionysius Areopagita: Über die mystische Theologie, I, 2.

10   Dionysius Areopagita: Über die mystische Theologie, I, 3.

welches höher ist als unsere Vernunft, nicht (nur) in Wortkargheit, sondern in völlige Wortlosigkeit und ein Nichtwissen verfallen [...] ist das Ende jeden Aufstiegs erreicht, wird unsere Rede vollends verstummen, und mit dem ganz einswerden, der unaussprechlich ist".[11]
Die negativen Aussagen sollen ihrerseits nochmals negiert werden und in einer *via eminentiae* überstiegen werden, hin zu Gott, der über allem steht.[12] Auf die Weise der *via eminentiae* wird es dem Geiste ermöglicht, alles Sinnliche, alle Begriffe, jede sowohl affirmative als auch negative Aussage und somit auch jedes Wissen und jede Erkenntnis hinter sich zu lassen: Bei Dionysius sind auf dieser Stufe vor allem der Ausdruck der Unsichtbarkeit Gottes und die Metapher des Nicht-Sehens und des Dunkels oder des Eintritts in die mystische Finsternis charakteristisch. Auch das ‚überhelle' göttliche Licht, für das menschliche Auge nicht sichtbar und deshalb nur durch die Dunkelheit zugänglich, ist ein wichtiges Bild, welches bei Cusanus wieder begegnen wird. Bei Dionysius endet der Weg im Schweigen der Dunkelheit, wo der *deus absconditus* wohnt[13] und als solcher verhüllt bleibt.

Der Weg zu Gott ist nach Dionysius somit ein nicht-erkenntnismäßiger Aufstieg (*ascendere ignote*), muss doch alles was die Sinne oder das Denken erfassen, sowohl das Seiende (positive) wie das Nichtseiende (negative),[14] zurückgelassen werden. „Stattdessen", so die Anweisung des Dionysius, „spanne dich auf nicht-erkenntnismäßigem Wege, soweit es irgend möglich ist, zur Einigung mit demjenigen hinaus, der alles Sein und Erkennen übersteigt".[15]

Was jedoch mit dieser nicht-erkenntnismäßigen Weise gemeint ist, blieb vielen späteren Interpreten unklar. Obwohl in Dionysius' Schriften die Liebe keine große Rolle einzunehmen scheint, führte vor allem die Formel des *ascendere ignote* zu Verwirrung und Streit um die Bedeutung von Liebe und Erkenntnis. Wie, so fragten sich auch die Tegernseer Mönche, ist dieser Aufstieg ohne jegliches Wissen und ohne Erkenntnis zu verstehen? Bedeutet die Formel, dass auf Erkenntnis völlig verzichtet werden und sich nur in liebender affektiver Hingabe Gott genähert werden soll, oder spielt vielmehr gerade eine Form von Erkenntnis bei der Gottsuche eine Rolle.

1.1.2 Mystica theologia im 15. Jahrhundert

Nach Dionysius wurde die Rolle der Liebe/des Affekts und der Erkenntnis in der *mystica theologia* auf dem Weg zu Gott immer wieder debattiert

---

11   Dionysius Areopagita: Über die mystische Theologie, III.
12   Vgl. Westerkamp: Via negativa, 24.
13   Vgl. Jasper Hopkins: Nicholas of Cusa's Dialectical MysticismText, Translation, and Interpretive Study of De visione Dei, Minneapolis 1996, 8.
14   Vgl. Dionysius Areopagita: Über die mystische Theologie, I, 1.
15   Dionysius Areopagita: Über die mystische Theologie, I, 1.

und von vielen Theologen untersucht. Somit wurde versucht festzulegen, was Dionysius mit dem *ignote ascendere* meint und wie die *mystica theologia* ausgelegt werden solle.[16] Bernard McGinn betont: „[...] the way to understand the variation to be found among Christian mystical theologians is not through any simple division between affective and intellectual mystics but through a study of how they understand the *relations* between love and knowledge on every stage of the mystic path.“[17] Zwar kommt vereinzelt unter christlichen Mystikern eine rein affektive Haltung vor, „[...] ohne jedoch dem Erkennen seinen signifikanten Platz abzusprechen“.[18] Allerdings gibt es tatsächlich kaum einen christlichen Mystiker, bei dem Liebe und Emotion auf dem Weg zu Gott gar keinen Platz einnehmen: „It is extremely difficult to find any Christian theology of mysticism that is not affective in the sense of giving love an important role in human striving towards God“.[19]

Bis in das 13./14. Jahrhundert hinein scheint tatsächlich die Liebes- und Gefühlserfahrung eine vorrangige Stellung einzunehmen, während der Intellekt als Erkenntnisinstrument weniger von Bedeutung bei der Ausrichtung auf Gott war. Schon in der frühen Mönchstheologie wird die Problematik deutlich: Zwar sollte auf einen Ausgleich von weltlicher Bildung und göttlichem Streben bei der Ausbildung des Geistes geachtet werden, bei der Hinwendung zu Gott allerdings sollte alles Erkenntnisstreben abgelegt werden. Das christliche Leben wurde demnach „vor allem als ein Leben der Loslösung und des Verlangens verstanden: Loslösung von der Welt und von der Sünde und lebhaftes Verlangen nach Gott“. Beim hl. Gregor (540–604) bedeutet das „Eindringen des Geistes in Gott nicht die Frucht einer Denkanstrengung, sondern des richtigen Empfindens, sozusagen des richtigen Geschmacks, also Weisheit und nicht Wissenschaft. Die kontemplative Erkenntnis kommt aus der Liebe [...]“.[20] Das Kloster stellte eine ‚Schule der Liebe‘ dar; im Gegensatz zu einer scholastischen intellektuellen Forschung wurde es als Schule des Dienstes für Gott angesehen.[21]

Im 13. Jahrhundert[22] bei Hugo von Balma († 1305) wird der Vorrang des Affektes besonders deutlich; er sieht die Liebe als den einzigen Weg zu

---

16   Zu verschiedenen Definitionen der *mystica theologia* im 15. Jahrhundert vgl. etwa Hopkins: Nicholas of Cusa's Dialectical Mysticism, 4.

17   McGinn: Love, Knowledge and Unio mystica, 67.

18   McGinn: Die Mystik im Abendland, 740.

19   McGinn: Love, Knowledge and Unio mystica, 67.

20   Jean Leclercq: Wissenschaft und Gottverlangen. Zur Mönchstheologie des Mittelalters, aus dem frz. v. Johannes u. Nicole Stöber, Düsseldorf 1963, 38, 43.

21   Leclercq: Wissenschaft und Gottverlangen, 230.

22   Zu den folgenden Beispielen der mystischen Theologie des 13./14. Jahrhunderts vgl. Alois Maria Haas: DEUM MISTICE VIDERE... IN CALIGINE COINCIDENTIE. Zum Verhältnis Nikolaus' von Kues zur Mystik (Vorträge der Aeneas-Silvius-Stiftung an der Universität Basel XXIV), Basel/Frankfurt a. M. 1989, 12ff.; McGinn: Love, Knowledge and Unio mystica; ders.: Die Mystik im Abendland.

Gott an. Hugo wurde wesentlich von Bonaventura sowie Thomas Gallus (1190–1226) beeinflusst, welche der Liebe einen klaren Vorrang vor dem Intellekt zugestehen.[23] Indem Thomas Gallus in seiner Interpretation der dionysischen Texte alles, womit Dionysius ,Verstand' meint, mit ,Liebe' ersetzt, liegt die höchste Gotteserfahrung bei Thomas bei der *principalis affectio*, welche er von einem rationalen Weg zu Gott völlig absondert.[24] Hugo sieht seine eigene Auslegung des dionysischen *ascendere ignote* als eine *cognitio Dei per ignorantiam*, also als eine Erkenntnis Gottes in Nicht-erkenntnis gerechtfertigt, und darin auch den rein affektiven Aufstieg zu Gott fundiert.

Trotzdem wurde der Intellekt nicht generell vernachlässigt, ihm kam je-doch eine geringere Rolle im Aufstieg zu Gott zu. So spricht etwa Bernhard von Clairvaux (1090–1153), der vor allem die Liebe betont und dessen System als das einer affektiven Mystik angesehen werden kann, dem In-tellekt weiterhin eine Funktion zu, wenn die Liebe auch Vorrang hat, und auch Wilhelm von St. Thierry (1075/180–1148), der diesen Ansatz noch vertieft, schreibt, dass in der Betrachtung von Gott Liebe höher sei als Er-kenntnis, verurteilt den Intellekt jedoch nicht vollends. Johannes Gerson (1363–1429) versucht Anfang des 15. Jahrhunderts einen Mittelweg zwischen Liebe und Erkenntnis zu bahnen, indem er Intellekt und Liebe mit Licht und Wärme vergleicht, welche nicht voneinander zu trennen sind und keine Gegensätze bedeuten. Damit ist zwar der Versuch unter-nommen, den umstrittenen Gegensatz zwischen Liebe und Erkenntnis zu entschärfen, trotzdem kommt dem Affekt bei Johannes Gerson weiterhin Vorrang vor dem Intellekt zu.

Albertus Magnus im 13. Jahrhundert, sowie Dietrich von Freiberg und Meister Eckhart im 14. Jahrhundert, sind mit die ersten mystischen Theo-logen, welche deutlich den intellekthaften Aufstieg zu Gott in den Vorder-grund stellen und somit die bei Cusanus etablierte Intellektmystik mitbe-gründen. Albertus liest Dionysius auf eine Weise, in der der Intellekt stärker ist als die Liebe; diese sei nur Vorbereitung und Begleitung auf dem Weg zu Gott. Auch Eckhart ist kein affektiver Mystiker, da in seinen Schriften zwar von der *abgescheidenheit* im Sinne einer inneren Loslösung die Rede ist, diese Haltung jedoch nicht gegen das rationale Denken verstößt.[25]

---

23   Vgl. Bonaventura: Itinerarium mentis in Deum – Der Pilgerweg des Menschen zu Gott, lat.-dt. übers. u. erl. v. Marianne Schlosser (Theologie der Spiritualität. Quellen-texte 3), Münster 2004, c. VII, n. 4, p. 106; c. VII, n. 6, p. 110: „In hoc autem transi-tu, si sit perfectus, oportet quod relinquantur omnes intellectuales operationes, et apex affectus totus transferatur et transformetur in Deum […] Si autem quaeras, quomodo haec [mentis excessus] fiant, interroga gratiam, non doctrinam, desiderium, non intel-lectum; gemitum oratio nis, non stadium lectionis; sponsum, non magistrum; Deum, non hominem; caligem, non claritatem; non lucem, sed ignem totaliter inflamman-tem et in Deum excessivis unctionibus et ardentissimis affectionibus transferentem".

24   Vgl. Haas: DEUM MISTICE VIDERE..., 12.

25   Zum Verhältnis von Liebe und Erkenntnis bei Meister Eckhart vgl. Yves Meessen:

Auch Nikolaus von Kues, der sich maßgeblich auf Eckhart bezieht, sieht sich gezwungen, Stellung zu seiner eigenen *mystica theologia* zu nehmen. Anlass dazu war jedoch nicht einmal ein direkter Beitrag des Cusanus zu der Debatte, sondern vielmehr die Briefe der Mönche mit Bitte um Aufklärung. Was die Mönche in Uneinsichtigkeit versetzte, war die im Jahre 1440 erschienene Schrift *De docta ignorantia* und die darin entwickelte Lehre der belehrten Unwissenheit sowie der Koinzidenz der Gegensätze (*coincidentia oppositorum*). Die Lehren der *docta ignorantia* und der *coincidentia oppositorum* stellen den Anfangspunkt der cusanischen *mystica theologia* als ausgefeiltes System dar. Zwar weisen die frühen Predigten des Cusanus vor *De docta ignorantia* schon eindeutig Elemente seiner *mystica theologia* auf, jedoch baut diese auf den beiden Prinzipien der *docta ignorantia* und der *coincidentia oppositorum* auf und kann als systematische Ausweitung des Werkes *De docta ignorantia* angesehen werden.[26] Die philosophische Hauptschrift des Cusanus erregte in der Debatte um die *mystica theologia* Aufsehen; tatsächlich entbrannte der Streit um die mystische Erfahrung, wie Alois Maria Haas schildert, „als eine Form der Rezeption dieses Traktats".[27] Dass das höchste Ziel in der *docta ignorantia* liegt, die Nikolaus zum ersten Mal auf der Schiffsreise erfährt, fand er in den Schriften des Dionysius, die er nach der Erfahrung eifrig und gründlich zu studieren begann, bestätigt. Das *ignote ascendere* las Cusanus demnach ganz klar als eine Aufforderung zu seiner als solcher formulierten *docta ignorantia*. Ein Aufstieg in Unwissenheit bedeutete für ihn keinesfalls einen rein affektiven Aufstieg; diesen Ansatz lehnte er vehement ab. Zwar spielt auch die Liebe eine entscheidende Rolle, trotzdem ist der erkennende Intellekt maßgebend für die cusanische *mystica theologia*.

Während die Aufforderung, alles Wissen hinter sich zu lassen, dadurch nicht aber in ein Nichtwissen, sondern vielmehr in ein Wissen um das Nichtwissen zu gelangen, von Johannes Wenck (~1396–~1459),

---

Cognitio et amor, in: Zum Intellektverständnis bei Meister Eckhart und Nikolaus von Kues, hg. v. Harald Schwaetzer/Marie-Anne Vannier, Münster 2012, 81–89. Meessen erörtert, inwieweit Eckhart in seiner Auslegung von Johannes 20,3–8 zu dem Schluss kommt, dass zwar die Liebe als erste bei Gott ankommt, „doch der Umschlag in der Priorität zwischen Willen [Liebe] und Intellekt [...] nur von kurzer Dauer [ist]", da die Liebe zwar als erste bei Gott ist, aber nur der Verstand, d. h. Intellekt, Gott, wie Eckhart schreibt, „innerlich in seinen Ursprüngen erfasst". Demnach so Meessen, trennt Eckhart „die Rolle der Vermögen nur, um sie besser zu vereinen" und stellt letztlich zwar eine Priorität des Intellekts über die Liebe fest, während jedoch in Gottes Leben „Erkennen und Liebe in einem einzigen Akt zusammenfallen" (85, 89). Zur mystischen Theologie bei Cusanus insgesamt vgl. William J. Hoye: Die mystische Theologie des Nicolaus Cusanus (Forschungen zur europäischen Geistesgeschichte 5), Freiburg [u. a.] 2004.

26 So auch Hopkins: Nicholas of Cusa's Dialectical Mysticism, 16: „The [...] two letters [...] testify to the fact that Nicholas' reflections on mystical theology were an extension of his doctrine of learned ignorance".

27 Haas: DEUM MISTICE VIDERE..., 22.

Theologieprofessor an der Universität Heidelberg, in seiner Gegenschrift zu *De docta ignorantia, De ignota litteratura*, als gefährliches Zeug, und als Weg in die Unvernunft abgelehnt wurde,[28] wurde Cusanus' Ansatz jedoch nicht von allen Zeitgenossen auf diese Weise aufgenommen. Die Mönche vom Tegernsee bewunderten Nikolaus und seine Weisheit und sahen seine „Geisteskraft" als „überaus hoch und überaus bewährt" an; in theologischen Fragen sei er „gründlich bewandert, insbesondere in der so Wenigen ganz bekannten Mystik".[29] Nikolaus betont in seinem Antwortbrief an die Mönche, deren Anliegen es ist, die Frage um die *mystica theologia* geklärt zu wissen, dass jeder Liebe Erkenntnis vorausgehen müsse. Selbst wenn die Liebe ein Antrieb zur Suche sein könne, bliebe die Schau Gegenstand des Intellekts. Auch Hugo von Balmas rein affektiven Ansatz verstand Nikolaus dahingehend, dass die Liebe einen Aufschwung darstellen mag, Erkenntnis aber vorausgesetzt werden müsse: „Es ist nämlich notwendig", so Nikolaus in seinem Antwortschreiben, „dass jeder Liebende, der sich zur Vereinigung mit dem Geliebten unwissend aufschwingt, irgendeine Erkenntnis voraussetzt, weil das vollkommen Unbekannte weder geliebt noch gefunden wird, und auch wenn es gefunden wurde, es nicht erfasst werden könnte".[30]

An dieser Stelle der cusanischen Lehre ließ der Kartäuser Vinzenz von Aggsbach Kritik laut werden. Er wurde zum erbitterten Gegner des Cusanus, den er mit der von ihm abgelehnten Lehre Johannes Gersons identifizierte: Aggsbach kam es auf den Unterschied zwischen mystischer und scholastischer Theologie an. Letztere sei „rein akademische Praxis", erstere hingegen sei „eine gewisse Art oder ein Akt der Hingabe" und

> „[…] obwohl diese Praxis für viele schwierig, ja sogar für einige unmöglich ist, glaube ich, dass sie für den Geist, der dafür eingerichtet ist, sehr leicht ist. Wenn ich die Liebe besäße, würde ich zärtlich und leidenschaftlich entbrennen […]. Aber diese Kunst erfordert […] Menschen von ruhigem und bescheidenem Geist, Menschen schließlich, die in zärtlicher Liebe entbrennen".[31]

---

28   Vgl. dazu etwa Franz-Bernhard Stammkötter: *„Hic homo parum curat de dictis Arestotelis"* – Der Streit zwischen Johannes Wenck von Herrenberg und Nikolaus von Kues um die Gleichgültigkeit des Satzes vom zu vermeidenden Widerspruch, in: „Herbst des Mittelalters"? Fragen zur Bewertung des 14. und 15. Jahrhunderts, (Miscellanea Mediaevalia 31), hg. v. Jan A. Aertsen/Martin Pickavé, Berlin/New York 2004, 433–444; Rudolf Haubst: Studien zu Nikolaus von Kues und J. Wenck, Münster 1955.

29   Brief vom 22. September 1452, Vansteenberghe: Autour de la docte ignorance, 110: „[…] altissimum et probatissimum ingenium, in omni theologica sciencia, precipue mistica, paucissimis admodum cognita, plenius exercitatum".

30   Brief vom 14. September 1453, Vansteenberghe: Autour de la docte ignorance, 115: „Necesse est enim omnem amantem ad unionem amanti ignote consurgentem premittere cognocionem qualemcumque, quia penitus ignotum nec amatur, nec reperitur, eciamsi reperiretur non apprehenderetur".

31   Vansteenberghe: Autour de la docte ignorance, 197: „Et quamvis hec practica sit multis difficilis, ymo aliquibus impossibilis sit, menti ad hoc disposite credo perfacilem.

Vinzenz von Aggsbach will das *ignote ascendere* des Dionysius, und somit die mystische Theologie als eine mystische Liebeserfahrung, in welcher der Suchende unwissend, d. h. ohne jede Erkenntnis sich Gott in Liebe hingibt, verstanden wissen. Er will die Formel auf den *affectus* angewendet wissen und bezieht sich hierbei auf Autoritäten wie Thomas Gallus oder Hugo von Balma, welche er als wahre Interpreten der dionysischen Lehre ansah, da sie sich mit der mystischen affektiven Erfahrung Gottes selbst beschäftigten. Bei einem intellektualistischen Verständnis des *ignote ascendere* werde zu viel Wert auf den Intellekt im Gegensatz zum Affekt gelegt. Dies mache die mystische Erfahrung zu einer elitären, nicht mehr jedem im Affekt zugänglichen Sache.[32]

Die Intellektmystik des Nikolaus von Kues versteht sich weder als eine nur Wenigen vorbehaltene mystische Theologie noch kann sie als rein kontemplative Gottsuche in geistiger Versunkenheit betrachtet werden. Beim cusanischen Zugang geht es gerade um eine Form von Erkenntnis, zu welcher jeder Mensch durch eigene aktiv-geistige Kraft fähig ist und so eine über rationale Erkenntnis hinausreichende ‚Einsicht' in Gottes nichterkennbare Unendlichkeit erlangen kann. Allein über aktive Erkenntnisleistung sowie die daraus resultierende Selbsterkenntnis des menschlichen Geistes kann nach Nikolaus die Einsicht in die Nichterkenntnis Gottes und damit in die *docta ignorantia* erfolgen. Hier ist kein Wissen mehr; Wissen und Nichtwissen fallen gleichsam in eins und darin kann Gott in nichterkennender Einsicht ‚erahnt' werden.

1.2 Mystica theologia bei Nikolaus von Kues – De visione Dei

Nikolaus von Kues verfasste die Schrift *De visione Dei* im Jahre 1453. Sie ist seine ausführliche Antwort auf die Unsicherheiten der Mönche bezüglich der Frage, auf welchem Weg, dem der Liebe oder dem der Erkenntnis, es ihnen noch in diesem Leben möglich sei, den unsichtbaren Gott zu schauen. Cusanus will den Mönchen seine *mystica theologia* auf leichte Weise (*facilitas*[33]) darlegen, und sie so am Vorgeschmack der ewigen Glückseligkeit teilhaben lassen: „Hiermit will ich euch, geliebte Brüder, kundtun, was ich euch früher bezüglich der Leichtigkeit der mystischen

---

Si haberem amorem, dulciter ac ferventer arderem [...]. Requiret autem hec ars [...] homines quieti et modesti spiritus, homines denique dulci caritate ardentes" (Übers. Giga Zedania: Nikolaus von Kues als Interpret des Dionysius Pseudo-Areopagita, Bochum 2005, 101f.).

32   Vgl. zu diesem Thema auch Giga Zedania: Nikolaus von Kues als Interpret, hier 103.

33   Wie Werner Beierwaltes: Visio facialis. Sehen ins Angesicht. Zur Coinzidenz des endlichen und unendlichen Blicks bei Cusanus (Sitzungsberichte der Bayerischen Akademie der Wissenschaften, Philosophisch-Historische Klasse 1988, 1), München 1989, Anm: 63 bemerkt, geht die Verwendung des Begriffes der Leichtigkeit (*facilitas*) bei Cusanus auf die Leichtigkeit der Seele beim Anblick der Wahrheit in Platons *Phaidros* (247d 3ff., 248b 6 ff., 249c 4f.) zurück.

Theologie versprochen habe" und „jeder möge von sich aus versuchen [...]
jenes Mahl der ewigen Glückseligkeit vorauszukosten".[34]

Cusanus behandelt in seiner Schrift zwei Themen: Im ersten Teil, etwa
bis Kapitel 16, befasst er sich mit dem Sehen Gottes in Bezug auf das Sehen
des Menschen, welches sich als ein Sehen mit dem geistigen Auge (*oculus
mentis*[35]) an Gottes Sehen angleichen kann. Im zweiten, christologischen
Teil geht es um die Liebe, welche die Verbindung zur Dreifaltigkeit Gottes
in Vater, Sohn und Geist darstellt und erneut deutlich macht, dass sowohl
Erkenntnis als auch Liebe eine wichtige Rolle für die cusanische *mystica
theologia* spielen. Der erste Teil wird im Folgenden auf Grund der Gewichtung von Erkenntnis und Liebe in der cusanischen mystischen Theologie
ausführlich betrachtet, während anschließend nur kurz auf die Rolle der
Liebe in *De visione Dei* eingegangen wird.

1.2.1 Das Sehen Gottes

Obwohl Cusanus letztendlich von allen sinnlichen Bildern absehen will,
legt er den Mönchen der Schrift *De visione Dei* das Bild eines Allessehenden bei,[36] welches helfen könne, zur mystischen Theologie zu gelangen. Cusanus fordert die Mönche zu einer Übung auf, die als *manuductio*
(Heranführung) dient: Sie sollen sich um das Bild stellen, es ansehen und
ihre Stellung wechseln. Dabei sollen sie beobachten, wie der Blick der Ikone
jedem Einzelnen folgt und keiner von ihm verlassen wird. Diese Maltechnik war Cusanus durchaus bekannt.[37] Der Blick des Allessehenden versetzt
die Mönche in der Feststellung, dass ein einziger Blick zugleich verschiedenen Individuen je folgen kann und gleichzeitig auf alle blickt, zunächst in
staunendes Nicht-Verstehen, welches Unruhe und Nachsinnen (*speculatio*)
weckt.[38] Der paradoxe Blick übersteigt die Fähigkeit der menschlichen Vor-

---

34   De vis. Dei, n. 1: „[...] et hic praegustare quodam suavissimo libamine cenam illam
     aeternae felicitates [...]".
35   De vis. Dei, c. 6, n. 19.
36   Cusanus war wohl vertraut mit dem Bild des Bogenschützen am Nürnberger
     Markt, dem Selbstbildnis von Roger van der Weyden im Nürnberger Rathaus, dem
     Veronika-Bild in seiner Kapelle in Koblenz und natürlich dem Engelsbild in der
     Burg zu Brixen, welches in der Ursprungsfassung von *De theologicis complementis*
     Erwähnung findet (vgl. dazu Kap. 3.3, 3.4, 3.6.1, zum Ganzen vgl. Haas: DEUM
     MISTICE VIDERE..., 32).
37   Die Maltechnik, die einem allessehenden Bild unterliegt, gibt es bereits seit dem 13.
     Jahrhundert; weiterentwickelt wurde sie jedoch im 15. Jahrhundert und gilt hier als
     „zeitgenössisch bemerkenswerte Erscheinung der Kunst", wie Alex Stock: Die Rolle
     der „*icona Dei*" in der Spekulation „De visione Dei", in: MFCG 18 (1989), 50–86,
     hier 51 bemerkt.
38   Speculatio bedeutet in der Tradition des Nikolaus von Kues ein Nachdenken, ein Auf-
     spüren, das tiefer geht als eine reine empirische Wahrnehmung (vgl. dazu etwa Hoye:
     Die mystische Theologie, 105). Tilman Borsche verweist in seinem Aufsatz Meditati-
     ve Variation oder dialektischer Fortschritt. Wege der Selbstreflexion des Denkens bei
     Cusanus und Hegel, in: Nikolaus Cusanus und der deutsche Idealismus (Philosophie

stellungskraft, wenn dieses Phänomen maltechnisch auch nichts Neues darstellt und durchaus erklärbar ist.[39] Die Mönche werden, obwohl es ihnen unerklärlich ist, durch das Bild befähigt, die abbildhafte Wahrheit im Blick der Ikone auf das wahre göttliche Sehen zu übertragen. Durch gegenseitigen Austausch soll den Mönchen klar werden, dass der durch die Ikone gleichnishaft dargestellte (*similitudine quadam*) Blick Gottes alles zugleich und doch jeden Einzelnen anblickt als sei er der einzig Erwählte.

An der Ikone und ihrem außergewöhnlichen Blick macht Cusanus Gottes Vollkommenheit deutlich. Im Gegensatz zum menschlichen Sehen, welches immer in Gegensätzen und durch Unterschiede wahrnimmt, überragt Gottes absolutes, vollkommenes Sehen als das Sehen an sich, das menschliche Sehen an Schärfe, Schnelligkeit und Kraft.[40] Es umfasst alle Sehvermögen, da es alle Arten des Sehens gleichzeitig einfaltet: „Doch das von aller Verschränkung gelöste Sehen, umfasst als das angemessenste Maß und das wahrste Urbild aller Sehvermögen zugleich und auf einmal alle Sehweisen und jede einzelne".[41] Gottes Angesicht ist das Urbild aller Angesichte und ist somit das ewige Angesicht in Einheit, vor allen Angesichtern in Verschiedenheit, die von ihm stammen. Es übersteigt alle Angesichte, welche erst durch ihn sind, verdeutlicht im Abbild der Ikone, welches durch den Verstand nicht zu erfassen ist. Gottes Blick ist nicht mit dem einzelnen, beschränkten Blick eines Menschen in der Welt zu vergleichen, er ist vielmehr ewiger schaffender Blick vor allem Geschaffenen in der Welt. Gottes Sehen ist absolutes Sehen, kein von Eigenschaften behaftetes Sehen, vielmehr werden alle gegensätzlichen Eigenschaften in ihm absolut aufgehoben: Gottes absolutes Sehen ist *coincidentia oppositorum*, nicht im Sinne eines Nebeneinanderbestehens von Gegensätzen, sondern im Sinne eines Zusammenfalls kontradiktorischer Gegensätze.[42] Gott verschränkt als *facies facierum*,

---

Interdisziplinär 25), hg. v. Klaus Reinhardt/Harald Schwaetzer, Regensburg 2007, 23–40, 25 auf speculatio als das „indirekte Erfassen der gedachten Sache im Spiegel des Geistes" sowie auf die Bedeutung von einfachem Wissen „als Übersetzung des griechischen Wortes theoría [...]". Vgl. Borsche: Meditative Variation. Ein Weg der Selbstreflexion des Denkens bei Nikolaus von Kues. De theologicis complementis, in: Philosophisch-theologische Anstöße zur Urteilsbildung (Lüneburger Theologische Beiträge 5), hg. v. Norbert Clemens Baumgart/Gerhard Ringshausen, Münster 2006, 79–92..

39 Vgl. Harald Schwaetzer: Die methodische Begründung der Cusanischen Symbolphilosophie, in: Intellectus und Imaginatio. Aspekte geistiger und sinnlicher Erkenntnis bei Nicolaus Cusanus (Bochumer Studien zur Philosophie 4), hg. v. João Maria André/Gerhard Krieger/Harald Schwaetzer, Amsterdam u.a. 2006, 83–95, hier 93.

40 De vis. Dei, c. 1.

41 De vis. Dei, c. 2, n. 7: „Visus autem absolutus ab omni contractione simul et semel omnes et singulos videndi modos complectitur quasi adaequatissima visuum omnium mensura et exemplar verissimum".

42 Vgl. Werner Beierwaltes: Visio Absoluta. Reflexion als Grundzug des göttlichen Prinzips bei Nicolaus Cusanus. (Sitzungsberichte der Heidelberger Akademie der Wissenschaften, Philosophisch-historische Klasse 1978, 1), Heidelberg 1978, 19–29; Leinkauf: Nicolaus Cusanus, 99.

als Exemplar aller Angesichte,[43] jede Sehart in Einheit in sich und ebenso faltet er auch jede andere Verschiedenheit in Einheit in sich ein: Gott als „oppositio oppositorum est oppositio sine oppositione".[44]

1.2.2 Menschliches Sehen – Die Mauer der Koinzidenz

„Wer", fragt Cusanus, „könnte dieses wahrste und erschöpfendste Urbild aller Angesichte begreifen?"[45] Da in Gott, als *facies facierum*, alle Vielheit eingefaltet ist, er die absolute Einheit ist, gelöst von allen Bedingungen, muss dieses unendliche Angesicht, in dem alle Gegensätze koinzidieren, in einem Sich-Lösen von allen Perspektiven, Begriffen und Akzidenzien erreicht werden. Zwischen Mensch und Gott bleibt eine unendliche Kluft bestehen: „finiti ad infinitum nulla proportio",[46] da der an Begriffe und Kategorien gebundene Verstand (*ratio*) als an den Satz des Widerspruchs gebunden, eine Koinzidenz aller Gegensätze nicht denken kann. So bleibt dem menschlichen Versuch Gott zu sehen immer der Erfolg verwehrt:

> „Der Mensch kann nicht anders als auf menschliche Weise urteilen.
> Schreibt der Mensch dir [Gott] nämlich ein Angesicht zu, dann sucht
> er es nicht außerhalb der menschlichen Art, weil sein Urteil in die
> menschliche Natur eingegrenzt ist und beim Urteilen nicht aus der
> Schwäche dieser Eingrenzung heraustritt. So hielte ein Löwe, wenn er
> dir ein Angesicht zuspräche, es für nicht anders als löwenartig [...]",

ein Mann würde, wollte er sich von Gottes Angesicht einen Begriff machen, es sich „als das eines Mannes und ein Greis als das eines Greises vorstellen".[47]

Nikolaus verwendet das Bild einer Mauer,[48] der Mauer der Koinzidenz oder des Paradieses,[49] hinter der der unendliche Gott wohnt und an der die

---

43   De vis. Dei, c. 6, n. 17.

44   De vis. Dei, c. 13, n. 54.

45   De vis. Dei, c. 6, n. 20: „Quis hoc unicum exemplar verissimum et adaequatissimum omnium facierum ita omnium quod et singulorum et ita perfectissime cuiuslibet quasi nullius alterius concipere posset?".

46   Sermo VII, n. 32; schon bei Bonaventura und Thomas von Aquin zu finden.

47   De vis. Dei, c. 6, n. 19: „Homo non potest iudicare nisi humaniter. Quando enim homo tibi faciem attribuit, extra humanam speciem illam non quaerit, quia iudicium suum est infra naturam humanam contractum et huius contractionis passionem in iudicando non exit. Sic, si leo faciem tibi attribueret, non nisi leoninam iudicaret, et bos bovinam et aquila aquilinam. O domine, quam admirabilis est facies tua, quam si iuvenis concipere vellet, iuvenilem fingeret et vir virilem et senex senilem".

48   Klaus Reinhardt: Islamische Wurzeln der cusanischen Mauersymbolik? Die „Mauer des Paradieses" *Liber scalae Mahometi*, in: MFCG 19 (1991), 287–291 diskutiert die Frage nach den Wurzeln der Mauersymbolik. Die Mauer des Paradieses, so entdeckt Reinhardt, kommt schon im *Liber scalae Mahometi* vor, einem Text des 13. Jahrhunderts, der die Reise des Mohammed in den Himmel und das Paradies schildert. Während die Aussagen des Textes nach Reinhardt inhaltlich verwandt sind, bleibt die Frage nach „einem möglichen Einfluß des *Liber scalae Mahometi* auf die cusanische Mauersymbolik in De visione Dei offen" (291).

49   Rudolf Haubst: Die erkenntnistheoretische und mystische Bedeutung der „Mauer

Begriffe der *ratio* gleichermaßen scheitern bei dem Versuch, den Ort „an dem [Gott] unverhüllt gefunden werden kann […]" zu begreifen.[50] Gott wohnt, so Cusanus, „innerhalb jener hochragenden Mauer, die kein Erfindergeist mit eigener Kraft ersteigen kann",[51] denn deren „Pforte bewacht der höchste Geist des Verstandes. Wird dieser nicht besiegt, wird der Zugang nicht offen sein".[52]

Wie deutlich wird, steht die Mauer für ein erkenntnistheoretisches Problem, welches der Mensch mit seinem rationalen Verstand nicht zu lösen vermag. Der Weg zu Gott bleibt somit „selbst den gelehrtesten Philosophen"[53] verschlossen.

1.2.3 Intellekt

Obwohl die *ratio* am Hindernis des nicht zu denkenden Zusammenfalls der Widersprüche hängen bleibt, kann die Mauer zwar trennen, jedoch bietet sie auch einen Zugang. Die Mauermetaphorik betont zum einen die unüberbrückbare Proportionslosigkeit zwischen Endlichem und Unendlichem, zum anderen jedoch scheint die Mauer den Blick des Absoluten in das Endliche aus dem vorausgehenden ewigen Blick kommend nicht

der Koinzidenz", in: MFCG 18 (1989), 167–191, und Kazuhiko Yamaki: Die „manuductio" von der ratio zur „Intuition" in „De visione Dei", in: MFCG 18 (1989), 276–295 unterscheiden bei den beiden Mauermetaphern die „Mauer der Koinzidenz", welche eher die Grenze zwischen Gott und Mensch aufweise, von der „Mauer des Paradieses", welche vielmehr auf die Hoffnung und Nähe zu Gott hinweise. In dieser Arbeit werden beide Begriffe gleichwertig behandelt. Zudem soll angemerkt werden, dass zu der Zeit, als Cusanus *De visione Dei* verfasste, sich seine Auffassungen bezüglich bestimmter Komponenten der Schrift verändert hatten. Während in *De docta ignorantia* Gott noch die *coincidentia oppositorum* selbst war, macht er in *De visione Dei* deutlich, dass Gott noch jenseits der *coincidentia oppositorum* liege und nicht identisch mit ihr ist (vgl. dazu etwa auch McGinn: Die Mystik im Abendland, 740).

50 De vis. Dei, c. 9, n. 37: „Et repperi locum in quo revelate reperieris […] Et iste est murus paradisi".

51 De vis. Dei, c. 12, n. 48: „Tu enim […] habitas intra murum illum excelsum, quem nullum ingenium sua virtute scandere potest".

52 De vis. Dei, c. 9, n. 37: „Et repperi locum in quo revelate reperieris, cinctum contradictoriorum coincidentia. Et iste est murus paradisi, in quo habitas, cuius portam custodit spiritus altissimus rationis, qui nisi vincatur, non patebit ingressus". In die richtige Perspektive wird die Mauer gerückt von Kazuhiko Yamaki: Die „manuductio", 294f.: „Was von der Mauer umschlossen wird, ist […] nicht Gott sondern wir und diese Welt, die endlich sind […] die Mauer besteht weder selbstständig noch gehört sie zu Gott […] vielmehr gehört sie dem Menschen selbst".

53 De vis. Dei, c. 9, n. 37. Cusanus bemerkt schon in seiner *Apologia doctae ignorantiae*, dass die Peripatetiker (er bezieht sich damit womöglich auch auf Johannes Wenck) in ihrer Mystikferne und der Überzeugung des Widerspruchsprinzips die *docta ignorantia* nicht verstehen könnten und behaupteten, dass ein Sprechen über eine Gott-Mensch-Beziehung sinnlos sei, Apol. doct. ign., n. 7, p. 6, 7–12: „Unde, cum nunc Aristotelica secta praevaleat, quae haeresim putat esse oppositorum coincidentiam, in cuius admissione est initium ascensus in mysticam theologiam, in ea secta nutritis haec via penitus insipida quasi proposti contraria ab eis procul pellitur, ut sit miraculo simile – sicut sectae mutatio – reiecto aristotele eos altius transilire". Des Weiteren schließt er in die Gruppe der Erkenntnisfähigen im Sinne der *docta ignorantia* lediglich die Würdigen, Propheten und Weisen ein.

aufzuhalten und somit eine gewisse Relation zuzulassen.[54] Die rationale Erkenntnis und der Aufstiegsweg einer affirmativen Theologie müssen zunächst scheitern: „Wer sich also Dein Angesicht zu schauen anschickt, der ist, solange er etwas begreift, von Deinem Angesicht weit entfernt", welches „die absolute Schönheit selbst, die jeder schönen Form das Sein verleihende Form" ist.[55] Die Mönche sollen sich nach Cusanus' Anleitung, mit Hilfe des *intellectus* als der den rationalen Verstand übersteigenden Kraft des menschlichen Geistes, ganz hoch erheben,[56] in die auf Dionysius zurückgehende Finsternis der Unwissenheit, die gleichzeitig ein Berühren der göttlichen Unendlichkeit bedeutet.[57] Während die *ratio* an dieser Unendlichkeit scheitert, so wie das menschliche Sehen gegenüber Gottes unendlichem Sehen scheitern muss, kann die intellekthafte Einsicht gerade in der Erkenntnis der Unmöglichkeit einer Schau Gottes die ewige Verborgenheit Gottes in mystischer Dunkelheit erahnen.

Da der menschliche Intellekt den natürlichen Drang hat, alles einzusehen, richtet er sich, die Beschränktheit des rationalen Verstehens erkennend, nicht auf ein zu erkennendes Etwas. Auch richtet er sich nicht auf das, was „größer und ersehnenswerter sein kann, sondern auf das, was weder größer noch ersehnenswerter sein kann, denn alles [...] das diesseits des Unendlichen ist, kann größer sein. Also ist das Ziel der Sehnsucht unendlich".[58] Die intellekthafte Einsicht, obwohl ihr der Gedanke der *oppositio oppositorum sine oppositione* verschlossen bleibt, strebt danach, im Denken der Gegensätze die Gegensätze aufzuheben. Soll das Wahre begriffen werden, muss das Begreifen als unendliche Suche begriffen werden und letztlich über sie hinaus die wahre, nicht zu erreichende Unendlichkeit eingesehen werden. Wenn der Geist demnach mit Hilfe der intellektuellen Fähigkeit sich selbst als unendlich herantastende Bewegung hin zum Unendlichen in Gott erkennt und von seinen begrifflichen Inhalten weg auf die eigentliche unendlich suchende Tätigkeit schaut, erkennt er nichts. Er wird gänzlich unwissend (*ignorantia*) und erreicht das mystische Dunkel, das jeden Begriff übersteigt, der Eigenart menschlicher Rede, menschlicher Begriffe vorangeht und demnach für die menschli-

---

54   Vgl. Haubst: Die erkenntnistheoretische und mystische Bedeutung.
55   De vis. Dei, c. 6, n. 20: „Qui igitur ad videndum faciem tuam pergit, quamdiu aliquid concipit, longe a facie tua abest [...] Est igitur ipsa pulchritudo absoluta, quae est forma dans esse omni formae pulchrae".
56   Vgl. De vis. Dei, c. 13, n. 52.
57   Hoye: Die mystische Theologie, 51 macht darauf aufmerksam, dass die Idee der Unendlichkeit erst in *De visione Dei* neu dazugekommen ist und den Schlüsselbegriff für Cusanus' mystische Theologie darstellt. Von Gott als dem absoluten Unendlichen geht Cusanus allerdings schon in *De docta ignorantia* aus, wenn auch hier noch nicht ausdrücklich in Bezug auf seine mystische Theologie, vgl. dazu Kap. 2.2.2 dieser Arbeit.
58   De vis. Dei, c. 16, n. 68: „Desiderium enim intellectuale non fertur in id, quod potest esse maius et desiderabilius, sed in id, quod non potest maius esse nec desiderabilius. Omne autem citra infinitum potest esse maius. Finis igitur desiderii est infinitus".

che *ratio* unerkennbar bleibt. Der Gottsuchende muss das Dunkel der *coincidentia oppositorum*, den nicht mehr rational erkennbaren Zusammenfall aller von der *ratio* gebildeten Begriffe, annehmen und in eine Eigenschaftslosigkeit eintreten.[59] Gerade aber die verhüllende Finsternis „enthüllt, dass dort ein Angesicht ist, über jeder Verhüllung".[60] Die begriffslose Schau ist demnach nicht *ignorantia*, wie eine Speise, an die der menschliche Geist auf Grund der Unverständlichkeit nicht gelangt, sondern eine Schau der *docta ignorantia* und in der Unerkennbarkeit für den Intellekt wie eine Speise, die niemals vergeht.[61] Sie ist ein unendliches Ziel, gleichsam ein Ziel ohne Ziel, ein Ende ohne Ende (*finis sine fine*). Dadurch, dass der denkende Geist nie an das Ziel der Erkenntnis gelangt, schaut er das Unschaubare vor allen verstehbaren Begrifflichkeiten auf unschaubare Weise.[62]

Cusanus zieht das Sinnbild des Nussbaumes heran, an dem er deutlich macht, dass der Mensch sich von allem Sinnlich-Begrifflichen abwenden, nur zu sich selbst kommen soll. Vom sinnlich erkannten Baum soll zurück zur Idee des Samens und von dieser zur Samenkraft allgemein gefunden werden. Letztendlich soll sich der Geist ganz sich selbst zuwenden, dorthin, wo „nichts mehr von Kraft und Stärke des Samens bleibt",[63] gleichsam in die Koinzidenz all dieser erkannten Begriffe, da in Gottes allem vorangehenden Blick alles zusammenfällt und so nur nichterkennbar zu erkennen ist.

Der Ort der mystischen Theologie ist für Cusanus folglich die Offenbarung Gottes in der Unendlichkeit der Koinzidenz, von der gewusst, die aber nie begrifflich verstanden werden kann. Das Ziel bleibt also in seiner Unendlichkeit unerreichbar, die Unerreichbarkeit selbst, die intellekthafte Bewegung des Geistes nach Erkenntnis stellt jedoch gerade das Ziel dar.

---

59 Wie Cusanus in den Marginalien zu Albertus' Magnus Dionysius Kommentaren anmerkt, ist nach diesem das Dunkel, welches der Geist erreicht, indem er alles Einsehbare übersteigen soll, furchterregend, er schreckt davor zurück, da der Zusammenfall der Gegensätze gleichsam eine Verletzung unserer eigenen Verstandesfähigkeit fordert (vgl. Haubst: Die erkenntnistheoretische und mystische Bedeutung, 177). So schreibt auch Cusanus in *De visione Dei*, c. 9, n. 37: „[…] ut vim mihi ipsi faciam, quia impossibilitas coincidet cum necessitate" (Ich muss „mir selbst Gewalt an[…] tun, weil die Unmöglichkeit mit der Notwendigkeit in eins fällt").

60 De vis. Dei, c. 6, n. 21: „Ipsa autem caligo revelat ibi esse faciem supra omnia velamenta".

61 Vgl. De vis. Dei, c. 16, n. 70.

62 Tilman Borsche formuliert in seinem Aufsatz *Meditative Variation* treffend: „Man könnte die Bewegung der Interminierung der Bestimmtheit eines Begriffs als einen Verlust verstehen. Doch Cusanus versteht sie anders: Diese Entgrenzung ist nicht Auflösung bzw. Vermischung aller Bestimmtheit im Chaos des Ununterschiedenen, sondern versteht sich als Erfüllung. Sie ist einseitig aufwärts gerichtete, einseitig auf den Ursprung hin orientierte Entschränkung" (29).

63 De vis. Dei, c. 7, n. 23: „[…] necesse est me transilire omnem seminalem virtutem, quae sciri et concipi potest, et subintrare ignorantiam illam, in qua nihil penitus maneat virtutis aut vigoris seminalis".

Die Einsicht in die eigene intellektuelle Bewegung des Geistes führt so zu einem Überstieg beider *viae*, in dem der Geist einsieht, dass in Gottes Unendlichkeit alles ist, er selbst endlich bleibt, aber in seiner Endlichkeit an Gott teilhat, dadurch, dass Gott in seiner Unendlichkeit der Koinzidenz immer schon allem vorausgeht: „Deshalb betrachtest du in dir selbst alles […] Dein Blick sieht alles in sich, da er Auge oder lebendiger Spiegel ist".[64]

In Bezug auf die Metapher des Sehens heißt das, wie Werner Beierwaltes aufzeigt, dass die *visio* ein „reziprokes" Geschehen ist, welches „im Grunde doch *ein* Akt ist", in welchem „der Sehende (oder das Sehen) mit dem Gesehenen selbst identisch […], im Sinne eines zeitlos Hervorgegangenen" ist.[65] Das absolute Sehen Gottes ist „nicht als es selbst im anderen", aber „als dessen Wesen".[66] Nur die Schärfung des eigenen Blickes kann demnach zur Einsicht in den unendlichen Blick führen. Am Blick der Ikone wird dies deutlich: Der unendliche Blick geht als jedem Blick wesenhaft dem je individuell beschränkten Blick eines jeden Einzelnen voraus: „Insoweit bin ich nämlich, als Du mit mir bist. Und da Dein Sehen Dein Sein ist, bin ich also, weil Du mich anschaust".[67] So, wie das unendliche Sehen allen menschlichen Sehweisen vorausgeht, so kann der Mensch dadurch, dass er in seine eigene beschränkte Sichtweise Einsicht erlangt, d. h. sich selbst erkennt, Anteil an der alles vorausgehenden Sehweise erlangen und Gott auf nicht erkennende Weise schauen. Dadurch also, dass der Mensch selbst auf höchste geistige Weise, d. h. möglichst weit entfernt von aller Endlichkeit und Begrifflichkeit nicht mehr bei dem was er sieht, sondern bei der Sehfähigkeit des Geistes selbst ist, hat er höchsten Anteil an dem dem eigenen beschränkten Blick unendlich vorausgehenden Blick Gottes. Obwohl der Geist nichts erkennt, sieht er alles, da in der „blendenden Helle der göttlichen *visio* jede Grenze aufgehoben ist", wenn „sie dem Sehen auch nur als Dunkel erscheinen" kann.[68] So bleibt das Ziel als unend-

---

64 De vis. Dei, c. 8, n. 30: „Domine, tu vides et habes oculos. Es igitur oculus, quia habere tuum est esse; ob hoc in te ipso omnia specularis".

65 Beierwaltes: Visio facialis, 15.

66 Beierwaltes: Visio Absoluta, 7.

67 De vis. Dei, c. 4, n. 10: „In tantum enim sum, in quantum tu mecum es; et cum videre tuum sit esse tuum, ideo ego sum, quia tu me respicis".

68 Beierwaltes: Visio facialis, 24; Cusanus bringt in einem Brief an den Abt und die Mönche vom 14.9.1453, Schloß Branzoll in Klausen, im selben Jahre, in welchem er *De visione Dei* an sie richtet, den bekannten Vergleich mit der Sonne an. Der Suchende ‚weiß, dass' es die Sonne gibt, ist doch alles in ihrem Lichte erfüllt, jedoch ‚weiß nicht was' er schaut, da er die Sonne selbst direkt nicht schauen kann, sondern nur in Dunkelheit, da ihr Licht zu hell ist um sie von Angesicht zu Angesicht zu schauen, vgl. Vansteenberghe: Autour de la docte ignorance, 114: „Sicut querens solem, si recte ad ipsum accedit, ob exellenciam solis oritur caligo in debili visu; hec caligo signum est querentem solem videre recte incedere; et si non appareret caligo, non recte ad excellentissimum lumen pergeret" (Ebenso tritt bei einem, der die Sonne sucht, wenn er richtig an sie herangeht, wegen der übergroßen Leuchtkraft der Sonne in der schwachen Sehkraft Dunkelheit ein. Diese Dunkelheit ist ein Zeichen, daß einer, der

liches (*finem infinitum*) dem Denken einerseits ewig verborgen – Cusanus geht nicht von einer visionären, begrifflich benennbaren Gottesschau aus –[69] andererseits kann es in der höchsten Denkfähigkeit als unendliches Sehen, allen Begriffen vorausgehend tatsächlich eingesehen werden. Kommt der Mensch demnach ganz zu sich selbst, d. h. schaut er sich selbst durch sein unendliches Streben an der Unendlichkeit Gottes teilhabend, ist er Gott am nächsten. Wenn demnach der wahren Bindung zu Gott die freie Bindung des Menschen an sich selbst vorausgeht,[70] wird der Mensch offen für Gott (*capax Dei*): „Du hast mir das Sein gegeben Herr, und dieses als ein solches, das sich immerzu aufnahmefähiger machen kann für Deine Gnade und Güte. Diese Kraft, die ich von dir habe, und in der ich ein ‚lebendiges Bild‘ der Kraft Deiner Allmacht besitze, ist der freie Wille.“[71] Wenn sich der Erkennende ganz sich selbst zuwendet, gibt sich Gott ihm. So legt Cusanus Gott folgende Worte in den Mund: „Sis tu tuus et ego ero tuus“ – Sei du dein und ich werde dein sein.[72] Der Mensch sieht

die Sonne sucht und schaut, richtig an sie herantritt. Wenn keine Dunkelheit einträte würde er nicht richtig auf die überaus helle Sonne zugehen); zu diesem Bild vgl. auch *De theologicis complementis.*

69 Die Verborgenheit Gottes ist Antrieb (unendliche Speise) für die unendliche Sehnsucht des Intellekts; eine *visio facialis*, eine mystische Gotteserfahrung von Angesicht zu Angesicht wird in der unendlichen Annäherung nicht erreicht: „Im Vertrauen auf Deine unendliche Güte habe ich mich dieser Entrückung hinzugeben versucht um Dich, den Unsichtbaren, und die unenthüllbare Schau enthüllt zu sehen. Doch wohin ich gekommen bin, – Du weißt es; ich weiß es nicht.“ Trotzdem aber glaubt Cusanus durchaus an eine *unio mystica* als geistig-erlebnishafte Schau Gottes und schreibt weiter: „Und es genügt mir Deine Gnade, durch die Du mich gewiss machst, dass Du unbegreiflich bist, und durch die Du mich zu starker Hoffnung aufrichtest, dass ich, von dir geleitet, zum Genuss Deiner kommen werde.“ Die Schau der ‚Süßigkeit‘ Gottes bleibt so eine eschatologische Wahrheit, von welcher jedoch nach Nikolaus in diesem Leben schon durch den denkenden Geist gekostet werden kann. (De vis. Dei, c. 17, n. 79: „Conatus sum me subicere raptui confisus de infinita bonitate tua, ut viderem te invisibilem et visionem revelatam irrevelabilem. Quo autem perveni, tu scis, ego autem nescio, et sufficit mihi gratia tua, qua me certum reddis te incomprehensibilem esse, et erigis in spem firmam, quod ad fruitionem tui te duce perveniam“; ebd., c. 16, n. 67: „Unde, quia coepi ex tuo mellifluo dono degustare incomprehensibilem suavitatem tuam, quae tanto mihi fit gratior, quanto infinitior apparet, video, quod ob hoc tu, deus, es omnibus creaturis incognitus […]“).

70 Zu dieser Thematik vgl. den Aufsatz von Klaus Kremer: Gottes Vorsehung und die menschliche Freiheit („Sis tu tuus, et Ego ero tuus“), in: MFCG 18 (1989), 227–252.

71 De vis. Dei, c. 4, n. 11: „Dedisti mihi, domine, esse et id ipsum tale, quod se potest gratiae et bonitatis tuae continue magis capax reddere. Et haec vis, quam a te habeo, in qua virtutis omnipotentiae tuae vivam imaginem teneo, est libera voluntas, per quam possum aut ampliare aut restringere capacitatem gratiae tuae […]“.

72 De vis. Dei, c. 7, n. 25. Zur Auslegung dieses Satzes vgl. Kremer: Gottes Vorsehung; Jorge M. Machetta: Kontemplativer Intellekt in dem Cusanischen Wort: „Sis tu tuus et ego ero tuus“, in: Intellectus und Imaginatio. Aspekte geistiger und sinnlicher Erkenntnis bei Nikolaus von Kues (Bochumer Studien zur Philosophie 44), hg. v. João Maria André/Gerhard Krieger/Harald Schwaetzer, Amsterdam/Philadelphia 2005, 19–29; Harald Schwaetzer: „Sei du das, was du willst“. Die christozentrische

in Gott zwar immer nur sich selbst, so wie der Greis Gottes Angesicht als greisenhaft sich vorstellen würde. Aber in dieser abbildhaften Wesenheit, welche in Gott im Zusammenfall der Gegensätze mit allen anderen Wesenheiten als einfache Wesenheit immer schon ist, schenkt sich Gott dem Menschen. Gerade in dieser Erkenntnis also, dass der Mensch sich seiner selbst in seiner eigenen Weise annähern muss, um sich in belehrter Unwissenheit zu üben und der koinzidentellen Schau anzunähern, liegt der Zugang zu Gott.[73] Erkennt der Mensch seine antropomorphe Schau Gottes als Gottes Blick, der dem menschlichen Blick vorausgehend diesen anschaut, kann der Mensch, dadurch, dass er sich selbst formen kann, d. h. sein Sehen reinigen kann und dadurch seinen eigenen endlichen Blick dem unendlichen Blick Gottes immer ähnlicher machen kann, sich Gott nähern.

Nikolaus von Kues macht, wie gezeigt wurde, im ersten Teil seines Traktats *De visione Dei* deutlich, wie Gott durch die Bewegung des eigenen Intellektes berührt werden kann. Er eröffnet eine Intellektmystik, welche rein auf die Erkenntnisfähigkeit des menschlichen Geistes abzielt: Gott wird unerkannt (*ratio*) eingesehen (*intellectus*). Die Unendlichkeit Gottes stellt, obwohl sie für uns unendlich, realitäts- und inhaltslos bleibt, gleichzeitig seine Offenbarung für den menschlichen Geist dar; fern jeder bekannten sinnlichen Realität berührt der Intellekt in einem *raptus mentalis*[74] den unendlichen Gott.

1.2.4 Liebe

Wenn auch die Annäherung an Gott über die sich annähernde Kraft des Intellektes führt, bleibt die Liebe und Gnade auf dem Weg zur Annäherung an Gott bei Cusanus nicht völlig unbeachtet. Cusanus selbst schreibt in seiner an Johannes Wenck gerichteten *Apologia de doctae ignorantiae*, sein Gegner „möge sich nicht einbilden, daß jemand, dem es Gott nicht gegeben habe, durch irgendwelche Anstrengungen zum Mystischen auf-

---

Anthropologie der Freiheit in Sermo CCXXXIX des Nikolaus von Kues, in: Trierer Theologische Zeitschrift 110 (2001), 319–332.

73   Hier könnte gerade darin, dass das eigene Sehen des Menschen, dadurch, dass Gottes Sehen immer schon vorher ist, also kein eigenes, sondern immer Gottes Sehen ist, ein Freiheitsverlust gesehen werden. Beierwaltes: Visio facialis, 19 bemerkt dazu, dass dies aber meine Freiheit nicht aufhebe, mein zu sein, damit auch er mein werde: „[…] mir selbst gehören zu wollen, kann nur durch die denkende, sehende […] Aneignung des eigenen – zuvor schon gegenwärtigen – *Grundes* hindurch überhaupt realisiert werden […] Das *eigene*, individuelle Denken und Tun des Menschen ist dazu herausgefordert, er selbst zu werden und zu sein *im* Bewußthaben des eigenen, *absoluten* Grundes".

74   De vis. Dei, c. 16, n. 70: „[…] in raptu quodam mentalis […]". Es „überfällt den Menschen zuweilen" schreibt Rainer Manstetten: Abgeschiedenheit, in: Theologische Quartalschrift 181, 2 (2001), 112–131, hier 129.

steigen könne".[75] Birgit Helander weist darauf hin, dass „menschliches Wollen und Streben nach einer [...] visio nicht ohne das Mitwirken göttlicher Gnade möglich ist".[76] Jede Hoffnung auf eine Gotteserkenntnis und alles Streben des menschlichen Intellekts rühren aus Gottes Blick, welcher schon immer vor allem ist, und damit aus Gottes Gnade, welche er liebend über den Menschen ergießt.[77]

Nikolaus verdeutlicht die Rolle der Liebe in *De visione Dei* an der göttlichen Trinität:[78] Wie in Gott alle Gegensätze koinzidieren, fallen in ihm auch die drei göttlichen Personen, Vater, Sohn und Heiliger Geist, in eins. In dieser *triunitas* soll Gott als einfachste Einheit und gleichzeitig als dreifaltig erfasst werden. Die Trinität Gottes ist gleichsam paradigmatisch für die *coincidentia oppositorum*; „das Wesen der Trinität", so formuliert Kazuhiko Yamaki in Bezug auf die mystische Suche „liegt für die Einsicht im Bereich von ‚Nichtwissen und Dunkelheit'".[79]

Trotzdem ist die göttliche Dreieinheit mit der göttlichen Einheit identisch, wenn die *ratio* dies auch nicht fassen kann. Die Trinität darf nicht, wenn die menschliche *ratio* es auch verlangen mag, als „numerische Zahl" betrachtet werden, sondern als Prinzip aller Zahlen.[80] In Gott ist die Dreiheit von Sohn, Vater und Geist einfachste Einheit im Zusammenfall der Gegensätze. Die Inkarnation Gottes im Menschen Jesus ist aber gleichzeitig seine Offenbarung. In Jesus ist Gott den Menschen erschienen; er ist damit Gottes höchste Schöpferkunst, da er Gottes Selbstbildnis schlechthin ist und so Gott auf vollkommenste Weise ähnlich ist.[81] Wenn Gott also eins, *sine medio* mit dem Sohn ist, wird damit deutlich, dass Gott sich wesenhaft in seinem Sohn Jesus offenbart, der Gott und Mensch ist. So wird der absolute *deus amans* (liebende Gott) zu einem *deus amabilis* (liebbaren Gott).[82] So wie Gott uns das Sehen Gottes gewährt, indem er uns ewig anblickt und uns so uns selbst schenkt und damit gleichzeitig sich selbst schenkt, gewährt er uns durch seinen Sohn, der das reinste Abbild Gottes ist, dass wir ihn lieben. Der *deus amabilis* ermöglicht, weil

---

75 Apol. doct. ign., n. 30, p. 20: „[...] neque credat studio aliquot quemquam ad haec mystica ascendere posse, cui Deus non dederit" (Übers. Dupré, 561).

76 Helander: Die *visio intellectualis*, 13.

77 Vgl. dazu ferner auch Iris Wikström: The two wings of the eagle, in: El prolema del conocimiento en Nicolás de Cusa: genealogía y proyección (Collección Presencias Medievales serie estudios), hg. v. Jorje M. Machetta/Claudia D'Amico, Buenos Aires 2005, 291–303.

78 Die Dreifaltigkeit Gottes als *triunitas* untersucht Cusanus in De docta ignorantia I, c. 7; zu Cusanus' Trinitätslehre vgl. Felix Resch: Triunitas. Die Trinitätsspekulation des Nikolaus von Kues (Buchreihe der Cusanus-Gesellschaft XX), Münster 2014.

79 Yamaki: Die „manuductio", 287.

80 Vgl. Haubst: Die erkenntnistheoretische und mystische Bedeutung, 184.

81 Vgl. De vis. Dei, c. 25, n. 118; zu diesem Thema vgl. Klaus Reinhardt: Christus, die „absolute Mitte", als der Mittler zur Gotteskindschaft, in: MFCG 18 (1989), 196–220, hier bes. 207ff.

82 Vgl. McGinn: Die Mystik im Abendland, 789.

er reinstes Selbstbildnis Gottes und liebbar ist, den mittelbaren Zugang
zu Gott, denn in Jesus ist der Mensch in der Lage einen Mittler zu Gott
tatsächlich wahrzunehmen. Während Gott unendlich bleibt, kann der
Mensch sich Jesus als offenbartem Gott annähern, da dieser menschlich
ist. Jesus ist gleichzeitig göttlicher Natur, denn „ich sehe, dass Jesus, der
gepriesene Menschensohn mit Deinem Sohn", gemeint ist der Sohn der
triunitas, „aufs höchste geeint ist und dass der Menschensohn mit Dir,
Gott dem Vater, nur durch die Vermittlung Deines Sohnes, des absoluten
Mittlers, geeint werden konnte".[83]

Das Ziel des Menschen ist es demnach, sich Jesus als dem *deus amabilis*
liebend anzunähern, christusförmig (*christiformis*) zu werden und sich somit Gott höchstmöglich anzunähern. Durch diese Annäherung an Jesus
verfolgt der Mensch nichts anderes, als sich selbst als Sohn Gottes zu finden, daher ist sein höchstes Ziel die *filiatio Dei* (Gottessohnschaft). In der
filiatio ist der Mensch mit Jesus, dem Gottessohn, der eins mit Gott ist,
vereint und erfährt durch die Liebe zu Jesus höchste Annäherung an Gott.
Der Mensch soll also Jesus durch liebenden Glauben so ähnlich werden,
dass in der Sohnschaft eine unmittelbare Beziehung, so wie die Beziehung
zwischen Gottessohn und Gott, entsteht. So erfährt der Mensch in der
filiatio höchste Gottähnlichkeit, gleichsam eine Gottwerdung (*theosis*).[84]
Trotz dieser Einswerdung ist die Individualität des Menschen nicht aufgehoben, da der Mensch in Gott so ist, dass er durch Gott gerade er selbst
ist: „Sich selbst aber erkennt er dann", so Cusanus, „wenn er sich in Gott
so, wie er ist, schaut. Das aber findet dann statt, wenn Gott in ihm er
selbst ist. Nichts anderes folglich ist es, alles zu erkennen, als sich als Gott
ähnliches Bild zu sehen, was die Kindschaft ist."[85]

Wieder geht es um die gleiche Forderung aus *De visione Dei*: „Sei du
Dein und ich werde Dein sein". Die liebende Selbstannahme und Orientierung an Jesus ermöglicht es, Gottes Liebe, welche schon immer da ist,
zu erwidern, so wie der göttliche Blick, welcher schon immer da ist, nur
durch größte Hinwendung, durch eine Hinwendung zur intellektualen
Schau und somit in der *docta ignorantia* erwidert werden kann.

1.2.5 Zusammenfassung: Intellekt und Liebe

Dadurch, dass die unendliche Wahrheitserkenntnis durch einen Sprung
in das nichtwissende Dunkel erfolgen muss, kann sie nicht allein auf

---

83   De vis. Dei, c. 19, n. 85: „Et video Ihesum benedictum hominis filium filio tuo
      unitum altissime, et quod filius hominis non potuit tibi deo patri uniri nisi mediante
      filio tuo mediatore absoluto".
84   Vgl. dazu Beierwaltes: Visio facialis, 27f.
85   De fil. Dei, n. 86: „Tunc autem se cognoscit, quando se in ipso deo uti est intuetur.
      Hoc autem tunc est, quando deus in ipso ipse. Nihil igitur aliud est omnia cognoscere
      quam se similitudinem Dei videre, quae est filiatio".

dem Wege der kataphatischen Theologie erreicht werden. Auch reicht die apophatische Theologie nicht aus, welche durch Negation und Läuterung des Sinnlichen zum Unbenennbaren aufsteigen will. Gott, der weder etwas noch nichts ist, steht vielmehr über allem, über „jeder Aufhebung und Setzung" in „Verknüpfung und Zusammenfall".[86] Nur ein Sprung in das eigene Denken, weg von allem *hoc et hoc*,[87] hin zur *docta ignorantia*, führt zum Vorgeschmack der die *via positiva* und *via negativa* übersteigenden Unendlichkeit.[88] Eben dies deutet Cusanus „als die primäre mystische Erfahrung [...]",[89] als intensivsten Akt des sich selbst denkenden Denkens.

Die Liebe und der Glaube an Jesus Christus bleiben für Cusanus wichtige Elemente bei der Gottsuche. Erst durch die allem vorausgehende Liebe Gottes, durch Jesus Christus als die einzige reine Offenbarung Gottes in dieser Welt, zeigt Gott sich als liebbarer Gott. Der Mensch muss sich selbst liebend annehmen und sich so dem reinsten liebbaren Abbild Gottes in der *filiatio* höchstmöglich annähern. Letztlich schließt die Liebe, um die es bei der cusanischen mystischen Theologie geht, den Intellekt keineswegs aus, sondern scheint vielmehr Zusatz zu sein: Um zu lieben, muss der Mensch etwas erkennen, um vollends zu erkennen, muss der Mensch lieben. Die Liebe vollendet gleichsam die intellekthafte Annäherung an Gott, sie geht mit dem Erkenntnisstreben einher.

1.3 Die Bedeutung der Weltzugewandtheit für die mystische Theologie des Cusanus

In *De visione Dei* wird deutlich: Cusanus kommt es auf die kognitiven Fähigkeiten des Menschen an. Jedoch scheint, insofern *De visione Dei* für sich betrachtet wird, diese kognitive Fähigkeit sich allein auf den in sich versunkenen, sich selbst betrachtenden Geist zu beschränken – fernab aller Begrifflichkeit ist der Geist dem über allem menschlich erfassbarem Gott am nächsten. Die *mystica theologia*, wie sie in *De visione Dei* vorgestellt ist,

---

[86] Vgl. De ven. sap., c. 30.

[87] Cusanus benutzt diese Wendung zwar bloß einmal in seiner *Apologia de doctae ignorantiae*, n. 38: „hoc et hoc esse" (So- und So-Sein), er lehnt bei diesem Gedanken jedoch sicherlich an Meister Eckhart an, welcher in *Expositio libri sapientiae* beim Thema der Abgeschiedenheit davon spricht, man müsse dieses und jenes beseitigen „tolle hoc et hoc", vgl. Meister Eckhart: Expositio libri sapientiae (Meister Eckhart: Die deutschen und lateinischen Werke 2), hg. u. übers. v. Heribert Fischer [u. a.] Stuttgart 1992, 433, cap. 7 v 11a, lin. 5.

[88] Hoye: Die mystische Theologie, stellt in seinem Kapitel zur absoluten Unendlichkeit dar, inwieweit Cusanus „Unendlichkeit in einem neuen Sinn verwendet, der nicht das Ergebnis der negativen Theologie bedeutet, sondern diese transzendiert und als die *absolute* Unendlichkeit bezeichnet wird" (51). Zum Begriff der absoluten Unendlichkeit Gottes bei Cusanus vgl. Kapitel 2.2.2 dieser Arbeit.

[89] Haubst: Die erkenntnistheoretische und mystische Bedeutung, 177.

scheint trotz des anfänglichen Versprechens einer *facilitas* wenig greifbar. Während es um kontemplative Versenkung und Entrückung im eigenen Geist zu gehen scheint, rückt die *manuductio* über das sinnliche Bild der *eicona Dei*, an der das Sehen Gottes deutlich wird, schnell in den Hintergrund. Allein auf der Basis von *De visione Dei* könnte es somit scheinen, dass nach Cusanus, wie auch Bernard McGinn aufzeigt, der ideale Zustand, der zur höchsten Annäherung Gottes führt, „ein kontemplatives Leben in Zurückgezogenheit von der Welt sei, wie es bei den Mönchen vom Tegernsee zu finden ist, an welche *De visione Dei* gerichtet ist".[90]

Zwar wurde wissenschaftliche Bildung in den Klöstern durchaus gefördert; wie oben dargelegt wurde für einen Ausgleich zwischen Gottstreben und Bildungsstreben gesorgt und nicht zuletzt durch Schulgründungen und Lehrtätigkeiten an den Universitäten gepflegt.[91] Ebenso war der Einfluss der Klöster auf die Entwicklung der Naturwissenschaft nicht unerheblich. „Was man der Kirche auch im einzelnen vorwerfen mag", so ist, nach Ulrich Hoyer, „der Einfluss der mittelalterlichen Orden auf die Pflege der Naturwissenschaft und ihre Fortschritte durchaus förderlich gewesen".[92] Im Spätmittelalter pflegten darüber hinaus immer mehr Orden das Ideal der *vita activa*; nicht nur weltliche Seelsorge, sondern auch Kirchenpolitik und andere Fragen der praktischen Philosophie standen auf dem Programm. Auch Bernard von Waging etwa, der Prior des Klosters Tegernsee, der die *vita contemplativa* vehement verteidigte, räumt letztlich ein, dass die *vita activa* im Sinne der seelsorgerischen Tätigkeit unentbehrlich sei, und unterstützt Nikolaus tatkräftig bei seinen Vorhaben zu kirchlichen Reformen.[93] Diese Lebensbereiche der geistigen Bildung durch Welterkenntnis entsprachen jedoch nicht der Gottsuche als solcher, die überwiegend in Gebet und Kontemplation geübt wurde. „Wenn es also ein Problem gibt", so schätzt Jean Leclercq ein,

> „dann deswegen, weil die Schwierigkeit den Charakter einer Spannung zwischen zwei Elementen hat, deren Ausgleich stets gefährdet ist [...] auf der einen Seite Bildungsstreben und auf der anderen das ausschließliche Streben zu Gott, die Sehnsucht nach dem

90   McGinn: Würde und Gottebenbildlichkeit, 11.
91   Vgl. Peter Schulthess/Ruedi Imbach: Die Philosophie im lateinischen Mittelalter. Ein Handbuch mit einem bio-bibliographischen Repertorium, Düsseldorf/Zürich 2002, 232ff.
92   Ulrich Hoyer: Die Stellung des Nikolaus von Kues in der Geschichte der neueren Naturwissenschaft, in: Nikolaus von Kues. Vordenker moderner Naturwissenschaft? (Philosophie Interdisziplinär 17), hg. v. Klaus Reinhardt/Harald Schwaetzer, Regensburg 2003, 25–44, hier 27; zur Entwicklung der Naturwissenschaft im Mittelalter vgl. Kap. 2.1 dieser Arbeit.
93   Vgl. dazu Paul Wilpert: Vita contemplativa und vita activa. Eine Kontroverse des 15. Jahrhunderts, in: Passauer Studien. Festschrift für Bischof Dr. Dr. Simon Konrad Landesdorfer OSB zum 50. Jahrestag seiner Priesterweihe, darg. v. d. Phil.-Theol. Hochschule Passau, Passau 1953, 209–227.

ewigen Leben, folglich die Loslösung von allen anderen Dingen einschließlich des Bildungsstrebens."[94]
Bei Nikolaus verhält sich dies gerade anders, und Karl Jaspers' These, Nikolaus' praktisches Leben habe nichts mit seinem meditativen oder theoretischen Leben zu tun, ist nicht haltbar:[95] Für die Intellektmystik des Cusanus ist Erkenntnis von Welt und die damit einhergehende geistige Bildung als unendliche Bewegung des Intellekts unentbehrlich.[96] Nach Cusanus muss die *mystica theologia* immer auch praktische Lebenserfahrung in der Welt sein, damit über den geistlich-klösterlichen Lebensbereich hinausgehend und das Leben in seiner ganzen Fülle umfassend: Bildung, Übung und Schulung der geistigen Vermögen führen zu höchster intellekthafter Tätigkeit und so zu einer Rückwendung des Geistes auf sich selbst, in dessen unendlicher Bewegung Gottes Unendlichkeit berührt werden kann.

In der Weiterbildung des Geistes durch Erkenntnis in allen Lebensbereichen liegt Cusanus zufolge die Fähigkeit des Geistes sich gottähnlich zu machen und Gott zu erkennen.

Diese Form einer *cognitio Dei experimentalis*, einer Erkenntnis Gottes durch Erfahrung – allerdings Erfahrung in Welterkenntnis – soll im Folgenden anhand der beiden ersten *Idiota*-Dialoge, der Schrift über die Weisheit (*De sapientia*), welche einen mystischen Duktus aufweist, und der erkenntnistheoretischen Schrift über den Geist (*De mente*) näher erläutert werden.

1.3.1 Über den Geist und die Weisheit (De mente, De sapientia)

Das Ziel bei der Gottsuche, so wurde in *De visione Dei* deutlich, sei die absolute koinzidierende Schau alles Wissbaren im unendlich nach Gott strebenden Intellekt: „O Gott, wohin hast du mich geführt, daß ich sehe: Dein absolutes Angesicht ist das natürliche Angesicht, das die absolute Seiendheit jedes Seins ist, die Kunst und das Wissen alles Wißbaren".[97]

In den ersten beiden, von der Forschung meistbehandelten, Laien-Dialogen *De sapientia* und *De mente* schaut Cusanus drei Jahre vor der Abfassung von *De visione Dei* unter einem anderen Gesichtspunkt auf das Thema der Intellektmystik. Im ersten Teil der Trilogie, den beiden

---

94 Leclercq: Wissenschaft und Gottverlangen, 32f.
95 Vgl. Jaspers: Nikolaus Cusanus, 189–211.
96 Dieser Meinung sind auch Harald Schwaetzer/Klaus Reinhardt: Die Kirchenkritik der Mystiker, Prophetie aus Gotteserfahrung (Studien zur christlichen Religions- und Kulturgeschichte), hg. v. M. Delgado/G. Fuchs, Sonderdruck, Stuttgart 2008, 39–57, hier 41f. Schwaetzer und Reinhardt untersuchen gerade diesen Sachverhalt und die Tragfähigkeit der Verneinung desselben durch Karl Jaspers.
97 De vis. Dei, c. 7, n. 24: „O deus, quorsum me perduxisti, ut videam faciem tuam absolutam esse faciem naturalem omnis naturae, esse faciem, quae est absoluta entitas omnis esse, esse artem et scientiam omnis scibilis".

Büchern des Dialogs *De sapientia*, setzt Nikolaus sich mit der Suche nach der höchsten Weisheit, die Gott ist, auseinander und damit, wie Gott benannt werden kann. In dieser Schrift wird trotz ihres mystischen Duktus (*De visione Dei* ähnelnd) deutlich: Die Wahrheit hinterlässt ihre Spuren überall in der Welt, d. h. die Welt, nicht die Zurückgezogenheit im Geiste, ist letztlich der Ort, an dem die Gottsuche beginnen muss. Im darauf folgenden Dialog über den Geist wird dieses noch unterstützt: Die Erkenntnislehre des Cusanus, so wird deutlich, steht in engem Zusammenhang mit der mystischen Weisheitslehre von *De sapientia*. Während zunächst ein kurzer Blick auf *De sapientia* geworfen wird, soll die Erkenntnislehre des Cusanus in *De mente* im Hinblick auf die mystische Bedeutung ausführlicher diskutiert werden.

Im ersten Buch des ersten Dialoges *De sapientia* lässt Cusanus den *idiota* selbstbewusst an den nach Weisheit suchenden *orator* herantreten. Der Laie vergleicht den Gelehrten zu Anfang mit einem Pferd, das, so der Laie, nur frisst, was es vorgesetzt bekommt und deshalb keine „natürliche Nahrung" (*naturali alimento*)[98] zu sich nimmt. Er staunt über den Hochmut, den der *orator* trotzdem an den Tag legt. Die „natürliche Nahrung" entspricht der selbständigen Erkenntnis durch geistige Tätigkeit, welche nicht auf gleiche Weise durch Bücherwissen (das vorgesetzte Fressen) erreicht werden kann. Der Laie betont, dass die Weisheit in der alltäglichen, von Gott geschaffenen Welt gefunden werden kann, wenn diese nur in ihrer Wahrheit zu erkennen versucht wird. Das Denken des Redners, so der *idiota*, sei gleichsam gebunden an das Autoritätenwissen,[99] von welchem er sich befreien müsse, um fähig zu sein, frei und selbständig zu denken. Nicht durch die unnötig ausgeschmückten Bücher, sondern in den Büchern Gottes gelange er zur höchsten Weisheit.[100] Cusanus wendet sich in diesen Aussagen gegen den Universitätsaristotelismus und drückt seine Wertschätzung für jene Denker aus, welche sich unabhängig von überliefertem Wissen und Denken selbst der naturgemäßen Nahrung widmeten.[101] Durch die Erkenntnis und Erfahrung der Dinge selbst werde der Mensch auf leichte Weise zu „verblüffter Bewunderung", einem Stau-

---

98   De sap. I, n. 3.
99   Vgl. Flasch: Nikolaus von Kues, 254.
100 De sap. I, n. 4: „Non ex tuis, sed ex Dei libris". Cusanus wendet sich, wie Flasch: Nikolaus von Kues, 270 darstellt, gegen die Rhetorikkunst (*ars oratoria*), welche hier für formale Artistik und Bücherwissen allgemein steht.
101 Vgl. Flasch: Nikolaus von Kues, 154; vgl. auch Tilman Borsche: Reden unter Brüdern. Diskurstheoretische Bedingungen der Konkordanz bei Nikolaus von Kues, in: Conflict and Reconciliation: Perspectives on Nicholas of Cusa (Brill's Studies in Intellectual History 126), hg. v. Inigo Bocken, Brill [u. a.] 2004, 9–27. Borsche zeigt hier eine Verwandtschaft der philosophischen und literarischen Kommunikation des Cusanus mit einer Kommunikationspraxis auf, wie sie innerhalb der *Devotio moderna* gepflegt wurde und verweist ausdrücklich auf die Ablehnung der Disputationskunst der Aristoteliker sowohl vonseiten des Nikolaus als auch vonseiten der Brüder (12, 14).

nen[102] und dadurch „zu der Weisheit hin als zu ihrem eigentlichen Leben", ihrer „nicht ausgehende[n] Speise",[103] „ihrem wahrsten Urbild"[104] geführt, da das Streben nach dem Vorgeschmack der Weisheit dem menschlichen Geiste zu eigen sei.[105] In mystischem Duktus, vorausweisend auf das später entstandene Werk *De visione Dei*, wird vom Laien dargelegt, dass die höchste Weisheit, welche Gott ist, auf leichte Weise zu finden sei, da Gottes Buch, in dem wir lesen sollen, überall sei (*ubique*) und die Dinge in der Welt abbildhaft Gottes Urbild widerspiegelten.[106]

Wie in *De visione Dei* wird deutlich: Es kommt auf die kognitiven Fähigkeiten des Geistes an. Zudem wird jedoch an *De sapientia* unmissverständlich klar, dass die Fähigkeiten des Geistes sich allein in der Welt, nicht im Rückzug von ihr entfalten und ausbilden können. Der zentrale Satz des Werkes macht dies deutlich: „[...] ‚sapientia foris' clamat ‚in plateis' [...]".[107] Nicht an der Universität oder am Hofe,[108] sondern auf dem Marktplatz, einem Ort in der täglichen Welt, auf dem Cusanus methodisch geschickt seinen Dialog beginnen lässt,[109] ruft die Weisheit. Höchste Wahrheit ist demnach überall.

Gemeinsam mit dem *orator* in einer Barbierstube sitzend und den Marktplatz betrachtend, macht der Laie deutlich: Zwar kann mit Hilfe der Unterscheidung des Verstandes gezählt, gemessen und gewogen werden, jedoch kann das Prinzip des Zählens, Messens und Wiegens – die Eins, die Unze und das Petit – nicht erfasst werden: So wie auch in *De visione Dei* deutlich wird, kann der menschliche Geist das zu Unterscheidende rational begreifen; das allem zu Begreifenden Vorausgehende jedoch bleibt dem menschlichen Begreifen verborgen. Trotzdem aber, so eröffnet der Laie, kann in all diesen scheiternden Versuchen durch das Messen, das Wiegen und das Zählen das vorangehende Prinzip erahnt werden. Der Laie macht dies deutlich am Wort *sapientia*, welches von *sapere* (schmecken) stammt.[110] Je mehr nach der Weisheit in ihren endlichen Spuren gesucht werde, desto besser könne ein Vorgeschmack (*praegustatio*) der unendli-

---

102 De sap. I, n. 17: „Ex stupida admiratione sensum relinquens insanire facit animam, ut cuncta praeter eam penitus nihili faciat".
103 De sap. I, n. 11f.
104 De sap. I., n. 24.
105 Vgl. De sap. I, n. 19, n. 26.
106 De sap. I, n. 4.
107 De sap. I, n. 3, vgl. Prov. 1,20.
108 Vgl. Pauline Moffit Watts: Nicolaus Cusanus. A Fifteenth-Century Vision of a Man (Studies in the History of Christian Thought VI, XXX), Leiden 1982, 119.
109 Obwohl Cusanus schon vorher die Dialogform nutzte, fällt bei den *Idiota*-Schriften auf, dass sie zum ersten Mal einen Ort in der Welt haben, was die Betonung der Wichtigkeit der Welt und Natur noch deutlicher macht, vgl. Flasch: Nikolaus von Kues, 234.
110 Zum Terminus des Schmeckens vgl. den Anfang des Kapitels zum ‚aenigmatischen Experiment' (Kap. 3.1.3) in dieser Arbeit.

chen Weisheit geschmeckt werden: Höchste Wahrheit ist überall; wenn
sie auch nur auf unschmeckbare Weise geschmeckt[111] werden kann, „mit
allem Maß unmessbar und mit aller Grenze unbestimmbar"[112] ist, so kann
sie in einem Durchschauen der begrifflichen Entitäten – auf aenigmatische Weise – erahnt werden. Dies macht der gesamte Ausspruch des Laien
deutlich: „Die Weisheit ruft auf den Straßen, und es ist ihr Rufen, daß sie
in den höchsten Höhen wohnt".[113]

Der *orator* scheint mit den Ausführungen des Laien, die hier nicht
weiter erörtert werden sollen, obwohl er sie bewundernswert findet (*in
summa admiratione*),[114] nicht viel anfangen zu können. Cusanus verfasst
drei Wochen später den zweiten Teil des Buches[115] und lässt den *orator*
den Laien erneut aufsuchen. Der Redner bittet den Laien um Hilfe, da es
andernfalls wenig nutzen werde, wie er sagt, „so viele hohe Betrachtungen
[…] gehört zu haben".[116] Er fragt sich, was ihm das Erfassen der Dinge in
der Welt, gleichsam das Wiegen, Messen und Zählen bringen soll, wenn
Gott „doch größer ist, als dass er begriffen werden könnte".[117] Wie soll er
sich vom Unbegreiflichen einen Begriff bilden?[118] Die Antwort des Laien
lautet, Gott sei der Begriff der Begriffe, somit die absolute Wahrheit. Im
Begriff der Begriffe fallen alle gegensätzlichen Begriffe zusammen und so
sei es nötig, sich den Begriff vom Begriff zu bilden, um durch eine *facilitas*
zum absoluten Begriff, der die Wahrheit ist, zu gelangen. Der *orator* erkennt richtig, dass es die *mens humana* ist, die Begriffe bildet: „Nonne
mens est quae concipit?"[119] Der *idiota* bestätigt, dass die *mens* fähig sei,
Begriffe zu bilden, gar in ihrer Tiefe (*profunda*) „einen Begriff vom absoluten Begriff oder Begriff an sich",[120] was der Annäherung an die höchste
Weisheit gleichkommt. Durch einfache Begriffsbildung dessen, was der
Laie auf den Straßen und Gassen sieht, d. h. letztendlich durch Erkenntnis
in der Welt, will er zur Koinzidenz aller Erkenntnisse gelangen:[121] Da man
„in dem […] was Mehr und Weniger aufnimmt, […] keinen Begriff von

---

111   Vgl. De sap. I, n. 10.
112   De sap. I, n. 9.
113   De sap. I, n. 3: „[…] ‚sapientia foris‘ clamat ‚in plateis‘, et est clamor eius, quoniam ipsa
       habitat ‚in altissimis‘".
114   De sap. II, n. 28.
115   Vgl. Flasch: Nikolaus von Kues, 252.
116   De sap. II, n. 28: „[…] parum proderit tot altas a te audisse theorias".
117   De sap. II, n. 28: „Ex quo deus est maior quam concipi possit […]".
118   De sap. II, n. 28: „[…] quomodo de ipso facere debeam conceptum?".
119   De sap. II, n. 34: „Ist es nicht der Geist, der begreift?".
120   De sap. II, n. 35: „[…] hic facit conceptum de per se seu absoluto conceptu".
121   Tatsächlich taucht der Begriff *docta ignorantia* als solcher in den gesamten *Idiota*-
       Dialogen nicht auf. Trotzdem ist hier das gleiche Prinzip am Werk, wenn Cusanus es
       auch im Gegensatz zu seinem zehn Jahre früher verfassten Werk *De docta ignorantia*,
       positiv wertet. Eine Einsicht in die Koinzidenz kann im menschlichen Geist nur
       im Zuge der belehrten Unwissenheit geschehen, Gott selbst in seiner Unendlichkeit
       bleibt verborgen.

Gott bilden [darf]",[122] leitet der Laie den *orator* an, den „Ruf der Weisheit auf den Straßen und Gassen [...] auf die höchsten Höhen, wo die Weisheit wohnt",[123] zu übertragen.

Das auf *De sapientia* folgende Werk *De mente*, worin Nikolaus die begriffliche Erkenntnisfähigkeit des menschlichen Geistes thematisiert, verdeutlicht, inwiefern Welterkenntnis Voraussetzung für die Gottsuche ist, wie in *De sapientia* thematisiert. Erst durch die positive, der Welt zugewandte Geistestätigkeit kann es zu einer Selbstfindung des Geistes, wie sie in *De visione Dei* begegnet, kommen. In *De mente* erläutert Cusanus, wie Erkenntnis seines Erachtens vonstatten geht und wie letztendlich der absolute Begriff vor jeder Begrifflichkeit (*conceptus absolutus*) durch begriffliche Geistestätigkeit erreicht werden kann. Er geht so vor, dass er die Fähigkeiten des Geistes insgesamt (*sensus, imaginatio, ratio*) analysiert, woraus letztlich auf die Fähigkeit des Intellekts und darüber auf die mystische Geisterkenntnis geschlossen werden kann, welche in *De visione Dei* Hauptthema sind.

1.3.2 Fähigkeit der *mens humana*

In *De mente* belehrt der Laie zwei Schüler. Neben dem *orator* sucht ihn ein Philosoph auf, der auf der Suche nach Büchern über den Geist ist. Er fragt den Laien, der in diesem Dialog Künstler und Handwerker ist, um Rat bezüglich seiner Unklarheiten über den Begriff der *mens*. Cusanus unterscheidet drei verschiedene Bedeutungen der *mens*:

> 1. *mens divina* als *mens infinita*; der göttliche Geist, aus dessen ewiger, allem vorausgehender Bewegung die *explicatio* der geschaffenen Dinge als Vielheit hervorgeht;

> 2. mens als körperverwaltender Geist, als Seele und somit in Funktion (*mens ex officio*);[124]

> 3. *mens humana* als der menschliche Geist, auf dessen Stufe auch die engelhaften Geister stehen (*mens per se*).[125]

Da in diesem Zusammenhang der menschliche Geist von Bedeutung ist, werden im Folgenden die Fähigkeiten der *mens humana* als (2.) *mens ex*

---

[122] De sap. II, n. 38: „In his igitur, quae recipiunt magis et minus, non est de deo conceptus formandus".
[123] De sap. I, n. 7: „Hunc clamorem sapientiae in plateis transfer in altissima, ubi sapientia habitat, et multo delectabiliora reperies quam in omnibus ornatissimis voluminibus tuis".
[124] Vgl. De mente, n. 51.
[125] Vgl. De mente, n. 103.

officio, bei der sich der Geist des Körpers als Instrument bedient und welche für die naturwissenschaftliche Erkenntnis zuständig ist, sowie der *mens*
per se (3.), bei welcher sich der Geist seiner selbst als Instrument bedient[126]
und über welche letztendlich eine Annäherung an Gott stattfinden kann,
behandelt werden.[127] Die gegenseitige Abhängigkeit dieser beiden Bedeutungen von *mens* steht dabei im Vordergrund.[128]

Wie der *orator* in *De sapientia* richtig feststellt, ist es also die *mens*,
die sich Begriffe über die Welt bildet. Der Philosoph fragt den Laien,
wie dies vor sich gehe und was er von den gegensätzlichen Meinungen
des Aristoteles und des Platon zum Thema Erkenntnis halte. Bei Erste-
rem kommt der Geist einer *tabula rasa* gleich, die mit Inhalten aus der
extramentalen sinnlichen Welt, durch die Sinnesorgane aufgenommen,
,gefüllt' werden müsse; bei Letzterem hat der Geist angeborene Ideen
schon in sich, welche er jedoch durch die Last der Leiblichkeit verliert
und durch die Sinne zu einer Wiedererinnerung an die *ideae innatae*, die
eingeborenen Ideen, angeregt wird. Wie in *De visione Dei* schon deutlich
wurde, werden der *mens* verschiedene Vermögen zugesprochen. Wenn im
cusanischen *De visione Dei* die *ratio* (der Verstand) und der *intellectus* (die
einsehende Vernunft), welcher letztendlich zu einer *visio* als nicht-erken-
nende Erkenntnis führt, im Mittelpunkt stehen, und der *sensus*, die einfache Sinneswahrnehmung sowie alle rationalen Begriffe zurückgelassen
werden sollen, stellen trotzdem alle Vermögen des Geistes zusammen die
vier „Leitern der Erkenntnis"[129] bei Cusanus dar. Sie stehen in engem Zusammenhang, weshalb die cusanische Erkenntnislehre letztlich weder auf
rein platonische noch auf rein aristotelische Weise gelesen werden kann.[130]

Die Erkenntnis des *sensus* bleibt nach Cusanus konfus (*confuse*), denn
der Gesichtssinn nimmt „sozusagen in einem Klumpen und ungeordnet

---

126 De mente, n. 105: „Unde mens respiciendo ad suam simplicitatem ut scilicet est
non solum abstracta a materia, sed ut est materiae incommunicabilis seu modo
formae inunibilis, tunc hac simplicitate utitur ut instrumento […]".

127 Diese Tradition der verschiedenen Vermögen und *instrumenti* des Geistes bei Cusanus
legt Cecilia Rusconi mit Blick auf Thierry von Chartres zweites Buch des *Librum*
hunc dar, vgl. Rusconi: Commentator Boethii ‚De Trinitate' […] ingenio clarissimus.
Die Kommentare des Thierry von Chartres zu *De Trinitate* des Boethius als Quellen
des Cusanus, in: MFCG 33 (2012), 247–290, bes. 272ff.

128 Im Folgenden ist mit *mens* die *mens humana* im Gegensatz zur *mens divina* gemeint.

129 So nennt Marco Böhlandt: Verborgene Zahl – verborgener Gott. Mathematik und
Naturwissen im Denken des Nicolaus Cusanus (1401–1464) (Sudhoffs Archiv: Beihefte 58), Stuttgart 2009, sein Kapitel zu den Vermögen der *mens*.

130 Im Folgenden sollen die vier Ekenntnisstufen des Cusanus, *senus – imaginatio – ratio*
– intellectus, einzeln beleuchtet werden. Es ist jedoch im Blick zu behalten, dass eine
strikte Abgrenzung der einzelnen Geistesvermögen nicht von Cusanus vorgesehen ist,
sondern Erkenntnis eine ständige Wechselwirkung von Auf- und Abstieg des *sensus*
zum *intellectus* und des *intellectus* zum *sensus* voraussetzt. Wenn im Folgenden mit dem
sensus, welcher zum *intellectus* aufsteigt, begonnen wird, so erfolgt dies aus methodischen und darstellerischen Gründen.

das Entgegenstehende wahr[…]“.[131] Aus der sinnlichen Wahrnehmung als ‚Klumpen' von Eindrücken kann keine unterscheidende Erkenntnis gezogen werden. Im früheren Werk *De coniecturis* erläutert Nikolaus dies in Bezug auf den Gesichtssinn ausführlicher: „Das erfahren wir z. B.“ so erklärt er, „wenn wir einen Vorübergehenden nicht erkennen, weil wir uns etwas anderem zugewandt haben. Der Sinn erfasst das Sinnending, das zu ihm aufsteigt, nur undeutlich […]“.[132] Diese undeutlichen und groben (*confusa atque grossa*)[133] sinnlichen Eindrücke, die durch den Gesichtssinn aufgenommen werden, nennt Nikolaus *imaginatio*. Nikolaus stuft die Sinne, die den Reiz (*excitari*) der extramentalen Dinge der *imaginatio* vermitteln, nicht, wie Platon, negativ ein. Nach Cusanus sind anerschaffene Begriffe der Seele nicht verdrängt worden; man darf, so Nikolaus, „nicht glauben, der Seele seien Begriffe anerschaffen gewesen, die sie im Leib verloren hat, sondern, dass sie des Leibes bedarf“.[134] Der organische Körper ist demnach, und darin folgt Cusanus Aristoteles, unentbehrlich, da der menschliche Geist „zu seinem Besten von Gott in diesen Leib gesetzt worden“[135] ist. Der *sensus* ist Informationsquell für die *imaginatio* und erste Anregung für die Kraft des Geistes, welche anfangs einem Schlafenden gleicht, bis ihr Leben „durch das Staunen, das aus dem Sinnenfälligen entsteht, angeregt wird, daß es sich bewegt“.[136] Die *imaginatio* kann allerdings auch Gegenstände vorstellen, ohne dass diese tatsächlich als zu Erkennendes in der Welt entgegentreten. Die Vorstellung als solche bleibt so ungeordneter Eindruck: „Es verhält sich nämlich die Vorstellung bei Abwesenheit der sinnlich wahrnehmbaren Dinge wie irgendein Sinn ohne Unterscheidung der Sinnendinge. Denn er [sic!] gleicht sich den abwesenden Sinnendingen unbestimmt an, ohne dass er einen Zustand vom anderen unterschiede“.[137] Die *imaginatio* ist frei und unabhängig, sie kann sich aus der Sinneninformation alles vorstellen; der *sensus* bejaht nicht, noch verneint er.[138]

---

[131] De mente, n. 82: „Nosti enim visum de sua propria natura non discernere, sed in globo quodam et confuse sentire obstaculum […]“.

[132] De coni., n. 157: „Hoc quidem experimur, dum circa alia intenti praetereuntem non discernimus. Sensus enim confuse capit sensibile in ipsum ascendens […]“.

[133] De coni., n. 32.

[134] De mente, n. 77: „Non est igitur credendum animae fuisse notiones concreatas quas in corpore perdidit, sed quia opus habet corpore […]“.

[135] De mente, n. 77: „[…] mens nostra in hoc corpus a deo posita est ad sui profectum“.

[136] De mente, n. 85.

[137] De mente, n. 100: „Habet enim se imaginatio in absentia sensibilium ut sensus aliquis absque discretione sensibilium. Nam conformat se absentibus sensibilibus confuse absque hoc, quod statum a statu discernat“. Vgl. Schwaetzer: Die methodische Begründung, 88.

[138] Zur Rolle der *imaginatio* bei Cusanus vgl. Harald Schwaetzer: Die intellektuelle Anschauung als methodisches Prinzip einer naturwissenschaftlichen »scientia aenigmatica«. Anmerkungen zur Konzeption von Wissenschaft bei Cusanus und Prolegomena eines systematischen Bezugs zum Deutschen Idealismus, in: MFCG 29 (2005), 247–261; ders.: Die methodische Begründung.

Die willkürliche, da nicht determinierte *imaginatio* kann jedoch von anderer Seite betrachtet werden. Die *ratio*, als eine Kraft des Geistes, kann zu den wirren Vorstellungen hinzutreten und diese gleichsam ordnen: „Aber im Denken gleicht er [der Geist] sich den Dingen mit Unterscheidung des einen Zustandes vom anderen an".[139] Die aus *De visione Dei* bekannte *ratio* geht vergleichend an das *confuse* der Wahrnehmung heran und generiert durch die Beurteilung der Sinne eine geordnete Vorstellung des Wahrgenommenen. In Hinwendung zur *imaginatio* betrachtet sie diese unterscheidend und kommt, indem sie Verknüpfungen und Kategorien herstellt, indem sie verneint und bejaht, indem sie Widersprüche ausschließt und durch logisches Unterscheiden des Mehr oder Weniger in der Welt das Wahrgenommene begrifflich ordnet, zu einer Erkenntnis. Wenn Cusanus schreibt, es sei der Geist, der sich in seinem rationalen Vermögen den Dingen zuwendet, so bedeutet dies, dass das höchste Vermögen des Geistes, der *intellectus*, bereits beteiligt ist: Bei der Erkenntnis nach Cusanus geht es immer um eine Wechselwirkung, eine gegenläufige Bewegung von Auf- und Abstieg.[140] So wie demnach der *sensus* sich nach ‚oben' richtet, um über die *ratio* in den *intellectus* zu gelangen, so richtet sich der *intellectus* ebenso nach ‚unten' zum *sensus*, um seine Erkenntnis immer mehr zu erweitern. Der *sensus* tritt über die *ratio* den Aufstieg an, der *intellectus* wendet sich seiner unterstehenden Kraft der *ratio* und letztlich dem *sensus* zu.[141] Dieses

---

[139] De mente, n. 100: „Sed in ratione cum discretione status a statu se rebus conformat".

[140] Vgl. Anmerkung 157.

[141] Die Wechselwirkung der neuplatonischen Auf- und Abstiegsbewegung macht Cusanus bspw. in *De coniecturis* deutlich, n. 107: „Advertendum autem tibi est non esse aliud lucem descendere quam tenebram ascendere […] Intellectuali igitur acumine ascensum descensui copula, ut verius coniectureris" („Allerdings mußt du darauf achten, daß der Abstieg des Lichtes und der Aufstieg der Finsternis ein und dasselbe sind […] Mit scharfem Verstand verbinde den Aufstieg mit dem Abstieg, auf daß du wahrere Mutmaßungen erhälst"); n. 134: „Ad cuius unionem pergere est secundum naturam suam intellectualem sursum agere atque in hoc motu quiescere, uti ratio in ipsa quiescit intelligentia, ad quam non nisi per intelligentiae descensum et luninis sui participatam immissionem ascendere potest." („Zur Vereinigung mit dieser zu gelangen, bedeutet – der Natur des Verstandes entsprechend – nach oben zu wirken und in dieser Bewegung zu ruhen, so wie die Vernunft in der Intelligenz ruht, zu der sie nur hinaufsteigen kann, wenn die Intelligenz herabsteigt und ihr Licht aussendet und mitteilt"); n. 159: „Descendit unitas intellectus in alteritatem rationis, unitas rationis in alteritatem imaginationis, unitas imaginationis in alteritatem sensus. Complica igitur ascensum cum descensu intellectualiter, ut apprehendas. Non est enim intentio intellectus, ut fiat sensus, sed ut fiat intellectus perfectus et in actu; sed quoniam in actu aliter constitui nequit, fit sensus, ut sic hoc medio de potentia in actum pergere queat. Ita quidem supra se ipsum intellectus redit circulari ‚completa reditione'" („Die Einheit des Verstandes steigt in die Andersheit der Vernunft, die Einheit der Vernunft in die Andersheit des Vorstellungsvermögens, die Einheit des Vorstellungsvermögens in die Andersheit der Sinne ab. Falte also den Aufstieg mit dem Abstieg nach Art des Verstandes zusammen, damit du es richtig erfassest. Es ist ja nicht die Absicht des Verstandes, Sinn zu werden, sondern vollkommener und

Modell wird später bei der Betrachtung der kreativen Entfaltungskraft des Geistes näher betrachtet.

Cusanus spricht der ordnenden *ratio* ein Urteilsvermögen über die Sinne zu; in *De mente* spricht er von einer angeborenen Urteilskraft (*iudicium concreatum*):[142] „Diese Urteilskraft ist dem Geist von Natur aus anerschaffen".[143] Platons Ansatz der anerschaffenen Ideen ist somit ebenso wie der aristotelische Ansatz in der cusanischen Auffassung vertreten. Zum einen kann diese Bezeichnung der Urteilskraft in *De mente* auf die *ratio* bezogen werden: Die *ratio* ist dem Menschen angeborene Urteilskraft, welche über die Sinne urteilt, um zu einer rationalen Begiffserkenntnis zu gelangen. Der *intellectus* kann ebenso als angeborene Urteilskraft angesehen werden, welche wiederum über die *ratio* und ihre Begriffe urteilt, „sie wählt einen aus, weil er wahrer ist, und verwirft den andern, oder sie erleuchtet und leitet diejenigen, die Schlußfolgerungen ziehen".[144] Letztlich strebt Nikolaus einen Mittelweg zwischen Platon und Aristoteles an: Die Urteilskraft bedarf des Leibes

> „damit die anerschaffene Kraft zur Verwirklichung gelangt. So wie die Sehkraft der Seele nicht fähig ist zu ihrer Tätigkeit, daß sie wirklich sieht, wenn sie nicht von einem Gegenstand angeregt wird, und nur angeregt werden kann durch das Entgegentreten der durch das Medium des Organs vervielfachten Abbilder, und so des Auges bedarf, so ist die Kraft des Geistes, die eine die Dinge erfassende und begriffliche Kraft ist, nicht fähig zu ihren Tätigkeiten, wenn sie nicht von Sinnenfälligem angeregt wird, und sie kann nur angeregt werden vermittels sinnlicher Vorstellungsbilder".[145]

Durch die Annahme der angeborenen Urteilskraft sowie gleichzeitig die Wechselwirkung von Aufstieg des *sensus* und Abstieg des *intellectus* findet Cusanus zu einer Zusammenschau der beiden Ansichten des Aristoteles und des Platon.

---

wirkender Verstand; aber weil er Wirklichkeit nicht auf andere Weise werden kann, wird er Sinn, damit er so durch dieses Mittel von der Möglichkeit zur Wirklichkeit gelangen kann. So kehrt also der Verstand zu sich selbst zurück, indem er eine Kreisbewegung vollendet").

142   De mente, n. 74, n. 77.

143   De mente, n. 77: „Haec vis iudicaria est menti naturaliter concreata".

144   De coni., n. 135: „Iudex est enim rationum intelligentia et moveri dicitur, dum ob verius unam eligit aliamque abicit ac dum ratiocinantes illuminat aut inducit".

145   De mente, n. 77: „[...] sed quia opus habet corpore, ut vis concreata ad actum pergat. Sicuti vis visiva animae non potest in operationem suam, ut actu videat, nisi excitetur ab obiecto, et non potest excitari nisi per obstaculum specierum multiplicatarum per medium organi et sic opus habet oculo, sic vis mentis, quae est vis comprehensive rerum et notionalis, non potest in suas operationes, nisi excitetur a sensibilibus, et non potest excitari nisi mediantibus phantasmatibus sensibilibus".

1.3.2.1 mensurare – assimilare

Cusanus betrachtet die *mens* einerseits als sich an die Dinge angleichende und dadurch erkennende Kraft, andererseits als selbst die Dinge beurteilende, d. h. vermessende Kraft. Um diesen Sachverhalt näher zu erläutern, wird an dieser Stelle das Kosmographengleichnis aus dem *Compendium* herangezogen. Hier entwickelt Cusanus seine Zeichentheorie, welche letztlich als eine Ausarbeitung der schon in *De coniecturis* entwickelten Theorie der Mutmaßungen angesehen werden kann.[146] Im achten Kapitel des *Compendium* bringt Cusanus das Gleichnis an: Der Kosmograph, der hier den menschlichen Geist als Ganzes darstellt, lässt sich von seinen Boten (den Sinnen) Informationen über die Welt bringen. Er hat, wie Theo van Velthoven formuliert, „sich zum Ziele zu setzten, sich der Welt in ihren verschiedenen Dimensionen aufzuschließen und diese möglichst unbehindert zu sich sprechen zu lassen".[147] Dazu benutzt er alle fünf Sinne, da er „seine Beschreibung immer wahrer gestalten möchte".[148] Der Kosmograph kann auf Grund der sinnlichen Eindrücke zunächst eine konfuse Vorstellung und dann eine geordnete *imaginatio*, also ein geordnetes Bild der Dinge in der Welt machen: Er stellt eine *designatio*, eine Gesamtaufnahme der sinnenfälligen Welt her.[149] Den Geist gilt es also einerseits bestmöglich den entgegenstehenden Dingen in der Welt zu assimilieren. Cusanus vergleicht den Geist, der sich den Dingen ähnlich macht, um sie bestmöglich abzubilden in *De mente* mit einem Stück Wachs, welches sich selbst zu formen imstande ist: „Wenn man sich daher Wachs vorstellte, dessen inneres Gestaltprinzip der Geist wäre, dann würde der Geist, der darin existiert, das Wachs jeder Gestalt, die sich ihm zeigte, gleichgestalten".[150] Durch Assimilation an die Dinge der Welt kommt der Geist demnach zu einer Gesamtdarstellung der Welt in rechter Ordnung und Größenverhältnissen, welche er gleichsam auf eine Karte einträgt, um ihrer nicht verlustig zu werden, und macht sich somit einen Begriff von Welt.

Gleichzeitig, als urteilende Kraft, ist die *assimilatio* aber auch aktivmessende Erkenntniskraft des Geistes: *mens*, so erklärt der Laie dem Philosphen, komme von *mensurare*.[151] Zwar ist diese behauptete Herkunft

---

146 Vgl. dazu Karl Bormann: Die Koordinierung der Erkenntnisstufen (descensus und ascensus) bei Nikolaus von Kues, in: MFCG 11 (1975), 62–79.

147 Theo van Velthoven: Gottesschau und menschliche Kreativität. Studien zur Erkenntnislehre des Nikolaus von Kues, Leiden 1977, 57.

148 Comp., n. 22: „[…] et descriptionem suam semper veriorem facere".

149 Comp., n. 23.

150 De mente, n. 101: „Unde si conciperetur cera mente informata, tunc mens intus exsistens configuraret ceram omni figurae sibi praesentatae […]".

151 De mente, n. 57: „Mentem quidem a mensurando dici conicio"; vgl. dazu v. a. Elena Filippi: Maß und Vermessenheit des Menschen. Cusanus und Dürer als Erzieher, in: „videre et videri coincidunt". Theorien des Sehens in der ersten Hälfte des 15. Jahrhunderts (Texte und Studien zur Europäischen Geistesgeschichte B 1), hg. v.

des Wortes dem Philosophen neu, jedoch erläutert der Laie den Vergleich überzeugend: Der menschliche Geist vermisst gleichsam alles, er ist demnach unser Messinstrument zur Erkenntnis der Dinge in der Welt. Cusanus deutet hier auf die einleitende Szene von *De sapientia* zurück: Auf dem Marktplatz werden Dinge gemessen, gezählt und gewogen und durch diese Sammlung von Eindrücken in der Welt kann der Mensch mit Hilfe der *mens* Mutmaßungen darüber aufstellen, Ideen und Begriffe (wie der Kosmograph eine Karte) bilden. So ist der menschliche Geist „das, woraus aller Dinge Grenze und Maß stammt",[152] sobald er „durch das Staunen, das aus dem Sinnenfälligen entsteht, angeregt wird".[153]

Messend-assimilierende Geisterkenntnis entsteht demnach durch das Staunen über die Welt: Der Geist, so wird im Folgenden deutlich, findet in staunender Bewunderung der Welt, welche zur messenden *assimilatio* und dadurch zur mutmaßenden Begriffsbildung anregt, die höchste Weisheit.

1.3.2.2 mensurare – creare

Zwar wird die Geistesbewegung durch die extramentale Welt angeregt, begriffliche Mutmaßungen aber kommen als solche nicht von den Sinnendingen. Tiere etwa, so merkt der Laie an, sind nicht fähig so wie der Mensch auf etwas anderes verweisende, etwas anderes vergegenwärtigende Zeichen, wie etwa die Karte, zu generieren. Der menschliche Geist schafft sie aus eigener Initiative aktiv-kreativ selbst. Die Karte, welche sich der Geist zwar durch Sinnesanregung (die Boten) erschaffen hat, ist letzlich ein von ihm selbst gebildeter Begriff. Diese rationale Leistung kann wieder von zwei Seiten betrachtet werden: Vonseiten der Sinnendinge, welche vermessen und welchen sich angeglichen wird; und vonseiten des Intellekts, aus welchem die rationalen Begriffe letzlich entstehen. Die *mens* leistet im Erkenntnisakt mehr als Nachbildung eines Entgegenkommenden durch Assimilation und Vermessung; die messende Angleichung ist gleichzeitig schöpferische Kraft der *mens*.[154] Die Denkkraft des Intellekts ist entfaltend tätig und hat so die Fähigkeit, Begriffe als eigenes Universum von *entia rationalia* überhaupt erst zu erschaffen. Das Nachahmen und Vermessen des Geistes bedeutet folglich gleichzeitig, dass er Künstler und Schöpfer ei-

---

Wolfgang Christian Schneider [u. a.], Münster 2011, 333–350; dies.: Denken durch Bilder: Albrecht Dürer als „philosophus" (Texte und Studien zur Europäischen Geistesgeschichte B 7), hg. v. Johann Kreuzer/Klaus Reinhardt/Harald Schwaetzer, Münster 2014. Filippi geht von der Verwiesenheit der Begriffe *mensuratum – mensurare – mens* aufeinander aus.

152 De mente, n. 57: „[…] mentem esse, ex qua omnium rerum terminus et mensura".

153 De mente, n. 85: „Sed in nostris mentibus ab initio vita illa similis est dormienti, quousque admiratio, quae ex sensibilibus oritur, excitetur, ut moveatur".

154 Tilman Borsche stellt in seiner Monographie *Was etwas ist* den cusanischen Erkenntnisprozess treffend dar; er nennt sein Kapitel zur erkennenden Angleichung des Geistes: *assimilatio – die schöpferische Kraft des Denkens* (193).

gener Begriffe ist:[155] Die messende Tätigkeit der *mens* setzt voraus, dass sie selbst Maß ist und damit das Entgegenkommende mit dem abgleicht, was in ihr selbst gleichsam schon angelegt ist, den zu entfaltenden Begriffen.

Der Laie demonstriert dies in *De mente* am Beispiel seines geschnitzten Holzlöffels. Dieser existiert nicht natürlich in der Welt, er „hat außer der von unserem Geist geschaffenen Idee kein anderes Urbild".[156] Das bedeutet, dass der Schnitzer nicht lediglich die Natur nachahmt, sondern dass der Begriff ‚Löffel' kreatives Werk des menschlichen Geistes selbst ist, welches dann durch handwerkliches Geschick in die Welt entfaltet wird. So wie der Löffel ein künstlerisches Produkt ist, ist der Begriff des Löffels ein künstlerisches Produkt des Geistes und so sind alle Begriffe Artefakte, „den Produkten eines Handwerkers vergleichbar".[157] Der Löffel bildet nicht bloß die Natur ab, vielmehr bilden alle Löffel in dieser Welt – es gibt große, kleine, krumme und gerade Löffel – den geistigen Begriff ‚Löffel' auf unterschiedliche Weise ab und haben somit teil an der Wahrheit des aus dem Geiste entsprungenen Begriffs des Löffels.

Die Entfaltung des Begriffs ‚Löffel' ist unabhängig von sinnlicher Anregung. Freilich ist das Sinnliche insofern nötig, als ‚Löffel' nur in Bezug auf die Welt überhaupt erst erdacht wird. So ist der Begriff ‚Löffel' womöglich aus einem körperlichen Bedürfnis der Erleichterung der Nahrungsaufnahme entstanden und so gesehen auch von der Natur angeregt. Der Begriff an sich jedoch entspringt genuin dem menschlichen Geist. Somit kann die Erkenntnisbewegung des Geistes ebenso, oder womöglich auf treffendere Art und Weise beim Intellekt als höchster Stufe des Geistes, nicht bei der anregenden sinnlichen Wahrnehmung beginnend, betrachtet werden. Der Intellekt ist es letztlich, der, wenn er sich auch der *imaginatio* über die *ratio* zuwendet, aus sich heraus Begriffe bildet. Diese Begriffe werden in die *ratio* ‚überführt', wo sie dem menschlichen Geiste gleichsam fassbar sind.

Der durch den Intellekt in die *ratio* ‚gesetzte' Begriff bezieht sich somit einerseits auf das von den Sinnen gelieferte – auf die aus der Welt entgegenkommenden Sinnendinge. Andererseits aber bildet der rationale Begriff nicht die Sinnendinge, sondern den Intellekt ab. Begriffe, welcher sich der Mensch rational bedient, sind somit Abbild der kreativen Denkkraft des Intellekts, als solche unfassbar, ununterschieden, nicht in

---

155 Manuskript: Inigo Bocken: Konkrete Universalität – die performative Wahrheit der Konjekturen bei Nicolaus Cusanus, in: Singularität und Universalität im Denken des Cusanus. Beiträge d. 5. Jungcusanertagung 11.–13. Oktober 2012 (Philosophie Interdisziplinär), hg. v. Christian Ströbele, Regensburg 2015, 73–88 (im Druck) spricht an dieser Stelle treffend von einem ambivalenten Suchen: „[…] es ist ein *Herstellen von Relationen*, doch zugleich ist es ein Auffinden dieser Relationen, die es schon gibt" (73). Der Aufsatz wurde freundlicherweise von Prof. Dr. Harald Schwaetzer zur Verfügung gestellt.

156 De mente, n. 62: „Coclear extra mentis nostrae ideam aliud non habet exemplar".

157 Hoff: Kontingenz, Berührung, Überschreitung, 61 bezieht dies speziell auf die Mathematik. Wie entwickelt wird, kann dieser Vergleich jedoch auf alle geistigen Produkte angewendet werden.

widersprüchlicher Vielheit.[158] Der geschnitzte Löffel in der Welt ist somit gleichsam eine Explikation der Explikation der kreativen Kraft der *mens humana*. Der Begriff ‚Löffel' ist ausgefaltet aus der kreativ-begriffs-bildenden Kraft des *intellectus*, der Löffel in der Welt ist ausgefaltet aus dem Begriff ‚Löffel' im Geiste: So ist, wie Harald Schwaetzer erklärt, „das Verhältnis des einen iudicium zu der Vielheit der Begriffe [...] eine explicatio [...]. Zugleich ist aber jeder Begriff unendlich ausfaltbar auf die Erscheinungswelt",[159] denn, so Cusanus selbst, „in allen Löffeln strahlt nur die einfachste Form selbst in verschiedener Weise wider, mehr im einen und weniger im anderen und in keinem genau."[160]

Cusanus drückt diese zweifache Explikation in *De sapientia* beispielhaft aus: Die verschiedenen Zahlen, Messwerte und Gewichte entfalten sich aus der geistigen Idee des jeweiligen Maßes in die Welt: „Derart ist auch in der Eins [Einheit/*mens*] das Zählen begründet, in der Unze das Wägen, im Petit das Messen".[161] So wie eigens erschaffene Künste, wie die Löffelschnitzerei, sind also gleichermaßen alle selbst erzeugten Begriffe, welche in die Welt ausgefaltet werden können, im menschlichen Geiste schon immer in der *vis concreata* der ‚Ursprungseinheit' eingefaltet, d. h. implizit enthalten.[162] In *De ludo globi* macht Cusanus die kreative Tätigkeit des Geistes besonders deutlich. Er vergleicht den menschlichen Geist mit dem Geist der Tiere: Der Mensch ist in seiner Kreativität fähig zu tun, was immer er will. Tiere sind zwar in gewisser Weise fähig zu denken und Entscheidungen zu treffen, jedoch sind dies keine kreativen und freien Geistesleistungen. Den Tieren fehlt die freie Kraft (*libera virtute*), sie unterliegen einem Zwang der Natur: „Sie werden also von der Natur zu dem getrieben, was sie tun, und die Tiere derselben Art machen Jagd und Nestbau auf ähnliche Weise".[163] Der Mensch jedoch ist fähig Dinge zu erdenken, welche kein anderer jemals auf dieselbe Weise gedacht hat oder je denken wird, so wie Cusanus das Globusspiel: „Ich [dachte] nach, überlegte und beschloß [...] was ein anderer nicht ausdachte, überlegte und beschloß, weil jeder Mensch frei ist, nachzudenken, über was immer er wollen mag, entsprechend zu überlegen und zu beschließen. Deshalb

---

158 Diese doppelte Betrachtung der *imaginatio* ausführlich dargelegt hat Harald Schwaetzer: Die intellektuelle Anschauung; ders.: Die methodische Begründung.

159 Harald Schwaetzer: Aequalitas. Erkenntnistheoretische und soziale Implikationen eines christologischen Begriffs bei Nikolaus von Kues. Eine Studie zu seiner Schrift *De aequalitate* (Studien und Materialien zur Geschichte der Philosophie 56), Hildesheim [u. a.] 2000, 57.

160 De mente, n. 63: „[...] in omnibus coclearibus non nisi ipsa simplicissima forma varie relucet, magis in uno et minus in alio et in nullo praecise".

161 De sap. I, n. 6: „Ita et in uno est numeratio, in uncia ponderatio, in petito mensuratio", vgl. dazu Leinkauf, Nicolaus Cusanus, 66.

162 Vgl. hierzu etwa Velthoven: Gottesschau, 89.

163 De ludo globi, n. 34: „Ideo impelluntur ad ea quae agunt per naturam et eiusdem speciei similes faciunt venationes et nidos".

denken nicht alle sich dasselbe aus, da jedermann seinen eigenen freien Geist hat."[164] Der menschliche Geist wird folglich zwar „angeregt durch die Vorstellungen oder Bilder der Formen, die er durch die in den Organen gemachten Angleichungen entdeckt", aber sucht gleichsam nach dem die Begriffe einfaltenden Begriff im Geist, den „unwandelbaren Wesenheiten" (*immutabiles concipit rerum quiditates*),[165] „so wie jemand durch die Schönheit eines Bildes angeregt wird, nach der Schönheit des Urbildes zu suchen".[166] Alle Begriffe sind demnach rein aus dem Geiste entsprungen. Sie können dadurch, dass der Geist alles eingefaltet in sich trägt, auf die Welt angewendet werden. Als diese „in sich und nicht in der Materie" bestehende Form, als „lebendige Bildsamkeit" (*flexibilitatis vivae*)[167] „losgelöst von Wachs, Ton, Metall und allen bildsamen Stoffen",[168] werden die Begriffe von der *mens* generiert. So „[...] bildet der Geist, nicht als Geist, der in den Körper den er belebt, eingetaucht ist, sondern als Geist an sich, der aber mit dem Körper vereint werden kann, indem er auf seine Unwandelbarkeit blickt Angleichungen an die Formen, und zwar nicht so, wie sie in die Materie eingetaucht sind, sondern wie sie [in der *mens*] in sich und an sich sind".[169]

Erkenntnis bedeutet für Cusanus demnach mehr als ein Ansammeln von Dingen aus der Außenwelt. Mutmaßende Begriffsbildungen sind als „Unwandelbarkeit" des Geistes „die Formen der Dinge außerhalb der Materie", zu deren Betrachtung der Mensch „durch wissenschaftliche Erziehung und Gelehrsamkeit [...] gelangt":[170] Der Kosmograph sammelt sinnenhafte Dinge an, bevor er sich in sein Kämmerlein ein- sowie seine Sinnesboten ausschließt und seine eigene Karte, eine zeichenhafte, eine symbolhafte Karte erschafft. Diese Schöpfung des Intellektes, die

---

164 De ludo globi, n. 34: „Nam cum ego hunc ludum invenirem, cogitavi, consideravi et determinavi, quae alius nec cogitavit, nec consideravit, nec determinavit, quia quisque hominum liber est cogitare quaecumque voluerit, similiter considerare atque determinare. Quare non omnes idem cogitant, quando quisque habet liberum proprium spiritum".

165 De mente, n. 103.

166 De mente, n. 104: „Et incitatur ad has assimilationes abstractivas per phantasmata seu imagines formarum, quas per assimilationes factas in organis deprehendit, sicut excitatur quis ex pulchritudine imaginis, ut inquirat pulchritudinem exemplaris".

167 De mente, n. 104.

168 De mente, n. 104: „Et in hac assimilatione se habet mens, ac si flexibilitas absoluta a cera, luto, metallo et omnibus flexibilibus foret viva vita mentali, ut ipsa per se ipsam se omnibus figuris, ut in se et non in materia subsistunt, assimilare possit".

169 De mente, n. 103: „[...] mens nostra, non ut immersa corpori, quod animat, sed ut est mens per se, unibilis tamen corpori, dum respicit ad suam immutabilitatem, facit assimilationes formarum non ut sunt immersae materiae, sed ut sunt in se et per se [...]".

170 De mente, n. 111: „[...] puto tamen, quod convenienter vis illa disciplina dici possit, qua mens ad suam immutabilitatem respiciendo rerum formas extra materiam considerat, eo quia per disciplinam doctrinamque ad hanc formae devenitur considerationem".

als Begriff des Geistes nicht von den Sinnen beeinträchtigt ist, enthält zum einen als Zeichen, als Begriff für die Welt alles in der Welt symbolhaft kontrakt und ist zum anderen als Zeichen und Symbol für die Denkkraft selbst aus dieser ausgefaltet. Schaut der Kosmograph auf seine Karte, schaut er alles, was sie symbolhaft bedeutet, schon mit. „Ohne eine passive Kopie der Wirklichkeit" sein zu müssen, findet der Geist „in sich selbst, was er sucht",[171] das Maß, die materieunabhängige Form der wahrnehmbaren Welt.

Messen und Maß geben, kreieren und assimilieren sind nach obigen Betrachtungen für Nikolaus durchaus „komplementäre Aspekte",[172] da die messende *assimilatio* immer auch gleich *creatio* bedeutet: „der Geist erkennt, weil er sich bewegt, und der Anfang der Bewegung wird eher ein Erleiden genannt, die Vollendung der Bewegung Erkenntnis [...], so sind Erleiden des Geistes und Erkenntnis ein und dasselbe".[173]

1.3.3 Imago Dei

Zwar ist der menschliche Geist fähig, Begriffe eigens zu erschaffen, diese bleiben jedoch Mutmaßung. Die Begriffe erfassen, wie der *orator* in *De sapientia* feststellt, niemals die Wahrheit, welche allein in Gott ist, der als absoluter Begriff allen Begriffen vorausgeht, so wie in *De visione Dei* das göttliche Sehen allen Sehweisen vorausgeht und diese einfaltet. Anstatt die eben beschriebene begriffsbildende Erkenntnis des menschlichen Geistes jedoch als Erkenntnisdefizit zu betrachten, sieht Nikolaus von Kues in der Fähigkeit der *mens* Mutmaßungen in Form von begrifflicher Erkenntnis zu erschaffen, die Chance, höchste Weisheit zu erlangen. Er formuliert positiv: „[...] jede Frage [d. h. Mutmaßung] über Gott setzt das Gefragte voraus, und man muß das zur Antwort geben, was in jeder Frage über Gott die Fragestellung voraussetzt. Denn Gott wird in jeder Bezeichnung von Begriffen bezeichnet, obwohl er unbezeichenbar ist".[174]

Cusanus spricht in *De sapientia* davon, dass die Wahrheit in den Büchern Gottes gefunden wird, sie folglich in den Dingen in der Welt zu finden ist, dadurch, dass der göttliche Geist, der Wahrheit ist, allen Dingen immer schon vorausgeht. In seiner Kosmologie im zweiten Buch von *De docta ignorantia* zeigt Nikolaus auf, dass alle Dinge in der Welt und

---

171   Eusebio Colomer: Das Menschenbild des Nikolaus von Kues in der Geschichte des christlichen Humanismus, in: MFCG 13 (1978), 117–143, 219.

172   Klaus Kremer: Erkennen bei Nikolaus von Kues. Apriorismus – Assimilation – Abstraktion, in: MFCG 13 (1989), 23–57, hier 46.

173   De mente, n. 109: „Dicitur etiam mens intelligere ex quo movetur, et initium motus potius passio dicitur, perfectio motus intellectus [...] ita unum et idem passio mentis et intellectus".

174   De sap. II, n. 29: „Omnis quaestio de deo praesupponit quaesitum, et id est respondendum, quod in omni quaestione de deo quaesitio praesupponit, nam deus in omni terminorum significatione significatur, licet, sit insignificabilis".

so auch der menschliche Geist, Gott gleichsam widerspiegeln; sie sind *imagines Dei*.[175] Der Geist ist dies jedoch auf besondere Weise:[176] In der Bewusstwerdung, dass bei der Begriffsbildung eine Nachahmung stattfindet, diese Nachahmung aber in der Fähigkeit des Erschaffens der Begriffe und Mutmaßungen selbst besteht, ahmt die *mens* Gott selbst in seiner schöpferischen Kreativität nach. „Jene Kraft in uns, die aller Dinge Urbilder in Begriffe einfaltet"[177] und diese schöpfend ausfalten kann, ahmt letztendlich die *complicare-explicare* Bewegung[178] und so „nicht die Gestalt irgendeines Naturdinges nach. Solche Formen von Löffeln, Schalen und Töpfen", lässt Cusanus den schnitzenden Laien erklären, „kommen nämlich nur durch menschliche Kunst zustande. Daher besteht meine Kunst mehr im Zustandebringen als im Nachahmen geschöpflicher Gestalten, und ist darin der unendlichen Kunst ähnlicher".[179]

Wie die unendliche Kunst, d. h. der künstlerische Geist Gottes alles einfaltet, was er in der *explicatio* erschafft, tut dies auch der menschliche Geist: „Der menschliche Geist, das hohe Abbild Gottes [faltet] aus sich, als dem Gleichnis der allmächtigen Form, als Abbild der realen Dinge die rationalen aus. Der menschliche Geist ist daher die Form der mutmaßlichen Welt, wie der göttliche die Form der realen",[180] und so bewegt sich der Geist in einer selbst geschaffenen Begriffswelt:

> „Du weißt, daß die göttliche Einfachheit alle Dinge einfaltet. Der Geist ist dieser einfaltenden Einfachheit Bild. Wenn du daher diese göttliche Einfachheit den unendlichen Geist nennst, wird er unseres Geistes Urbild sein. Wenn du den göttlichen Geist das Gesamt der Wahrheit nennst, wirst du den unseren das Gesamt der Angleichung der Dinge nennen, sodaß er die Gesamtheit der Begriffe ist. Das Begreifen des göttlichen Geistes ist Hervorbringen der Dinge; das Begreifen unseres Geistes ist begriffliches Erkennen".[181]

---

175   Vgl. Kap. 2.2.2 zur cusanischen Kosmologie.
176   Vgl. Schneider: Cusanus als Wegbereiter, 201.
177   De mente, n. 58: „[…] vim illam, quae in nobis est, omnium rerum exemplaria notionaliter complicantem […]".
178   Bei Thierry von Chartres bspw. wird das *complicare* noch ausschließlich Gott zugesprochen (vgl. Flasch: Nikolaus von Kues, 278).
179   De mente, n. 62: „Non enim in hoc imitor figuram cuiuscumque rei naturalis. Tales enim formae cocleares, scutellares et ollares sola humana arte perficiuntur. Unde ars mea est magis perfectoria quam imitatoria figurarum creatarum et in hoc infinitae arti similior".
180   De coni., n. 5: „[…] humana mens, alta Dei similitude […] ex se ipsa ut imagine omnipotentis formae, in realium entium similitudine rationalia exserit".
181   De mente, n. 72: „Scis, quomodo simplicitas divina omnium rerum est complicativa. Mens est huius complicantis simplicitatis imago. Unde si hanc divinam simplicitatem infinitam mentem vocaveris, erit ipsa nostrae mentis exemplar. Si mentem divinam universitatem veritatis rerum dixeris, nostram dices universitatem assimilationis rerum, ut sit notionum universitas. Conceptio divinae mentis est rerum productio; conceptio nostrae mentis est rerum notio".

Dieses Verhältnis der göttlichen *complicatio* zu der von ihm geschaffenen Vielheit sowie der *complicatio* des menschlichen Geistes zu der von ihm geschaffenen Vielheit seiner Begriffe, stellt höchste Ähnlichkeit zwischen menschlichem und göttlichem Geiste dar. Der Geist ist demnach *viva imago Dei*, lebendiges Abbild Gottes.[182] Während in allen Dingen in der Welt, da sie aus Gott explizieren, ein Abglanz Gottes sich widerspiegelt, kommt dem menschlichen Geist als *viva imago Dei* nach Nikolaus von Kues eine immense Aufwertung gegenüber dem Rest der Schöpfung zu. Denn dem Abbild kommt im Gegensatz zur *explicatio* Gleichheit (*aequalitas*) zu, da das Abbild die Einheit noch einmal ebenso abbildet und keine Vielheit aus ihr produziert.[183] Diese Bezeichnung als *aequalitas* zur Einheit Gottes ist Ausdruck der Bevorzugung der ‚Bildhaftigkeit' des Geistes vor allen anderen geschaffenen Dingen. Im Vergleich zu *De docta ignorantia*, wo diese Bezeichnung ein Begriff darstellte, welcher vornehmlich der Christologie vorbehalten war, wird die Adelung des Geistes, die Cusanus dadurch vornimmt, deutlich.[184] Die *mens* fällt also nicht einfach unter die anderen geschaffenen Dinge, sondern steht als *mens per se* auf der Stufe der Engelsgeister, welche Gott am genauesten widerspiegeln. Der Geist ist dadurch, dass er nicht *explicatio* der *mens divina*, sondern selbst *complicatio* ist, Urbild aller Dinge, da er, wie Gott, alle Dinge auf begriffliche Weise in seiner einfachen Denkfähigkeit enthält und erschafft: Der *mens* kommt demnach in ihrer schöpferischen begriffsbildenden Kraft Unendlichkeit zu – eingeschränkte Unendlichkeit als Abbild absoluter Unendlichkeit.[185]

---

182 Die *imago Dei* Tradition bildet, nicht zuletzt zurückgehend auf Genesis 1,26–27 („Lasset uns Menschen machen, ein Bild, das uns gleich sei […]") den „Kern der christlichen Anthropologie" Vgl. auch den von griechischen Denkern entwickelten Begriff des Menschen als Mikrokosmos: So wie die Welt Abbild Gottes ist, ist der Mensch als kleine Welt Abbild Gottes (vgl. McGinn: Würde und Gottebenbildlichkeit, 2ff.). Der Begriff des Mikrokosmos taucht auch bei Cusanus auf, etwa in *De coniecturis* II, c. 14, n. 143 oder in *De docta ignorantia* III, c. 3, n. 198. Cusanus kennt diesen Gedanken auch von Meister Eckhart, wenn dieser in *Sermo* XLIX, 3, n. 115 sagt: „*Imago. Nota quod imago proprie est emanatio simplex, formalis transfusiva totius essentiae purae nudae* […]" („Das Bild ist im eigentlichen Sinn ein einfaches Ausfließen der Form nach, durch das die ganze, lautere, bloße Wesenheit mitgeteilt wird"), (Meister Eckhart: Sermones (Die deutschen und lateinischen Werke 4), hg. u. übers. v. Ernst Benz [u. a.], Stuttgart 1956, 425.)

183 Vgl. Naoko Sato: Cusanus' Epistemology in *De mente*, in: Nicholas of Cusa. A Medieval Thinker for the Modern Age, hg. v. Kazuhiko Yamaki, Richmond/Surrey 2002, 77–84, 80.

184 Vgl. Arne Moritz: Explizite Komplikationen. Der radikale Holismus des Nikolaus von Kues (Buchreihe der Cusanus Gesellschaft XIV), Münster 2006, 83; Harald Schwaetzer: Aequalitas, 56 hebt hervor, dass die Gleichheit den menschlichen Geist in Distanz zu den Dingen der Welt in die Nähe der trinitarischen Betrachtung rückt; Cusanus begründe in *De mente* zum ersten Mal die „*imago*-Vorstellung" aus dem „*aequalitas*-Begriff": ‚1x1=1'; denkt sich die Einheit selbst noch einmal, führt sie wieder zur Einheit, denkt sich also Gott noch einmal, führt das zur Einheit als *imago Dei*, da es einen zweiten Gott nicht geben kann.

185 Diese Art der Unendlichkeit findet sich auch in Cusanus' Kosmologie: Dem Uni-

Letztlich sind also, so stellt auch Inigo Bocken fest, nicht nur *assimilatio* (an die Dinge) und *creatio*, sondern ebenso *imitatio* und *creatio* komplementäre Aspekte: „Die *imitatio* der ursprünglichen göttlichen Ideen", so schreibt Bocken, „kann nur in einer menschlichen *creatio* vollzogen werden".[186] Eine *imitatio Christi* kann nur erreicht werden, wenn der Mensch immer besser wird in seiner Erkenntnis, d. h. immer besser misst und dadurch immer mehr zu seinem eigenen Wesen in Gott kommt.[187] Dieser Erkenntnisoptimierung kommt letztlich auch eine ethische Komponente zu: Durch das immer genauere Messen wird der Mensch in seiner Selbsterkenntnis und dadurch auch in seinem Menschsein immer besser. Er vollzieht die *imitatio Christi*. Elena Filippi verdeutlicht dies an einem Vergleich mit dem Maßbegriff Albrecht Dürers. Ähnlich wie bei Dürer, so stellt Filippi fest, heißt Maß auch bei Cusanus „einmal Ausmaß und Messung […], zum anderen aber auch ‚Mäßigung' im moralischen Sinne […]".[188] Sie beschreibt den cusanischen Weg vom Gemessenen zur *mens* als eine „Sache der Erziehung"[189] zum Zustand der Vollkommenheit und letztlich zu Gott.

1.3.4 Visio intellectualis

Aufgabe des menschlichen Geistes ist es schließlich, da er selbst als alles einfaltende Kraft *imago Dei* ist, sich selbst in seiner Einfachheit zu schauen. Das heißt nicht, dass die Begrifflichkeiten, die er, um die Welt zu erkennen, bildet, überflüssige, ungenaue Erkenntnis sind und eine Rückwendung des menschlichen Geistes auf sich selbst mit weltabgewandter Kontemplation gleichzusetzen ist, wie es in *De visione Dei* scheinen mag. Gerade das begriffsschöpferische, mutmaßende Vermögen macht die höchste Kraft des Geistes, die Intellektkraft ja aus: „Wenn alles im göttlichen Geist", so schreibt Cusanus, „als in seiner genauen und eigentlichen Wahrheit ist, so ist alles in unserem Geist als im Bild oder der Ähnlichkeit der eigentlichen Wahrheit, d. h. begrifflich",[190] denn „alle abmalbaren Darstellungen nämlich Deines [Gottes] Gesichtes, sind insoweit genau, richtig und

---

versum als ausgefaltetes Abbild Gottes kommt privative Unendlichkeit zu, vgl. dazu Kap. 2.2.2 dieser Arbeit.
186   Bocken: *Imitatio* und *creatio* bei Cusanus und Van Eyck. Die neue Bedeutung des Betrachters im 15. Jahrhundert, in: „Videre et videri coincidunt". Theorien des Sehens in der ersten Hälfte des 15. Jahrhunderts (Texte und Studien zur Europäischen Geistesgeschichte B 1), hg. v. Wolfgang Christian Schneider [u. a.], Münster 2011, 195–207, 201.
187   Vgl. Filippi: Denken durch Bilder, 208.
188   Filippi: Maß und Vermessenheit, 340; vgl. dies.: Denken durch Bilder.
189   Filippi: Maß und Vermessenheit, 334.
190   De mente, n. 72: „Si omnia sunt in mente divina ut in sua praecisa et propria veritate, omnia sunt in mente nostra ut in imagine seu similitudine propriae veritatis, hoc est notionaliter […]".

wahr, wie sie an der Gestalt Deines lebendigen Gesichtes teilhaben und sie nachahmen".[191] So muss der Geist, um höchste Annäherung an die *praecisio* der göttlichen Weisheit zu erreichen, sich selbst in seiner einfachsten, zwar mutmaßend aber dadurch kreativ-schaffenden Denkfähigkeit schauen. Er muss sich selbst als Bild des ersten Schöpfers (*alter deus*),[192] d. h. sich selbst als *complicatio*, letztlich als *coincidentia oppositorum* aller (begrifflichen) Dinge schauen, denn wie das Urbild im Bilde leuchtet, so leuchtet die Wahrheit des alles einfaltenden Gottes in der mutmaßenden Fähigkeit der *mens* als solcher.[193] In ihr als *imago Dei* sind alle Begriffe *complicatio* enthalten: Wie „Gott die Einfaltung der Einfaltungen ist, so ist der Geist, der Gottes Bild ist, Bild der Einfaltung der Einfaltungen".[194] Dieses als Urbild aller Abbilder erhabenste Abbild, welches nur im menschlichen Geist als seinem Schöpfer präzise erkannt werden kann, gilt es nun zu betrachten.

Wie Cusanus im *Compendium* schreibt, ziehe sich der Kosmograph von allem Sinnenfälligen zurück und schaue allein die Karte als das Produkt seines Geistes, unabhängig von der auf die Außenwelt bezogenen *imaginatio* an: „Also zieht er sich soweit wie möglich von allen sinnenfälligen Zeichen zurück, um sich den geistigen, einfachen und formhaften Zeichen zuzuwenden".[195] Der Geist wendet sich demnach sich selbst zu, indem er sich seiner selbst als kreativ-produktiver Kraft zuwendet und seine Produkte in ihrer Reinheit von allem Sinnenfälligen unabhängig betrachtet. Die mutmaßende Produktivität des *intellectus* fällt in diesem Sinne mit dem *intellectus* selbst in eins, denn Intellekt ist explikative Bewegung. Ein sich nicht bewegender Geist wäre nicht *viva imago Dei*, sondern ein totes Abbild.[196] Erst seine kreative Tätigkeit, seine unendliche Bewegung, seine sich selbst in Mutmaßungen entfaltende Aktivität macht ihn zum lebendigen Abbild Gottes, dessen kreativer Geist die Welt erschafft. Ist es also das Ziel des Cusanus, dass die *mens* sich selbst schaut, bedeutet dies, dass die *mens* ihre reinen Begriffe in sich, unabhängig von der Sinnen-

---

191 De sap. II, n. 39: „Omnes enim depingibiles figurae faciei tuae in tantum sunt praecisae, rectae et verae, in quantum sunt figuram vivae faciei tuae participantes et imitantes. Et licet non sit possibile unam uti aliam depingi sine differentia, cum praecisio non sit de hoc mundo et aliud aliter exsistere necesse sit, omnium tamen illarum varietatum non est nisi unum exemplar".

192 In *De coniecturis*, c. 14, n. 143 spricht Cusanus vom Menschen als zweitem Gott im Sinne eines menschlichen Gottes (*humanus Deus*).

193 Inigo Bocken: *Imitatio* und *creatio*, 206 formuliert auf ähnliche Weise, dass der Betrachter gerade die Schatten als Möglichkeit des Erscheinens des Lichtes zu sehen vermöge „und so das Licht überall in den irdischen Dingen und Ereignissen" wahrnehme.

194 De mente, n. 74: „Sicut enim deus est complicationum complicatio, sic mens, quae est Dei imago, est imago complicationis complicationum".

195 Comp., n. 23: „Retrahit igitur se quantum potest ab omnibus sensibilibus signis ad intelligibilia simpliciaque atque formalia signa".

196 De mente, n. 149: „[…] quasi si pictor duas imagines faceret, quarum una mortua videretur actu sibi similior, alia autem minus similis viva, scilicet talis, quae se ipsam ex obiecto eius ad motum incitata conformiorem semper facere posset […]".

welt, schaut. Der Kosmograph, indem er seine Karte als complicative Idee
schaut, welche in ihrer Bewegung alle rationalen Dinge entfaltet, schaut
auf sich selbst, da er seine eigene Schöpfung als Ganzes schaut. Mit der
Schau seiner Schöpfung schaut er seine geistige Kraft der Erkenntnisfähigkeit; er betrachtet also gleichsam das, was Erkenntnis vor jeder Erkenntnis
in der Welt überhaupt ermöglicht: die *pura signa intellectualia* in einer
geistigen Schau, einer *visio intellectualis*.

1.3.5 Nichterkennende Schau

Diese intellekthafte Schau der absoluten Wahrheit (*intuitio veritatis
absolutae*[197]) findet auf rein geistige Weise statt, unabhängig von allen Sinnendingen, und bleibt gleichzeitig Bewegung des Intellektes auf die Sinnendinge zu bzw. in die Welt hinein, da nur im Wechselspiel mit *ratio* und
sensus der *intellectus* tätig sein kann.[198] Die sich immerfort in kreativer Pro-
duktion bewegende *mens* schaut die reinen Begriffe in ihrer Einfachheit,
„wie sie nicht allein von der Materie abgetrennt ist, sondern wie sie der
Materie nicht mitgeteilt werden kann",[199] indem sie in ihrer begriffsentfal-
tenden Tätigkeit bleibt und sich so als *viva imago Dei* auszeichnet. Ebenso
wie die *mens humana viva imago* ist, ist ihre Tätigkeit höchstes Abbild der
göttlichen Tätigkeit, weshalb jede Mutmaßung, jeder Begriff am *conceptus
absolutus* partizipiert. Dadurch, dass das göttliche ‚Licht‘, von welchem
Cusanus in *De coniecturis* spricht, in alle reinen Begriffe ‚hineinleuchtet‘,
hat der menschliche Geist durch seine göttliche Tätigkeit an der Wahrheit
Gottes teil. Soll der absolute Begriff begriffen werden, muss die göttliche
Tätigkeit durch die abbildhafte eigene Tätigkeit begriffen werden, denn
der absolute Begriff ist kein Begriff mehr, sondern der Zusammenfall, das
Prinzip aller Dinge, wie die *mens* Prinzip aller Begriffe ist: „Da also", so
erklärt Cusanus, „das Begreifen Sache des Geistes ist, so ist den absoluten Begriff begreifen nichts anderes als die Kunst des absoluten Geistes
begreifen".[200] Indem der *intellectus* seine selbstschöpferische Bewegung
lebendig hält und immer weiter mutmaßende Begriffe erschafft, kommt
er Gott näher: In dieser Bewegung bildet er sich selbst und somit Gottes

---

197   De mente, n. 106.
198   William J. Hoye: Die mystische Theologie, 111 drückt diesen Perspektivwechsel,
       welcher sich in der Erkenntniskraft des menschlichen Geistes abspielt, folgender-
       maßen aus: „Der Aufstieg aus der Höhle der sinnlichen Welt erscheint nur gleich-
       nishaft als eine Entfernung von den primären Realitäten. In Wirklichkeit ist er nichts
       anderes als eine neue Wahrnehmung, welche dieselben Realitäten auf andere Weise, das
       heißt auf wahrere Weise schaut, wobei sie die bisherige Wahrnehmung als schattenhaft,
       das heißt abbildhaft erkennt".
199   De mente, 105: „Unde mens respiciendo ad suam simplicitatem, ut scilicet est non
       solum abstracta a materia, sed ut est materiae incommunicabilis […]".
200   De sap. II, n. 34: „Concipere igitur cum sit mentis, tunc concipere absolutum
       conceptum non est nisi artem absolutae mentis concipere".

Wahrheit ab und assimiliert sich immer mehr der unendlich-göttlichen Kunst, welche in der abbildhaft unendlichen Kunst des *intellectus* erstrahlt: So bemüht sich der *intellectus* „um die Erforschung der Künste des Verstandes, also der theoretischen Wissenschaften […] und zwar zu seiner Ernährung, seiner Erhaltung, seiner Vervollkommnung und seiner Ausschmückung […] Diese theoretischen Wissenschaften faltet er aus dem Lichte aus, an dem er nach Weise des Verstandes teilhat".[201]

Der Intellekt kann demnach zwar bloß seine eigenen Begriffe als von der sinnenfälligen Vielheit unabhängig schauen, mit der Erfassung eines jeden Begriffs jedoch begreift er den *conceptus absolutus*, an welchem jeder Begriff durch die Einheit der Denkkraft teilhat, schon mit: „Wenn der Verstand aber die Dinge ohne Einschränkung und außerhalb jeder Andersheit der Vernunft [*ratio*] in seiner einfachen Verstandesnatur [*intellectuali natura*] betrachtet, umfasst er sie außerhalb der Vorstellungen in der Helligkeit der Wahrheit, denn der Verstand ist Andersheit der unendlichen Einheit".[202] Die mutmaßende Kunst der *vis creativa* stellt gleichermaßen die Brücke zwischen menschlichem Geist und absolutem Geist, zwischen rationalem Begriff und *conceptus absolutus* dar; sie führt gleichsam zu einem momenthaften Spähen über die Mauer. Dazu leitet der Laie den Redner an, wenn er ihn auffordert, den Begriff vom Begriff zu bilden.

In dieser Erkenntnisschau, welche keine Erkenntnis im sinnlichen oder rational-diskursiven Sinne darstellt, da sich kein Inhalt und keine Reflexionsfläche bieten, liegt nach Nikolaus von Kues gerade die „Schau der absoluten Wahrheit".[203] In dieser nicht rational erkennenden Einsicht ist Wissen insofern vorhanden, als dass es nicht ‚verschmutzt' ist von sinnlichem Inhalt, dem sich nur rational erkennend genähert werden kann. Diese Schau ist demnach wahrer als eine Erkenntnis der Sinnendinge, deren Wesenhaftigkeit niemals erreicht werden kann. Alles, was der Geist hier schaut, ist reine Erkenntnis selbst, da er seine Tätigkeit unabhängig von Inhalten

---

201 De coni., n. 178: „Ex quo evenit quod intellectus sibi intellectuales artes, quae speculationes sunt, studet adinvenire pro nutritione, conservatione, perfectione ornatuve suo, quibus se iuvare possit. Ac uti has speculativas scientias exserit ex lumine participato intellectualiter […]." Zur Lichtmetaporik bei Cusaus vgl. Tilman Borsche: Das Bild von Licht und Farbe in den philosophischen Meditationen des Nikolaus von Kues, in: „videre et videri coincidunt". Theorien des Sehens in der ersten Hälfte des 15. Jahrhunderts (Texte und Studien zur Europäischen Geistesgeschichte B 1), hg. v. Wolfgang Christian Schneider/Harald Schwaetzer [u. a.], Münster 2011, 163–181, hier 174: „Wenn wir Farben sehen, lehrt Cusanus, dann sehen wir das Licht selbst – auf (unsere) menschliche Weise. Mit diesem Gedanken […] wird folgende Analogie meditativ dargestellt: Wir stehen in der Wahrheit, wenn wir im Denken mit Begriffen operieren (selbst wenn wir uns irren oder lügen), und wir stehen im Licht, wenn wir Farben mit den Augen wahrnehmen (selbst wenn wir Sinnestäuschungen unterliegen)".

202 De coni., n. 167: „Dum autem res abstractius extra omnem rationis alteritatem in sua simplici intellectuali natura intuetur, eas extra ipsa phantasmata in claritate veritatis amplectitur. Intellectus enim alteritas est infinitae unitatis".

203 De mente, n. 106.

schaut. Hier ist somit nichterkennende Erkenntnis, belehrte Unwissenheit (*docta ignorantia*) erreicht. Der menschliche Geist sieht in seiner Einfachheit alles, „wie wenn er im Punkt alle Größe und im Mittelpunkt den Kreis sieht, und dort sieht er alles ohne alle Zusammensetzung aus Teilen und nicht wie das eine dies ist und das andere das, sondern wie alles eins und eins alles ist".[204] „Das, was der Vernunft als Nichts erscheint", so lehrt „die heilige Unwissenheit", ist „das unbegreiflich Größte."[205]

Das Dargestellte verdeutlicht, inwiefern die Schau des Geistes von allen Erkenntnismodi – sinnlich (*sensus*), verstandesmäßig (*ratio*), vernunftmäßig (*intellectus*) – abhängt. Das cusanische kreative Sammeln[206] von immer mehr Blickwinkeln ist letztlich eine Form der *cognitio Dei experimentalis*: Der Geist muss tatsächlich sich selbst als schöpfenden, alles einfaltenden Geist erkennen. Zu dieser Selbsterkenntnis kann er jedoch nur gelangen, wenn er seine ureigenste Bewegung ausführt und Maß von allen Dingen nimmt, um mutmaßend möglichst viel in der Welt zu erkennen. Er vermisst alles, um seine eigenen Kapazitäten (*capacitas*)[207] auszutesten und sich als abbildhafte kontrakte Einheit zu erkennen, so wie ein Diamant der in seiner feinsten Spitze alle Formen von außen widerspiegelt, um zu erkennen, dass er schon alles complicativ in sich enthält.[208] Damit der Geist zur wahren Schau kommt, bedarf es demnach der extramentalen

---

204   De mente, n. 105: „[…] sicut si in puncto omnem magnitudinem et in centro circulum, et ibi omnia intuetur absque omni compositione partium et non ut unum est hoc et aliud illud, sed ut omnia unum et unum omnia".

205   De docta ign. I, c. 17, n. 51: „Sacra autem ignorantia me instruit hoc, quod intellectui nihil videtur, esse maximum incomprehensibile".

206   Den Begriff der ‚Kunst des Sammelns' hat Inigo Bocken geprägt. Vgl. dazu u. a. Bocken: Die Kunst des Sammelns. Philosophie der konjekturalen Interaktion nach Nicolaus Cusanus (Texte und Studien zur Europäischen Geistesgeschichte B 6), Münster 2014; ders.: Die Kunst des Spiegelns und die Kunst des Sammelns. Nicolaus Cusanus und die flämische Malerei, in: Spiegel der Seele. Reflexionen in Mystik und Malerei (Texte und Studien zur europäischen Geistesgeschichte B 3), Münster 2012; ders. Konkrete Universalität; ich möchte den Begriff, ganz in Bockens Sinne, um das Wort ‚kreativ' erweitern, da das Wort Sammeln in dieser Arbeit im Zusammenhang von Wissensansammlung im Sinne einer *assimilatio* benutzt wurde und der Prozess des kreativen Sammelns hingegen die Kreativität (*creatio*) des menschlichen Geistes betont. Vgl. dazu Inigo Bockens Aufsatz Imitatio *und* creatio, worin er im Hinblick auf die gesammelten Blickpunkte von einem „schöpferisches Sehen", einem „imitativen Schaffen" spricht.

207   Vgl. De mente, n. 123.

208   De mente, n. 85: „Ac si acuties simplicissima et indivisibilis anguli lapidis diamantis politissimi, in qua omnium rerum formae resplenderent, viva foret, illa se intuendo omnium rerum similitudines reperiret, per quas de omnibus notiones facere posset" („Das ist so, wie wenn die einfachste und unteilbare Spitze eines Winkels an einem ganz fein geschliffenen Diamanten, in der die Formen aller Dinge widerstrahlen, lebendig wäre, dann würde jene, wenn sie sich anblickte, aller Dinge Abbilder finden, durch die sie sich Begriffe von allem machen könnte"). Vgl. dazu Renate Steiger: Die Lebendigkeit des erkennenden Geistes bei Nikolaus von Kues, in: MFCG 13 (1978), 167–181, 169.

Welt, welche ihn zu einem Staunen und immer weiteren mutmaßenden Begriffsbildungen über die Wahrheit anregt. Nur so kann er erkennen, dass die erkannte Weisheit der Welt niemals die eigentliche Weisheit sein kann und die wissend-nichtwissende Schau erreichen. „Gleichsam wie wenn jemand […] sähe, dass alles Seiende verschiedenermaßen an der Seinsheit teilhat [als sich selbst erkennendes *imago Dei*], und danach in der Weise, von der jetzt die Rede ist, über aller Teilhabe und Verschiedenheit die absolute Seinsheit selbst einfachhin schaute",[209] in einer intellekthaften Schau, einer *visio intellectualis*.

1.4 Mystische und wissenschaftlich-intellektuale visio Die Rolle der Ikone in De visione Dei

An der Geistlehre des Cusanus wird deutlich, wie Cusanus eine *mystica theologia* als Annäherung an Gott tatsächlich versteht – nicht auf affektive Entrückung oder kontemplativen Rückzug des Geistes kommt es ihm bei einer *visio* an, vielmehr schlägt er von der eingeschränkt unendlichen Erkenntnisfähigkeit (im Sinne von unendlicher *vis creativa*) des menschlichen Geistes die Brücke zur Einsicht in die Unendlichkeit Gottes. Somit stellt die demütig-wissenschaftlich erkennende Haltung des Gottsuchers (vgl. die Haltung des Laien in *De sapientia*) die Möglichkeit zum Sprung über die Mauer, hin zur Schau des Selbst als höchste *imago Dei* dar: Im Erkenntnisdrang, welcher in die Einsicht des immer nur mutmaßenden Wissens mündet, liegt der Schlüssel zur nichterkennenden Schau Gottes.

Bei einer Beschäftigung mit der cusanischen *visio intellectualis* zeigt sich, dass es sich im oben behandelten mystischen Werk *De visione Dei* ebenso um eine nichterkennende Schau im Geiste handelt: „[…] und ich weiß nicht, was ich sehe, da ich nichts Sichtbares sehe. Nur das weiß ich, daß ‚ich weiß, dass ich nicht weiß‘, was ich sehe",[210] „ich sehe […] in einer Art geistiger Entrückung […].[211] Wird *De visione Dei* im Lichte der cusanischen Geistlehre betrachtet, können *sensus* – (*imaginatio*) – *ratio* – *intellectus*, „die tragenden Pfeiler der cusanischen Erkenntniskonstruktion",[212] als die Grundlage der cusanischen *mystica theologia* erkannt werden. Das Bild der *eicona* in der Schrift *De visione Dei* fungiert, mag es auch nicht auf den ersten Blick deutlich werden, gerade

---

209 De mente, n. 106: „Quasi si quis in proxime dicto modo videret, quomodo in omnibus entibus est entitas varie participata, et post hoc modo, de quo nunc agitur, supra participationem et varietatem omnem ipsam entitatem absolutam simpliciter intueretur […]".

210 De vis. Dei, c. 13, n. 51: „[…] et nescio, quid video, quia nihil visibilium video. Et hoc scio solum, quia scio me nescire, quid video […]".

211 De vis. Dei, c. 16, n. 70: „Video […] in raptu quodam mentali […]".

212 Böhlandt: Verborgene Zahl – verborgener Gott, 84.

durch die Tatsache, dass die Mönche versuchen sollen, sich einen Begriff
des paradoxen Blickes zu machen, als Ausgangspunkt für eine *manuductio*.
Wie festgestellt bedarf es, um überhaupt zu irgendeiner Wahrheit gelangen zu können, eines Anstoßes der Geistigkeit auf menschliche Weise.[213]
Das allessehende sinnhafte Bild Christi steht für das Urbild, das Gott ist.
So sagt Cusanus: „Wenn ich euch auf menschliche Weise zum Göttlichen
zu erheben trachte, dann muss dies in einer Art Gleichnis geschehen".[214]
Der Geist der Mönche wird durch den paradoxen Blick der Ikone, den
sie verstandesmäßig nicht fassen können, über das Staunen zu einer
speculatio, einer denkenden geistigen Bewegung angeregt. Der Blick,
der alle zugleich schaut, kann nicht einfach rational erfasst werden. Somit leitet diese Paradoxie die Mönche an, zu einer anderen Schau des
Geistes überzugehen, gleichsam die Perspektive zu wechseln, indem sie
die endliche Perspektive, welche alles unterscheidend schaut, verlassen
und in eine Unkenntnis übergehen. Diese ist jedoch belehrter als alles
Wissen um das rational erfasste Bild: Durch Anerkennung der verschiedenen Perspektiven der einzelnen Mönche und das Einnehmen dieser,[215]
durch das Bilden von Mutmaßungen und einen bewussten Verzicht auf
Wahrheitsanspruch im Ergreifen und Zusammenwerfen[216] verschiedener
mutmaßender Begriffe über die Wahrheit des Bildes, kommt die nichterkennende Einsicht in den Zusammenfall aller verschiedenen Perspektiven
in Gottes Sehen zustande.[217] Das sinnliche Bildnis bleibt zwar Bildnis,
es weist aber in seiner Besonderheit schon auf die Koinzidenz der Gegensätze hin:[218] Durch den staunenerregenden Blick – das Staunen über
die Welt als Initiator für die höchste Schau ist schon aus *De sapientia*

---

213   Vgl. dazu Wilhelm Dupré: Das Bild und die Wahrheit. Renate Steiger: Einleitung zu
       Schriften des Nikolaus von Kues in deutscher Übersetzung: Idiota de sapientia, hg. v.
       Ernst Hoffmann [u. a.], Hamburg 1988, XVII verweist darauf, dass gerade das Bild
       zur „Bildende[n] Kunst" benutzt wurde, um zu allen Menschen Zugang zu finden.
       Cusanus erleichtert demnach den Mönchen die Lektüre durch die beigelegte Ikone.
       Dupré nennt dies eine „innere […] Bewegung von Bildverbot und Bildgebot". Zwar
       steht Gott, so Dupré: Das Bild und die Wahrheit, 133, „vor allen und jenseits aller
       Bilder", aber gerade deshalb kann er, wie v. a. an *De sapientia* deutlich gemacht, „nur
       in Bildern und Gleichnissen", in denen er ja widerstrahlt, „– nicht jedoch als diese –
       gedacht und erstrebt werden".
214   De vis. Dei, praefatio, n. 2: „Si vos humaniter ad divina vehere contendo, similitudine
       quadam hoc fieri oportet".
215   Bocken: Konkrete Universalität, 85 spricht an dieser Stelle vom „Blickpunkte sammeln".
216   *conicere* = mutmaßen, zusammenwerfen, vgl. Bocken: Die Kunst des Sammelns.
217   Cusanus selbst macht diesen Wechsel der Perspektiven auf das Eine hin vielfältig
       deutlich: Nicht zuletzt sein Interesse an verschiedensten Bereichen, durch welche
       er seinen Geist bilden will – er war an theologischen, philosophischen, mathemati-
       schen, naturwissenschaftlichen, juristischen sowie politischen Fragen interessiert –,
       aber auch mit jeder seiner Schiften sowie jedem seiner Gottesnamen wirft er verschie-
       denste Blickwinkel auf Gott ‚zusammen', um so eine immer genauere Mutmaßung
       über das unendliche Urbild in verschiedensten Abbildern zu bekommen.
218   Vgl. dazu Schwaetzer: Die methodische Begründung, 93.

bekannt – fangen die Mönche an zu mutmaßen; das Bild regt den Geist zur ureigensten gottähnlichen kreativen Tätigkeit an. „Zuerst also werdet ihr darüber staunen, wie es möglich ist, daß die Ikone zugleich alle und jeden einzelnen anblickt [...] Und da er [der Betrachter] weiß, daß die Ikone befestigt und nicht verändert worden ist, wird er über die Änderung des unveränderlichen Blickes staunen [...] Er wird darüber staunen, wie er sich auf unbewegliche Weise bewegt [...],"[219] und letztlich diese Bewegung in unendlicher begrifflicher Mutmaßung nachahmen.

In dem, was Cusanus an der Ikone, welche in die *visio Dei* führt, darstellt, kann geschlossen werden, dass, wie Birgit Helander es treffend ausdrückt,

> „[...] insofern eine Übereinstimmung mit [Cusanus'] visio intellectualis [besteht] als hier jede Art der Annäherung an das Absolute, d. h. an Gott mitenthalten ist: angefangen von der Betrachtung des Seins als ein vom Ursprung Entsprungenes, als ein Abbild Gottes, über die nächste Stufe des Begründen des Seins mit Hilfe von Verstand, Vernunft und zusätzlichem mutmasslichem Denken bis zur letzten Stufe der reinen Schau".[220]

Die *visio Dei* kann demnach gleichgesetzt werden mit der *visio intellectualis*. Wenn auch freilich die Bezeichnung *visio intellectualis* aus den erkenntnistheoretischen Betrachtungen des Nikolaus stammt, während die *visio Dei* aus den theologisch-mystischen Betrachtungen stammt, so ist die Gottesschau „immer ein handelndes Sehen der Dinge in der Welt".[221] Da das letzte Ziel der cusanischen Theologie wie Philosophie jedoch Gott darstellt, münden die verschiedenen Begriffe letztendlich in dieses Ziel der Gottesschau.

1.5 Aenigmata

Die Ikone aus *De visione Dei* stellt eines der bekanntesten Sinnbilder[222] (*aenigmata*, αἴνιγμα) im cusanischen Werk dar. Katrin Platzer steckt in ihrer Untersuchung der *symbolica venatio* und *scientia aenigmatica* die Zeit um die Entstehung von *De visione Dei* als jenen Zeitraum ab, in

---

219 De vis. Dei, praefatio, n. 3: „Primum igitur admirabimini, quomodo hoc fieri possit, quod omnes et singulos simul respiciat [...] Et admirabitur, quomodo immobiliter moveatur, neque poterit imaginatio capere, quod cum aliquo alio sibi contrario motu obviante similiter moveatur [...]".

220 Helander: Die *visio intellectualis*, 13.

221 Bocken: *Imitatio* und *creatio*, 201.

222 Das Wort *aenigma* geht auf die Orakelsprache und Mythenerklärung zurück. In Platons *Timaios* steht, es kann durch das Rätsellösen „das, was sich hinter dem sinnlich Wahrnehmbaren verbirgt", die „eigentliche Wirklichkeit" geschaut werden (vgl. Joachim Ritter/Karlfried Gründer: Historisches Wörterbuch der Philosophie Bd. 6, Basel 1984, Sp. 268f.). Die häufigste Übersetzung lautet zwar ‚Rätselbild', jedoch stimmt Harald Schwaetzer Kurt Flasch: Nicolaus Cusanus, 42 zu, der dieser Übersetzung für nicht geeignet hält, da hier „nichts zu erraten" sei.

welchem Cusanus das Wort ‚Symbol' durch das Wort ‚*aenigma*' ablöst.
Formen des Wortes *aenigma* tauchen durchaus in früheren Werken schon
auf, wenn auch nicht so gehäuft. Schon in seinem ersten philosophischen
Werk, *De docta ignorantia*, welches Cusanus im Jahre 1440 fertigstellte,
schreibt er beispielsweise:

> „Alle unsere weisen und gotterleuchteten Lehrer stimmen darin
> überein, daß die sichtbaren Dinge in Wahrheit Bilder der unsicht-
> baren Dinge sind, und daß der Schöpfer auf diese Weise wie im
> Spiegel und Gleichnis (*aenigmate*) für die Geschöpfe dem erken-
> nenden Blick zugänglich wird [...] Erst dann wird unsere Unwis-
> senheit in einer nicht begreifenden Weise belehrt, in Rätselbildern
> (*aenigmate*) sich mühend, über das höchste in einer richtigeren und
> wahreren Weise zu denken."

In *De filiatione Dei*, verfasst um 1445, ist zu lesen:

> „Durch eine derartige bildliche Ähnlichkeit werden wir, die wir
> nach der Gotteskindschaft streben, ermahnt, nicht den Sinnendin-
> gen anzuhängen, die nur gleichnishafte Zeichen (*aenigmatica signa*)
> des Wahren sind, sondern sie unserer Schwachheit wegen, ohne daß
> wir beschmutzt werden, so zu gebrauchen, als ob durch sie der Mei-
> ster der Wahrheit spreche und sie Bücher seien, die den Abdruck
> seines Geistes enthielten."[223]

Über Sinnbilder, so macht Cusanus deutlich, ist es dem Menschen möglich, das Unendliche zu erreichen. Sinnbilder, wie Cusanus sie für seine
mystische Theologie einsetzt, bedeuten mehr als bloße Sinnendinge. Sie
stellen Bilder dar, in welchen die Wahrheit, auf die sie verweisen, immer
schon aufleuchtet, wenn sie auf rechte Art und Weise geschaut werden.
Cusanus will mit dem

> „[...] Rätselbild zum Ursprung eines jeden beliebigen Namens
> vordringen [...] alles sehen, was auf menschliche Weise gesagt wer-
> den kann [...] mit dem Auge des Geistes hier im Rätselbild durch
> einen Spiegel die unnennbare Unteilbarkeit erkennen, die durch
> keinen von uns benennbaren Namen noch durch einen formbaren
> Begriff erfaßt werden kann, und die wir sie [sic!] am wahrsten im
> Überstieg sehen [...]."[224]

Alle Bilder können als *aenigmata* fungieren, da in allem die Spur der
Wahrheit Gottes ist.

---

[223] Katrin Platzer: symbolica venatio und scientia aenigmatica: eine Strukturanalyse der
Symbolsprache bei Nikolaus von Kues (Darmstädter theologische Beiträge zu Gegenwartsfragen 6), Frankfurt a. M. 2001, 93.

[224] De docta ign. I, n. 30, n. 33: „Consensere omnes sapientissimi nostri et divinissimi
doctores visibilia veraciter invisibilium imagines esse atque creatorem ita cognoscibilter
a creaturis videri posse quasi in speculo et in aenigmate [...] Et tunc nostra ignorantia
incomprehensibiliter docebitur, quomodo de altissimo rectius et verius sit nobis in
aenigmate laborantibus sentiendum".

Obwohl alle Dinge *aenigmata* sein können, so können im cusanischen Werk – wenn Cusanus dies auch nicht ausdrücklich benennt – vier verschiedene Ebenen von *aenigmata* erkannt werden. Ihnen kommt jeweils eine bestimmte Funktion in Bezug auf den cusanischen Denkvollzug zu. Zunächst werden im Folgenden die beiden ersten Ebenen der ‚hinweisenden *aenigmata*' sowie der ‚reflektierenden *aenigmata*' vorgestellt.

1.5.1 Erste Ebene: ‚Hinweisendes aenigma'

Das Ikonenbild erlaubt, wie Jean-Marie Nicolle es ausdrückt, „glimpsing at infinity".[225] Da es, wie Platzer darlegt, als repräsentierendes Symbol, das an der Wirklichkeit dessen, worauf es verweist, selbst teilhat, etwas davon enthält, „es zum Ausdruck" bringt und es „gegenwärtig" macht, fungiert es als *aenigma*.[226] Das *aenigma* schlägt somit eine Brücke zwischen endlicher Sinnenwelt und Gott – der Geist ist fähig an sinnlichen Dingen, welche als Wegweiser, als Zeichen oder Zeiger dienen, sich orientierend zu einer aenigmatischen Schau, in welcher kein diskursives Verstehen mehr gelten kann, zur Berührung der Unendlichkeit zu gelangen. Diese Sinnbilder, welche auf eine bestimmte Idee, etwa die Idee der Koinzidenz der Gegensätze, und somit auf Gott weisen, dienen als ‚hinweisende *aenigmata*'.

Wie die allessehende Ikone als *aenigma* die Verwunderung (Staunen) und somit die geistige Bewegung der Mönche in Gang setzt, können alle Dinge, wie Cusanus in *De sapientia* verdeutlicht, dadurch, dass die Unendlichkeit Gottes in ihnen widerstrahlt, zur Anregung und zum Staunen und schließlich einem *raptus*[227] der momenthaften Einsicht führen, der gerade in unendlicher Tätigkeit begriffen ist. Unzählige Weisen von Beispielen könne man ersinnen, so Cusanus.[228] So wie er in seinem Werk bei diesen Überlegungen gezielt von der perspektivischen Sicht auf Gott, durch die Ikone verdeutlicht, abweicht,[229] können alle Dinge zu *aenigmata* werden. Zwar bleibt die Ikone eines der einsichtigsten *aenigmata*, da schon ihr den

---

225 De fil. Dei, n. 61: „Tali quadam similitudine admonemur nos, qui ad filiationem dei aspiramus, non inhaerere sensibilibus, quae sunt aenigmatica signa veri, sed ipsis ob infirmitatem nostram absque adhaesione coinquinationis ita uti, quasi per ipsa nobis loquatur magister veritatis et libri sint mentis eius expressionem continentes".

226 De beryllo, n. 46, n. 53: „[…] cum […] aenigmate ad cuiuslibet nominis principium pergas et quidquid humanitus dici potest deo te semper dirigente videbis […] Nos autem oculo mentis hic in aenigmate per speculum innominabilem indivisibilitatem nullo nomine per nos nominabili aut nullo conceptu formabili apprehensibilem cognoscentes, verissime eam videntes in excessu […]".

227 Jean-Marie Nicolle: How to look at the Cusanus' geometrical figures?, in: MFCG 29 (2005), 279–294, hier 293.

228 Platzer: symbolica venatio, 101.

229 Von einem „Phänomen des Erstarrens" spricht Renate Steiger: Anmerkungen zu Nikolaus von Kues: De sapientia. Der Laie über die Weisheit. Lat.-Dt. m. einer Einleitung v. Karl Bormann, Bd. 2, Hamburg 2002, 131.

Verstand übergreifender Blick nicht bloß einen bestimmten Blick in die
Welt darstellt, sondern gerade alle Perspektiven, die die Mönche einnehmen können (und noch mehr) in sich einfaltet, obwohl sie sinnliches Bild
bleibt.[230] Trotzdem dient etwa auch der Nussbaum aus *De visione Dei* als
auf die Wahrheit ‚hinweisendes *aenigma*‘: Der Baum mit all seinen sicht-
baren Akzidenzien kann zunächst, wie auch die Ikone, nur mit dem sinnlichen Auge erfasst und zu einer *imaginatio* geführt werden. Die reine Idee
der Samenkraft als Prinzip aller den Nussbaum beschreibenden Begriffe, d.
h. der Begriff noch vor allen rational einsehbaren Begriffen, weist auf die
Koinzidenz aller Begriffe und auf jene Unwissenheit, „in der ganz und gar
nichts mehr von Kraft und Stärke des Samens bleibt".[231] Die *imaginatio*
soll zu einem Nachdenken über die Vorstellung auf rationaler Ebene führen und somit zum prinzipiellen Begriff des Samens, was letztlich in einer
Betrachtung der Samenkraft zur intellektuellen Kraft des Geistes als alle
Begriffe einfaltenden kreativen Kraft führt.

Weitere ‚hinweisende *aenigmata*‘ sind bspw. die Mathematik aus *De
beryllo* oder *De theologicis complementis*,[232] der Löffel aus *De mente* oder
der Kreisel aus dem *Trialogus de possest*. In allen wird auf die Idee der Koinzidenz bzw. der Urbildhaftigkeit hingewiesen. ‚Hinweisende *aenigmata*‘
führen in den denkerischen Vollzug des mutmaßenden Geistes, welcher
immer am Bild, aber nie mehr an einem sinnlichen Ding vonstatten geht.

1.5.2 Zweite Ebene: ‚Reflektierendes aenigma‘

Neben den ‚hinweisenden *aenigmata*‘, welche zum Verstehen einer Idee,
wie etwa der Idee der Koinzidenz anleiten, findet sich eine zweite Art von
aenigmata im cusanischen Werk. Sie lässt sich charakterisieren durch zwei
auf die Art und Weise des aenigmatischen Vollzuges im Geiste bezogene, methodisch grundlegende *aenigmata* des Berylls (1) als Brille für den
Geist, und des Spiegels (2), in welchem die Wahrheit sich spiegelt: Beide *aenigmata* fungieren in der aenigmatischen Philosophie des Cusanus
gewissermaßen als Sehhilfe für die Schau, welche durch die *aenigmata*
insgesamt erreicht werden kann. Der Beryll wird ausdrücklich als eine
Sehhilfe für die Mönche vom Tegernsee konzipiert, ihm wird ein ganzes
Buch gewidmet; der Spiegel nimmt eine Schlüsselstellung in Bezug auf

---

230   De beryllo, n. 27: „Innumerabilis modi possunt concipi, multos alias in Docta
      ignorantia et libellis aliis posui".
231   Stock: Die Rolle der „*icona Dei*", 58 beschreibt treffend: „[…] so als ob sich sein
      spekulatives Anregungspotential langsam erschöpfe und die Einsicht [die Vernunft]
      sich durch den Zusammenschlag der Kontradiktionen selbst beflügele".
232   Zum Thema Cusanus und Malerei vgl. Elena Filippi/Harald Schwaetzer (Hg.): Spie-
      gel der Seele. Reflexionen in Mystik und Malerei (Texte und Studien zur Europä-
      ischen Geistesgeschichte B 3), Münster 2012. Zu dieser Thematik vgl. besonders den
      Beitrag von Inigo Bocken: Reflexionen – Die Kunst des Spiegelns und die Kunst des
      Sammelns. Nicolaus Cusanus und die flämische Malerei, in: ebd. 151–160.

die Schau ein und spielt im Hinblick auf die cusanische *viva imago Dei*-Anthropologie eine wesentliche Rolle. Beide *aenigmata* können auf Grund der Eigenschaft, dass sie gleichsam als Hilfsmittel für das Hilfsmittel *aenigma* fungieren, als ‚reflektierende *aenigmata*' bezeichnet werden. Sie können gewissermaßen herangezogen und ‚von außen' betrachtet werden; an ihnen kann der aenigmatische Denkvollzug des Geistes reflektierend als solcher benannt werden.

1.5.2.1 Beryll

Die Mönche vom Tegernsee, an welche *De visione Dei* gerichtet war, damit sie in Leichtigkeit zur höchsten Weisheit gelangen, baten Cusanus im Anschluss an das Werk von der Ikone um eine Brille (*beryllus*), damit sie die *facilitas* der *manuductio* noch besser zu sehen vermochten. Der Beryll, damals verstanden im Sinne des heutigen Bergkristalls, ist ein Mineral, aus dessen durchsichtigen Kristallen um 1300 die ersten Linsen für Augengläser geschliffen wurden.[233] Die Mönche baten gleichsam um eine Hilfestellung für die durchzuführende geistige Tätigkeit: „Oculos doleo, berillum non habeo", schreibt Bernhard 1455 nach mehreren Bitten um die Schrift an Cusanus. Cusanus verfasste trotzdem erst 1458, fünf Jahre nach *De visione Dei*, das Büchlein über den Beryll.[234]

Im Beryll, der von Cusanus als Augenglas für die Seele beschrieben wird, findet sich ein Sinnbild, durch welches Cusanus die aenigmatische Sehweise an sich, und somit die Methode einer *visio intellectualis* veranschaulichen will. Der Beryll kann als Voraussetzung für jede *visio* angesehen werden – jener Geist, welcher bereit ist, sich des Berylls zu bedienen, d. h. seine Schau über alles sinnlich-rationale hinaus zu lenken, kann im *aenigma* zur vernunfthaften Schau gelangen und Gott aufscheinen sehen. Gleich zu Anfang von *De beryllo* formuliert Cusanus, dass er der Vernunft eines jeden „ein Rätselbild an die Hand geben" will, um sie „an die äußerste Grenze des Wißbaren" zu leiten. „Denn wenn auch dieses Büchlein offensichtlich kurz ist, gewährt es dennoch hinreichende Anleitung, wie man von dem Rätselbild zur Schau in jeder erhabenen Höhe gelangen kann".[235] Diese *sufficiens praxis* kommt der *manuductio* gleich, welche aus *De visione Dei* bekannt ist.[236] Ebenso, wie bei der Ikone das Sehen von Bedeutung ist,

---

233 De vis. Dei, c. 7, n. 23: „[…] in qua nihil penitus maneat virtutis aut vigoris seminalis […]".

234 Das *aenigma* der Mathematik sowie die These der Sonderstellung der Mathematik, welche in der Forschung oft vertreten wird, werden in Kap. 3.6.2 dieser Arbeit ausführlich behandelt.

235 Das Wort Brille leitet sich etymologisch vom lateinischen Begriff *beryllus* ab. Zu dem Beryll als Stein vgl., Harald Schwaetzer/Maximilian Glas: Beryll, Diamant, Karfunkel. Edelsteine im Werk des Nicolaus Cusanus, in: Litterae Cusanae 4,2 (2004), 79–90.

236 Cusanus bat die Mönche immer wieder um Aufschub, da er auf Grund von den

um die endliche Sehweise des Menschen dem unendlichen Blick Gottes –
im Blick der Ikone veranschaulicht – gegenüberzustellen, so geht es hier
wieder um das Sehvermögen, allerdings diesmal um den Beryll als die Sehhilfe für das Sehvermögen überhaupt: Der Beryll, so beschreibt Cusanus
in seinem gleichnamigen Werk, „ist ein glänzender, weißer und durchsich-
tiger Stein. Ihm wird eine zugleich konkave und konvexe Form verliehen,
und wer durch ihn hindurchsieht, berührt zuvor Unsichtbares."[237] Der
Beryll weist nicht nur bildhaft auf die Idee der Koinzidenz hin, sondern
durch ihn als zugleich konkav und konvex geschliffenes Glas kann die Koinzidenz der Gegensätze erst gesehen werden. Beim Beryll geht es folglich
um die Fähigkeit des Sehens an sich und darum, zu reflektieren, wie durch
die Sehhilfe der Brille die Voraussetzungen für die Schau der Unendlichkeit
überhaupt erst geschaffen werden. Der Beryll zeigt, so Cusanus, dass „[…]
die Wahrheit durch ihre Ähnlichkeit allem das Sein zuteilt […] Wenn du
also die ewige Weisheit oder den Erkenntnisursprung sehen willst, so lege
den Beryll an und sieh den Erkenntnisursprung […]".[238]

Cusanus will der *mens* für den Vollzug der denkerischen Schau also eine
Brille aufsetzen, mit welcher vorher Verborgenes deutlich werden soll. So,
wie die sinnlichen Augen demnach eine Brille aufsetzen, um besser sehen
zu können, kann sich das „geistige Auge"[239] den Beryll vorhalten, um die
Sehweise zu erweitern und zu schärfen.[240] Der Beryll soll, um als immer
schärferes Augenglas zu dienen, immer genauer für die Schau des geistigen Auges zurechtgeschliffen werden: „Wenn den Augen der Vernunft ein
vernunftgemäßer Beryll, der die größte und kleinste Form zugleich hat,
richtig angepasst wird, wird durch seine Vermittlung der unteilbare Ursprung von allem berührt."[241] Durch den anpassenden Schliff wird nicht

---

Geschehnissen um ihn herum – nicht nur mit Herzog Sigismund, sondern ebenso
mit Verena von Stuben lag er im Streit – keine Muße fand, vgl. dazu etwa Karl
Fleischmann: Vorwort, in: Über den Beryll, Schriften des Nikolaus von Cues in
deutscher Übersetzung, hg. v. Ernst Hoffmann, Heft 2, Leipzig 1938.

237   De beryllo, n. 1: „Unde ut quam clare legenti conceptum depromam, speculum et
       aenigma subiciam, quo se infirmus cuiusque intellectus in ultimo scibilium iuvet
       et dirigat, et graviores doctissimorum in difficilibus ponam paucas sententias et
       opiniones, ut aplicato speculo et aenigmate visione intellectuali iudex fias, quantum
       quisque propinquius ad veritatem accedat".

238   Vgl. De beryllo, n. 61: „Considera hoc aenigma ubtique subtiliter manuducens ad
       conceptum specierum".

239   De beryllo, n. 3: „Beryllus lapis est lucidus, albus et transparens. Cui datur forma
       concava pariter et convexa, et per ipsum videns attingit prius invisibile."

240   De beryllo, n. 18, n. 32: „[…] veritatem per suam similitudinem omnibus tribuere
       esse […] Tu igitur si volueris aeternam sapientiam sive principium cognoscitivum
       videre, posito beryllo ipsum videas […]".

241   Der Begriff des brillengleichen geistigen Auges taucht nicht nur in *De beryllo* auf,
       auch in *De visione Dei* verwendet Cusanus dieses reinere Auge des Geistes, durch wel-
       ches der Mensch schauen soll: De vis. Dei, n. 38: „Sto coram imagine faciei tuae, deus
       meus, quam oculis sensibilibus respicio, et nitor oculis interioribus intueri veritatem,
       quae in pictura signatur" („Ich stehe, mein Gott, vor dem Bilde Deines Angesichts,

bloß eine bestimmte Sicht eingenommen, sondern immer mehr Perspektiven und reinere Blickwinkel gesammelt: „Und im Rätselbild [...] erforsche scharfe, formhafte, einfache und durchdringende Erkenntnisnaturen [...]."[242] Je reiner der Schliff, desto klarer die Sicht: Der Schliff der Brille steht für die Verbesserung der Fähigkeiten des Intellekts – je mehr er sich begrifflich ausbildet, desto deutlicher erscheint in ihm der unendliche absolute Begriff und damit Gott. „Und wenn du das Augenglas anlegst und durch die zugleich größte und kleinste Weise den Ursprung jeder Weise siehst, in dem alle Weisen eingefaltet werden [...] dann wirst du bezüglich der göttlichen Weise eine wahrere Betrachtung vornehmen können."[243] Wenn die Sicht durch den Stein am reinsten ist und nichts mehr vom Glas und vom Stein selbst gesehen werden kann, kann das, was hinter dem Sinnbild des Steines liegt, auf wahrste, wenn auch nicht mehr sichtbare Weise erkannt werden. Das *aenigma* des Berylls reflektiert folglich die sich verbessernde Erkenntnisfähigkeit des menschlichen Geistes als Voraussetzung für die Schau selbst.

1.5.2.2 Spiegel

Das bekannte Sinnbild des Spiegels nimmt eine ähnliche Stellung ein wie das des Berylls als Brille. Auch er dient als Sehhilfe: Ebenso, wie die Wahrheit durch den Beryll besser erkannt werden kann, so kann sie durch den Blick in den Spiegel besser erkannt werden. V. a. in *De filiatione Dei* wird dies an der Stellung der Spiegel deutlich: Um den perfekten Spiegel Gottes, der Jesus ist, sind verschiedene Spiegel mit Makeln und Flecken, welche für die Geschöpfe Gottes stehen, aufgereiht. Dieses Bild entspricht augenscheinlich dem des *aenigma* der Ikone,[244] wenn auch nicht ein sinnliches Ding, wie die tatsächliche Christusikone, vorgeordnet ist. Ebenso wie der Blick der Ikone dem Blick der um sie herumstehenden Mönche vorausgeht, so geht der unendliche Mittelspiegel in seiner perfekt-unendlichen Spiegelung allen Spiegelungen der ihn umkreisenden Spiegel voraus: „Deshalb betrachtest du in dir selbst alles [...] Dein Blick sieht alles in sich, da er Auge oder lebendiger Spiegel ist."[245] Unter den befleckten Spiegeln, die alle auf eigene Art und Weise den perfekten, allesspiegelnden Mittelspiegel widerspiegeln, befinden sich lebendige Spiegel, welche für den Menschen

---

das ich mit meinen leiblichen Augen anschaue, und ich bemühe mich, mit den inneren Augen die Wahrheit zu schauen, die in dem Gemälde dargestellt ist").

242 De beryllo, n. 41.

243 De beryllo, n. 3: „Intellectualibus oculis si intellectualis beryllus, qui formam habeat maximam pariter et minimam, adaptatur, per eius medium attingitur indivisibile omnium principium".

244 Harald Schwaetzer verweist auf diese Ähnlichkeit, bezogen auf *De pace fidei*, in seinem Aufsatz *Toleranz als Spiegel der Wahrheit*, in: Litterae Cusanae 6,1 (2006), 26–31.

245 De vis. Dei, c. 8, n. 30: „Domine, tu vides et habes oculos. Est igitur oculus, quia habere tuum est esse; ob hoc in te ipso omnia specularis".

mit seinem aktiv-kreativen Geist stehen. Aufgabe dieser lebendigen Spiegel ist es, sich immer weiter zu begradigen und zu reinigen, sodass sie den perfekten Spiegel, der Gott auf reinste Weise spiegelt, in sich selbst immer besser widerspiegeln. Werden die menschlichen Spiegel reiner, so spiegeln sie sich wiederum besser im Mittelspiegel, d. h. je aktiver der erkennende Geist sich auf die Jagd nach der Wahrheit macht, indem er mehr und mehr Spiegelungen sammelt und diese bereinigt, desto reinere Abbilder der einen Wahrheit, welche in allen strahlt, werden sie. Je besser sie sich spiegeln, desto besser spiegeln sie Gott (*viva imago Dei*).

Je besser sie sich jedoch spiegeln, desto weniger können sie noch im Spiegel erkannt werden: Der perfekte Spiegel spiegelt einen perfekten Spiegel so wieder, dass kein Spiegel mehr zu sehen ist, wenn faktisch auch zwei Spiegel beteiligt sind. Zwar sehen die endlichen Spiegel den göttlichen Spiegel auf diese Weise immer besser, da, je vollkommener sie werden, sie mehr und mehr um die Vollkommenheit des perfekten Mittelspiegels, in welchem sie sich spiegeln, wissen. Jedoch sehen sie im Erkennen dessen, was erkannt werden soll, immer weniger von dem, was tatsächlich erkannt werden kann, da die Makel abnehmen und der perfekte Spiegel sich immer besser spiegelt. Die eigentliche Vollkommenheit der Spiegelung bleibt somit unerkannt. So sehr der menschliche Spiegel sich auch perfektioniert, der Geistspiegel schaut immer auf sein eigenes spiegelndes Wesen; niemals wird der Mensch Gott selbst, er bleibt immer Abbild. In diesem lebendigen Abbild leuchtet die Wahrheit jedoch auf und gerade durch die begradigende Bewegung, welche in epistemologischem Sinne die Denkbewegung, d. h. die begriffschaffende Bewegung des Geistes selbst ist, kommt er dem Spiegel der absoluten Wahrheit durch Verbesserung seiner Begriffe näher und näher, wenn er ihn auch niemals gänzlich erkennen kann. Diese Schau ist rein geistige Spiegelschau, über allem, was begriffen werden kann.

So wie die Brille nach immer besserer Schleifung nicht mehr gesehen werden kann und damit den Blick auf das nicht mehr Erkennbare freigibt, kann auch keine Spiegelung nach immer besserer Reinigung mehr erkannt werden und gibt die Sicht frei auf den perfekten, aber nicht mehr erkennbaren Spiegel Gottes und somit auf Gott.

Diese Brillen- und Spiegelschau anhand des messenden Geistes ist es, was Cusanus in seinen Werken an den *aenigmata* immer wieder neu vollzieht bzw. vollzogen wissen will. Der ‚richtige‘, ‚sich reinigende‘ Blick durch den Beryll und in den Spiegel reflektiert die sich verbessernde Erkenntnisfähigkeit als Voraussetzung für die Schau des Geistes, welche, wenn sie am reinsten ist, keine Erkenntnis, sondern eine nichterkennende Erkenntnis (*docta ignorantia*) der Unendlichkeit Gottes ist. Im folgenden Satz wird die Rollenverteilung der *aenigmata* Beryll und Spiegel deutlich: Cusanus will „[...] mit dem Auge des Geistes hier im Rätselbild durch einen Spiegel [...]" das Unsichtbare erkennen.[246] Das Auge des Geistes, der Beryll, ist jene immer zu verbessernde Fähigkeit des Geistes, durch welche er durch immer schärferen Schliff weiter blicken kann, als die *ratio* es zulässt. Im Sinnbild, bspw. in der Ikone oder der Mathematik, soll die Wahrheit geschaut werden, und zwar „durch den Spiegel". Der lebendige Spiegel ist ebenso Bild für den menschlichen Geist, der in seinen Begriffen die Wahrheit spiegelt und dies immer klarer tun soll. Durch den geschärften Blick kann in der Begriffsproduktion des die Wahrheit widerspiegelnden Geistes zur *visio intellectualis* gelangt werden. In den Spiegel schauen heißt, in der kreativen Kraft der *mens* die Wahrheit schauen. Fordert Cusanus auf: „[...] solche Dinge, mein Sohn, im Spiegel deines Geistes zu schauen",[247] leitet er dazu an, mit Hilfe der Vernunftschau (*beryllus*) im Spiegel des Begriffsuniversums des tätigen Intellekts die Wahrheit erfassen zu lernen.

Die *aenigmata* des Berylls und des Spiegels stellen somit Sinnbilder dar, welche dem Beobachter als Hilfsmittel dienen: Er kann sie im Gegensatz zu den ‚hinweisenden *aenigmata*', in welchen eine Idee aufgezeigt wird, zur Seite nehmen und in ihnen die Tätigkeit des Geistes als ein Schaffen von Fähigkeit reflektieren. Beryll und Spiegel sind, ‚reflektierende Sinnbilder'.

Neben den ‚hinweisenden' und den ‚reflektierenden *aenigmata*' finden sich im cusanischen Werk zwei weitere Ebenen von *aenigmata*, die Ebene des ‚performativen *aenigma*' und die Ebene des ‚inhaltslos-prozessualen *aenigma*'. Diese Ebenen werden am Ende des zweiten Teils (Kap. 3.7) eingeführt, da die Behandlung des Themas der experimentellen Naturwissenschaft als hinführende Voraussetzung dient.

1.6 Zusammenfassung: Durch Welterkenntnis zur Gotteserkenntnis

Letztendlich muss sich zwar der menschliche Geist durchaus ganz sich selbst zuwenden, um in die *docta ignorantia* entrückt zu werden. Aber erst durch die Einsicht, dass er als intellekthaftes Wesen nur nach der Wahrheit suchen kann, indem er seine wesenseigene Aufgabe erfüllt und die Dinge in der Welt vermisst, erkennt er, dass allein das, was er in sich selbst als reine Geistestätigkeit findet, höchste Ähnlichkeit der eigentlichen Weisheit ist. So bedeutet die Forderung Gottes in *De visione Dei*, c. 7, n. 25: „Sis tu tuus et ego ero tuus" eine Aufforderung an den Menschen, seine ganze Erkenntnisfähigkeit zu nutzen und somit sich selbst als zweiten Schöpfer zu erkennen: „Wenn wir uns nämlich dem kleinsten Senfkorn zuwenden", so Nikolaus in *De quaerendo Deum*, „und dessen Macht und Wirkkraft mit dem Auge der Vernunft anschauen, finden wir die Spur wieder, sodass

---

246   De beryllo, n. 53: „[...] oculo mentis hic in aenigmate per speculum [...]".
247   Epist. ad Nic. Bonon. [Albergati], n. 15, p. 32, lin. 3: „Circa ista igitur, fili mi, assuefacias speculationem tuam et teneas [...]".

wir zur Bewunderung unseres Gottes erweckt werden".[248] Der Mensch wird über die ihm ureigene, in die Welt gerichtete Erkenntnisbewegung zu einer Selbsterkenntnis als Gottes Kreativität spiegelnde Kraft geführt. Durch Selbstbildung dieser Kraft kommt es zu einer Erweiterung nicht der Natur (Schöpfung Gottes), sondern der Kultur als Schöpfung der menschlichen Geisteskraft. Je mehr der menschliche Geist sich demnach um kreative Erkenntnis in der gleichnishaften Welt bemüht, desto mehr wendet er sich seiner eigenen Vervollkommnung als Spiegel Gottes und dadurch Gott selbst zu:

> „Da der Intellekt ein intellektuales, lebendiges, Gott ähnliches Bild ist, erkennt er alles in sich, als dem einen, sobald er sich erkennt. Sich selbst aber erkennt er dann, wenn er sich in Gott so, wie er ist, schaut. Das aber findet dann statt, wenn Gott in ihm er selbst ist. Nichts anderes folglich ist es, alles zu erkennen, als sich als Gott ähnliches Bild zu sehen, was die Kindschaft ist".[249]

Menschliche Erkenntnisfähigkeit in ihrer Ganzheit wird so zu etwas Wertvollem.

Die cusanischen Sinnbilder stellen eine Hilfestellung für den Intellekt dar. Nicht nur die Ikone mit ihrem paradoxen Blick, sondern alle Bilder können letztlich, als auf die höchste Wahrheit weisend, Zeiger Gottes werden: „Jeder dieser Namen" so Tilman Borsche, „ist ein anderer Weg zu Gott – vorausgesetzt, seine Bedeutung vergeht in der Wahrheit des Unendlichen, etwa so, wie der Laut in der Kundgabe des Begriffs verklingt"[250] – die Weisheit ruft somit auf den Straßen und Gassen. Die Sinnbilder des Berylls und des Spiegels nehmen in ihrer reflektierenden Funktion eine andere Ebene der Sinnbilder ein; an ihnen betrachtet Cusanus die Sehfähigkeit des Geistes an sich auf reflektierende Art und Weise.

Menschliche Erkenntnisfähigkeit in ihrem Wechselspiel zwischen *sensus* und *intellectus* stellt für Cusanus den Weg der mystischen Theologie hin zur geistigen Schau und Berührung des unendlichen Gottes dar. An den beiden ersten Teilen der *Idiota*-Dialoge wird damit deutlich, inwiefern Welterkenntnis und mystische Theologie bei Cusanus ‚in eins fallen‘. Die Schrift *De sapientia*, in welcher der *orator* auf der Suche nach dem

---

248 De quaer., c. 3, n. 44: „Dum enim advertimus ad granum minimum sinapis et eius virtutem et potentiam eius oculo intellectus intuemur, vestigium reperimus, ut excitemur in admirationem dei nostri".

249 De fil. Dei, c. 6, n. 86: „Intellectus autem cum sit intellectualis viva dei similitudo, omnia in se uno cognoscit, dum se cognoscit. Tunc autem se cognoscit, quando se in ipso deo uti est intuetur. Hoc autem tunc est, quando deus in ipso ipse. Nihil igitur aliud est omnia cognoscere quam se similitudinem dei videre, quae est filiatio".

250 Borsche: Meditative Variation, 32. Borsche bestimmt das Verhältnis unter den Gottesnamen nicht als Hierarchie, sondern sehr passend als „Variation" (ebd., 34). Er liest aus *De pace fidei* und *De theologicis complementis* heraus, dass für diese Variationen verantwortlich seien die ‚Zeit‘ sowie der ‚freie Wille‘ (vgl. ebd. 35f.).

conceptus absolutus ist, und der Laie ihm in mystischem Duktus von der wunderbaren Weisheit erzählt, kann durch die Mittelschrift der Dialoge, in welcher Cusanus die Kraft der *mens* veranschaulicht, erhellt werden. Die epistemologische Seite der cusanischen *mystica theologia* ist demnach auch bei der Lektüre von *De visione Dei* immer im Hintergrund zu denken, da es sich beim Sprung des Intellekts um nichts anderes handelt als jenen denkenden Wechsel der Perspektive, durch welchen die *mens* momenthafter Einsicht in die Unendlichkeit Gottes gewahr wird.

Cusanus' Ansatz, so schätzt auch Johannes Hoff ein, ist ein letzter Versuch die Einheit der beiden Bereiche noch einmal neu zu denken, bevor die Neuzeit mit ihrem Fokus auf rationales Wissen und im Zuge dessen die Entwicklung der modernen Naturwissenschaften diese Einheit zerbrechen.[251] Allerdings spielen gerade die Naturwissenschaft und das moderne Experiment bei Cusanus eine hervorzuhebende Rolle in seiner epistemologisch-mystischen Theologie, was am Aufbau der *Idiota*-Dialoge als Ganzes deutlich wird: In der dritten Schrift der Trilogie nämlich beschäftigt sich Cusanus mit naturwissenschaftlichen Experimenten.

---

[251] Vgl. Hoff: Kontingenz, Berührung, Überschreitung, 526. Vor Nikolaus sind Ansätze in diese Richtung etwa bei Raimundus Lullus, von welchem Cusanus zweifelsohne beeinflusst war, oder Hugo von Sankt Viktor zu finden (vgl. Bocken: Konkrete Universalität).

2. Kapitel: Naturwissenschaft

Über das Sammeln von Erkenntnissen, d. h. Mutmaßungen und Begriffen, welche Ausdruck der freien menschlichen Kreativität sind, kann, so wurde deutlich, nach Cusanus einerseits die Fähigkeit zur Schau wie auch die Schau selbst als Berühren der göttlichen Unendlichkeit erreicht werden. Eine ganz besondere Form der Erkenntnis stellt für Cusanus die naturwissenschaftliche Erkenntnis, wie sie im 14./15. Jahrhundert sich langsam zu entwickeln begann, dar. Nicht umsonst beschäftigt sich der dritte Teil der *Idiota*-Trilogie, *De staticis experimentis* (vgl. Kap. 2.2.3f.) mit experimenteller Naturwissenschaft. Einerseits nimmt die experimentelle Wissenschaft als zu erkundendes Gebiet für den freien, bildungsfähigen Geist einen besonderen Stellenwert in der intellektmystischen Theologie des Cusanus und der damit zusammenhängenden freien Selbstwerdung und dadurch *theosis*[1] ein. Als von der Unendlichkeit der Wahrheit der Dinge auf die Unendlichkeit der Wahrheit Gottes weisend, dient Naturwissenschaft als ‚aenigmatische Naturwissenschaft‘. Andererseits sieht Cusanus im naturwissenschaftlichen Experiment, welches für die Entwicklung der heutigen modernen Wissenschaften ausschlaggebend ist, und in der damit einhergehenden völlig neuen Denkweise über die Erkenntnis der Natur, eine ganz besondere praktische Tätigkeit, welche den Menschen zu sich selbst und Gott führt.

Bevor der Blick auf die Bedeutung des *experimentum* für die cusanische Mystik gelenkt und das cusanische Werk *De staticis experimentis*, in welcher das Experiment die Hauptrolle spielt, betrachtet wird, wird zunächst die frühe Entwicklung der experimentellen Naturwissenschaft beleuchtet, um einen Einblick in die Errungenschaften der Naturphilosophen zu geben. Nikolaus von Kues, zu dessen Zeit noch keine „wissenschaftlich fundierte Methodik der Einzelwissenschaften"[2] etabliert war, aber gerade im Bereich der Wissenschaften viele Neuerungen entstanden, kann somit gezielter eine Rolle in der Entwicklung der modernen Wissenschaften zu-

---

[1] De fil. Dei, n. 53: „Haec est superadmiranda divinae virtutis participatio, ut rationalis noster spiritus in sua vi intellectuali hanc habeat potestatem, quasi semen divinum sit intellectus ipse, cuius virtus in credente in tantum ascendere possit, ut pertingat ad theosim ipsam, ad ultimam scilicet intellectus perfectionem [...]" („Dies ist die überaus wunderbare Teilhabe an dem göttlichen Vermögen, daß unser denkender Geist in seinem intellektualen Leben diese Fähigkeit hat, so als ob der Intellekt ein göttlicher Same sei, dessen Vermögen im Glaubenden so hoch emporzusteigen vermag, daß er die Theosis selbst erreicht, also zur höchsten Vollendung des Intellekts gelangt [...]").

[2] Robert Rompe/Hans Jürgen Treder: Nikolaus von Kues als Naturforscher, in: Nikolaus von Kues. Wissenschaftliche Konferenz des Plenums der Deutschen Akademie der Wissenschaften zu Berlin anläßlich der 500. Wiederkehr seines Todesjahres. Referate und Diskussionsbemerkungen (Deutsche Akademie der Wissenschaften zu Berlin – Vorträge und Schriften 97), Berlin 1965, 15–22, hier 16; Schwaetzer/Böhlandt: From Heaven to Earth, 5: „Sciences grow up, but are not established yet".

geordnet werden. Cusanus spielte durchaus keine unwesentliche Rolle bei der Entstehung der modernen Naturwissenschaft und erst durch die Anteilhabe an diesen Entwicklungen konnte seine *mystica theologia* als eine ‚experimentelle Mystik' überhaupt entstehen.

2.1 Das Weltbild des Mittelalters

Wenn die Wissenschaft vor der Zeit des Francis Bacon oder Isaac Newton, die allgemein als die ersten modernen Wissenschaftler im christlichen Abendland gelten, auch nicht zu vergleichen war mit den heute etablierten Naturwissenschaften und ihren Methoden,[3] so wurde Naturforschung durchaus betrieben. Schon im 13. und 14. Jahrhundert gab es Denker, welche einen neuen Blick auf die Natur entwickelten und dadurch eine neuartige, empirische Naturerkenntnis förderten. Bei Albertus Magnus (~1200–1280) ist zu lesen:

> „In der Naturforschung [...] haben wir nicht zu untersuchen, ob und wie der Schöpfer-Gott nach seinem vollkommen freien Willen durch unmittelbares Eingreifen sich seiner Geschöpfe bedient, um durch ein Wunder seine Allmacht kundzutun. Wir haben vielmehr einzig und allein [...] zu erforschen was im Bereiche der Natur durch natureigene Kräfte alles möglich ist".[4]

Robert Grosseteste (†1253) beschäftigte sich mit der Frage nach den Einheiten als Voraussetzung für genaue Erkenntnis, worin ein Ansatz einer wissenschaftlichen Methodik vermutet werden kann. Wenn die Mathematik nach Grosseteste auch „über die Wirkursachen, die eine Bewegung *hervorbrachten*, [...] nichts aussagen [konnte], weil es sich ja ausdrücklich um eine Abstraktion aus solchen Ursachen handelte",[5] so war ihm klar, dass „die Mathematik für das Verständnis der Natur unentbehrlich sei", denn „die Mathematik konnte beschreiben was vorging, konnte die mitwirkenden Abweichungen bei den beobachteten Ereignissen in eine Beziehung zueinander bringen".[6]

Grossetestes' Zeitgenosse, der Franziskanermönch Roger Bacon (1214–1292/94), erkannte als Erster die Möglichkeiten der Mathematik in der zu dieser Zeit noch nicht etablierten experimentellen Wissenschaft und

---

3 Rompe/Treder: Nikolaus von Kues als Naturforscher, 16 sind der Meinung, man könne vielmehr von einer Sammlung von Meinungen und Erfahrungen sprechen.

4 Albertus Magnus: Ausgewählte Texte (Texte zur Forschung 35), hg. v. Albert Fries, Darmstadt 1987, 7: „Nec nos in naturalibus habemus inquirere, qualiter Deus opifex secundum suam liberrimam voluntatem creatis ab ipso utatur ad miraculum, quo declaret potentiam suam, sed potius quid in rebus naturalibus secundum causas naturae insitas naturaliter fieri possit".

5 Alistair C. Crombie: Von Augustinus bis Galilei. Die Emanzipation der Naturwissenschaft (dtv Wissenschaftliche Reihe), Köln/Berlin 1959, 256f., 71.

6 Crombie: Von Augustinus, 256.

wertete das Experiment im Sinne von einem künstlich herbeigeführten Versuchsvorgang gegen überliefertes Wissen auf. Bei ihm findet sich wohl zum ersten Mal die Formulierung einer *scientia experimentalis*, und es wird zum ersten Mal eine Mathematisierung der Physik sowie eine Formulierung von Naturgesetzen möglich: eine „neue klare und zwingende Methode einer exakten Experimentalwissenschaft".[7] Albert, Roger Bacon oder Robert Grosseteste sowie Albert von Sachsen (1316–1390), der über Fallgesetze nachsann, oder Nicolaus von Oresme (vor 1330–1382), der die tägliche Drehung der Erde verteidigte, sind einige jener Denker, welche in der Betonung der empirischen Erforschung der Natur Grundlagen der wissenschaftlichen Methoden erstmals formulierten. Somit kann schon im 13. und 14. Jahrhundert von einer ersten Wegbereitung der modernen Naturwissenschaft gesprochen werden.[8]

Dieses gesteigerte Interesse an der Naturerkundung, welches vereinzelt schon als ‚exakte Experimentalwissenschaft' oder ‚Mathematisierung der Natur' angesehen werden kann, war im Denken des Mittelalters allerdings keineswegs Programm. Eine naturphilosophische, darstellende Einordnung von Beobachtetem, eine Quantifizierung im Sinne einer Proportionalisierung, deren „Präzisierungsgrad die Zuschreibung von größer/kleiner, langsamer/schneller, intensiver aber nicht übertraf",[9] waren nur erste Wegweiser hin zur modernen methodischen Naturwissenschaft. Von systematischen Messungen oder einer methodischen Betrachtung der Welt, welche einer systematischen Klärung von Beobachtungen und zur Hypothesenbildung dienen, kann im 13. Jahrhundert nur in ersten Ansätzen gesprochen werden: Die Forschung schätzt die mittelalterliche Haltung bzgl. einer Erforschung der Natur tendenziell gegensätzlich ein. Franz von Assisi (1181–1226) *Scientia inflat* – ‚Wissen bläht auf' (I Kor 8,1) bezeichnet Ulrich Hoyer als die damals geltende Regel.[10] Ausgehend von Augustinus, der dem Menschen Einsicht durch genaue Erkenntnis zwar zutraute, ihm das Recht diese Einsicht zu nutzen jedoch absprach,[11] da die Neugier[12] zu gottlosem

---

7   Franz Strunz: Geschichte der Naturwissenschaften im Mittelalter, Stuttgart 1910, 98.

8   Dieser Meinung ist bspw. Wolfgang Röd, welcher im 13. Jahrhundert bei Grosseteste, Witelo oder Dietrich v. Freiberg die Natur als solche in den Vordergrund rücken sieht und in dieser Denkweise den ersten Schritt zur modernen Naturwissenschaft begründet sieht, vgl. Röd: Der Weg der Philosophie. Von den Anfängen bis ins 20. Jahrhundert. Erster Band: Altertum, Mittelalter, Renaissance, München 2000, 343. Ähnlich auch Alistair C. Crombie: Medieval and Early Modern Science II. Science in the later Middle Ages and Early Modern Times: XIII–XVII Centuries, New York 1959; ders.: Von Augustinus; Strunz: Geschichte der Naturwissenschaften.

9   Schulthess/Imbach: Die Philosophie im lateinischen Mittelalter, 283.

10   Vgl. Hoyer: Die Stellung des Nikolaus von Kues.

11   Vgl. dazu Nagel: Nicolaus Cusanus, 29; Hans Schelkshorn: Entgrenzungen. Ein philosophischer Beitrag zum philosophischen Diskurs über die Moderne, Weilerswist 2009, 152f.

12   Vgl. Hans Blumenberg: Die Legitimität der Neuzeit, Frankfurt a. M. 1966, 346: „Die Sperre, der sündhaften curiositas, die Augustin deshalb für die Betätigung die-

Hochmut (*impia superba*) führe, empfand sich der Mensch des Mittelalters als in einer von Gott überschauten Welt lebend in welcher er Ereignissen ausgesetzt war, auf die er keinen Einfluss hatte – die Welt unterlag Veränderung, weshalb sie in ihrer Genauigkeit niemals erkannt werden konnte. Zwar galt, dass Gott alles nach Maß und Zahl geschaffen hatte, jedoch war dies das göttliche Maß und daher für den Menschen uneinsehbar: Der Mensch arbeitete durchaus mit Maßen; er besaß Uhren,[13] Längenmaße, Waagen, Instrumente, wie sie auch im 16. Jahrhundert zu wissenschaftlicher Erkenntnis dienten. Allerdings dominierte selbst dort, wo die praktische Möglichkeit einer quantitativen Bestimmung bestand, die Überzeugung, dass die Zahlen nicht ausreichen konnten, um die göttliche Schöpfung zu vermessen,[14] weshalb auf den Versuch einer Präzision bewusst verzichtet wurde.[15] Zwar hätte die Aufgabe des Anspruches auf Exaktheit

> „bereits die Möglichkeit [...] eröffnen können, unabhängig von der Transzendenz des Schöpferwissens von der Welt und unabhängig von der Einsicht in die der Natur gegebenen ‚natürlichen Maße' eine Naturerkenntnis zu verwirklichen, die nicht theoretische Konkurrenz mit dem göttlichen Geist erstrebt, sondern allein die Herrschaft des Menschen über seine Gegenstände sich zum Ziel gesetzt hatte."[16]

---

ses Vermögens aufrichten zu müssen glaubte, war moralische und religiöse Selbstbeschränkung, nicht an der Sache sich erzwingende Resignation".

13   Uhren wurden vermutlich im 13. Jahrhundert in England erfunden (vgl. James Hannam: Die vergessenen Erfinder: wie im Mittelalter die moderne Wissenschaft entstand, aus dem Engl. übers. v. Katrin Krips-Schmidt, Augsburg 2011, 197). Ein Nachtwächter eines Klosters im 11. Jahrhunderts mag noch eine solche Anweisung erhalten haben: „Am Weihnachtstag bereite dich vor, die Glocke zu läuten, wenn du die Zwillinge auf dem Schlafsaal gleichsam liegen und den Orion über der Allerheiligenkapelle stehen siehst. Und wenn am 1. Januar der helle Stern im Knie des Arktophylax [...] den Zwischenraum zwischen dem ersten und dem zweiten Fenster des Dormitoriums erreicht hat und gewissermaßen auf dem Dachfirst liegt, dann gehe und zünde die Lampen an." (R.W. Southern: Gestaltende Kräfte des Mittelalters, 166, zit. n.: Georg Wieland: Rationalisierung und Verinnerlichung. Aspekte der geistigen Physiognomie des 12. Jahrhunderts, in: Philosophie im Mittelalter. Entwicklungslinien und Paradigmen, hg. v. Jan Beckmann [u. a.], Hamburg 1987, 64).

14   Vgl. dazu Inigo Bocken: Die Zahl als Grundlage der Bedeutung bei Nikolaus von Kues, in: MFCG 29 (2005), 201–220.

15   Johannes Buridan verteidigt gegenüber Nicolaus von Autrecourt, dass Induktionsschlüsse, bleiben diese auch ungenau, mithin die einzigen dem Menschen zugänglichen und zudem hinreichende Schlüsse sind, was die Gewissheit der naturwissenschaftlichen Erkenntnis angeht. Der Schritt jedoch, das Induktionsverfahren auch praktisch auf exakte Einzelbeobachtungen anzuwenden, wurde nicht getan und es blieb mehr bei theoretischen Überlegungen (vgl. Anneliese Maier: Metaphysische Hintergründe der spätscholastischen Naturphilosophie (Storia e Letteratura 52), Rom 1977, 387, 397). Diese allgemeine Quantifizierung bezog sich nicht allein auf naturphilosophische Begriffe, sondern zudem auf tatsächlich nicht quantifizierbare metaphysische oder theologische Begriffe (vgl. Nagel: Nicolaus Cusanus, 27).

16   Blumenberg: Die Legitimität, 348; vgl. ferner Gerhard Krieger: Belehrte Unwissenheit und Freiheit, in: Nikolaus von Kues. Vordenker moderner Naturwissenschaft?

Trotzdem wäre, da immer eine Ungenauigkeit angesichts eines Mehr oder Weniger bleiben muss,[17]

> „ein Rechnen mit nur angenähert genauen Größen, mit Grenzwerten und vernachlässigbar kleinen Fehlern [...] dem Spätmittelalter als ein schwerer Verstoß gegen den Charakter und die Würde der Wissenschaften erschienen".[18]

Das Ziel der Erkenntnis lag also weniger darin, die Natur möglichst genau zu berechnen und zu beherrschen, als vielmehr darin „die Bedeutung und Rolle der Dinge zu verstehen".[19]

Wenn also naturwissenschaftliche Forschungen im Mittelalter durchaus betrieben wurden und von einer Stagnation nicht gesprochen werden kann – wohl vielmehr von einer kontinuierlichen Entwicklung – brachte die scholastische Naturphilosophie eine Mathematisierung der Natur und somit eine immer genauere Erkenntnis der Natur durch experimentelle Methoden nur in ersten Ansätzen hervor. Fritz Nagel fasst unmissverständlich zusammen:

> „Bei Bacon und seinen Zeitgenossen ist scientia experimentalis noch als ein Teil der Philosophie zu verstehen [...] das Experiment ist noch weit davon entfernt, ein methodisches Verfahren zu sein, welches beobachtbare Naturgrößen aus ihrem komplexen Kontext isoliert, sie in einer mathematisch formulierten Hypothese verknüpft, deren mathematische Konsequenzen deduziert und das Eintreffen oder Nichteintreffen dieser Konsequenzen in der Natur durch eine neue Beobachtung verifiziert oder falsifiziert."[20]

Erst das spätere 14. Jahrhundert, der erste Keim der Renaissance, bedeutete eine tatsächliche Wende.[21] Dazu konnte es zwar nur durch die

---

(Philosophie Interdisziplinär 7), hg. v. Klaus Reinhardt/Harald Schwaetzer, Regensburg 2003, 71–91, hier 74.

[17] Ein Beispiel hierfür ist Johannes Buridan, welcher, wie Nagel: Nicolaus Cusanus, 29 beschreibt, die „genaue Gleichheit eines Pfundes Wachs und eines Pfundes Blei vermittels einer Waage" nicht feststellen kann, „weil auf der einen Seite ein Überschuss vorkommen könne, der so klein sei, daß wir ihn nicht mehr wahrzunehmen vermögen".

[18] Nagel: Nicolaus Cusanus, 30 (ähnlich bei Maier: Metaphysische Hintergründe, 402.

[19] Fritjof Capra: Wendezeit. Bausteine für ein neues Weltbild, Bern [u. a.] 1983, 51. Auch in der Kunst wurde dieser ‚qualitativ-spirituelle' Wirklichkeitsbegriff deutlich: Der Maler des Mittelalters hatte eine zweidimensionale Sicht der Dinge und die mittelalterliche Malkunst beschränkte sich auf eine flache Abbildung der Welt, so wie der Maler sie als Gott untergeordnet wahrnahm. Es wurde niemals etwas abgebildet, wie es wahrgenommen wurde, bspw. kein einzelnes Gesicht in seinen genauen Zügen, sondern vielmehr symbolhaft gearbeitet, da das vom Menschen genutzte Messen und Wiegen als eigene, von der Natur losgelöste Bereiche, die nicht auf die Natur anwendbar waren, angesehen wurden. Der Schwerpunkt in der Malerei lag v. a. auf der Abbildung geistiger Realitäten, wie etwa Engel oder Heiliger. Wichtige Elemente im Bild wurden größer dargestellt, um ihre Bedeutsamkeit hervorzuheben.

[20] Fritz Nagel: Scientia Experimentalis. Zur Cusanus-Rezeption in England, in: MFCG 29 (2005), 95–109, hier 107.

[21] In der Malerei kam im Zuge dieses Umbruchs mit der zunehmenden naturgetreuen Detailgenauigkeit, v. a. auch in der flämischen Malerei, der *Internationale Stil* auf.

im scholastischen Mittelalter vorbereiteten Forschungen kommen, zudem aber spielte der Wandel der menschlichen Selbsteinschätzung und
Selbstwertung, wie er sich in der frühen Neuzeit vollzog, und sich auch
in der Kunst der Renaissance zeigte, eine wichtige Rolle. Durch Filippo
Brunelleschis (1377–1446) Zentralperspektive kam dem Menschen in
der Kunst eine ganz andere Stellung zu: Die Menschlichkeit, Endlichkeit und Weltlichkeit rückte zunehmend in den Vordergrund. Demnach
verdankt der Mensch, wie Alfred Gierer formuliert, die „wesentliche
Voraussetzung für die Eigendynamik moderner Naturwissenschaft", so
wie sie heute besteht, den Wegbereitern des Mittelalters und nicht zuletzt
„der Betonung der schöpferischen Fähigkeiten des Menschen und dem
neuen Interesse an der natürlichen Wirklichkeit in der Renaissance".[22] In
dieser Zeit des Umbruchs lebte auch Cusanus, in dessen philosophischen
Schriften sich der Wandel spiegelt. Nicht zuletzt seine Anthropologie und
seine Sicht der menschlichen Erkenntnisfähigkeit der Natur zeugen von
einer neuartigen Haltung.

2.2 Naturwissenschaftliche Fragen bei Cusanus?
2.2.1 Cusanus – ein Naturforscher?

Vor allem die scheinbar rein naturwissenschaftliche Abhandlung des Cusanus
über die Versuche mit der Waage, in welcher er wissenschaftliche Experimente zur Gewichtsmessung beschreibt, deutet darauf hin, dass Nikolaus
sich mit naturwissenschaftlichen Fragen auseinandersetzte. Dass Cusanus an
naturwissenschaftlicher Forschung interessiert war, bezeugen jedoch nicht
vornehmlich seine Schriften, unter denen *De staticis experimentis* für sich
betrachtet doch eher eine Ausnahme darzustellen scheint: In seiner Bibliothek finden sich unter anderem eine lateinische Übersetzung von arabischen
Schriften zur Optik und 16 Kodizes astronomischen Inhaltes, welche er im
Jahre 1444 in Nürnberg erstand. Außerdem war er im Besitz eines Him-
melsglobus aus Holz sowie anderer wissenschaftlicher Instrumente.[23]
　　Darüber hinaus trug Nikolaus zur Seefahrt bei und brachte Neuerungen in erste Europa- und Weltkarten ein, noch bevor Kolumbus Amerika
entdeckte.[24] Ein weiteres großes Projekt des Nikolaus von Kues war die
Kalenderreform.[25] Diese entstand zwar wahrscheinlich nicht vornehmlich aus wissenschaftlichem Interesse: Zum einen war die Reform wohl
eher auf Nikolaus' Bemühungen als kirchlicher Reformer zurückzuführen,

---

22 Gierer: Cusanus – Philosophie im Vorfeld, 7.
23 Einige dieser Instrumente sind im Nikolaus-Stift in der Cusanus-Bibliothek ausgestellt.
　　Vgl. dazu Schwaetzer/Böhlandt: From Heaven to Earth; Haubst: Nikolaus von Kues.
24 Vgl. dazu v. a. Steffen Möller: Nicolaus Cusanus als Geograph, in: Das europäische
　　Erbe im Denken des Nikolaus von Kues. Geistesgeschichte als Geistesgegenwart, hg.
　　v. Harald Schwaetzer/Kirstin Zeyer, Münster 2008, 215–227.
25 Zur Astronomie und Kalenderverbesserung vgl. v. a. Müller: „ut reiecto".

einem *scandalum in fide*,[26] einem Ärgernis im Glauben, vorzubeugen, das durch falsche Kalenderdatierung und somit einer ungenauen Bestimmung des Osterfestes oder anderer kirchlicher Feiertage entstanden war.[27] Zum anderen stellte Cusanus keine neuen Messungen an, sondern bildete vielmehr, wie Ulrich Hoyer bemerkt, „aus den vorliegenden, jahrhundertealten Beobachtungen der Astronomen aller Zeiten und Länder verlässliche Mittelwerte [...]".[28] Trotzdem bezeugt die Datierung des Kalenders in die Zukunft ein dem 15. Jahrhundert insgesamt fremdes historisches Bewusstsein des Cusanus, und sein überaus großes astronomisches Interesse ein „überdurchschnittliches wissenschaftliches Talent".[29] Auch Fritz Krafft bestätigt Nikolaus' „tiefgehendes astronomisches Wissen und die Kenntnis der für das Problem der exakten Bestimmung der Länge des tropischen Jahres, die jeglichem Kalenderwerk zugrunde gelegt werden muß, einschlägigen Literatur [...]".[30] Nach Josef Koch gibt es „keinen zu seiner [Cusanus'] Zeit gepflegten Wissensbereich, in dem er nicht durch seine genialen Ideen die weitere Entwicklung der Forschung angeregt hätte".[31]

In der Forschung werden – neben dem in der Kosmologie festgestellten Unendlichkeitsgedanken und der damit einhergehenden Bewegung der Welt, welche in Kap. 2.2.2 näher erörtert werden – unterschiedliche moderne naturwissenschaftliche Errungenschaften als bei Cusanus vorgezeichnet diskutiert: Wenn Rudolf Haubst auch zugesteht, Cusanus habe „nirgends auch nur die Entwicklung einer Art aus *einer* anderen expressis verbis behauptet",[32] verortet er, wie später Stefan Schneider, einen philosophischen Evolutionsgedanken in der „stufenweise[n] innerkosmische[n] Verknüpfung",[33] indem er folgende Sätze aus *De coniecturis* nicht allein auf die Vermögen des menschlichen Geistes bezieht, sondern als evolutionistisch klingend einordnet:[34] „Die körperliche Natur steigt stufenweise aufwärts zur wahrnehmenden, und zwar so, daß ihre oberste Ordnung dieser sich nähert und mit ihr zusammenfällt. Entsprechend wird das Wahrnehmungsvermögen bei Annäherung an die Unterscheidungskraft

26   De corr. kalend., n. 39.
27   Vgl. Schwaetzer/Böhlandt: From Heaven to Earth, 21.
28   Hoyer: Die Stellung des Nikolaus von Kues, 31.
29   Schwaetzer/Böhlandt: From Heaven to Earth, 22.
30   Krafft: Das kosmologische Weltbild, 273. Allerdings setzte sich Cusanus' Reform zu seiner Zeit nicht durch, und selbst Nicolaus Copernicus muss später feststellen, dass „die Zeit für eine Reform noch nicht reif sei". Während seine Begründung für die Unreife die fehlenden exakten Bestimmungen der Jahres- und Monatslänge waren, gab Nikolaus von Kues als Grund an, dass exakte Bestimmungen den menschlichen Geist übersteigen (vgl. ebd., 274).
31   Josef Koch: Nikolaus von Kues 1401–1464, in: Die großen Deutschen. Deutsche Biographie. Bd. 1, hg. v. H. Heimpel [u. a.], Berlin 1956, 275–287, hier 287.
32   Rudolf Haubst: Der Evolutionsgedanke in der Cusanischen Theologie, in: Nicolò Cusano agli inizi del mondo moderno, Florenz 1970, 295–307.
33   Schneider: Cusanus als Wegbereiter, 194.
34   Vgl. Schneider: Cusanus als Wegbereiter, 193.

immer vornehmer".[35] Alfred Gierer sieht in Nikolaus' Modell der *complicatio-explicatio*-Bewegung moderne Grundgesetze vorgezeichnet. Cusanus' Aussage: „In gleicher Weise ist das Jetzt, d. h. die Gegenwart, die Einfaltung der Zeit"[36] vergleicht Gierer etwa mit der Einfaltung von Zeit in den physikalischen Grundgesetzen und ihre Ausfaltung als Ereignisse. Sei diese Überlegung auch nur „dünnes Eis", sieht Gierer in Cusanus' Ansatz zur Zeitmessung in *De staticis experimentis* die späteren Messungen von Galileo Galilei an der schiefen Ebene schon angewendet, der so zu den Fallgesetzen kommt, welche wiederum zur Mechanik bewegter Körper führen und letztendlich die moderne Physik begründen.[37] In der Ungenauigkeit, die Cusanus in jeder quantitativen Messung immer wieder betont, verortet Schneider Vorläufer der Quantenphysik: „[…] die erkenntnistheoretischen Probleme der Quanten-Physik berühren sich mit der aus dem Denkverfahren der *docta ignorantia* hervorgehenden Einsicht, daß die Dinge Spuren seien, die auf die Wahrheit verweisen und oft nur im Zeichen symbolisch wißbar seien".[38] Auch nach Gierer erinnert das cusanische Prinzip „an die Unbestimmtheit der Quantenphysik".[39]

Mag diese Sichtweise auf die cusanische Philosophie auch gewagt sein,[40] wird Nikolaus in der Forschung zumindest als „Mittelpunkt eines großen Netzwerkes von mathematisch und astronomisch forschenden Gelehrten"[41] angesehen und sein Denken gilt „im Hinblick auf manche fachwissenschaftliche neue Einsichten" als „in die Neuzeit hinein richtungweisend und bahnbrechend".[42] Heinrich Rombach bezeichnet Cusanus sogar als den „Aristoteles des neuzeitlichen Denkens", dessen Wichtigkeit für die Entwicklung der Wissenschaften kaum zu überschätzen sei.[43]

Trotzdem ist die Stellung des Nikolaus von Kues umstritten. Nicht selten hört man gegenteilige Stimmen, die in Cusanus alles andere als einen innovativen Naturwissenschaftler, der dem modernen naturwissen-

---

35   De coni. II, c. 14, n. 140: „Corporalis autem natura gradatim sursum in sensitivam pergit, ita quidem quod ultimus eius ordo propinque cum ipsa coincidat sensitiva. Ita quidem ipsa sensitiva in discretivam nobilitatur".

36   De docta ign. II, c. 3, n. 106: „Ita nunc sive praesentia complicat tempus".

37   Vgl. Gierer: Cusanus – Philosophie im Vorfeld, 36f., 64.

38   Schneider: Cusanus als Wegbereiter, 213f.

39   Gierer: Cusanus – Philosophie im Vorfeld, 66.

40   Krafft: Das kosmologische Weltbild, 254 kritisiert bspw. Schneiders Ansichten, wenn er sarkastisch anmerkt: „[…] schade nur, daß 1990 die Chaostheorie noch nicht allgemeinverständlich etabliert war; denn in dieser würde sich nach der hierbei angewandten Methode der […] Mutmaßungscharakter noch zusätzlich mit einem grundsätzlichen Indeterminismus sowie mit dem Cusanischen Prinzip des *omnia in omnibus* verknüpfen lassen […]".

41   Caroline Hartmann: Nikolaus von Kues und die Revolution in den Wissenschaften, in: Fusion. Forschung und Technik für das 21. Jahrhundert 22, 2 (2001), 20–31, hier 21.

42   Haubst: Nikolaus von Kues, 3.

43   Rombach: Substanz, System, Struktur, Bd. 1, 150; vgl. auch Schneider: Cusanus als Wegbereiter; Nagel: Nicolaus Cusanus.

schaftlichen Denken Anstoß gab, sehen.[44] Karl Jaspers gesteht Cusanus keinen Platz in der Wissenschaftsgeschichte zu, da er „keine empirische Untersuchung methodisch durchgeführt, […] keine einzige wirkliche Entdeckung" gemacht habe. Insofern habe er „keinen Ort in der Geschichte irgendeiner Wissenschaft. Sein Interesse war auch nicht das der modernen universalen Wissenschaftlichkeit".[45] Auch zu Cusanus' Zeit teilten sich die Meinungen darüber, inwiefern Nikolaus tatsächlich als Mathematiker oder Wissenschaftler gelten konnte. In Bezug auf seine mathematischen Forschungen etwa hielt Jean Fabre d'Etable Cusanus für einen der gelehrtesten Mathematiker seiner Zeit,[46] auch Paolo Toscanelli und Georg Peuerbach schätzten seine mathematischen Arbeiten als „diskussionswürdig" ein, während Johannes Regiomontanus ihn als einen dem Archimedes nacheifernden, dummes Zeug redenden lächerlichen Geometer bezeichnete.[47]

Um Nikolaus von Kues für seine Leistungen würdigen zu können und seine Stellung in der Wissenschaftsgeschichte richtig einschätzen zu kön-

---

44 Vgl. Krafft: Das kosmologische Weltbild, 289: „Es schmälert Nikolaus' von Kues Größe und sein Wirken für eine einheitliche christliche Weltsicht in keiner Weise, dass er nicht gleichzeitig auch kreativer und innovativer Naturwissenschaftler gewesen ist und nicht modernes naturwissenschaftliches Denken angeregt oder vorweggenommen hat". Richard Falckenberg sieht Cusanus als zwar modern anmutenden, jedoch zu sehr im Christentum verankerten Denker an. Zusätzlich unterstellt er Cusanus einen modernen Pantheismus, vgl. Anmerkung 355 (vgl. dazu Schwaetzer/Böhlandt: From Heaven to Earth, 12).

45 Jaspers: Nikolaus Cusanus, 138.

46 Jean Fabre d'Etable war ein berühmter französischer Drucker und Maler, der dies Anfang des 16. Jahrhunderts im Vorwort seiner Edition der gesammelten Werke des Cusanus vermerkte. Allerdings muss hier angemerkt werden, dass er kein profundes Verständnis von Mathematik hatte. Zudem sah er Cusanus als potentiellen Geldgeber an und schätzte seine Kenntnisse demnach vermutlich nicht zuletzt aus eigenem Interesse so ein; ähnlich sein Sekretär Giovanni Andrea Dei Bussi (vgl. hierzu Schwaetzer/Böhlandt: From Heaven to Earth, 60f.).

47 So bezeichnet Johannes Regiomontanus Cusanus in einem Brief an Christian Roder (datiert auf den 4. Juli 1471): „Nicolas autem Cusensis cardinalis, geometra ridiculus Archimedisque aemulus, quantas osentendabundus nostra tempestate invexit nugas?" zit. n. Marco Böhlandt: Wege ins Unendliche. Die Quadratur des Kreises bei Nikolaus von Kues (Algorismus. Studien zur Geschichte der Mathematik und der Naturwissenschaften 40), München 2002, 82. Da Regiomontanus, Schüler von Peuerbach, ein durchaus gelehrter sachkundiger Mathematiker war, möchte man ihm in Bezug auf Cusanus' Leistungen mehr Glauben schenken als seinen guten Bekannten Toscanelli und Peuerbach. Paolo dal Pozzo Toscanelli, ein berühmter florentiner Physiker, Mathematiker und Astronom (1397–1482), und der Astronom Georg Aunpekh von Peuerbach (1423–1461) waren nicht nur langjährige Freunde des Cusanus, sondern hinter der Würdigung der cusanischen Schriften mag auch persönliches Interesse gesteckt haben. Beide waren auf Cusanus angewiesen, Toscanelli hoffte womöglich auf eine höhere Anstellung und „Peuerbach selbst rühmt den Cardinal als einen seiner vorzüglichsten Gönner […]" (Paul Schanz: Der Cardinal Nicolaus von Cusa als Mathematiker, Wiesbaden 1967, 3; vgl. hierzu auch Schwaetzer/Böhlandt: From Heaven to Earth, 61). Paul Schanz schreibt, Regiomontanus könne Cusanus nicht gering geschätzt haben, wenn er sich „der für die damalige Zeit großen Mühe unterzog, die geometrischem Constructionen des Cardinals zu berechnen […]" (5).

nen, muss zunächst die richtige Frage gestellt werden. Diese kann nicht in erster Linie lauten, ob Cusanus selbst Naturwissenschaftler war, sondern vielmehr, ob er zu den Anfängen eines naturwissenschaftlichen Denkens überhaupt beigetragen hat. Dass das Denken des Nikolaus immer noch mit dem mittelalterlichen Denken verhaftet war, steht außer Frage. Cusanus war, mag er auch in vielen Bereichen über den Tellerrand hinausgeblickt haben, immer noch ein Kind seiner Zeit, und gerade deshalb darf sein Denken nicht an einem etablierten modernen wissenschaftlichen Denken gemessen und dadurch aus den Zusammenhängen gerissen werden. Sein Fortschritt muss für sich, in Bezug auf sein Umfeld dieser Zeit betrachtet und beurteilt werden.[48] Es geht hier also nicht um Resultate oder tatsächlich wissenschaftliche Fortschritte; es geht vielmehr um einen Fortschritt im Denken, der sich Anfang der Renaissance vollzog und den Weg ebnete in eine der exakten Naturwissenschaft gegenüber offene Zeit.

Cusanus' Forschungen müssen darüber hinaus immer im Rahmen seiner theologisch-philosophischen Suche betrachtet werden. Zeugen Nikolaus' Schriften etwa zur Mathematik demnach von *„beachtlichem Ahnungsvermögen"*,[49] mag es Regiomontanus und anderen Fachleuten an Klarheit gefehlt haben, denn Nikolaus war eben beides: An den Naturwissenschaften bzw. der Mathematik interessiert und zugleich Theologe. Eine den metaphysischen Bereich ausgrenzende Sichtweise kann bei der Einschätzung der Bedeutung des Nikolaus von Kues für die Entstehung der Naturwissenschaften nicht ausreichen: Forschertätigkeit ist nicht nur ein Bestandteil seines gesamtphilosophischen Konzepts, sondern sie dient auch als ein Zugang zum Transzendenten, d. h. sie hat immer auch eine mystische Komponente. Wird folglich die Forschertätigkeit des Cusanus als unabhängig von ihrer metaphysischen Bedeutung betrachtet, führt dies zwangsläufig zu Urteilen wie den obigen.

Auch wenn Cusanus folglich kein ausgewiesener Naturwissenschaftler war, da er selbst kaum forschte und experimentierte, keine Naturphänomene beobachtete oder empirische Daten sammelte,[50] kurz, er sich nicht vornehmlich für angewandte Forschung interessierte, so trugen seine fortschrittlichen Ansichten und vor allem ein ‚Mut zur Ungenauigkeit' bzgl. des menschlichen Denkens und ein damit einhergehendes systematisches Forscher- und Methodenbewusstsein, welches sich v. a. in der Thematik der experimentellen Erforschung der Natur zeigt, dazu bei, das naturwis-

---

48   So auch Harald Schwaetzer: Änigmatische Naturwissenschaft, in: Nikolaus von Kues. Vordenker moderner Naturwissenschaft? (Philosophie Interdisziplinär 7), hg. v. Klaus Reinhardt/Harald Schwaetzer, Regensburg 2003, 9–23, hier 10.

49   Joseph Ehrenfried Hoffmann: Mutmaßungen über das früheste mathematische Wissen des Nikolaus von Kues, in: MFCG 5 (1966), 98–136, hier 98.

50   Vgl. dazu Tamara Albertini: Mathematics and Astronomy, in: Introducing Nicholas of Cusa. A Guide to a Renaissance Man, hg. v. Christopher M. Bellitto/Thomas M. Izbicki/Gerald Christianson, New York/Mahwah, N.J. 2004, 373–406, hier 374.

senschaftlich orientierte Denken, welches im Wandel vom Mittelalter zur Renaissance aufkam, mit zu begründen. Diese neue Haltung und ihre Bedeutung zeigt sich im naturwissenschaftlichen Werk *Idiota de staticis experimentis* deutlich: Während Cusanus in seiner Kosmologie zunächst die Unendlichkeit des Universums begründet und damit einhergehend das immer bloß begrenzte Wissen des Menschen um die Dinge in der Welt betont, wird diese Tatsache einer zwangsläufig scheiternden Welterkenntnis nicht zuletzt in *De staticis experimentis* wiederum ins positive gekehrt – experimentelle Welterkenntnis der unendlichen Welt, bleibt sie auch partikulare Erkenntnis, führt, wenn auch nicht zu einem Wissen um das Wesen der Dinge, zumindest zu einer Annäherung an die Wahrheit der Dinge in der Welt und damit zu der Möglichkeit einer Naturwissenschaft überhaupt. Im Folgenden wird zunächst an der von Cusanus entworfenen Kosmologie im zweiten Buch von *De docta ignorantia* die Parallele des cusanischen Unendlichkeitsdenkens von Welt und Gott erörtert – ebenso wie Gott unendlich und daher unerkennbar ist, kommt dem abbildhaften Universum eine Unendlichkeit zu – bevor auf die Stellung des Werkes *De staticis experimentis* als Beleg für den Forscheroptimismus und das neue Denken als ‚Mut zur Ungenauigkeit' eingegangen wird.

Letzten Endes, so wird an *De staticis experimentis* als aenigmatisches Werk (Teil 3) deutlich, stellt gerade die positive Haltung zur experimentell-naturwissenschaftlichen Erforschung der Welt den Ausgangspunkt für die mystische Theologie des Nicolaus Cusanus dar: Nicht nur gelangt der menschliche Geist im experimentellen Forschen zu einer unendlichen mutmaßenden Bewegung und so zu Ansammlung von Wissen, sondern durch die unendlich mutmaßende Bewegung, wie in *De mente* aufgezeigt, zur Schau der höchsten unendlichen Weisheit.

2.2.2 Kosmologie (De docta ignorantia II)

Der Kosmologie widmet Nikolaus von Kues ein ganzes Buch: den zweiten Teil seines ersten philosophischen Werkes *De docta ignorantia*. Kann hier auch eher von einer metaphysischen als von einer einer empirischen Kosmologie gesprochen werden,[51] ist sein Konzept bemerkenswert: Während er noch acht Jahre zuvor ein sehr traditionell geprägtes Weltbild anführt, wenn er in *De concordantia catholica* von einem hierarchisch-sphärischen Aufbau der Welt sowie des Menschen ausgeht,[52] so finden sich in *De docta ignorantia* Ansätze zu einer Unendlichkeitslehre der Welt, welche

---

51 Vgl. u. a. Schelkshorn: Entgrenzungen, 109.
52 Vgl. hierzu etwa den Beitrag von Hans Gerhard Senger: Die Philosophie des Nikolaus von Kues vor dem Jahre 1440. Untersuchungen zur Entwicklung einer Philosophie in der Frühzeit des Nikolaus (1430–1440) (Beiträge zur Geschichte der Philosophie und Theologie des Mittelalters, Neue Folge 3), Münster 1971.

von für die modernen Naturwissenschaften so bedeutenden Wissenschaft-
lern wie Giordano Bruno oder Johannes Kepler hochgelobt oder gar in
ihre Lehren übernommen wurden.

2.2.2.1 Dinge in der Welt

Gott, so legt Nikolaus von Kues zum ersten Mal in *De docta ignorantia* dar,
stellt für ihn das Absolute dar, das in keiner Proportion zu dem Endlichen
steht. Trotzdem aber ist er absoluter Ur- und Seinsgrund, da nach Cusanus
das Universum aus der Entfaltung der kreativen Einheit Gottes in die Vielheit der Welt hervorgeht. Gott ist, wie Cusanus später in *De visione Dei*
schreibt, „wie die absolute Form des Seins aller verschränkten Formen",[53]
„die absolute Kraft und darum die Natur aller Naturen",[54] so wie sein
Blick das Prinzip aller verschränkten Sehweisen ist: „Man weiß nur das,
daß man die Art und Weise nicht kennt, wenn man auch weiß, daß Gott
aller Dinge Ein- und Ausfaltung ist und daß – da er die Einfaltung ist –
alles in seinem Sein er selbst ist und – da er die Ausfaltung ist – er selbst in
jedem Sein das ist, was es ist, wie die Wahrheit im Abbild".[55] Die Dinge
in der Welt sind die explikative Bewegung des sich selbst anschauenden
göttlichen Geistes, d. h. sie sind Ausfaltung[56] aus der Bewegung des göttlichen Geistes, der sichtbar ist, in dem, was er schafft, und ‚unsichtbar' in

---

53   De vis. Dei, c. 14, n. 60: „[...] ut absoluta essendi forma omnium formarum
      contractarum".
54   De vis. Dei, c. 7, n. 24: „Sed tu, deus meus, es vis absoluta et ob hoc natura naturarum
      omnium". Diese *explicatio* wird von Cusanus auch am Bild der Uhr verdeutlicht, vgl.
      De vis. Dei, n. 47.
55   De docta ign. II, c. 3, n. 111: „[...] hoc tantum scire, quod tu ignoras modum,
      licet etiam scias Deum omnium rerum complicationem et explicationem, et – ut est
      complicatio – omnia in ipso esse ipse, et – ut est explicatio – ipsum in omnibus esse
      id quod sunt, sicut veritas in imagine".
56   Ein diese Ausfaltung treffend umschreibender Begriff ist schwer zu finden. Bei
      Leinkauf: Nicolaus Cusanus, 158 findet sich der Begriff ‚Wirkung'. Das Kausali-
      tätsprinzip (Ursache–Wirkung) mag es auch zur Veranschaulichung dienen, scheint
      jedoch nicht auf das *complicatio-explicatio*-Modell zu passen: Kausalität impliziert
      zum einen, dass die Ursache zeitnah vor der Wirkung steht, zum anderen mutet der
      Begriff als ein materialistischer an. Im zweiten Buch der *Docta ignorantia* beschäftigt
      sich Cusanus mit der Frage, wie die Vielheit aus dem absolut Einen hervorgehen
      kann. Diese Frage geht schon auf Parmenides zurück und auch bei Plotin findet sich
      diese Problematik. Trotzdem ist sich Cusanus bewusst, dass über diese (Art und) Wei-
      se des Vorgangs nichts gewusst werden kann, denn die Weise der Einfaltung und der
      Ausfaltung übersteigt, wie er in *De docta ignorantia* II, c. 3, n. 109 schreibt, die „Fas-
      sungskraft unseres Geistes": „Excedit autem mentem nostram modus complicationis
      et explicationis" (vgl. dazu Klaus Kremer: Gott – in allem alles, in nichts nichts.
      Bedeutung und Herkunft dieser Lehre des Nikolaus von Kues, in: MFCG 17 (1986),
      188–219, hier 191; ders.: Größe und Grenzen der menschlichen Vernunft (intellec-
      tus) nach Cusanus, in: Nicholas of Cusa. A Medieval Thinker for the Modern Age,
      hg. v. Kazuhiko Yamaki, Richmond/ Surrey 2002, 5–23).

sich (Gott) selbst.[57] Nikolaus von Kues geht, auf Platon zurückgreifend, von verschiedenen Seinsweisen (*modi essendi*) aus: Bei Platon kommt allem Sein, welches nicht in den Bereich des Seins der ewigen Ideen fällt, Veränderlichkeit und Vergänglichkeit zu. So ist auch bei Cusanus das Sein der Dinge in der Welt unterschieden vom Sein des absoluten *maximum*: Gott ist durch seine Einfachheit, Absolutheit und daher Selbstbezüglichkeit, welche den Bezug auf ein anderes ausschließt, bestimmt.

Heinrich Rombach erläutert diesen Sachverhalt auf eine m. E. unübertroffene Art und Weise im ersten Band seines Buches *Substanz System Struktur*, worauf in den folgenden Ausführungen Bezug genommen wird. Das, was Gott ist, ist er „nicht erst durch die Grenze gegenüber anderem", sondern er ist „ganz aus seinem eigenen Wesen erfüllt". Das Sein der Dinge hingegen bedeutet wesentlich Unterschiedenheit oder Andersheit (*aliud*), denn zwei Dinge können sich nicht völlig gleichen, „nichts ist alles [wie Gott alles ist], ein jedes zeigt sich in dem, was es ist, dadurch, daß es anderes nicht ist".[58] Gott, als er Schöpfer selbst bedarf keiner Andersheit, er ist Koinzidenz der Gegensätze und dadurch frei von jeder Andersheit. Gott ist demnach allen Gegensätzen vorausgehende Einheit, die Schöpfung aus ihm ist Vielheit. in Andersheit.[59]

---

57 Vgl. Clyde Lee Miller: Reading Cusanus. Knowledge and the Human Mind, in: Introducing Nicholas of Cusa. A Guide to a Renaissance Man, hg. v. Christopher M. Bellitto/Thomas M. Izbicki/Gerald Christianson, New York/Mahwah, N.J. 2004, 299–318, hier 164. Dass er eine pantheistische Weltanschauung vertritt wurde Cusanus immer wieder vorgeworfen, unter anderem von Johannes Wenck und im 19. Jahrhundert von Richard Falckenberg. Es besteht aber für Cusanus eben gerade keine Identität zwischen Gott und Welt, sondern es soll „schöpfungstheologisch [...] eine größtmögliche Unterscheidung von Gott und Welt, Gott und einzelner Kreatur (bei absoluter Souveränität Gottes) gesichert werden, wie auch eine größtmögliche Nähe", wie Gregor Nickel: Nikolaus von Kues: Zur Möglichkeit von theologischer Mathematik und mathematischer Theologie, in: Spiegel und Porträt. Zur Bedeutung zweier zentraler Bilder im Denken des Nicolaus Cusanus, hg. v. Inigo Bocken/Harald Schwaetzer, Maastricht 2005, 9–28, 24 formuliert. Die Welt ist nach Cusanus explikativ Gott, also ist sie Gott „ihrem Inhalte nach [...] aber der Form nach von ihm durch eine unendliche Kluft getrennt". Gott ist immer *quiditas absoluta* (das Ding an sich in seiner absoluten Wesenheit) und somit immer „besser das Ding als dieses Ding selbst. Gott ist mehr dieser Teich als dieser Teich selbst [...] während dieses Ding nur ungefähr es selber ist: eine unordentliche Kopie seiner selbst" (Rombach: Substanz, System, Struktur, Bd.1, 168f.), denn, so Nikolaus in *De docta ignorantia* II, c. 3, n. 110: „[...] betrachtet man ihn [Gott] ohne die Dinge, so ist er, und die Dinge sind nichts. Betrachtet man ihn, wie er in den Dingen ist, so betrachtet man die Dinge als etwas, in dem er ist. Und damit irrt man [...]" („[...] sine rebus, ipse est et res sunt nihil. Si consideras ipsum ut est in rebus, res aliquid esse, in quo ipse est, consideras; et in hoc erras [...]"). So kann Cusanus' Ansicht allenfalls als Panentheismus interpretiert werden, wenn auch vermieden werden soll, ihn in eine solche ‚terminologische Schublade' zu stecken.

58 Rombach: Substanz, System, Struktur, Bd. 1, 152.

59 Den Begriff des *non aliud* entwickelte Cusanus erst spät. Das gleichnamige Werk *De non aliud,* ist um 1461/62 entstanden. Die Bezeichnug *non aliud* ist geeignetste Bezeichnung Gottes, wie Cusanus in *De venatione sapientiae*, c. 14, n. 40

In der Vielheit ist, im Gegensatz zur Einheit, ein Mehr und ein Weniger und damit eine Vergleichbarkeit vorhanden. Alles, was es an endlichen Dingen gibt, steht also immer im Verhältnis, in proportionaler Relation zueinander.[60] Zwar ist alles Endliche durch sich selbst bestimmt, denn die Erde ist die Erde und nichts anderes.[61] Aber erst dadurch, dass Seiendes immer schon in Bezug zu anderem Seienden steht, erhält es seine jeweilige Bestimmtheit. So ist der Himmel etwa in Relation zur Sonne etwas anderes: Relationalität bedeutet die Beziehung eines endlich Seienden zu einem anderen, von ihm verschiedenen endlich Seienden in der Welt, denn so erst kann es erfasst werden, und wäre ohne diesen Bezug nicht. Die Dinge verweisen also aufeinander, sie hängen zusammen sowie voneinander ab, sie sind durch Bezogenheit und Vergleich erst bestimmt.

2.2.2.2 Welt/Universum

Was aber bedeutet diese Relationalität aller Dinge für das Universum? Wenn alles in Beziehung zueinander steht, dann ist die Welt mit einem Gerüst vergleichbar und die Dinge sind nur, insofern sie in diesem Struktursystem Welt sind.[62] Die Welt ist demnach Voraussetzung für die Dinge, denn die Dinge existieren nicht zuerst distinkt voneinander und bilden dann Relationen. Die Dinge sind vielmehr von vornherein in das Gefüge Welt geschaffen, verfügen demnach über Struktur und bilden als einzelne aufeinander bezogene Individuen eine einheitliche Weltstruktur; eine Einheit, die sich durch Vielheit von der absoluten Einheit Gottes unterscheidet. Das Universum kann von den Dingen demnach nicht als getrennt angesehen werden: Die Welt ist nicht mehr selbst Seiendes, noch ist sie die Summe von seienden Dingen. Das Universum „ist in eingeschränkter Weise das Sein aller Dinge",[63] das die Dinge erst bestimmt, und die Dinge sind, wie Nagel formuliert, wie „Knotenstellen jenes Netzes von Relation".[64]

Dieser Ansatz ändert das bis dahin geltende aristotelische Weltbild entscheidend. In der Kosmologie des Aristoteles stehen in einem geordneten, begrenzten Universum vollkommene ultramundane Welt und unvollkom-

---

vermerkt: „[...] non reperitur in alio aliquo clarius quam in li non aliud". Durch die Benennung Gottes als das Nicht-Andere wird klar, dass eine Relation zwischen dem Endlichen und dem unendlichen Gott bestehen muss, denn bestünde diese nicht, könnte Cusanus Gott auch schlechthin als das Andere bezeichnen. Durch die *complicatio-explicatio*-Bewegung ist im Schöpfer als das sich selbst betrachtende Dreieine trotz der Differenz immer noch eine Art der Relation vorhanden; er ist das Nicht-Andere. Auf die Besonderheit des *aenigma* des *non aliud* wird in Kap. 3.7.2 dieser Arbeit ausführlich eingegangen.

60   Vgl. Nagel: Nicolaus Cusanus, 14.
61   Vgl. De non aliud, n. 95.
62   Vgl. hierzu Rombach: Substanz, System, Struktur, Bd. 1, 141–171.
63   De docta ign. II, c. 4, n. 113: „[...] existens contracte id, quod sunt omnia [...]".
64   Nagel: Nicolaus Cusanus, 15.

mene sublunare Welt sich einander gegenüber.[65] Waren die Dinge bisher Substanzen, welche unabhängig voneinander, allein durch sich selbst zu bestehen vermochten, ist bei Cusanus alles Sein auf Relation angewiesen, und so wertet er die Relationalität im Gegensatz zum Substanzbegriff auf, indem er die bisher vernachlässigte vierte Kategorie des Aristoteles an die Stelle der antiken, bisher das Weltbild beherrschenden ersten Kategorie der Substanz treten lässt.[66] Durch Cusanus' neuen kosmologischen Ausgang wird demnach das durch Aristoteles geprägte Weltbild ausgehebelt. Wird die Substanzenlehre des Aristoteles durch die Relation ersetzt, bedeutet dies, dass die Welt unendlich ist: Auf Grund der grundsätzlichen Komparation verweisen die Dinge in ihrem Relationsgefüge immer weiter auf ein anderes Ding, es kommt niemals zum Ende der Beziehungskette, demnach gibt es keine Grenzen in der Welt. Hans Schelkshorn spricht von einer „radikalen Entgrenzung des kosmologischen Weltbildes",[67] die von Cusanus vorgenommen wird; Welt wird unendlich.[68]

Dieser Gedanke mag zunächst sonderbar anmuten, hat Nikolaus doch, wie in *De visione Dei* erläutert, allein Gott als das Unendliche nichtwissend erkannt. Cusanus macht hier ganz klar eine Unterscheidung zwischen der Unendlichkeit Gottes und der Unendlichkeit der Welt. Während Gottes Unendlichkeit absolute Unendlichkeit ist, ist das Universum Abbild dieser Unendlichkeit, d. h. es ist durch die Vielheit „eingeschränkt" unendlich.[69] Die Unendlichkeit der Welt ist eine unvollkommene Unendlichkeit. Denn genau wie die Möglichkeit der Dinge über ihre Wirklichkeit hinausweist, so weist die Möglichkeit des Universums über seine Wirklichkeit hinaus. Während Gott allein alles ist, was er seinen Möglichkeiten nach sein kann, ist die Welt *infinitas finita*,[70] sie ist ohne Grenzen, kann aber dennoch nicht größer sein, als sie eben ist. Zwar dehnt sich das Universum unendlich weit nach allen Seiten aus, gerade eben durch die Relationalität der zählbaren Dinge in ihr, muss die Ausdehnung faktisch an einer Stelle anhalten. Durch eine Steigerung kann absolute Unendlichkeit niemals erreicht werden. Eine Zahlenreihe kann zwar unendlich weitergedacht wer-

---

65 Zu einer ausführlichen Darlegung der Kosmologie des Cusanus im Vergleich zu der des Platon und Aristoteles, vgl. Schelkshorn: Entgrenzungen, bes. 110–125.

66 Vgl. Schwaetzer: Änigmatische Naturwissenschaft, 12.

67 Schelkshorn: Entgrenzungen, 96.

68 Diesen Gedanken formuliert Cusanus schon vor Kopernikus. Betrachtungen des Unendlichen in ähnlicher Weise sind auch schon im 14. Jahrhundert bei Thomas Bradwardine, oder gar ansatzweise um 1277 bei dem Pariser Bischof Etienne Tempier, Bischof zu Paris, zu finden; vgl. Schelkshorn: Entgrenzungen, 96; vgl. Schanz: Der Cardinal Nicolaus von Cusa, 13.

69 De docta ign. II, c. 4, n. 113: „[…] universum est contractum maximum […]".

70 De docta ign. II, c. 2, n. 104. Die Welt ist *„prinzipiell unendlich* […] aber *faktisch endlich"*, so Tan Sonoda: Das Problem der Unendlichkeit bei Nicolaus Cusanus, in: Nicholas of Cusa. A Medieval Thinker for the Modern Age, hg. v. Kazuhiko Yamaki, Richmond/Surrey 2002, 264–270, hier 268f.

den, sie wird jedoch niemals Unendlichkeit erreichen.[71] Die Welt ist so
ihrem Wesen nach unendlich aber ihrer Wirklichkeit nach endlich. Da
Unendlichkeit nicht dem Werden unterliegt, sondern immer schon ist, ist
„jedwede Möglichkeit […] also eingeschränkt. Sie wird aber eingeschränkt
durch die Verwirklichung".[72] Der Welt kommt somit im Gegensatz zur
absoluten Unendlichkeit Gottes privative Unendlichkeit zu.[73]

Die Erkenntnis des Universums als eines privativ Unendlichen bedeutet nicht nur ein Überwinden des aristotelischen Substanzbegriffes.
Cusanus erkannte damit auch, dass die Erde nicht der Mittelpunkt der
Welt sein kann. Wie Stefan Schneider auf den Punkt bringt, ist die Welt
für Nikolaus „Horizont für alles Endliche und ist nicht selber ein Endli-
ches im Horizont. Darum ist sie weder unendlich noch endlich, hat keine
Grenzen und keinen Mittelpunkt, kein physisch bestimmtes Zentrum.
Hätte die Welt einen Mittelpunkt, hätte sie auch einen Anfang; dann aber
hätte sie in sich selbst ihren Anfang und ihr Ende".[74] Dietrich Mahnke
fügt hinzu: „Wenn man vom Zentrum der Welt trotzdem reden will, so
kann man darunter nur Gott verstehen, der aller Himmelsphären wie aller Dinge überhaupt identischer Mittelpunkt aber zugleich unendlicher
Umfang ist".[75] Im gleichen Zuge kann angenommen werden, dass dieser
Gedanke für Cusanus die Erdbewegung impliziert, da sie ohne realen Mittelpunkt auch nicht in sich selbst ruhen kann und das Zentrum demnach
idealiter in Gott sein muss: „Die Bewegung ist, genau betrachtet, nach-
einander geordnete Ruhe. Sie ist also die Entfaltung der Ruhe".[76] „Daraus

---

71   Vgl. De docta ign. I, c. 5, n. 13: „Quare manifestum est ascensum numeri esse
      finitum actu […]" („Der Aufstieg der Zahlenreihe ist also einsichtigerweise aktuell
      begrenzt […]").
72   De docta ign. II, c. 8, n. 137: „Omnis igitur possibilitas contracta est; per actum
      autem contrahitur".
73   Zur Rezeption der aristotelischen Unendlichkeitsdiskussion des Mittelalters als Vor-
      geschichte zur cusanischen Konzeption vgl. Arne Moritz: Aristotelische Physik und
      cusanische Koinzidenz, in: MFCG 29 (2005), 161–181. Moritz diskutiert die Ent-
      wicklung des göttlichen Unendlichkeitsbegriffs vom 13. bis zum 15. Jahrhundert
      und macht deutlich, wie Mitte des 13. Jahrhunderts zur „negativen Unendlichkeit"
      Gottes die ‚privative Unendlichkeit' hinzukam, durch welche „die Alternative aufge-
      hoben [wurde], dass ein Seiendes innerhalb jener Grundbedingungen des Endlichen
      die materiebedingte Begrenzung nicht hat, deren es von seiner Natur her eigentlich
      bedarf – was Cusanus später bekanntlich hinsichtlich des Universums als gegeben an-
      sah" (164). Damit zeigt Moritz auf, dass Cusanus die vorhergehenden Diskussionen
      zum Unendlichkeitsbegriff bekannt waren (vgl. 166). Zum Unendlichkeitsbegriff
      bei Cusanus vgl. auch Dietrich Mahnke: Unendliche Sphäre und Allmittelpunkt,
      Stuttgart/Bad Cannstatt 1966, 86ff.
74   Schneider: Cusanus als Wegbereiter, 186; vgl. Schwaetzer/Böhlandt: From Heaven to
      Earth, 29.
75   Mahnke: Unendliche Sphäre, 89f.
76   De docta ign. II, c. 3, n. 106: „Ita quidem quies est unitas motum complicans, qui
      est quies seriatim ordinata, si subtiliter advertis. Motus igitur est explicatio quietis".

geht klar hervor, dass sich die Erde bewegt".[77] Cusanus hatte so schon 103 Jahre vor Kopernikus die Idee der „allgemeinen Bewegtheit", ein Ansatz, der erst bei Kepler ausformuliert werden sollte.[78]

2.2.2.3 Die Welt als Abbild Gottes – das Ding als Abbild der Welt

Obwohl die Welt keine absolute Unendlichkeit besitzt, ist sie trotzdem nach dem Bilde Gottes unendlich, privativ unendlich. Die Welt ist demnach Gleichnis bzw. Selbstbildnis Gottes, (*similitudo Dei/suiipsius imago*).[79] Als Abbild der Unendlichkeit Gottes ist das Universum nicht *maximum absolutum* (das absolut Größte), sondern *maximum contractum* (das nur eingeschränkt Größte), und daher Modus des Absoluten als *contractio*.[80] Während somit dem Universum wie der *mens humana* Unendlichkeit zukommt, zeichnet sich die *mens* zusätzlich durch ihre Lebendigkeit aus, welche sie zur ausgezeichneten *imago Dei* macht (*viva imago Dei*).

Da, wie oben erläutert, das Universum als „Sich-aus-dem-anderen-her-Bestimmen eines jeden Seienden" bestimmt werden kann, kann jedes Ding in der Welt „jederzeit zur Repräsentation des Ganzen" werden: Demnach ist „die Unendlichkeit der Welt identisch mit ihrer Endlichkeit",[81] etwa der Sonne oder dem Mond: Während Gottes absolute Unendlichkeit identisch ist mit seiner absoluten Unendlichkeit und er der Vielheit vorausgehende Wesenheit ist, besteht „die Identität des Alls nur in Verschiedenheit".[82] Durch diesen unendlichen Zusammenhang aller Dinge und Sachverhalte spiegelt jeder Körper das gesamte Universum wider, und jedes Ding ist gleichsam Abbild der privativ-unendlichen Welt, d. h. Abbild des Abbildes der absoluten Unendlichkeit, ebenso wie jeder Begriff Abbild der *viva imago* der absoluten Unendlichkeit ist. Damit sind die von der *mens* geschaffenen Begriffe Abbilder der Dinge in der Welt bzw. die Dinge in der Welt Abbilder der von der *mens* geschaffenen Begriffe, (wenn die Wechselseitigkeit des Erkenntnisprozesses – *mensurare–creare* – wie oben erläutert, berücksichtigt wird). „Da nun das All in jedwedem wirklich Seienden eingeschränkt ist, so ist klar, dass Gott, der im Universum ist, in jedwedem ist und jedwedes wirklich Seiende unmittelbar in Gott ist, so wie das Universum in Gott ist […].[83] Somit spiegelt jedes Ding als die *explicatio* der *complicatio* Gott wider.

---

77   De docta ign. II, c. 11, n. 159: „Ex hiis quidem manifestum est terram moveri".
78   Vgl. Mahnke: Unendliche Sphäre, 90, der allerdings davor warnt den cusanischen Ansatz als zu modern und als Vorwegnahme der kopernikanischen Lehre zu interpretieren.
79   Vgl. bspw. De vis. Dei, c. 25, n. 116, vgl. dazu den Aufsatz von Klaus Kremer *Gott – in allem alles*, in dem Kremer etliche Parallelstellen auflistet.
80   Vgl. De docta ign. II, c. 4, n. 112; vgl. Schelkshorn: Entgrenzungen, 108.
81   Rombach: Substanz, System, Struktur, Bd. 1, 161f.
82   De docta, ign. II, c. 4, n. 115: „[…] hinc identitas universi est in diversitate […]".
83   De docta ign. II, c. 5, n. 118 : „Unde, cum universum in quolibet actu existenti sit contractum, patet Deum, qui est in universo, esse in quolibet et quodlibet actu existens immediate in Deo, sicut universum".

Da jedes Ding Abbild der Unendlichkeit der Welt ist, d. h. Abbild des Abbildes der Unendlichkeit, ist jedes Ding in seiner Wesenheit so wenig erfassbar wie das schrankenlose Universum oder Gott selbst. Die Dinge sind ja nicht distinkt voneinander zu denken, vielmehr immer in ihrer unendlichen Beziehung untereinander zu betrachten. Dadurch, dass Cusanus den Begriff der Unendlichkeit nicht nur wie in *De visione Dei* auf Gott,[84] bzw. wie in *De mente* auf den menschlichen Geist, sondern auch auf das Universum bezieht, würde durch eine genaue Erkenntnis nur eines einzelnen Dinges in der Welt auch die absolute Unendlichkeit, Gott selbst, gewusst, da das genaueste Maß jedes Dinges die Unendlichkeit ist.[85]

2.2.2.4 Unendliche Erkenntnis Gottes – Unendliche Erkenntnis der Welt

In *De docta iognorantia* wird durch die Argumentation eines unendlichen Universums und der Dinge im Universum demnach mit naturwissenschaftlichem Schwerpunkt erläutert, was in *De mente* allein durch Gottes allem vorausgehende Absolutheit erklärt wird,[86] nämlich, dass Gott

> „[…] eines jeden Dinges Genauigkeit [ist]. Hätte man daher von einem einzigen Ding genaues Wissen, so hätte man notwendig das Wissen von allen Dingen. Wüßte man so den genauen Namen eines einzigen Dinges, dann wüßte man auch aller Dinge Namen, weil es Genauigkeit nur in Gott gibt. Wer daher eine einzige Genauigkeit erreichte, der würde Gott erreichen, der die Wahrheit alles Wißbaren ist.“[87]

Deshalb ist die menschliche Erkenntnis der Dinge keine Erkenntnis, welche das Wesen der Dinge erfasst, sondern eine mutmaßliche, welche an der wesenhaften Wahrheit der Dinge teilhat. Der Titel der Schrift zur mystischen Theologie *Das Sehen Gottes* kann so auch auf die Naturwissenschaft angewendet werden: Das Ganze kann niemals gesehen werden, ein Sehen Gottes, im Sinne einer göttlichen Perspektive, ein Allessehen, kann nie erreicht werden. Der Mensch erreicht immer bloß eine partikulare Erkenntnis, niemals erfasst er das Ganze des unendlichen Universums, d. h. er sieht niemals präzise, immer bloß mutmaßend. Cusanus kommt dem-

---

84   Vgl. dazu Kap. 1.2 dieser Arbeit; zum Unendlichkeitsbegriff Gottes bei Cusanus vgl. besonders Hoye: Die mystische Theologie, 49–76, bes. 65ff.

85   Vgl. De docta ign. I, c. 16, n. 45.

86   Damit ist nicht auf einen Erkenntnispessimismus in *De mente* im Gegensatz zu *De docta ignorantia* hingewiesen, sondern lediglich darauf, dass Cusanus in *De mente* die Absolutheit Gottes nicht mehr auf diese Weise erklärt.

87   De mente, n. 69: „Unde si de una re praecisa scientia haberetur, omnium rerum scientia necessario haberetur. Sic si praecisum nomen unius rei sciretur, tunc et omnium rerum nomina scirentur, quia praecisio citra deum non est. Hinc qui praecisionem unam attingeret, deum attingeret, qui est veritas omnium scibilium“.

nach auch im Hinblick auf die steigerbare Unendlichkeit der Welt zu dem Schluss, dass keine Genauigkeit, die nur in der absoluten Unendlichkeit Gottes liegt, erreicht werden kann; die menschliche Erfassung der Dinge in der Welt bleibt eine mutmaßliche Erfassung.

Das Wissen um die Unmöglichkeit der Erkenntnis der Wahrheit der Dinge ist folglich auch in Cusanus' Weltbild, ähnlich wie in dem seiner Zeitgenossen, nach wie vor vorhanden. Allerdings wertet Nikolaus diese partikulare Erkenntnis der Welt gerade nicht mehr als Erkenntnisdefizit: Schon im Nachfolgewerk von *De docta ignorantia*, *De coniecturis* (1442/43), wird dies deutlich – spätestens aber in *De staticis experimentis*, wo es gerade um den Forscherdrang und die partikulare Erkenntnis der Natur geht.[88] Mit dieser neuartigen Haltung, in welcher die konjekturale Erkenntnis des Geistes aufgewertet wird, ist der Zugang zur naturwissenschaftlichen Forschung erst eröffnet. Gerade durch die in *De staticis experimentis* dokumentierte experimentelle Naturwissenschaft, welche das hinzukommende Methodenbewusstsein des Nikolaus, das eine systematische Erforschung der Welt ermöglicht, belegt, ist ein Weg beschritten, wie er bis dahin von kaum einem mittelalterlichen Denker auf diese Art und Weise beschritten wurde.

2.2.3 Idiota de staticis experimentis

Besondere Beachtung soll in Bezug auf Cusanus' Beschäftigung mit den Naturwissenschaften sein Buch *De staticis experimentis* erhalten, welches auf Grund seiner Thematik der angewandten Naturwissenschaft offenbar aus der Reihe nicht nur der Trilogie der *Idiota*-Dialoge, sondern der cusanischen Werke insgesamt fällt. Karl Jaspers formuliert in seinem Cusanus-Buch von 1964, die Schrift enthalte „keinerlei spekulative oder theologische Erörterungen".[89] Bevor diese Annahme in Frage gestellt und auf die aenigmatische Bedeutung der Schrift ausführlich eingegangen werden kann, soll zunächst ihre nicht zu unterschätzende Bedeutung für die Entwicklung der modernen Naturwissenschaften dargelegt werden, welche letztlich auch für die Suche nach der unendlichen göttlichen Weisheit von großer Bedeutung ist.

Cusanus lässt in *De staticis experimentis* einen ungelehrten Laien seinem gelehrten Gesprächspartner verschiedene Versuche mit einer Waage und ihren Nutzen erläutern. Der gelehrte *orator*, welcher schon aus *De mente* und *De sapientia* bekannt ist, stattet dem Laien einen erneuten Besuch ab. Sie kommen auf die Waage zu sprechen, und während der *orator* diese zunächst als Symbol der Gerechtigkeit erkennt, hat der Laie bei seinen Überlegungen zu dem Instrument anderes, Praktisches im Sinn:

---

88 Eigentlich ist diese Aufwertung seit *De filiatione Dei* (1440) deutlich.
89 Jaspers: Nikolaus Cusanus, 138.

Er will die Ergebnisse, welche er durch das Wiegen der Dinge in der Welt erhält, in einem großen Buch aufzeichnen.[90] Im Laufe der kurzen Schrift beleuchtet Cusanus alle denkbaren Wissensgebiete von Astrologie und Astronomie über Musik und Biologie zu Medizin und Pharmazie, oberflächlich.[91] Der experimentierfreudige Laie will Blut oder Urin von einem gesunden und kranken Menschen wiegen sowie Blätter und Wurzeln von Kräutern, was dem Arzt beim Mutmaßen über die Heilung und den Verlauf der Krankheit Vorteile verschaffen könnte. Ebenso will er mit Hilfe der Waage den Puls ermitteln, den Atem prüfen, das Verhältnis der Schwere eines Menschen und Tieres ermitteln, die Gewichte von verschiedenen Metallen untersuchen, um bspw. Mischungen zu erkennen und Einblick in die Alchemie zu erhalten. Wenn auch niemals Genauigkeit bei den Ergebnissen erreicht werden kann, so kann das vergleichende Wiegen näher an eine wahre Erkenntnis führen; deshalb will der Laie ebenso Steine wiegen, die Kraft eines Magneten, oder das Gewicht des Wassers in einem Stück Holz ermitteln. Selbst das Gewicht der Luft, die Sonnenstärke und -größe, die Tiefe des Wassers, Harmonieverhältnisse und Fragen der Geometrie will der *idiota* mittels der Waage erörtern. Auf diese und ähnliche Weise ließe sich mit allen Dingen verfahren, so erklärt der Laie und fügt hinzu, dass die *experimentalis scientia*, die Erfahrungswissenschaft „weitläufige Aufzeichnungen"[92] verlange, um die sich der *orator* am Ende des Gesprächs bemühen will.

De staticis experimentis scheint tatsächlich eine rein experimentell-naturwissenschaftliche Schrift zu sein. Wenn sich diese Vermutung auch bei näherer Betrachtung, nämlich in der Zusammenschau mit den übrigen *Idiota*-Dialogen, als falsch herausstellt, wie im Kapitel zur aenigmatischen Naturwissenschaft (3.) erörtert wird, wird an dem Dialog wohl mit am besten deutlich, dass ein Aspekt der Neuerung des Cusanus das (wenn auch bloß theoretische) Interesse an der experimentellen Naturwissenschaft und damit der Mut zu einer ungenauen, aber zumindest partikularen Erkenntnis der Dinge in der Welt war. Cusanus sah das praktische Experimentieren „als Mutter der Wissenschaft an",[93] und dies war eine gänzlich neue Ansicht, hält man sich vor Augen, dass es dem mittelalterlichen Menschen nicht primär um eine Erforschung der Schöpfung gehen konnte.

---

90   De stat. exp., n. 161: „Utinam quisquam nobis hanc consignationem praesentaret! Supra multa volumina caripenderem" („Gäbe uns jemand solche Aufzeichnungen, ich würde sie dem Wert vieler Bände vorziehen" Übers. Dupré, 613).

91   Hildegund Menzel-Rogner: Einführung ‚Der Laie über die Versuche mit der Waage'. ‚De staticis experimentis' (Philosophische Bibliothek 220), hg. v. Ernst Hoffmann, Heidelberg 1944, 1 bemerkt, dass der Leser durch die Schrift „einen Überblick in den Stand der Naturwissenschaften und [...] der Medizin um die Mitte des 15. Jahrhunderts" erlangt.

92   De stat. exp., n. 178: „Experimentalis scientia latas deposcit scripturas" (Übers. Dupré, 631).

93   Rompe/Treder: Nikolaus von Kues als Naturforscher, 16.

Wurde oben schon kurz auf experimentelle Wissenschaft, welche bei Roger Bacon zum ersten Mal belegt ist, hingewiesen, soll die Bedeutung des Wortes *experimentum* genauer betrachtet werden, um die Tragweite des cusanischen Werkes angemessen einschätzen zu können: Das Wort *experimentum* ist letztlich nicht nur für das naturwissenschaftliche Denken des Cusanus, sondern ebenso für die cusanische Intellektmystik von besonderer Wichtigkeit, wie in Teil 3 deutlich wird.

2.2.3.1 Experimentia und experimentum

Zu dem Wort *experimentum* finden sich unterschiedliche Bedeutungen, was nicht zuletzt durch die etymologische Entwicklung des Wortes begründet ist. Im Folgenden soll auf zwei Bedeutungen von *experimentum* besonders eingegangen werden: Erstens *experimentum* im Sinne von *experientia* (Erfahrung) und zweitens *experimentum* im Sinne von modernem naturwissenschaftlichen Experiment, welches gerade im cusanischen Werk über die Waage in den Mittelpunkt rückt. Im Teil zur aenigmatischen Bedeutung des Werkes *De staticis experimentis* (Kap. 3.1) wird zudem eine dritte Bedeutung untersucht werden: das *experimentum* als mystische Erfahrung.

Das lateinische Wort *experimentum* hatte noch bis in die frühe Neuzeit hinein die gleiche Bedeutung wie das Wort *experientia*:

> „*Experientia* begegnet knapp zwei Jahrzehnte vor *experimentum*, erstmals bei Lukrez, sodann gelegentlich bei Cicero, und wird offenbar gerne von Varro aufgenommen. Es wird seitdem mit wachsender Häufigkeit, obwohl nie wirklich häufig, gebraucht. *Experimentum* findet sich zuerst bei Sallust, dann einmal bei Livius, häufiger aber erst im 1. Jahrhundert n. Chr. In der silbernen Latinität und bei Kirchenvätern wird es ausgesprochen beliebt […] und begegnet mehrfach sooft wie *experientia*. Von der Wortbildung her könnte man einen Unterschied zwischen den Substantiven vermuten. Schon in der Antike treffen wir auf einen Grammatiker, der die Unterscheidung verwirft. In der Tat wird sie durch die Belege nicht bestätigt. Beide Substantive haben am Doppelsinn des Verbs teil; bei beiden steht am Anfang der literarischen Belege die Bedeutung ‚Erfahrung‘."[94]

Beide Ausdrücke bezeichneten seit dem Altertum jene Art von Erfahrung, bei der es um eine deskriptive Naturbeobachtung, ein Betrachten von Eindrücken ging. „Eine mehrfache Beobachtung bezeichnen wir auch als Erfahrung, *experientia*",[95] schreibt Hugo Dingler in seinem Buch *Über die*

---

[94] Ulrich Köpf: Religiöse Erfahrung in der Theologie Bernhards von Clairvaux (Beiträge zur historischen Theologie 61), Tübingen 1980, 15.

[95] Hugo Dingler: Über die Geschichte und das Wesen des Experimentes, München 1952, 5; vgl. auch ders.: Das Experiment. Sein Wesen und seine Geschichte, München 1928, 50f. Zu den folgenden Ausführungen zur Geschichte des Experiments vgl. Dingler: Das Experiment, bes. 210–255; ders.: Über die Geschichte.

Geschichte und das Wesen des Experimentes von 1952. Robert Grosseteste propagiert das *experimentum* im Sinne von *experientia* als nicht-reflexive Naturerfahrung und -beobachtung. *Experientia/experimentum* bezog sich bspw. auf praktische und durchaus Fortschritt bringende, jedoch regellose, nicht systematisierte Erfahrung, wie sie etwa in praktischen Tätigkeiten wie dem Handwerk gemacht wurden, was auch in Platons Dialogen deutlich wird.[96] Mit der heutigen Bedeutung von Experiment als methodisch geregelte Erforschung der Natur hat diese *experientia* wenig zu tun. Mario Augusto Bunge erläutert den Unterschied zwischen der nicht systematisierten Naturbeobachtung und der experimentellen Forschung an folgendem humoristischen Beispiel:

> „If we hear a bird singing without having watched for it we are having a spontaneous experience. If we listen intently to it, even though we may not actually hear the song, we are having a directed experience. And if in addition we record the song and take note of the circumstances accompanying it, our experience becomes an observation that may be put to a scientific purpose. In none of these cases, however, is an experiment proper being performed [...] An experiment in birdsong would be, for example, to rear singing birds in solitude since birth in order to study the influence of learning and singing. The mere caging of a bird, without such a purpose in mind, is not an experiment but just an experience – particularly for the bird".[97]

Obwohl Bunge hier keine spezifischen Kriterien für das moderne Experiment auflistet, wird deutlich, dass sich das Experiment im Gegensatz zu einer *experientia* dadurch unterscheidet, dass erst in einem Experiment die Voraussetzung für eine künstliche Erfahrung, aus der systematisch vergleichbare Ergebnisse gewonnen werden können, geschaffen werden müssen.

Während es heute selbstverständlich ist, die Schöpfung experimentell zu untersuchen, entwickelten sich erste Ansätze des modernen methodisch-geregelten Experimentes erst im späten Mittelalter. Dazu musste es zunächst zu einer Änderung der Denkweise kommen. Im Denken der Antike stand nicht die Veränderung der Natur als das zu Untersuchende im Vordergrund, vielmehr ging es um die festen Formen, da nach Aristoteles über das Veränderliche in der Natur nichts Wahres ausgesagt werden könne.[98] Das heißt nicht, dass es vorher keine Form der experimentellen Naturerforschung gab. Es gab durchaus Experimente, wenn diesen auch eine andere Bedeutung als dem heutigen Experiment zukam. So beobachtete der Arzt Alkmaion im 5./6. Jahrhundert bspw. gefrorenes Wasser im Ver-

---

96   Vgl. Dingler: Das Experiment, 213.
97   Mario Augusto Bunge: Philosophy of science. From explanation to justification II, New Brunswick N.J. 2009, 281.
98   Vgl. Dingler: Das Experiment, 217.

gleich zu flüssigem und stellte fest, dass das geschmolzene Wasser kleineren Raum einnimmt, oder der Pythagorasschüler Hippasos von Metapont (507–506) experimentierte mit Tonkrügen, welche mit Wasser gefüllt waren, um, durch Anschlagen dieser, Zahlenverhältnisse in den Harmonien festzustellen.[99] Bei dieser Art von Experimenten, welche schon im Altertum durchgeführt wurden, spricht man von qualitativen Experimenten im Gegensatz zu messenden Experimenten, welche sich später durchsetzen sollten. Wenn Experimente der qualitativen Art auch ein aktives Untersuchen der Natur[100] waren und ihnen somit ein höherer Erkenntniswert zukam als der bloßen Naturbeobachtung, so konnte das qualitative Experiment als Erfahrung, bei welchem das vergleichende Messen jedoch keine Rolle spielte, nicht zu einer ergebnisorientierten systematisch-mathematischen und vergleichbaren Naturforschung, beitragen, wie die moderne experimentelle Naturwissenschaft sie heute beansprucht. Was vor allem fehlte, war ein der Veränderung zugrunde liegendes quantitatives Maß. Ein qualitatives Experiment hat, so Dingler,

> „[…] nur dann einen Konstanz- und damit erst einen eigentlichen Erkenntniswert, wenn es sich an Naturkörpern abspielt, die von sich aus schon eine starke Konstanz und damit erst einen eigentlichen Erkenntniswert besitzen. In diesem Falle zeigt es qualitativ ihre Erscheinungen und lässt Entscheidungen über kausale Abhängigkeit oder Unabhängigkeit verschiedener Umstände in gewissem Umfange zu."[101]

Eine methodische, vergleichende Erforschung der Natur im Sinne des Vorgehens in den experimentellen Naturwissenschaften, ist damit allerdings nicht möglich.

Allerdings gab es neben dem qualitativen Experiment auch das messende Experiment, welches für die moderne Naturwissenschaft so maßgebend werden sollte, schon von alters her: Gerade von den Ägyptern und Babyloniern ist die messende Erfahrung schon bekannt, wenn sich auch erst im Mittelalter der Fokus mehr und mehr auf die quantitative Naturerkenntnis verschob. In Roger Bacons *Opus majus* ist, wie gesagt, die Lehre einer *scientia experimentalis* zum ersten Mal belegt; er zeigt auf, dass das manuelle Experiment und die Erfahrung die wichtigsten Hilfsmittel wissenschaftlicher Entscheidung sind: „Dies alles lehrt die Erfahrung [...],

---

[99] Dingler: Über die Geschichte, 5f. führt eine ganze Reihe von Beispielen für diese Art von qualitativen Experimenten an: Anaxagoras (500–428) benutzte Tierschläuche, um den Widerstand der Luft zu beweisen; Straton von Lampsakos (340–269) führte Experimente mit einem Vakuum durch etc.

[100] Dingler: Das Experiment, 225 spricht von einem ‚Befragen', Carl Friedrich von Weizäcker von einem ‚Verhör' der Natur, vgl. Klaus Leggewie/Elke Mühlleitner: Die akademische Hintertreppe: Kleines Lexikon des wissenschaftlichen Kommunizierens, Frankfurt a. M. 2007, 98.

[101] Dingler: Das Experiment, 165.

argumentieren gibt hier keine Sicherheit, sondern es werden ausgedehnte Erfahrungen durch Instrumente verlangt und mit mancherlei Zurichtungen. Und so kann in diesen Dingen kein Gerede eine Sicherheit bringen, denn alles hängt ab von der Erfahrung".[102] Wenn auch noch immer ganz in der Spur des Aristoteles stehend[103] wurde mit Bacon und seinen Zeitgenossen die Mathematisierung und experimentelle Erforschung der Natur und damit ein greifbarer Ansatz des Aufbruches der aristotelischen Form hin zu Naturgesetzen in erkennbar modernem Sinne ausdrücklich.[104]

Trotzdem war für diese Messungen charakteristisch, dass es sich um einzelne Messungen handelte, welche bloß für einen bestimmten Fall galten und bloß für einen bestimmten Fall Erkenntnis bringen konnten. Das Experiment ist dann ein „einmaliger, singulärer Vorgang, dessen Reproduktion unbekannt oder technisch unmöglich oder nicht beabsichtigt ist".[105] Zwar zeichnet sich bei einzelnen Denkern wie Albertus Magnus ein anderer Ansatz klar ab:

> „Es genügt nämlich nicht die Beobachtung einmal und auf eine einzige Art vorzunehmen, sie muß unter sämtlichen Bedingungen vollzogen werden. Auf einer solchen Grundlage kann mit Recht

---

102   Roger Bacon: Opus majus, hg. u. eingel. v. John Henry Bridges, Frankfurt a. M. 1964, 201: „Sed haec Omnia docet experientia [...] Unde argumenta non certificant haec, sed grandes experientiae per instrumenta perquiruntur, et per varia necessaria; et ideo nullus sermo in his potest certificare; totum enim dependet ab experientia" (Übers. zit. n. Hugo Dingler: Das Experiment, 234).

103   Trotz neuer mathematischer und experimenteller Verfahren, deren Ergebnisse oft im Gegensatz zu den Lehren des Aristoteles standen, behielt die mittelalterliche Philosophie diese Spur bei, vgl. dazu Crombie: Medieval and Early modern Science II, 11. Es gibt durchaus Forscher, welche Aristoteles einen modernen naturwissenschaftlichen Ansatz zuschreiben, so beschreibt etwa Astrid Schürmann: Naturverständnis und Geschlechterforschung bei Aristoteles, in: Antike Naturwissenschaft und ihre Rezeption IX (2001), 31–41 Aristoteles' Biologische Schriften als biologisch im „modernen Sinne" (32). Martina Hirschberger: in: ebd., 61–71 erkennt bei Aristoteles im Hinblick auf seine zoologische Systematik methodische Grundlagen einer Taxonomie; ebenso Wolfgang Kullmann: Die Prägung der neuzeitlichen Biologie durch Aristoteles, in: Antike Naturwissenschaft und ihre Rezeption XIII (2003), 2f. Ders.: ebd., 17–42 schreibt: „Aristoteles ist, um es zugespitzt zu sagen, in ganz starkem Maße ein Zoologe gewesen" (18), „kein Mensch sonst ist auf den Gedanken gekommen, alles Vorfindliche einfach nur, weil es da ist, zu beschreiben und zu untersuchen" (20); Aristoteles betreibe „Zoologie, Wissenschaft überhaupt, mit genau derselbsen Forschermentalität [...] wie die heutige Zoologie auch" (41). Zu Aristoteles und moderner Wissenschaft vgl. insgesamt Wolfgang Kullmann: Aristoteles und die moderne Wissenschaft (Philosophie der Antike 5), Stuttgart 1998; ders.: Die Bedeutung des Aristoteles für die Naturwissenschaft, in: Kann man heute noch etwas anfangen mit Aristoteles?, hg. v. Th. Buchheim/H. Flashar, Hamburg 2002, 63–81; Rupert Riedl: Die Spaltung des Weltbildes. Biologische Grundlagen des Erklärens und Verstehens, Berlin/Hamburg 1985.

104   Vgl. Crombie: Medieval and Early modern Science II, 24.

105   Hugo Dingler: Grundriss der methodischen Philosophie. Die Lösungen der philosophischen Hauptprobleme, Füssen 1949, 53; vgl. ferner Crombie: Medieval and Early Modern Science II, 117.

und Sicherheit gearbeitet werden […] Was alles in der Welt des Sinnenfälligen vorkommt, muß in seiner Beziehung zu anderen Dingen und Vorgängen sowie im ganzen Zusammenhang gesehen werden. Bis dabei ein gesichertes Ergebnis herauskommt, braucht es viel Zeit und Kontrolle."[106]

Trotzdem wurden Reihen oder Serien von Messungen und Experimenten, in welchen Gesetzmäßigkeiten festgestellt, oder Dinge in ihrem Verhältnis zueinander untersucht werden konnten, um zu einer Ergebnisfolge und daraus folgenden Resultaten bzw. Hypothesen zu gelangen, in der Regel nicht systematisch durchgeführt. Die reproduzierbare Methodik einer messenden Forschung mit dem Ziel Ordnungen der Natur festzustellen bzw. der Relationalität zweier Größen auf den Grund zu kommen, gab es somit in diesem Sinne nicht. Alistair C. Crombie schreibt in seiner umfassenden Studie über *Medieval and Early Modern Science*:

> „One of the most important changes facilitating the increasing use of mathematics in physics was that introduced by the theory that all real differences could be reduced to differences in the category of quantity; that for example the intensity of a quality such as heat, could be measured in exactly the same way as could the magnitude of a quantity."[107]

Für eine solche quantitative Erkenntnis bedarf es eines genauen Messapparates der, wie Hugo Dingler spezifiziert,

> „ein realer Gegenstand, ein reales Arrangement [ist], das stets innerhalb der betreffenden Genauigkeit exakt reproduzierbar sein muß. Denn nur so wird eine Messung mit ihm stets wiederholbar und nachprüfbar, nur so wird sie ‚objektiv'. Ein solcher Apparat muß also so reproduzierbar sein, daß er evtl. in Serienherstellung in der Fabrik gewonnen werden kann, gleichgültig ob in Europa oder Amerika oder sonstwo, und mit Garantie völliger Gleichheit der Funktionen […] verkauft werden kann".[108]

Im frühen Mittelalter wurde das Experimentieren mit dem Messinstrument der Waage populär. Dies lässt sich an Werken wie Al-Khazinis *Die Waage der Weisheit* deutlich erkennen. 1122 entstanden, werden darin genaue Beschreibungen von Waagen, mit welchen Gewichtsbestimmungen von Edelsteinen durchgeführt wurden, aufgeführt. Vor allem auch in Roger Bacons *Communia naturalia* ist von der *scientia ponderum* als der Wissenschaft vom Wiegen und Messen die Rede.[109] Obwohl die Waa-

---

106 Albertus Magnus: Ausgewählte Texte, 7f.: „Oportet enim experimentum non uno modo, sed secundum omnes circumstantias probare, ut certe et recte principium sit operis […] Quae autem in sensibilibus sparsa sunt, et multa indigent collatione et proportione ad unum, tempore indigent et multa examinatione, antequam certe credantur."

107 Crombie: Medieval and Early Modern Science II, 85.

108 Dingler: Grundriss, 51.

109 Vgl. Dingler: Das Experiment, 230.

ge jedoch als genauestes Messinstrument schon früh populär war und das Experimentieren erleichtert hätte, wurde die praktische quantitative Experimentierwissenschaft nicht deshalb auch systematisch betrieben.[110] Mit Etablierung und Nutzung des Maßes war das Aufstellen einer methodisch-systematischen Forschung in Messungsserien und vergleichender Verhältnisbestimmung verschiedener Größen jedoch theoretisch möglich. Durch das gesteigerte Interesse an der Bewegung in der Natur, welches im 16. Jahrhundert immer stärker in Fokus genommen wurde, etablierte sich das Experiment mehr und mehr als Mittel der Wahl zur Erforschung der Natur: „It would have become a dead end", so schätzt Alistair C. Crombie ein, „had not Galileo and his contemporaries, with a new direction of interest, pursued the subjects of the examples for their own sakes".[111]

Auf die Entwicklung der experimentellen Wissenschaft soll an dieser Stelle nicht ausführlich eingegangen werden. Es spielte in der Zeit bis zum 16./17. Jahrhundert vor allem eine Rolle, dass sich das Interesse der Forscher mehr auf die Erkenntnis der Natur selbst hin verschob und damit weniger auf die Metaphysik konzentrierte. Der Schwerpunkt lag nicht auf der Philosophie, welche hinter der Wissenschaft stand, sondern auf der tatsächlichen Erforschung der Natur selbst, auf dem Experiment als solchem. Dieser Wandel machte letztlich das Experiment zum „Königsweg zur Erkenntnis".[112]

Was aber macht das moderne Experiment als Basis aller Naturerforschung abgesehen von einem zugrunde liegenden Maß noch aus? Für das Experiment als methodische Erforschung der Natur, wie es sich im 16./17. Jahrhundert vollständig etablierte, durch welches Versuchsanleitungen aufgestellt und festgehalten werden konnten, ist zunächst, wie schon angedeutet, die Reproduzierbarkeit des Versuchs maßgeblich: „Damit aber wären wir zum ersten Male im Besitz einer garantiert eindeutig bestimmten, überall und immer wiederholbaren, innerhalb der jeweils höchsten Genauigkeit reproduzierbaren realen Anordnung".[113] Unter diesen Voraussetzungen ist, so behauptet die moderne Naturwissenschaft, ebenso die Unabhängigkeit des Experiments vom jeweiligen Beobachter gegeben: Die methodische Versuchsanleitung kann anhand des gleichbleibenden Messinstruments nicht nur immer wieder, sondern zudem, im Gegensatz zur *experientia*, bei der es auf die zufällige Beobachtung des Einzelnen ankam, von beliebigen Personen durchgeführt werden, und eine vom Experimentator unabhängige Erfahrung garantieren. So ist die Objektivität der

---

110   Im 14. Jahrhundert setzte sich zwar die Idee funktionaler Relationalität durch, allerdings blieb bei dieser Erforschung der Relationalität in der Regel die Messung außen vor. Alles spielte sich auf theoretischer Ebene ab, die Begeisterung für Logik übermannte das Interesse an praktischer Durchführung und empirischen Untersuchungen.
111   Crombie: Medieval and Early modern Science, 117.
112   Ian Hacking: Einführung in die Philosophie der Naturwissenschaften, aus dem Engl. übers. v. Joachim Schulte, Stuttgart 1996, 249.
113   Dingler: Grundriss, 50.

Erfahrung gesichert und das Experiment kann zu einer allgemeingültigen Methode zur Erlangung von Naturgesetzen erhoben werden.

Diese Annahme der modernen Naturwissenschaft, das moderne Experiment sei vom Experimentator unabhängig, muss allerdings problematisiert werden: Das Experiment ist zwar durchaus wiederholbar, jedoch auf je singuläre Weise, von einem je singulären Standpunkt aus. Zwar kann ein jeder das Experiment durchführen und mag auch zu einem immer gleichen objektiven Ergebnis kommen, allerdings stimmt die Gesamterfahrung, die gemacht wird, bloß zu einem bestimmten Punkt überein. Es muss dabei beachtet werden, dass bei jedem Experiment etwas je anderes mit dem jeweiligen – für das Experiment unentbehrlichen – Beobachter passiert und deshalb das Gesamtergebnis auch ein je anderes ist. Es werden je andere Gedanken, Schlussfolgerungen, Prozesse in Gang gesetzt.[114] Ian Hacking macht dies am Begriff der Beobachtung fest:

> „Der vortreffliche Experimentator ist oft der achtsame Forscher, der die aufschlussreichen Sonderbarkeiten oder unerwarteten Ergebnisse dieser oder jener Vorrichtung wahrnimmt [...] Mitunter ist es gerade die hartnäckige Beachtung einer seltsamen, von weniger begabten Experimentatoren leicht unberücksichtigt gelassenen Erscheinung, die zu neuen Erkenntnissen führt."[115]

Die Beobachterunabhängigkeit ist nicht generell gegeben. Das Experiment ist zwar als Experiment von einem beliebigen Experimentator durchzuführen, es ist aber nicht zuletzt im Hinblick auf seine Wirkung und Tragweite ein je anderes, abhängig davon, von wem es durchgeführt wird, da es den je einzelnen auf je andere Art und Weise stimuliert und in Anspruch nimmt. Als von einem Beobachter abhängig führt es über das objektive Ergebnis hinaus zu je anderen Ergebnissen mit letztlich je anderer Wertung. Dieser Sachverhalt wird später beim Thema des ‚aenigmatischen Experimentes' und des ‚exprimentellen *aenigma*' des Cusanus wichtig werden.

Für das moderne Experiment lassen sich demgemäß folgende Hauptkriterien aufführen, die es im Hinblick auf die *experientia* unterscheiden: 1. liegt dem Experiment ein Maß zugrunde, wodurch es im Gegensatz

---

114　Vgl. dazu Positionen des Konstruktivismus, der nicht von einer beobachterunabhängigen Realität, sondern von einer Wirklichkeitskonstruktion vonseiten des Beobachters ausgeht, oder auch den methodischen Kulturalismus, der menschliches Handeln als Parameter von wissenschaftlicher Erkenntnis mit einbezieht.

115　Hacking: Einführung, 279. Johann Wolfgang von Goethe: Schriften zur Naturwissenschaft. Auswahl, hg. v. Michael Böhler, Stuttgart 1994, 6f. schreibt: „So sieht wohl jeder wie streng diese Forderungen sind [...] Ich habe dieses oft bemerken können, seitdem ich die Lehre des Lichts und der Farben mit Eifer behandle und [...] mich auch mit Personen, denen solche Betrachtungen sonst fremd sind [...] unterhalte. Sobald ihre Aufmerksamkeit nur rege war, bemerkten sie Phänomene, die ich teils nicht gekannt, teils übersehen hatte [...] ja gaben mir Anlass [...] aus der Einschränkung herauszutreten, in welcher uns eine mühsame Untersuchung oft gefangenhält".

zum qualitativen Experiment maßgeblich als quantitativ-messendes
Experiment ausgezeichnet ist. 2. ist das Experiment methodisch geregelt;
in Hinsicht auf ein Erkenntnisziel wird beobachtet, gemessen, in Relation gesetzt und gemutmaßt.[116] 3. folgt das Experiment einer Versuchsanleitung, welche sich aus der Methodik ergibt und festgehalten werden
kann. 4. setzt das methodisch geregelte, einer Versuchsanleitung folgende
Experiment Wiederholbarkeit voraus. 5. ist zwar unabhängig davon, wer
die Beobachtung macht, d. h. das Experiment durchführt, das Experiment [zumindest eingeschränkt-objektiv] gleich gültig: Jeder kann die
Versuchsanleitung anwenden, sich der wissenschaftlichen Methode bedienen und so die objektiv-experimentelle Erfahrung machen; trotzdem
aber ist dieses fünfte Kriterium unter Vorbehalt zu betrachten, da der
Experimentator nicht beliebig austauschbar und die Erfahrung und ihre
Auswirkungen je persönliche sind.

All diese Punkte zeichnen das moderne Experiment in seinem Erkenntnisgewinn im Gegensatz zur nicht-reflexiven *experientia* aus. Das Experiment ist somit künstliche, vom Menschen selbst herbeigeführte Erfahrung,
zu welcher „die freie Natur so gut wie niemals die Möglichkeit bietet".[117]
Das moderne naturwissenschaftliche Experiment ist „die planmäßige
grundsätzlich wiederholbare Beobachtung unter künstlich hergestellten,
möglichst veränderbaren Bedingungen".[118] „By definition", so formuliert
Mario Augusto Bunge, „experiment is the kind of scientific experience in
which some change is deliberately provoked".[119]

Es wird deutlich: In der Anfangszeit der Entstehung der modernen
Naturwissenschaften, mit dem Aufkeimen des Mutes, Ungenauigkeit zum
Maßstab der Erkenntnis zu machen, sowie mit der Schwerpunktlegung
auf die messende Erfahrung der bewegten Natur, begann sich die Bedeutung des heutigen naturwissenschaftlichen Experimentes als methodische,
immer neu wiederholbare, insgesamt künstliche Erkenntnis im Gegensatz
zur *experientia* als nicht reflektierte Beobachtung durchzusetzen. Erst mit
der Infragestellung der bisher geltenden Autoritäten und der Verschie-
bung des Fokus von Theologie zu Welt und ihrer Erkenntnis, begann das
deskriptive Studium der Natur zu jener experimentellen Naturwissenschaft zu werden, welche heute als unentbehrlich für die Erforschung der
Welt und das Verständnis von Naturwissenschaft gilt.

---

116   Vgl. z. B. Bunge: Philosophy of science, 281: „[…] its outcome observed, recorded
      and interpreted with a cognitive aim."
117   Dingler: Grundriss, 50.
118   Vgl. Arnim Regenbogen/Uwe Meyer: Wörterbuch der philosophischen Begriffe
      (Sonderausgabe Philosophische Bibliothek 500), Hamburg 2005, 213.
119   Bunge: Philosophy of science, 281.

2.2.3.2 Das Experiment in Idiota de staticis experimentis

Die Entwicklung dieser Form des *experimentum* als überprüfte, selbst gesteuerte, zielgerichtete Erfahrung, welche noch heute die Basis aller naturwissenschaftlichen Forschung bildet, war im Spätmittelalter noch lange
nicht abgeschlossen. Die moderne experimentelle Naturwissenschaft etablierte sich erst um das 16./17. Jahrhundert vollkommen.[120] Selbst Francis
Bacon (1561–1626), so Hugo Dingler, blieb das „eigentlich messende
[Experiment] verschlossen"[121] und erst mit Galileo Galilei und seinen
Bewegungsgesetzen konnte es sich vollkommen durchsetzen. Trotzdem
war der Grundstein für das moderne Experimentieren schon früher gelegt, war es auch noch nicht auf eine solche Weise bei den Forschern
verankert, dass es systematisch angewandt und durchgeführt werden
konnte. So findet sich das moderne Experiment auch in dem Dialog
De staticis experimentis des Nikolaus von Kues – wenn auch lediglich in
der Theorie, jedoch mit dem Bewusstsein für die Durchführbarkeit in
der Praxis.[122] Ausführbar wären einige seiner Experimente wohl nicht
gewesen, dazu fehlte es nicht zuletzt an weiteren Einsichten, welche sich
in den auf Cusanus folgenden Jahrhunderten noch entwickeln mussten.
Trotzdem ist – und das ist Voraussetzung für die Praktizität – das Bewusstsein für das praktische messende Experiment geweckt: „Wohl aber
sehen wir diese Richtung Nikolaus von Kues (1401–1463) […] mit vol-
lem Bewusstsein einschlagen. Indem er alles Erkennen für ein Messen
erklärte, brach er mit der antiken Forschung und sprach wohl als der
erste diesen der modernen Naturwissenschaft zu Grunde liegenden Satz
aus".[123] Die Experimente, welche Cusanus in *De staticis experimentis*
theoretisch abhandelt, sind durchaus *experimenta* im modernen naturwissenschaftlichen Sinn des Wortes und stellen vor dem eben erörterten
Hintergrund „ein Ereignis in jener Zeit"[124] dar. Der Laie ist in diesem

---

120 Vgl. Gunther Wanke: Über das Experiment. Vier Vorträge (Erlanger Forschungen/B),
    Erlangen 2000, 7, der das 16./17. Jahrhundert als Zeitpunkt beschreibt, „da in der
    Erforschung der Natur zur methodisch konsequenten Beobachtung und zur mathe-
    matischen Durchdringung der erfahrbaren Wirklichkeit der systematische Einsatz des
    Experiments hinzukam". Vgl. auch Crombie: Medieval and Early modern Science II,
    88f.: „To be effective in practice the method depends on making systematic measure-
    ments, and these were few and far between before the 17th century […]".
121 Dingler: Das Experiment, 236.
122 Zu Theorie und praktischem Experiment vgl. Hacking: Einführung, 249ff.
123 Ernst Gerland/Friedrich Traumüller: Geschichte der physischen Experimentierkunst,
    Hildesheim 1965, 65.
124 Menzel-Rogner: Einführung, 2. Wie Nagel: Scientia experimentalis, 107 darlegt,
    taucht der terminus experimental science in der englischen Sprache zum ersten Mal
    in Verbindung mit Cusanus auf: „er ist aus der dritten Idiotaschrift übersetzt wor-
    den". Dingler: Das Experiment, 230 bemerkt, dass die Gewichtslehre „in deutlichster
    Weise" bei Nikolaus von Kues zu finden ist, wenn Dingler auch Cusanus' besondere
    Bedeutung in bezug auf Serien des messenden Experiments nicht erwähnt.

Werk Naturwissenschaftler; seine Experimente weisen jene Hauptkriterien auf, welche für das moderne Experiment immer noch gelten. Cusanus lässt den *idiota* mit dem genauesten Maß der Waage unterschiedlichste Dinge messen (1) und eine neue vergleichende Methode (2) vorschlagen, um die Dinge zu erforschen. Er liefert methodische Versuchsanleitungen dazu, wie und was gewogen werden kann (3). Die Versuche sind prinzipiell wiederholbar (4), und greifen damit (wenn auch hier nur theoretisch vorgeschlagen) in das zu Beobachtende ein, stellen somit künstlich die zu machende Erfahrung her. Die Beobachterunabhängigkeit wurde als fünftes Kriterium (5) problematisiert und kann nur eingeschränkt zutreffen; sie wird in der Diskussion im Teil zur ‚aenigmatischen Naturwissenschaft' erneut herangezogen und anhand des ‚aenigmatischen Experimentes' expliziter diskutiert.

(1) Als Messinstrument für seine Experimente benutzt der *idiota* die Waage. Er wählt die Waage, da dieses Messinstrument zu der Zeit des 15. Jahrhunderts als jenes Instrument galt, mit welchem am präzisesten vergleichend an Untersuchungsobjekte herangegangen werden konnte: „Obwohl nichts in dieser Welt letzte Genauigkeit erreichen kann, erfahren wir doch, dass dem Urteil, das mit der Waage gewonnen wurde, größere Wahrheit zukommt, weshalb es allgemein angenommen wird".[125] Cusanus schlägt als Mittel zur Annäherung an die Welt zwar durchaus drei verschiedene Weisen vor, nämlich das aus der Szene auf dem Marktplatz in *De sapientia* bekannte Wiegen, Messen und Zählen, trotzdem wählt er hier ganz bewusst das Wiegen. Wie Hoyer bemerkt, scheint es so „als habe Cusanus nach Art manches Methodenenthusiasten die Vorzüge seines Lieblingsinstruments, der Waage, ein wenig überschätzt. [...] Ja, er war der Ansicht, daß man durch Wägung die Zahl π ermitteln könne".[126] So absurd, wie sie auf den ersten Blick scheint, ist die Überlegung jedoch nicht. Zwar eignen sich alle Messmethoden zum Vergleich der Dinge, jedoch würden durch das Zählen allein Dinge verglichen werden können, welche gleichartig, im Sinne von sich ähnlich ihrem Aufbau nach, und gleichförmig, im Sinne von sich ähnlich ihrer Form nach sind.[127] Messen wiederum lassen sich zwar auch alle Dinge, jedoch sagt die Größe oder Länge eines bestimmten Dinges nichts über seine Beschaffenheit aus. Weder das Messen noch das Zählen können demnach auf Körper angewendet werden, welche nach Cusanus aus

---

125 De stat. exp., n. 161: „Quamquam nihil in hoc mundo praecisionem attingere queat, tamen iudicium staterae verius experimur et hinc undique acceptum" (Übers. Dupré, 613).

126 Hoyer: Die Stellung des Nikolaus von Kues, 29.

127 Vgl. Paula Pico Estrada: Weight and Proportion in Nicholas of Cusas' *De staticis experimentis*, in: „Nicolaus Cusanus: ein bewundernswerter Brennpunkt". Philosophische Tradition und wissenschaftliche Rezeption (Philosophie Interdisziplinär 26), hg. v. Klaus Reinhardt/Harald Schwaetzer [u. a.], Regensburg 2008, 135–146, hier 144.

einer Kombination der vier Elemente bestehen. Durch das Wiegen jedoch können Vergleiche zwischen dem Mehr oder Weniger der verschiedenen Eigenschaften eines Körpers angestellt und somit auf die Beschaffenheit des ganzen Körpers bezogen werden[128] – Qualitäten können quantitativ untersucht werden. Wie Hugo Dingler hervorhebt, wird der Leser bei Cusanus

> „[…] auf die einzigartige Bedeutung der Wage aufmerksam. Es gab eine Art von Messung seit der Antike, das war die Längenmessung, die geometrische Messung. Aber diese vermochte nicht in das Wesen der Dinge einzudringen, denn sie gab nur die von der materiellen Beschaffenheit unabhängige geometrische Gestalt. Auch das Gewicht als solches gab nichts Wesentliches. Erst die Entdeckung des *spezifischen* Gewichtes und seine erste wissenschaftliche Verwertung durch Archimedes lieferte einen messenden Zugang zu spezifischen Eigenschaften oder Materie.“[129]

Das Wiegen ist demnach ein wichtiger Faktor bei der Suche nach Wahrheit in der Natur. Es geht zwar nicht um die genaue Beschaffenheit der Dinge, aber um deren Unterschiede in ihrer Beschaffenheit, die Nikolaus von Kues mit dem Instrument der Waage quantitativ erfassen und so in Zahlen wiedergeben will. Das Wiegen ist die genaueste Art des Maßes in der Welt und dient somit dazu, am nächsten an die Wahrheit der Dinge vorzudringen.

(2) Cusanus lässt den Laien im Dialog methodisch arbeiten. Direkt zu Anfang des Dialoges stellen die Gesprächsteilnehmer fest, dass es jene Methodik wie sie der Laie vorschlägt, vorher nicht gegeben hat. „Doch sage mir bitte“, so der Laie, „ob nicht jemand die durch Erfahrung bestätigten Gewichtsunterschiede zusammengestellt hat, da es nicht möglich ist, daß Dinge von der selben Größe, welche verschiedenen Ursprungs sind, das selbe Gewicht haben.“ Der gebildete und belesene Redner antwortet: „Darüber habe ich weder gelesen, noch habe ich etwas gehört“.[130] Durch die Haltung des Laien beweist Cusanus Methodenbewusstsein in zweierlei Hinsicht. Er ist sich nicht nur der Methodik des vergleichenden Vorgehens trotz Ungenauigkeit in den Resultaten bewusst (a), sondern weiß auch um den methodischen Vorteil von Messungsreihen (b) im Gegensatz zu Einzelexperimenten.

(a) Cusanus, der sich als einer der ersten seiner Zeit unbeirrt, wenn auch nur theoretisch, der Ungenauigkeit der Dinge in der Welt widmet, lässt den Laien durch das vergleichende Wiegen zumindest Teilerkenntnis der Dinge in der Welt erlangen. Das vergleichende Wiegen als konjektura-

---

128 Vgl. Pico Estrada: Weight and Proportion, 144.
129 Dingler: Das Experiment, 230f.
130 De stat. exp., n. 161: „Sed dicito quaeso, cum non sit possibile in eadem magnitudine esse idem pondus in diversis diversam habentibus originem: an ne quisquam experimentales ponderum conscripserit differentias?“ „Neque legi neque audivi“ (Übers. Dupré, 613).

ler Erkenntnisgewinn ist Erkenntnismethode – wenn auch nie Erkenntnis
der Welt im Ganzen (Unendlichkeit) erreicht werden kann, so kann syste-
matischer zu Erkenntnissen gelangt werden als durch die bisher vorherr-
schenden qualitativen Wissenschaften.

„Alle Messresultate sind prinzipiell ungenau. Dies ist eine neue und
wesentliche Einsicht des Cusanus. Er wird nicht müde zu betonen,
dass man sich der Wahrheit nur durch wahrscheinlichere Vermu-
tungen nähern kann. Ein neues Verfahren liefert also keine *praecisio*,
sondern arbeitet mit *verisimiliores coniecturae* oder *praecisiores
coniecturae* […] insgesamt ist also bei Cusanus das Erkenntnisideal
des verum durch das verisimile ersetzt, ohne dass dadurch der Wert
der Einsichten gemindert wird.“[131]

(b) Dass Cusanus den modernen Experimentiergedanken zu fassen vermochte, zeigt zudem sein Verständnis von systematischen Messungsreihen: Der Laie verlangt in *De staticis experimentis* für die „Erfahrungswissenschaft […] weitläufige Aufzeichnungen.“[132] Cusanus ist sich bewusst,
dass die reine und vollkommene Wesenheit der Dinge nicht erreichbar ist.
Wie er jedoch schon in *De sapientia* und *De mente* erkennt, dass der genaue
Begriff nicht erreicht werden, sondern höchstens durch immer bessere
Konjekturen berührt werden kann, so kann es Cusanus auch nicht um die
einzelnen Ergebnisse der einzelnen Versuche gehen, welche nicht den besten Erkenntnisfortschritt versprechen. Er lässt den Laien die Experimente einzeln sammeln, um sie dann nicht als jeweils einzelne Experimente,
sondern als eine in Verknüpfung gebrachte Reihe von Experimenten und
Resultaten zu betrachten:[133] „Je mehr davon [von den aufgezeichneten Er-
gebnissen] vorhanden sind, um so untrüglicher kann man von den Versuchen zur Wissenschaft gelangen, die aus jenen herausentwickelt wird“.[134]
Diese Annäherung an das Wesen der Dinge lässt die Wahrheit, welche in
jedem Versuch zumindest aufscheint, heller werden. Cusanus will sich also
methodisch auf die Verknüpfung verschiedener Formen von auf einander

---

131 Dies führt Fritz Nagel: Scientia experimentalis, 97 als zweiten wichtigsten Punkt an,
    nach 1. der quantitativen Methode bei Cusanus und vor 3. der Einsicht des Cusanus,
    dass Naturerkenntnis „ein prinzipiell nicht abschließbarer Prozess“ ist. Einige Seiten
    später im gleichen Beitrag macht er allerdings deutlich, dass, für die Begriffsverschie-
    bung des *experimentum* hin zur modernen Bedeutung „die Einsicht des Cusanus in
    die notwendige Ungenauigkeit und die daraus folgende Unabschließbarkeit des Er-
    kenntnisprozesses“ das „entscheidende Moment“ zu sein scheint (107).

132 De stat. exp., n. 178: „Experimentalis scientia latas deposcit scripturas“ (Übers.
    Dupré, 631).

133 Schwaetzer/Böhlandt: From Heaven to Earth, 67 f. heben dies schon hervor: „It should
    be clear that ‚De staticis experimentis‘ offers not only a set of experiments. Moreover,
    the work skilfully focuses on methodology how to connect different forms of experi-
    ments in the right way […] the set of experiments universalises the single experience.“

134 De stat. exp., n. 178: „Quanto enim plures fuerint, tanto infallibilius de experimentis
    ad artem, quae ex ipsis elicitur, posset deveniri“ (Übers. Dupré, 631).

verweisenden Experimenten konzentrieren, denn wenn seine Experimente auch zu dieser Zeit nicht durchführbar gewesen wären,[135] so würde man, „wenn man […] wirklich so experimentieren würde, […] zunächst vermuten, und schließlich beweisen können, *daß* sie [die vermutete Lehre] nicht stimmt und hätte Aussicht auf ein besseres Verständnis […].“[136]

Cusanus ist sich des Erkenntnisgewinns in der Ungenauigkeit der vergleichenden Messung (a) sowie im Aufstellen von Messungsserien (b) bewusst; er beweist mit seinem naturwissenschaftlichen Werk, dass er Verständnis von einer Methodik besitzt, welche zu seiner Zeit ein *novum* darstellte und auf die etablierte moderne Methodik des naturwissenschaftlichen Experimentes vorausweist.

(3) Das gesamte Buch *De staticis experimentis* besteht aus unterschiedlichen Versuchsanleitungen, in welchen Cusanus seine Methodik festhält und anhand welchen der Redner die Experimente theoretisch bzw. praktisch nachvollziehen kann.

> „Meinst du nicht, daß ein Gewichtsunterschied zwischen den Wassermengen bestünde, wenn man Wasser aus einer festgelegten Öffnung einer Wasseruhr solange in ein Becken fließen ließe, bis man den Puls eines gesunden jungen Menschen hundertmal gefühlt hätte und dies bei einem Kranken wiederholte […] Man käme also auf Grund der Wassermengen zur Verschiedenheit des Pulses bei einem jungen und alten Menschen, bei einem gesunden und kranken und gelangte so zu einem besseren Verständnis des Kranken, da sich notwendigerweise in der einen Krankheit ein anderes Gewicht als in der anderen zeigen würde. Folglich gewönne man auf Grund solchen experimentellen Unterschieds […] ein vollkommeneres Urteil […]“,[137]

und käme der Wahrheit somit ein Stück näher. Durch diese festgelegte Anleitung ist die Wiederholbarkeit (4) des Experimentes gegeben. Der Laie könnte die Experimente immer von neuem durchführen. Zwar kann der

---

135 Vgl. allerdings Hans Ferdinand Linskens: Nikolaus Chrypffs von Kues als Biologe, in: Litterae Cusanae 6, 2 (2006), 49–62 (Auszug aus der Monographie: Nicolaas Chrypffs van Cusa als bioloog, Nijmegen 1986, übers. aus dem Niederländischen v. Kirstin Zeyer), der der Meinung ist, dass „weitgehende Schlußfolgerungen“, wie sie in *De staticis experimentis* zu finden seien, „nur gezogen werden können, wenn tatsächliche Messungen, quantitative Wahrnehmungen gemacht worden sind“ (52) (dies schreibt Linskens in Anlehnung an Helmut Lieth: Historical survey of primary productivity research, in: Primary Productivity of the Biosphere, hg. v. H. Lieth/R. H. Whittaker (Ecological Studies 14: 119–129), Berlin [u. a.] 1975, 8f.).

136 Gierer: Cusanus – Philosophie im Vorfeld, 38.

137 De stat. exp., n. 164, n. 165: „Nonne putas, si aquam ex stricto foramine clepsedrae fluere in pelvim permitteres, quousque sani adolescentis pulsum centies sentires, et similiter ageres in adolescente infirmo, inter aquas illas ponderis cadere differentiam? […] Ex pondere igitur aquarum ad diversitatem pulsuum in iuvene, sene, sano et infirmo perveniretur et ita ad morbi veriorem notitiam, cum aliud pondus in una infirmitate, aliud in alia necessario eveniret. Unde perfectius fieret iudicium ex experimentali […]“ (Übers. Dupré, 617).

Redner oder ein anderer Interessierter die Experimente ebenso durchführen, was teilweise zur gleichen objektiven Erfahrung (5), immer aber zu einer unterschiedlichen Gesamterfahrung und unterschiedlichen Ergebnissen des jeweiligen Beobachters führen würde.

Das naturwissenschaftliche Werk des Cusanus dokumentiert ein neuartiges Bewusstsein darüber, dass immer genauere Erkenntnis über die Wahrheit der Welt, vor allem in der künstlich herbeigeführten Erfahrung des modernen *experimentum* gewonnen werden kann. Dieses mutmaßende vergleichende ‚Abwägen‘ der Natur trotz Begrenztheit des menschlichen Geistes hat nach Nikolaus von Kues keineswegs mit übermütiger *curiositas* im augustinischen Sinne zu tun. Vielmehr sät Nikolaus mit dem an Aristoteles anlehnenden ‚sich-wundern‘ über die Dinge in der Welt und dem freien Drang nach Wissen einen Samen, aus welchem eine moderne Naturwissenschaft überhaupt erst erwachsen konnte: Das Experiment kann letztlich nur funktionieren, wenn die Neugierde und damit der Mut zu erkennen lebendig bleibt. Ein Experiment, so Ian Hacking, „kann aus bloßer Neugierde angestellt werden, um zu sehen, was geschieht" und zu „überraschender'" Beobachtung führen.[138] Gerade in der Neugierde und der Bewusstwerdung der Unmöglichkeit der Genauigkeit, d. h. dem freien Verzicht auf „nicht weiter steigerbare Genauigkeit",[139] wie sie nur in Gott sein kann, eröffnet Nikolaus von Kues gerade im künstlich hergeleiteten Erkenntnisgewinn im Experiment eine zielführende Methode. Der ‚Mut zur Ungenauigkeit‘ des Cusanus findet so im Experimentieren als selbst gemachte bzw. selbst herbeigeführte und erweiterte Erfahrung seinen Kulminationspunkt und durch die positive Aufwertung der Annäherungswerte sowie die Idee eines systematischen Einsatzes der konjekturalen Methode werden die Anfänge der modernen Naturwissenschaft mit eingeleitet.[140]

2.3 Zusammenfassung: Naturwissenschaft bei Cusanus

Cusanus, war er auch kein praktisch forschender, kreativ-innovativer Naturwissenschaftler, bereitete die Möglichkeiten der modernen Naturwissenschaft durch sein neuartiges Denken mit vor. Wenn nicht durch eigenes Forschen, dann zumindest durch ein Nachdenken „über die Voraussetzungen […], die der Möglichkeit von Wissenschaftlichkeit zugrunde liegen".[141]

Zwar ist ihm bewusst, wie in seiner metaphysischen Kosmologie deutlich wird, dass das unendliche Universum als Abbild Gottes – und somit auch die Dinge in ihrer Wesenheit – nicht erkannt werden können. Auf

---

138 Hacking: Einführung, 261. Dieses Staunen und die Neugierde, welche zu immer
     neuem Staunen führt, ist zentrales Thema von *De visione Dei*, vgl. Kap.1.2.
139 Leinkauf: Nicolaus Cusanus, 112.
140 Vgl. auch Dingler: Geschichte der Naturphilosophie, 82.
141 Schneider: Cusanus als Wegbereiter, 208.

Grund seines ‚Mutes' trotz der Unmöglichkeit der Erkenntnis zumindest partikulare Erkenntnis zu gewinnen und als positive Wahrheitsannäherung zu werten, sowie auf Grund seiner Dokumentation der modernen Experimente, welche für den höchsten Erkenntnisgewinn in der Natur stehen, verdient er, entgegen Karl Jaspers' Einschätzung, sehr wohl einen Ort in der Wissenschaftsgeschichte. Die Voraussetzungen für die moderne Naturwissenschaft liegen bei Cusanus vor: Das moderne Experiment, auf welchem die heutige Naturwissenschaft basiert,[142] ist in seinem Werk klar vorbereitet und ausführlich dargelegt. Nikolaus von Kues ist sich der Notwendigkeit eines zugrunde liegenden Maßes sowie einer Methode und Versuchsanleitung ebenso wie der Notwendigkeit der Wiederholbarkeit für eine künstliche Erfahrung, welche systematischen Erkenntnisgewinn liefern kann, bewusst.

Nikolaus macht die experimentelle Naturwissenschaft trotzdem nicht um ihrer selbst willen zum Thema seines dritten *Idiota*-Dialoges. Moderne Naturwissenschaft zielt nicht nur auf Erkenntnis in der Welt. Da letztlich Erkenntnis in der Welt zu einer *visio Dei* führen kann, wie in *De mente* erläutert, zielt gerade die Möglichkeit des höchsten Erkenntnisgewinns in der experimentellen Naturwissenschaft auf ein Höheres; experimentelle Naturwissenschaft ist ‚aenigmatische Naturwissenschaft'.

---

[142] Vgl. Hacking: Einführung, 249: „[...] der Ausdruck ‚experimentelle Methode' wurde gewöhnlich als gleichbedeutende Bezeichnung der wissenschaftlichen Methode verwendet".

3. Kapitel: ‚Aenigmatische Naturwissenschaft‘ als ‚experimentelle Mystik‘

3.1 De staticis experimentis als aenigmatisches Werk
Das ‚aenigmatische Experiment‘

Trotz des modern anmutenden Ansatzes in seinem naturwissenschaftlichen Werk *De staticis experimentis* ging es Nikolaus von Kues nicht primär darum, durch seine Experimente und die aus Versuchsreihen gezogenen Schlussfolgerungen Fortschritte in der Naturforschung zu erlangen. Wenn er sich der Vorteile des quantitativen Experimentes und der dahinterstehenden Methodik für die Naturforschung auch sicherlich bewusst war, deutet das Werk *De staticis experimentis* über die zu erforschende Empirie hinaus hin auf anderes: Die Schrift kann und muss vor dem Hintergrund der cusanischen Philosophie als aenigmatische Schrift gelesen werden, welche auf das Verborgene hinter dem Augenscheinlichen verweist.

Nicht umsonst stellt das Werk den dritten Teil der *Idiota*-Dialoge dar, wenn es auch auf Grund seiner Thematik, wie Kurt Flasch formuliert „wie ein erratischer Block in der cusanischen Landschaft“[1] zu stehen scheint. Tatsächlich weist es eine enge Verknüpfung zu den beiden ersten thematisch eng verwobenen Dialogen auf und kann erst durch sie im Ganzen verstanden werden. Jeder der drei Dialoge, so wird deutlich, lebt vom Inhalt der anderen und vervollständigt sich erst durch Verständnis und Berücksichtigung der je anderen. So ist *De staticis experimentis* nicht nur, entgegen den Behauptungen von Karl Jaspers, ein Werk, welches zu der Geschichte der Entwicklung der Naturwissenschaften unbedingt mit dazu gehört. Zudem ist das Werk, wieder entgegen der Behauptung Jaspers’ *De staticis experimentis* sei keine spekulative oder theologische Schrift, ganz im Geiste nicht nur des philosophisch-metaphysischen Denkens des Cusanus verfasst, sondern weist, im Rückblick auf die erkenntnistheoretische Untersuchung der mystischen Theologie des Nikolaus, gar eine mystische Komponente auf.

Einen ‚erratischen Block‘ stellt das Werk letztlich nicht dar. Die drei augenscheinlich so unterschiedlichen Dialoge müssen als aufeinander sowie auf eine einzige Thematik verweisend, gleichsam in eins fallend gelesen werden;[2] erst so wird die aenigmatische Bedeutung des Werkes *De staticis experimentis* deutlich. Der menschliche Geist als das die Unendlichkeit

---

1 Flasch: Nikolaus von Kues, 318.
2 Vgl. dazu Christiane Bacher: Idiota de sapientia, Idiota de mente, Idiota de staticis experimentis. Der Laie über die Weisheit, Der Laie über den Geist, Der Laie über Versuche mit der Waage, in: Handbuch Nikolaus von Kues. Leben und Werk, hg. v. Marco Brösch/Walter Andreas Euler/Alexandra Geissler, Viki Ranff, Münster 2014, 179–191.

vermessende Instrument sowie die Bedeutungen des Wortes *experimentum* stellen, wie im Folgenden dargelegt wird, im Hinblick auf die aenigmatische Bedeutung der *Idiota*-Dialoge zentrale Punkte dar, welche gerade in Bezug auf die mystische und experimentelle Erfahrung die gegenseitige Bezogenheit der Dialoge verdeutlicht.

3.1.1 Der menschliche Geist als Waage

(a) Wie in *De sapientia* und *De mente* der auf Gott gerichtete erkennende Geist und seine Kreativität im Vordergrund stehen, so kann auch im naturwissenschaftlichen Werk *De staticis experimentis* die Erkenntnis der *mens humana* als zentrale Thematik gelten.[3] Folgende Zusammenhänge lassen sich zu den *De staticis experimentis* vorausgehenden Dialogen über die göttliche Weisheit (*De sapientia*) und den erkennenden Geist (*De mente*) feststellen und deuten im Hinblick auf die Rolle der *mens humana* auf die aenigmatische Lesweise des naturwissenschaftlichen Dialoges hin:

> Erstens weist Cusanus mit seinem Buch über das offenbar den anderen Laienbüchern fremde Gebiet der Naturwissenschaften darauf hin, dass der freie Geist sich, um sich zu vervollkommnen, in verschiedensten Bereichen bilden soll.[4] So kommt er seiner Bestimmung als *imago Dei* nach, denn so gelingt es ihm mehr und mehr Blickwinkel der Welt sowie neue Perspektiven einzunehmen. Initiator ist, ebenso wie in *De sapientia* und *De mente*, das zum Nachdenken anregende Staunen über die Welt. Wenn das Staunen auch in *De staticis experimentis* nicht ausdrücklich auftaucht, so kann am Interesse des Orators an den Überlegungen des Laien eine Haltung des ,sich-Wunderns' erkannt werden, wenn er feststellt, dass dies „großartige Gedanken" seien.

> Zweitens ist das Wiegen, welches Thema von *De staticis experimentis* ist, aus *De sapientia* schon bekannt. Hier wird auf dem Marktplatz nicht nur gemessen und gezählt, sondern auch gewogen. Während das Wiegen in *De mente* nicht auftaucht, wird es im dritten Dialog wieder aufgegriffen und sogar zum zentralen Thema des gesamten Dialogs gemacht. Durch das Wiegen wird, ebenso wie durch das

---

3   Fritz Nagel: Scientia experimentalis, 97 weist mit Recht darauf hin, dass die unabschließbare Annäherung an die Wahrheit den Wert der Einsichten nicht mindert, sondern dass sich in ihr „vielmehr die Kreativität des menschlichen Geistes" offenbart, vgl. auch Schwaetzer/Böhlandt: From Heaven to Earth.

4   Vgl. dazu Christiane Bacher: The role of freedom in Nicholas of Cusa's idea of the *mens humana*, in: La cuestión del hombre en Nicolás de Cusa: Fuentes, originalidad y diálogo con la modernidad, hg. v. Claudia D'Amico/Jorje M. Machetta, Buenos Aires vorauss. 2015.

Messen und Zählen, unterschieden – es wird ein bestimmtes Maß zugrunde gelegt, an welchem etwas ermittelt wird: Das Wiegen stellt jedoch zusätzlich die präziseste Form des Messens dar, da am tiefsten in die Wesenheit der Dinge eingedrungen werden kann.

Drittens ist die Waage als das präziseste Instrument eine Erfindung des menschlichen Geistes. Die Idee der Waage entspringt dem menschlichen Geist und kann, ähnlich dem Löffel aus *De mente*, in der Welt verwirklicht in verschiedenster Weise auf die Welt angewendet werden. Dem menschlichen Geist entspringen kreative Ideen, wie die Instrumente des Löffels oder der Waage, die dann in die Welt hinein gestaltet werden und die Natur (um Kultur) erweitern. Ebenso ist das Experiment (mit der Waage) allein aus dem menschlichen Geiste erschaffen: So wie der Geist die Waage erschafft, ersinnt er sich, auf welche Art und Weise sie angewendet werden kann: Er kreiert Versuchsaufbau und Versuchsanleitung für das Experiment.

Naturwissenschaft, so wird an *De staticis experimentis* deutlich, ist durch die gottähnliche Kreativität des menschlichen Geistes und ihre Ausbildung überhaupt erst möglich. Der Begriff Waage steht somit als geistiger Begriff nicht nur für jede Form von Waage, sondern zugleich für jedwede unterscheidende und vergleichende Erkenntnis in der Welt. Daraus geht hervor, dass

viertens der zentrale Gegenstand des gesamten Dialoges, die Waage, mit welcher alle Dinge in der Welt am präzisesten gewogen werden können, d. h. die Waage als Erkenntnisinstrument in *De staticis experimentis* selbst für den menschlichen Geist steht,[5] der in *De mente* ausdrücklich als Erkenntnisinstrument behandelt wird. Dass im letzten der Dialoge die Waage benutzt wird, belegt Nikolaus' positive Beurteilung des menschlichen Geistes, welche er seit *De coniecturis* immer weiter ausarbeitet: In *De staticis experimentis* wird der menschliche Geist mit dem präzisesten Messinstrument, welches zu dieser Zeit existierte und folglich sich der verborgenen Wesenheit der Dinge am nächsten annähern kann, verglichen. Ähnlich wie auf dem Marktplatz, den der Laie gemeinsam mit dem *orator* in *De sapientia* beobachtet, zählt, misst und, da er nach dem göttlichen Geist höchste *praecisio* erreichen kann, wiegt der menschliche Geist alle ihm entgegentretenden Dinge, um zu einer Erkenntnis zu kommen. Er nimmt gleichsam eine geistige Quantifizierung von Welt

---

5   Vgl. dazu Schwaetzer/Böhlandt: From Heaven to Earth, 65.

auf genaueste Art und Weise vor[6] und führt sich selbst durch diese
genaueste Erkenntnis zusätzliche selbst gemachte Erkenntnis zu.

Eben das ist es, was der Laie sowohl in *De sapientia* als auch in *De staticis
experimentis* verlangt: Der *orator* soll einerseits von anderen erdachte
‚Instrumente' benutzen, d. h. die schon geschriebenen Bücher studieren,
um Wissen zu erlangen. Zudem aber soll er sein eigenes natürliches und
deshalb genauestes Instrument, seinen Geist, hinzuziehen, um Weisheitserkenntnis zu erlangen. Dafür steht die Waage, mit welcher Wahrheiten
aktiv gesammelt werden: Ebenso, wie es bei der geistigen Weisheitssuche
um ein kreatives Sammeln geht, geht es dem Experimentator mit der
Waage in *De staticis experimentis* ebenfalls um ein Sammeln. So wie die
Sammlung der mutmaßlichen – selbst gemachten – Begriffe der *mens* an
der göttlichen Wahrheit teilhat, sie zwar niemals ganz erreicht, jedoch
immer genauer werden kann, so leuchtet in jedem – selbst gemachten –
Experiment mit der Waage die Wahrheit der Wesenhaftigkeit der Dinge
auf, welche niemals erreicht werden kann, jedoch mit jedem neuen Versuch klarer wird.

An diesen Überlegungen zur Unerreichbarkeit der Wahrheit der
Naturdinge, allerdings der gleichzeitig positiven Wertung der aktiven
experimentellen Erkenntnis, wird deutlich, inwieweit Cusanus die Unendlichkeit der Welt mit der Unendlichkeit Gottes in der Erkenntnis der *mens*
zusammen denkt: Die Wahrheit der Wesenheiten der Dinge in der Welt
bleibt ungenau, da jedes Ding mit dem gesamten unendlichen Netzwerk
des Universums verknüpft ist, wie Cusanus in seiner Kosmologie darlegt
(vgl. Kap. 2.2.2). So, wie der menschliche Geist alles misst, d. h. vergleichend erkennt, um in seinen konjekturalen Begriffen dem unendlichen
Begriff in Gott immer näher zu kommen, so wiegt (erkennt) die Waage
in den verschiedenen Experimenten alle Naturdinge, um durch Vergleiche
dem genauesten Maß, d. h. den Wesenheiten der Dinge immer näher zu
kommen, welche letztlich in Gottes unendlichem Maß liegen.

Wenn in *De mente* von den Sinnendingen, in welchen die Wahrheit
verdunkelt ist, als bloße Anregung für den menschlichen Geist die Rede
war, so wird die Untersuchung der Sinnendinge in *De staticis experimentis*
nun zum Dreh- und Angelpunkt der geistigen Erkenntnis erhoben. Damit betont Cusanus erneut und deutlicher als an jeder anderen Stelle die
Unentbehrlichkeit der sinnlichen Welt für die Tätigkeit der *mens humana*:
Über verschiedenste Mutmaßungen der geistigen *ars creativa* – im Bild

---

6   Vgl. De sap. I, n. 5: „Video ibi numerari pecunias, in alio angulo ponderari merces,
     ex opposito mensurari oleum et alia" („Ich sehe, dass dort Geld gezählt, in einer
     anderen Ecke Ware abgewogen, gegenüber Öl und anderes abgemessen wird"). Auch
     Harald Schwaetzer: Aequalitas, 52 geht davon aus, dass *De sapientia* die „*mens-
     mensura*-Lehre" von *De mente* direkt vorbereitet.

gesprochen über die Annäherung an die Wahrheit durch verschiedene Experimente mit der Waage – kommt die *mens* in ihrer konjekturalen Annäherung der unendlichen Weisheit Gottes näher. Je mehr Ergebnisse bzw. Mutmaßungen, desto klarer erscheint die Wahrheit in ihnen.

Es wird deutlich: Die Bedeutung des Cusanus für das für die Geschichte der Naturwissenschaft, besonders im Hinblick auf die quantitative Methode, und das für die quantitativen Naturwissenschaften immer wichtiger werdende *experimentum* im messenden, modern-naturwissenschaftlichen Sinne, darf nicht unterschätzt werden. Trotzdem geht es Cusanus nicht um die Naturwissenschaft als wissenschaftliche Natur(er)forschung als solche, so wie es ihm nicht um die Kosmologie als solche geht. Sein Interesse für die Naturwissenschaft als unendliche Suche nach Wahrheit in der Welt mündet in seine unendliche Jagd nach mystischer Weisheitssuche in Gott (*venatio sapientiae*),[7] welche gleichermaßen und zugleich über das Messinstrument des ‚wiegenden Geistes‘ erfolgt: Dieser Ineinsfall von Naturwissenschaft (Erkenntnis der unendlichen Welt in *De staticis experimentis*) und mystischer Weisheitssuche (unendliche Gotteserkenntnis in *De sapientia*) als Aufgabe des erkennenden Geistes wird durch die Verwendung der unterschiedlichen Formen von *experimentum* (b) in den *Idiota*-Dialogen zudem belegt, wie im Folgenden erörtert wird.

3.1.2 Cognitio Dei experimentalis

(b) Neben den beiden Bedeutungen des Wortes *experimentum* als *experientia* im Sinne von nicht reflexiver Naturerfahrung und Experiment im Sinne eines modernen naturwissenschaftlichen Versuchs (vgl. Kap. 2.2.3.1), welches in Cusanus' *Idiota*-Dialogen eine zentrale Rolle einnimmt und seinen Beitrag zur Entwicklung der modernen Naturwissenschaften dokumentiert, findet sich eine dritte Form des Wortes *experimentum*. Es nimmt einen Platz ebenso in der Geschichte der christlichen Mystik ein: Das Wort *experimentum* findet als mystische Erfahrung Gottes in der Formel *cognitio Dei experimentalis* immer wieder Ausdruck. Wie oben schon erläutert, kann die cusanische Philosophie des kreativen Sammelns als Interpretation der Formel *cognitio Dei experimentalis* verstanden werden (vgl. Kap. 1.3): Durch die Erkenntnistätigkeit der *mens*, welche vom Staunen über die Welt zur unendlich mutmaßenden Bewegung des Intellekts führt, kommt es zu einer Annäherung an Gott – über Erfahrung in der Welt kommt der Mensch zu einer intellekthaften Erfahrung Gottes.

Anders als bei Nikolaus von Kues war mit der *cognitio experimentalis* als mystischer Erfahrung im Mittelalter jedoch ebenso die passiv-affektive Gotteserfahrung, im Sinne von einer Erfahrung gemeint, welche ohne Zu-

---

7   Vgl. den Titel des cusanischen Werkes *De venatione sapientiae*.

tun praktischer Erkenntniserfahrung, allein durch die Versenkung in das Gebet, über den Menschen hereinbricht. Wie in Kap. 1.1f. am pseudodionysischen *ignote ascendere* diskutiert, gab es immer wieder Uneinigkeit darüber, auf welche Art und Weise – über den Affekt oder den Intellekt – zu einer Gottesschau gelangt werden könne. Miteinher ging Uneinigkeit darüber, ob der Schau eine passive oder aktive Erfahrung entsprach. Daran, dass das Wort *affectus* auf das griechische Wort *pathos* zurückzuführen ist (als Leidenszustand der Seele),[8] welches auch erfahren/widerfahren bedeuten kann, wird deutlich, dass die mystische *experientia* oder das *experimentum* in der christlichen mystischen Tradition des Mittelalters keineswegs immer mit aktiver Welterkenntnis zu tun hat, sondern von vielen Interpreten als eine passive, allein durch die kontemplative Haltung beeinflussbare erleuchtende Erfahrung gedeutet wurde. Besonders deutlich wird dieser Gegensatz in den Anfängen der monastischen Theologie am Leitwort des Bernhard von Clairvaux, welches nicht *Credo ut intelligam*, sondern *Credo ut experiar* lautete. *Experientia* bedeutet nach Bernhard, ähnlich wie bei den meisten monastischen Theologen, die in Liebe erfahrene Vereinigung mit Gott, die persönliche Erfahrung der „Gnade des inneren Gebetes".[9] Auch bei dem oben schon erwähnten Hugo von Balma etwa, für den der Affekt das „Vehikel der Erfahrung"[10] darstellt, findet sich die *cognitio Dei experimentalis* in diesem Sinne.

Hans Greybels fasst die Konnotationen von Erfahrung pointiert zusammen:

> „Etymologically there are two possible definitions [of the word ‚experience‘], an active and a passive. The greek πει (substantive: πει; Latin: *Experiri/experientia, experimentum*) as an active verb means the crossing of land or sea in order to explore and get to know them (compare the etymology of the German ‚erfahren‘ or the contemporary use of ‚Experiment‘). [...] Passively, experiencing means ‚being moved, sensing, enduring‘. The emphasis is on the random nature, the heteronomy, and the unexpectedness of the experience".

Wie Hugo Dingler erwähnt, findet sich diese doppelte Bedeutung von *experientia/experimentum* zum ersten Mal bei Roger Bacon (1214–1292/94): Passiv „durch innere Erleuchtung" und aktiv „durch die Sinne". Allerdings scheint sich auch Albertus Magnus schon dieser Differenz bewusst zu sein, wenn er nämlich von *experientia/experimentum* im Sinne von Beobachtung in der Natur spricht,[11] und in seinem Kommentar zur *Mystischen Theologie* des Pseudo-Dionysius das *experimentum* in der Bedeutung von mystischer

---

8   Vgl. auch den letzten Satz des folgenden Zitats von Hans Greybels.
9   Vgl. Leclercq: Wissenschaft und Gottverlangen, 243f.
10 Harald Walach: Notitia experimentalis Dei – Erfahrungserkenntnis Gottes. Studien zu Hugo de Balmas Text „Viae Sion lugent" u. deutsche Übersetzung, Salzburg 1994, 145.
11 Hans Greybels: Cognitio Dei Experimentalis. A theological Genealogy of Christian Religious Experience, Leuven [u. a.] 2007, 4.

Erfahrung vorkommt. Wenn auch die mystische Vereinigung sich nach Albert im *intellectus* vollzieht (vgl. Kap. 1.1.2), so nimmt die affektive Erfahrung auch bei ihm eine hinführende Stellung ein: „Hier ist zu sagen, dass wir das göttliche nicht auf dem Weg über Vernunftprinzipien empfangen (per principia rationis) sondern durch die Erfahrung (experimentum), einer Art von ‚innerer Leidenschaft für es' [...]."[12]

Bei Cusanus findet sich die Formel *cognitio Dei experimentalis* in ihrem Wortlaut in keinem seiner Werke. Trotzdem wird deutlich, dass Cusanus sich nicht nur in diese Tradition einreiht, sondern dass er sich zusätzlich einerseits über diese mystische Bedeutung von *experimentum/experientia* bewusst war, sie zudem aber auch gezielt einsetzt, indem er sie in ein und demselben Werk gegenüberstellt: Gerade nämlich an einer Zusammenschau der *Idiota*-Schriften – d. h. aller drei Dialoge über die Weisheit (Mystik), über den Geist (Erkenntnistheorie) und über Versuche mit der Waage (Naturwissenschaft) – lässt sich erkennen, dass Cusanus in der Verwendung des Wortes *experientia/experimentum* (als aktive Erkenntnishaltung des Intellektes), einerseits in *De staticis experimentis* eindeutig das aktive *experimentum* und sogar das moderne *experimentum* in seine metaphysisch-mystischen Betrachtungen mit aufnimmt, sich damit gleichzeitig aber in die mystische Tradition der erfahrungshaften Gotteserkenntnis einreiht (*De sapientia*).[13] Wenn Cusanus auch nicht ausdrücklich die aus der mittelalterlichen Mystik bekannte Formel der *cognitio Dei experimentalis* übernimmt, so tauchen in den beiden Dialogen über die Weisheit Formen von *expereri* in eindeutig mystischem Zusammenhang auf. Cusanus bezieht sich zurückgehend auf die Etymologie des Wortes *sapientia*, welches von *sapere* (schmecken) herstammt, auf die Erfahrung des mystischen Vorgeschmackes (*praegustatio*) wenn er schreibt: „[...] in te praegustationem experiris aeternae sapientiae",[14] oder der Schmeckende lege Zeugnis ab von dem, was er „in se ipso experimentaliter gustavit".[15] Das Schmecken ist nach Cusanus, der damit der mystischen Tradition folgt, eine Erfahrung. Wie aus der mittelalterlich monastischen Theologie bekannt, in welcher der „Vorgeschmack des Himmels [...] vom Wesen her ein Akt des Glaubens, der Hoffnung und der Liebe"[16] darstellt, so ist das Schmecken für Cusanus ein inneres Schmecken, eine Erfahrung, die in einer inneren Leidenschaft und Sehnsucht des Geistes erfahren wird, das heißt ein passives Bewegtwerden,

---

12   Dingler: Geschichte der Naturphilosophie, 70.

13   Albertus Magnus: Ausgewählte Texte, 5ff.

14   Albertus Magnus: Super Dionysii mysticam theologiam et epistulas, c. 1, p. 485, lin. 54f.: „Dicendum, quod divina non accipiuntur per principia rationis, sed quodam experimento per ‚compassionem ad ipsa' [...]". (Zit. n. McGinn: Die Mystik im Abendland, 32f.)

15   Vgl. dazu Thurner: „Unendliche Annäherung", der auf das cusanische Bewusstsein der unterschiedlichen Bedeutungen des Wortes *experimentum* hinweist.

16   De sap., n. 15.

ein *raptus*.[17] Im Gegensatz zu der traditionellen Ansicht der Mönche allerdings, nach welcher der Vorgeschmack „nicht das Ergebnis einer diskursiven
Denkanstrengung, auch nicht die Frucht eines durch Studium erworbenen
Wissens"[18] ist, kann nach Cusanus zu der Erfahrung des Schmeckens, zu
der *praegustatio* der absoluten Weisheit als Erfahrung der belehrten Unwissenheit allein auf dem Wege der praktischen Erfahrungserkenntnis in der
Welt gelangt werden.[19]

3.1.3 ‚Aenigmatisches Experiment‘

Der Geist als messende Instanz (a) und das Wort *experimentum* (b) in seinen unterschiedlichen Bedeutungen stellen für *De staticis experimentis* die
ausschlaggebenden Punkte dar, wie sich in der Zusammenschau der drei
Bücher über den Laien zeigt.

(a) Die Waage des Geistes (*De mente*) sammelt Erkenntnis so, wie
durch das Wiegen, das Messen oder das Zählen auf dem Marktplatz Erkenntnis gesammelt wird (*De sapientia*). Es zeigt sich, dass sich hinter dem
zu dieser Zeit aktuellen Thema des letzten Buches der *Idiota*-Dialoge, der
experimentellen Naturwissenschaft, die Weisheitsthematik der Schrift *De
sapientia*, an welche sich über die Kraft der *ars creativa* des menschlichen
Geistes (*De mente*) angenähert werden kann, wiederfindet; ebenso, wie sich
im mystischen Werk *De sapientia* das Thema der Naturwissenschaft in den
Aktivitäten auf dem Marktplatz wiederfindet. Die methodische experimentelle Naturwissenschaft, welche sich mit der Erkenntnis der Dinge in der
Welt beschäftigt, steht paradigmatisch für die unendliche Erkenntnisleistung
des menschlichen Geistes (*De mente*) bei der Annäherung an die Wahrheit
(*De sapientia*), da die unendliche Sehnsucht nach der unendlichen Wahrheit
(in den Dingen aber zugleich in Gott) sich in beiden Bestrebungen der *mens
humana* – Welterkenntnis und Gotteserkenntnis – findet: Geradeso, wie
der menschliche Geist immer wieder versucht durch naturwissenschaftliche Forschung die Unendlichkeit in den Naturdingen zu erreichen, so versucht er immer wieder in seiner eigenen begrifflichen Erkenntnisleistung
eine nichterkennende Schau von Gottes Unendlichkeit zu erreichen. Den
experimenta des *idiota* aus *De staticis experimentis* kommt dabei besonderes Erkenntnispotenzial zu, eben weil sie künstlich zur Erfahrungserwei-

---

17   De sap., n. 19.
18   Leclercq: Wissenschaft und Gottverlangen, 81; Steiger: Anmerkungen, 98 verweist
      zur klassischen Metapher der Speise auf Platons *Phaidros* 247d4 und Augustinus'
      Confessiones IX, 10, 24.
19   Vgl. z. B. Apol. doct. ign., n. 16, p. 12, lin. 4f., wo Cusanus über die Erlangung
      der Wahrheit schreibt: „Si igitur quoquo modo ad ipsam accedi debet, oportet ut
      hoc quodam incomprehensibili intuitu quasi via momentanei raptus fiat [...]“. Vgl.
      Steiger: Anmerkungen, 113: „Das Schmecken ist nicht kommunikabel. Erfahrung
      muß selbst gemacht werden."

terung erschaffen sind. Durch das Experimentieren im modernen naturwissenschaftlichen Sinne, was höchste Genauigkeit in der Erkenntnisweise verspricht, bringt das Messinstrument des Geistes sich selbst Erfahrungen bei (wiegen), zusätzlich zur bloßen Beobachtung *experientia* (messen, zählen), was wiederum die mutmaßende begriffsbildende Denkbewegung des Geistes zusätzlich anregt und dadurch auf den Weg zur *visio* bringt.

D. h. im Blick auf alle drei Dialoge: Über die Erfahrungen in der Welt (*De sapientia*) kann der Mensch über die angefachte mutmaßende Bewegung hin zum unendlichen Urgrund allen Seins streben (*De mente*). Besonders aber durch die experimentelle, selbst herbeigeführte Erkenntniserfahrung (*De staticis experimentis*) ist dies gegeben, da die Mutmaßungskunst des Geistes verstärkt angefacht wird. In diesem unendlichen Streben erreicht der Geist die passiv-erfahrungshafte *praegustatio* Gottes (*De sapientia*).

(b) Letztlich fallen die mystische und die naturwissenschaftliche Form des Begriffs *experimentum* bei Cusanus im ‚aenigmatischen Experiment‘, wie in *De staticis experimentis* vorgestellt, in eins: Die Suche nach der unendlichen Wahrheit ist eine einzige Suche in Welt und Gott zugleich, da Erkennen allein in der Welt, deshalb v. a. über die experimentelle Naturwissenschaft als genaueste Suche nach der Wesenheit der Dinge stattfindet und in Gott beginnt und endet. Die Experimente in *De staticis experimentis* sind also insofern ‚aenigmatische Experimente‘, da sie als selbst gemachte Erkenntnisse, als zur höchsten Erkenntnis in der Welt führende Erfahrungen den menschlichen Geist besonders zur mutmaßenden Bewegung anregen und somit zur *praegustatio*, zur *visio* (*De sapientia*) führen.

Die Annäherung an die mystische Unendlichkeit durch die Erkenntnistätigkeit des Geistes fällt in eins mit der Annäherung an die unendliche Wesenheit der Dinge; mystische Erkenntnis kann allein über unermüdliche, möglichst genaue – experimentelle – Welterkenntnis erlangt werden: Durch diese höchste erkennende Selbstverwirklichung in der Welt nähert sich die *mens humana* der Gottesschau unendlich an. Bevor das ‚aenigmatische Experiment‘ als Umschlagpunkt der Wahrheitssuche in Welt und zugleich Gott am Beispiel der Christusikone nochmals beleuchtet wird, soll auf den gerade für das ‚aenigmatische Experiment‘ wichtigen Wagnischarakter eines experimentellen Versuches eingegangen werden.

3.1.4 Der Wagnischarakter des Experimentes und seine Bedeutung für das Experiment als ‚aenigmatisches Experiment‘

Dass Cusanus das moderne *experimentum* im Gegensatz zu einer bloßen Naturbeobachtung (*experientia*) für seine Schrift wählt, hat seine Gründe in der charakteristischen Erkenntnisleistung des messenden Experiments, das eine besondere, weil künstlich herbeigeführte, und damit eine vom erfahrenden Menschen selbst gemachte Erfahrung ist, welche über die bloße, nicht reflexive *experientia* hinausgeht. Damit wird die Beobachterunabhängigkeit, welche die moderne Naturwissenschaft für ein Experiment beansprucht und welche oben problematisiert wurde (Kap. 2.2.3.1), allerdings hinfällig. Das Experiment nämlich, über welches der menschliche Geist zu immer neuen Hypothesenbildungen, d. h. Mutmaßungen, Erkenntnissen, Perspektiven und Blickwinkeln, angeregt wird, erfordert Wagnisbereitschaft: Eine neue Erkenntnis und damit Erfahrung zu erschaffen und diese einzugehen unterscheidet die Haltung des Experimentators vom bloßen nicht reflektierenden Beobachter des in der Natur Gegebenen. Cusanus beweist im Experimentiergedanken somit doppelt einen gewissen ‚Mut': Nicht nur steht das Experiment für die höchste, wenn auch niemals präzise Naturerkenntnis (‚Mut zur Ungenauigkeit'); das Experiment erfordert zudem Mut, eine neue Erkenntnis überhaupt aktiv herbeizuführen und diese wagend einzugehen: „wer experimentiert, probiert aus, verwirft, schmeißt um und arrangiert neu".[20] Experimente können nicht durch bloße Beobachtung erfolgen; Experimenten muss eine freie Entscheidung zu mehr Einsicht, ein Erkenntniswille und eine Neugier – letztlich ausgehend vom anfänglichen Staunen, welches den Geist zu immer neuem Erkenntniswillen antreibt – vorausgehen. Während des Experimentierens muss dieses Staunen und die Sehnsucht nach höherer Erkenntnis aktiv beibehalten werden. Der „vortreffliche", „achtsame" Experimentator lässt sich ganz auf das Experiment ein, und lässt sich zu neuen Erkenntnissen anregen.[21] Das Experiment als Wagnis lässt sich etymologisch auf den Begriff der Waage zurückführen: Die Waage steht für den ungewissen Ausgang. Somit ist die Waage nicht bloß als präzisestes Maß der Zeit, sondern auch als auf den experimentellen Wagnischarakter hindeutend ein paradigmatisches *aenigma* für den Dialog *De staticis experimentis*. Wenn das Experiment auch keine bahnbrechende Einsicht bringt, kann selbst das Scheitern zu neuer Erkenntnis anregen. Ganz gleich, welches Ergebnis am Ende steht, eine Veränderung der Perspektiven, der eigenen Ansichten, des eigenen Horizontes ist gegeben. Der Laie könnte auch, nachdem er erkennt, dass der Puls des älteren Menschen langsamer schlägt als der des jungen, oder nach einem missglückten Experiment, sich desinteressiert abwenden, ohne daraus weitere Schlüsse, Mutmaßungen und neue Versuche abzuleiten.

Der Wagnischarakter wird im Hinblick auf das Experiment als ‚aenigmatisches Experiment' noch wichtiger und deutlicher, da über den je persönlichen Denkprozess (Mutmaßungs- und Begriffsbildung) zu einer Einsicht jenseits aller Mutmaßungen gelangt werden kann. Während

---

20   Leggewie/Mühlleitner: Die akademische Hintertreppe, 98.
21   Vgl. Hacking: Einführung, 278ff. Wie oben erläutert mag die moderne experimentelle Naturwissenschaft dies bestreiten; wie Hacking betont, wird der „philosophische Begriff" der Beobachtung allerdings vernachlässigt (ebd., 278).

der Experimentator bei einem Experiment auf eine Weise in Anspruch genommen wird, durch die er verändert wird, indem je individuelle Denkprozesse in Gang gesetzt werden, d. h. letztlich eine je eigene Erfahrung gemacht wird, wird er durch die Erkenntnis im ‚aenigmatischen Experiment' auf besondere Weise verändert. Nicht zuletzt wird diese Eigenschaft der experimentellen Erfahrung, welche bei Cusanus in den Vordergrund seiner aenigmatisch-naturwissenschaftlichen Beschäftigung rückt, aus der Bedeutung von *experiri* als „ein Risiko eingehen" oder „etwas aufs Spiel setzen" ersichtlich. Der Experimentator macht am ‚aenigmatischen Experiment' in der objektiv-übertragbaren Erfahrung eines Erkenntnisgewinns eine persönliche Erfahrung des Verändertwerdens und innerlichen Bewegtwerdens, indem er gerade im angeregten Denkprozess zusätzlich Einsicht in etwas über das rational-begreifbare Experimentierergebnis hinaus erlangt (*experimentum* in mystischer Bedeutung: *visio intellectualis/visio Dei*). Das ‚aenigmatische Experiment' wird so als einzugehendes Wagnis eine Erfahrung, welche den zum Weiterdenken (*speculatio*) angeregten Menschen in eine Erfahrung jenseits der empirischen Forschungsergebnisse führen kann. Auf den Punkt gebracht heißt das: Durch das Einlassen auf das ‚aenigmatische Experiment' wird der Geist durch das Staunen und die neuen Erkenntnisse angeregt zum Mutmaßen und Erschaffen neuer Begriffe: Die Tätigkeit des Geistes sich hinbewegend zum Ziel der *imago Dei*, welches Umschlagpunkt für die nichterkennende Erkenntniserfahrung der *visio* ist, wird durch das aktive Experimentieren initiiert – was letztlich ein Wagnis bedeutet.

Das Wagnis, bei welchem es auf die aktive Entscheidung für die Erfahrung ankommt, zielt letztlich gerade auf ein inneres passives Bewegtwerden ab, da das aktive Erzeugen der geistigen Bewegung im Experiment als ‚aenigmatischem Experiment' in ein passives Bewegtwerden, einen *raptus*, mündet. Hans Greybels schreibt über die experience: „Metaphorically it means entering into an experience and taking the risk of being changed by it".[22] Der Experimentator führt die Erfahrung künstlich herbei. Er entscheidet sich aktiv für die Erfahrung im Experiment, welche höchste Naturerkenntnis verspricht und geht damit – sofern er sich auf das Experiment als ‚aenigmatisches Experiment' einlässt – das Wagnis ein, die höchste Erfahrung im mystischen *experimentum* der *visio* zu machen. Eine Erfahrung des inneren passiv Bewegt- und Verändertwerdens, da sie zu einem passiv-gegebenen nichterkennenden Erkennen in höchster Aktivität des Geistes führt.

---

[22] Greybels: Cognitio Dei Experimentalis, 4.

3.2 Zusammenfassung: ‚Aenigmatisches Experiment‘

Das moderne empirische Experiment, welches zu naturwissenschaftlichen Ergebnissen führen soll, finden wir in seiner Durchführung bei Cusanus nicht. Wie oben dargelegt ist er sich der Methodik bewusst und versteht auch durchaus den Nutzen der rein quantitativen Erforschung der Natur für das Verständnis der Welt; an einem realen Vollzug des künstlich erzeugten Experimentes, um dadurch Einblicke in die Natur zu erlangen, ist er jedoch nicht primär interessiert: Zwar schlägt Nikolaus in *De staticis experimentis* modernes Experimentieren vor, jedoch bleibt dieses einerseits Theorie und hat andererseits einen Nutzen, welcher über die empirische Erforschung der Natur hinausführt: Nikolaus geht es um ‚aenigmatisches Experimentieren‘, welches nicht allein das Ziel der reinen Naturerkenntnis verfolgt, aber deshalb nicht ein Geringeres bedeutet, sondern, durch das Abzielen auf die metaphysische Komponente – Gott bleibt eigentliches Thema des von allen Richtungen sich annähernden Cusanus –, auf nicht greifbare Wahrheiten zielt. Hier liegt der Mehrwert des ‚aenigmatischen Experimentes‘ gegenüber dem rein naturwissenschaftlichen Experiment: Das ‚aenigmatische Experiment‘ dient als Möglichkeit, eine mystische Erfahrung zu machen. Während das naturwissenschaftliche Experiment in der modernen Wissenschaft auf objektive Beobachtung und Faktenmessung beschränkt wird, erkennt Cusanus nicht nur das eigentliche Potential des Experimentes, gerade den wagenden Beobachter auf eine besondere Weise in Anspruch zu nehmen (Beobachterabhängigkeit); das ‚aenigmatische Experiment‘ kann zudem zu höherer Einsicht als bloßer empirischer Erkenntnis im Sinne einer die Erkenntnis übersteigenden Erfahrung führen.

Die mystisch-passive Erfahrung, die *cognitio Dei experimentalis* als ein passives Bewegtwerden, wie sie aus der Tradition bekannt ist, wird somit bei Cusanus gleichzeitig in ein aktives Erfahren, ein kreativ-experimentelles Erkenntniswagnis durch gezielt methodische, künstlich herbeigeführte Erfahrung uminterpretiert: Gottes gnadenhafte Zuwendung kann allein in akitv-lebendigem Mut zur Wahrheitserkenntnis erreicht werden. Durch die Vervollkommnung des erkennenden Geistes in der Auseinandersetzung mit dem empirischen Experiment, welches, als selbst herbeigeführte Erfahrung die Kreativität der Geistesbildung optimal fördert, öffnet sich der Mensch im Sich-Einlassen auf die aenigmatische Erfahrung in geistiger Tätigkeit für die unendliche Kreativität Gottes.

Die cusanischen Experimente in *De staticis experimentis* können demnach als ‚aenigmatische Experimente‘ angesehen werden. In der naturwissenschaftlichen Erkenntnis, für welche das Wagnis Experiment als optimierte Erkenntnisleistung steht, erkennt Cusanus die Chance zur Gotteserkenntnis – in der höchsten Erkenntnis der Naturdinge verbirgt sich die Möglichkeit einer aenigmatischen Erkenntnis der intellektualen *visio* Gottes, die über jede Erkenntnis hinausweist. Mögen die cusanischen Experimente, auch wenn sie Experimente in modernem Sinne sind, folglich auch aus rein praktisch-naturwissenschaftlicher Perspektive wenig wertvoll sein, gibt Nikolaus gleichwohl der Entwicklung der experimentellen Naturwissenschaft in ihrer Eigenart Anstoß.

3.3 *Aenigmatisches Experiment* in De visione Dei

Ein Experiment findet sich aber nicht nur in den *Idiota*-Dialogen des Cusanus. Das eigentlich durchgeführte naturwissenschaftlich-moderne Experiment findet sich an anderer – zunächst nicht erwarteter – Stelle. Die praktische *manuductio* für die Schulung der Intellektfähigkeit, wie Cusanus sie die Mönche vom Tegernsee in *De visione Dei* an der Christusikone vollziehen lässt, ist ebenso ein Experiment – gleichwohl ein ,aenigmatisches Experiment' – wie die naturwissenschaftlichen Experimente in *De staticis experimentis* mit der Waage.

Das Werk *De visione Dei* ist im Wesentlichen eine kompakte Zusammenfassung dessen, was Cusanus drei Jahre zuvor in den *Idiota*-Dialogen entwickelt und ausführlich dargelegt hatte: Experimentelle Naturwissenschaft als Ort höchster Erkenntnistätigkeit als Tor zur *praegustatio*, oder *visio* Gottes. Der Schwerpunkt liegt in *De visione Dei* zwar eindeutig auf der Gottesschau in der Koinzidenz, welche durch die geistige Überwindung der *ratio* und durch Hinwendung zur Intellekthaftigkeit gefunden werden kann, während in den *Idiota*-Schriften eine ausführliche Einteilung zwischen mystischem, erkenntnistheoretischem und naturwissenschaftlichem Aspekt vorgenommen wird. Trotzdem findet sich auch in *De visione Dei* diese Dreiteilung: Die Mönche werden über das praktisch-sinnliche Experiment (wie aus *De staticis experimentis* bekannt) mit Hilfe ihrer geistigen Intellektfähigkeit (erläutert in *De mente*) zum Vorgeschmack der unendlichen „Süßigkeit"[23] Gottes (wie aus *De sapientia* bekannt) geführt.

Die Mönche entscheiden sich, das (aenigmatische) Experiment einzugehen, um eine aktive Erfahrung herzuleiten und sich durch dieses Wagnis in eine passive Erfahrung des Verändert-werdens zu begeben. Sie bekommen genaue Anweisungen, wie sie das Experiment an der Ikone Christi durchzuführen haben, von Cusanus mitgeliefert: Das Versuchsobjekt liegt bei, die methodische Versuchsanleitung bildet den Anfang der Schrift.

---

23   De vis. Dei, n. 1: „[…] et hic praegustare quodam suavissimo libamine cenam illam aeternae felicitatis […]" („[…] wie in einer ganz köstlichen Probe jenes Mahl der ewigen Glückseligkeit vorauszuverkosten […]"); De vis. Dei, c. 16, n. 67: „[…] degustare incomprehensibilem suavitatem tuam, quae tanto mihi fit gratior, quanto infinitior apparet […]" (Ich habe begonnen „deine unbegreifbare Süßigkeit zu kosten, die mir umso teurer wird, je unendlicher sie mir erscheint […]").

Ausdrücklich heißt es, dass die Mönche *experimentaliter* in die höchste Dunkelheit hineingeleitet werden sollen.[24]

Ein philologischer Befund, der die Bedeutung des Experimentes an der Ikone und damit den Bezug zur naturwissenschaftlichen Erkenntnishaltung des Geistes besonders unterstützt, zeigt sich an der Verwendung des Begriffs *experimentaliter* im Werk *De visione Dei*. Cusanus verwendet, neben dem direkt zu Anfang auftauchenden *experimentaliter*, durch welches die Mönche in die höchste Dunkelheit geführt werden sollen, weitere 24 Mal, d. h. insgesamt 25 Mal, Formen von *experiri* für das Wort ,erfahren' in *De visione Dei*. Während sich diese Form zwar auch in anderen cusanischen Werken neben dem für ,erfahren' häufig verwendeten *reperire* findet, wenn von erfahren/Erfahrung die Rede ist, benutzt Cusanus Formen von *experiri* in *De visione Dei* besonders häufig: Formen von *experiri* finden sich 25 Mal, Formen von *reperire* insgesamt 33 Mal. Besonders auffallend ist, dass Formen von *experiri* in *De visione Dei* ebenso häufig wie in *De staticis experimentis* auftauchen, jenem Werk, welches ganz dem naturwissenschaftlichen Experiment gewidmet ist. Auch hier finden sich 25 Verwendungen. Wenn auch mit der übereinstimmenden Häufigkeit der Verwendungen von Formen von *experiri* in *De visione Dei* und *De staticis experimentis* Cusanus keine Absicht unterstellt werden soll – der Befund ist auffällig, mit hoher Wahrscheinlichkeit aber ein Zufall – kommt es sicherlich nicht von ungefähr, dass Cusanus sich in *De visione Dei* offenbar für eine Betonung dieses Wortes entschieden hat.[25] Anstatt dort, wo es Sinn macht, das von ihm vielfach benutzte *reperire* (erfahren, finden, entdecken) zu benutzen, entscheidet sich Nikolaus in diesem Werk, welches seinen Ausgangspunkt im modernen *experimentum* nimmt, für jenes lateinische Wort mit der Bedeutung ,erfahren', welches seiner Wortwurzel zufolge in Zusammenhang mit *experientia/experimentum* steht und somit eine mystische (*experimentum* – mystische Erfahrung, vgl. *De sapientia*)

---

24 De vis. Dei, n. 1: „Conabor autem simplicissimo atque communissimo modo vos experimentaliter in sacratissimam obscuritatem [...] et hic praegustare quodam suavissimo libamine cenam illam aeternae felicitatis [...]" („Näherhin werde ich versuchen, euch auf die einfachste und allgemein verständlichste Weise auf dem Wege der Erfahrung in die allerheiligste Dunkelheit hineinzuleiten [...] und dabei schon hier wie in einer ganz köstlichen Probe jenes Mahl der ewigen Glückseligkeit vorauszuverkosten [...]").

25 Es hat sich bei Cusanus schon öfter bewährt einem philologischen Befund nachzugehen. Vgl. etwa die Beiträge von Harald Schwaetzer: Das Verhältnis von „coincidentia" und „aequalitas" bei Nikolaus von Kues, in: Coincidentia de Opuestos y Concordia. Los Caminos del Pensamiento en Nicolás de Cusa, Bd. II, hg. v. M. Alvarez-Gómez/J. M. André, Salamanca 2002, 149–162; ders.: Viva similitudo, in: Nicolaus Cusanus. Perspektiven seiner Geistphilosophie (Philosophie Interdisziplinär 6), hg. v. Harald Schwaetzer, Regensburg 2003, 79–94; ders.: Einheit und Vielheit als Problem des Partizipationsgedankens bei Nikolaus von Kues, in: Einheit und Vielheit als metaphysisches Problem, hg. v. Johannes Brachtendorf/Stephan Herzberg, Tübingen 2011, 137–156.

aber zugleich auch eine naturwissenschaftliche Komponente (*experimentum* – modernes Experiment, vgl. *De staticis experimentis*) in das Werk bringt. Schon diese Tatsache deutet auf den Zusammenhang zwischen *De visione Dei* und *De staticis experimentis* sowie den gesamten *Idiota*-Dialogen hin. Zudem ist das Experiment in *De visione Dei* eine Ausarbeitung jenes sinnlichen Experimentes, welches Nikolaus schon in einem Kapitel in *De theologicis complementis* einführt. Das Kapitel befindet sich allerdings nur in den Folien 68r–78v des Codex 11.479–84 der Königlichen Bibliothek in Brüssel und nicht in jenem Exemplar, welches er den Mönchen zukommen ließ.[26] Das mag damit zu tun haben, dass Nikolaus eine genauere Ausarbeitung plante, wenn er dies den Mönchen auch nicht mitteilt. Cusanus nennt das Experiment, in welchem zwei Menschen gleichzeitig vor einem in alle Richtungen schauenden Engelsbild, mit welchem er zur mystischen Theologie führen will,[27] sich bewegen, ausdrücklich ein wahrnehmbares Experiment (*sensibili experimentum*).[28] Es stellt ohne Zweifel einen ersten Entwurf des in *De visione Dei* ausführlich ausgearbeiteten Experimentes an der Ikone dar.[29] Das Experiment in *De visione Dei* ist demnach, wenn es auch von Cusanus nicht ausdrücklich so benannt wird, ebenfalls wahrnehmbares Experiment.

Auch in *De visione Dei* stellt Cusanus den gleichzeitigen Bezug der intellektualen Erkenntnisfähigkeit des menschlichen Geistes zu Gott und Welt her: Das naturwissenschaftliche Experiment als aenigmatischer Wegweiser spielt auch im mystischen ,Hauptwerk' eine besondere Rolle. Das Experiment in *De visione Dei* wird in dem drei Jahre nach den *Idiota*-Dialogen entstandenen Werk nicht, wie in *De staticis experimentis*, als theoretischer, explizit naturwissenschaftlicher Versuch vorgestellt. Es zielt von vornherein nicht auf Welterkenntnis, was die

---

[26]   Vgl. dazu Cecilia Rusconi: Visio und mensura als Rätselbilder der Identität in De theologicis complementis, in: Nicholas of Cusa on the Self and Self-Consciousness, hg. v. Walter Andreas Euler/Ylva Gustafsson/Iris Wikström, Åbo 2010, 187–201; dies.: El uso de las figuras matemáticas en la metafísica de Cusa (1401–1464) (Colección Presencias Medievales. Serie Estudios), Buenos Aires 2012, 217f. Rusconi stellt in Visio und mensura, Anm. 9 fest: „Erstaunlicherweise erhalten die Mönche vom Tegernsee eine Kopie der Schrift, in der der Hinweis auf das wahrnehmbare Experiment fehlt [...] Auf der anderen Seite wurde die Version, die dieses Fragment enthält, an Heymericus de Campo gesendet".

[27]   Vgl. Anmerkung 63.

[28]   Vansteenberghe: Autour de la docte ignorance, 116: „[...] quodam sensibili experimento ducamur ad misticam theologiam".

[29]   Vgl. De theol. Compl. (h II, Br 12, lin. 45ff.): „[...] concipe igitur faciem aliquam talem esse, quae circumspiciat modo, quo de facie angeli praemisi, et quod duo homines moveantur ante illam, unus de oriente versus occasum et alius de occasu versus orientem, tunc apparebit faciem illam simul moveri cum utroque. Simul igitur moveretur ad opposita loca et simul foret in oppositis locis, scilicet in oriente et occidente, et simul moveretur de oriente ad occidentem et e converso de occidente ad orientem et simul staret et moveretur, et sic immobiliter moveretur. Movere igitur in deo coincidit cum quiescere et movere de oriente coincidit cum movere de occidente [...]".

Assoziation des Lesers von dem direkt zu Anfang des Werkes benutzten
Wort *experimentaliter* ablenkt. Cusanus will die Mönche ausdrücklich
nicht zu Welterkenntnis, sondern in seine mystische Theologie einfüh-
ren und somit über alle Dinge hinaus in das allerheiligste Dunkel. Was
das Experiment am Anfang des Werkes jedoch wiederum in den Mittelpunkt rückt, ist seine Unentbehrlichkeit gerade für die Schau „in der
Ikone, ‚im Rätsel'"[30]: Das Experiment wird – abweichend von *De staticis
experimentis* – diesmal tatsächlich und praktisch an einem sinnlichen Gegenstand von jedem einzelnen Gottsuchenden vollzogen: An der Ikone
will Cusanus die fragenden Mönche ein modernes *experimentum* selbst
durchführen lassen. Damit es für die Praxis nicht fehle, schickt Cusanus
den Mönchen das Versuchsobjekt, die Ikone Christi, mit. Das Experiment in *De visione Dei* zeichnet sich als modernes *experimentum* aus:
Das dem Experiment zugrunde liegende Maß (1) ist, ebenso wie bei den
‚aenigmatischen Experimenten' in *De staticis experimentis*, der menschliche Geist. Wie im Buch über die Versuche mit der Waage die *mens
humana* eben mit dieser verglichen wird, so dient auch beim Experiment
an der Ikone der erkennende Geist der Mönche als Messinstrument – sie
vermessen mit ihrer *mens humana*, d. h. der Waage ihrer rationalen Urteilskraft, das Ikonenbild.

Zudem liegt dem Experiment eine zielführende Methodik (2) zugrunde
– Cusanus will die Mönche *experimentaliter* in die Erkenntnis der „aller-
heiligsten Dunkelheit"[31] führen: Zunächst nehmen die Mönche, indem sie
sich um die Ikone herumstellen, ihre je eigene Perspektive ein; ein jeder
Mönch blickt von einem bestimmten Blickwinkel in die Augen des Allse-
henden. Indem sie sich in Bewegung setzen geraten sie in Staunen darüber,
dass der Blick ihnen, wohin sie auch gehen, folgt. Dadurch sammeln sie,
indem sie sich weiter um die Ikone bewegen, mit ihrer messenden *mens
humana* immer mehr Perspektiven desselben Blickes und formen mehr und
mehr Konjekturen über die Wahrheit im Bild. Im Austausch mit den anderen sich um die Ikone bewegenden Mönchen erfährt der einzelne Experimentator von den Messergebnissen der anderen Experimentatoren und erhält dadurch weitere Blickwinkel desselben zur gleichen Zeit, was letztlich
über weiteres Staunen in die paradoxe Erkenntnis der Koinzidenz führt.

Cusanus liefert die Versuchsanleitung mit (3):

> (a) „Befestigt [die Ikone] irgendwo, etwa an der nördlichen Wand.
> Ihr, Brüder, stellt euch um die Ikone herum, nicht weit von ihr
> entfernt, und schaut sie an!

> (b) „Dann mag sich der Bruder, der im Osten stand, nach Westen
> begeben […] und, den Blick immer auf die Ikone heftend, von

---

30   De vis. Dei, c. 4, n. 12: „Contemplor nunc in speculo, in eicona, in aenigmate vitam
     aeternam […]".
31   De vis. Dei, n. 1: „[…] sacratissimam obscuritatem […]".

Westen nach Osten [...] und vom Osten nach Westen zurück, [...]
(c) „[...] und während er sich von Westen nach Osten begibt [und]
einen Mitbruder unter Hinschauen auf die Ikone von Osten nach
Westen gehen heißt [, fragt] er den Entgegenkommenden, ob der
Blick der Ikone sich jeweils mit ihm umkehre [...]".

(d) Von einer solchen sinnlichen Erscheinung her, vielgeliebte Brüder, habe ich vor, euch [...] zur mystischen Theologie zu erheben."[32]
Dieses Experiment ist freilich wiederholbar, die Mönche können sich immer wieder von neuem vor die Ikone stellen und die Erkenntnis immer
wieder neu eingehen (4). Das Ergebnis, welches die Mönche erlangen, ist
bei dieser Erfahrung nur bis zu einem gewissen Grad objektivierbar – die
Einsicht in die Koinzidenz als nichterkennbare Erkenntnis ist nicht mehr
mitteilbare und deshalb nicht mehr objektivierbare Erkenntnis – sie ist
experimentum in mystischem Sinne. Im Gegensatz zu bloßer Beobachtung
stellen die Mönche nach Anleitung des Cusanus durch den Vollzug des
Experiments eine eigene Erfahrung künstlich her.

Die Mönche gehen damit das Wagnis ein, eine neue Erkenntnis/Er-
fahrung zu machen. Das Wagnis muss während des Experimentes immer
wieder neu eingegangen werden; das Staunen treibt die Mönche an, jeden
einzelnen Schritt des Experimentes nach Anweisung durchzuführen. Die

---

[32] Ausführlich lautet die Stelle aus *De visione Dei*, n. 3f.: „Hanc aliquo in loco, puta
in septentrionali muro, affigetis circumstabitisque vos fratres parum distanter
ab ipsa intuebitisque ipsam et quisque vestrum experietur, ex quocumque loco
eandem inspexerit, se quasi solum per eam videri, videbiturque fratri, qui in oriente positus fuerit, faciem illam orientaliter respicere, et qui in meridie meridionaliter, et qui in occidente occidentaliter. Primum igitur admirabimini, quomodo
hoc fieri possit, quod omnes et singulos simul respiciat. Nam imaginatio stantis in
oriente nequaquam capit visum eiconae ad aliam plagam versum, scilicet occasum vel
meridiem. Deinde frater, qui fuit in oriente, se locet in occasu et experietur visum
in eo figi in occasu quemadmodum prius in oriente. Et quoniam scit eiconam fixam
et immutatam admirabitur mutationem immutabilis visus. Et si figendo obtutum
in eiconam ambulabit de occasu ad orientem, comperiet continue visum eiconae
secum pergere; et si de oriente revertetur ad occasum, similiter eum non deseret. Et
admirabitur, quomodo immobiliter moveatur, neque poterit imaginatio capere, quod
cum aliquo alio sibi contrario motu obviante similiter moveatur. Et dum hoc experiri
volens fecerit confratrem intuendo eiconam transire de oriente ad occasum, quando
ipse de occasu pergit ad orientem, et interrogaverit obviantem, si continue secum visus eiconae volvatur, et audierit similiter opposito modo moveri, credet ei, et nisi cre-
deret, non caperet hoc possibile. Et ita revelatione relatoris perveniet, ut sciat faciem
illam omnes etiam contrariis motibus incedentes non deserere. Experietur igitur im-
mobilem faciem moveri ita orientaliter, quod et movetur simul occidentaliter, et ita
septentrionaliter, quod et meridionaliter, et ita ad unum locum quod etiam ad omnia
simul, et ita ad unum respicere motum, quod ad omnes simul. Et dum attenderit,
quomodo visus ille nullum deserit, videt, quod ita diligenter curam agit cuiuslibet
quasi de solo eo, qui experitur se videri, et nullo alio curet, adeo quod etiam concipi
nequeat per unum, quem respicit, quod curam alterius agat. Videbit etiam, quod ita
habet diligentissimam curam minimae creaturae quasi maximae et totius universi. Ex
hac tali sensibili apparentia primo conabor vos, amantissimos fratres, per quandam
praxim in mysticam theologiam elevare [...]".

Mönche müssen sich auf die selbst gemachte Erkenntnis einlassen und sich letztlich von der Gesamterkenntnis, welche sie aus der eigenen und der Erkenntnis der Mitexperimentatoren ziehen, bewegen, verändern lassen. So bringt das Experiment den Mönchen mehr als bloße Erkenntnis. Das Experiment kann nach Klaus Leggewie und Elke Mühlleitner wissenschaftshistorisch als ein „theater of proof' (Beweistheater)" angesehen werden, „also eine künstlich erzeugte Konfiguration von Evidenz, die beim Publikum ein Aha-Erlebnis auslöst und dies eben dadurch erreicht, dass genau wie im Theater ein überraschendes, nicht vorwegnehmbares Ereignis eintritt".[33] Ein Aha-Erlebnis erfahren auch die Mönche: Sofern sie sich auf die einzelnen Schritte des Experimentes einlassen und verschiedene Mutmaßungen über die Wahrheit des Blickes der allessehenden Ikone anstellen, kann die intellektuale *speculatio* zu einer *transumptio*[34] und letztlich einer *intellektualen visio* in die mystische Dunkelheit führen. Die aktive Erfahrung an der Ikone schlägt in passives Bewegtwerden um, wodurch die Mönche in unmittelbare Berührung der Unendlichkeit versetzt werden.

So machen die Mönche eine Erfahrung im Experiment (*experiential experimentum* als modernes *experimentum*), welche zur Erfahrung der Weisheit (*experiential experimentum* im mystischen Sinne) führt. Die Ikone wird im modern-naturwissenschaftlichen *experimentum* erfahren, was zu einer tieferen Erkenntnis der Paradoxie des allessehenden Bildes führt und den Wendepunkt zum mystischen *experimentum* darstellt, da die Ikone dadurch ebenso als aenigmatischer Wegweiser zum Vorgeschmack der Unendlichkeit Gottes erfahren werden kann. Durch die Annäherung an, und letztlich die *transumptio* hinein in den paradoxen Blick des Allessehenden erfahren die Mönche etwas, was über das Bild und die rationale Verstandeskraft, mit der es als Bild erfasst wird, hinausgeht. Die Ikone als solche entpuppt sich im Experiment als ‚hinweisendes *aenigma*', in welchem die *coincidentia oppositorum* schon anwesend ist, in welchem Gottes Unendlichkeit schon am hellsten aufleuchtet. Das Experiment an der allessehenden Christusikone ist ‚aenigmatisches Experiment'.

Die Bedeutung des Experimentes als aenigmatisches, über die empirische Erkenntnis hinausweisendes Experiment wird folglich nicht nur im ausgewiesenen naturwissenschaftlichen Werk *De staticis experimentis* deutlich, sondern ebenso – und sogar noch deutlicher – im mystischen Werk *De visione Dei*, in welchem das moderne Experiment den Mönchen

---

33   Leggewie/Mühlleitner: Die akademische Hintertreppe, 97f.
34   Zum Begriff der *transumptio* (Übertragung) vgl. den Aufsatz von Arne Moritz: *Speculatio*. Wissenschaft unterhalb der *docta ignorantia*, in: Perspektiven einer Geistphilosophie (Philosophie interdisziplinär 6), hg. v. Harald Schwaetzer, Regensburg 2003, 201–212; vgl. ferner Borsche: Was etwas ist, 217f. Der Begriff als Überstieg in die Unendlichkeit wird am Beispiel der Mathematik als ‚experimentelles *aenigma*' in Kap. 3.6.1 nochmals diskutiert.

ausdrücklich als aenigmatischer Initiator für die höchste Weisheit Gottes dient. Das ‚aenigmatische Experiment‘, welches systematisch in *De staticis experimentis* eingeführt wird, findet sich ausführlich als wesentlicher Ausgangspunkt in *De visione Dei* wieder. Somit ist die Thematik der gesamten *Idiota*-Dialoge – aenigmatische Intellektmystik im (doppelten) *experimentum* – wieder aufgenommen.

3.4 ‚Experimentelles aenigma‘: Der experimentelle Charakter der aenigmatischen Erkenntnis[35]

Dass Cusanus das moderne *experimentum* für seine Schrift wählt, hat, wie oben erwähnt, seinen Grund erstens darin, dass es im Gegensatz zu einer bloßen Naturbeobachtung (*experientia*) und daher als messendes, künstlich herbeigeführtes Experiment paradigmatisch für die höchste Erkenntnisleistung in Bezug auf die Wahrheit steht. Insofern kann das Experiment als ‚hinweisendes *aenigma*‘, welches als Bild der Suche nach höchster unendlicher Wahrheit in der Natur sowie in Gott als Wegweiser für den Geist dient, angesehen werden: Dadurch, dass das Experiment (mit der Waage) als Paradigma der höchsten Erkenntnisleistung Bild für die höchste Erkenntnisleistung des Geistes ist, d. h. durch das Experiment sich der unendlichen Wahrheit in der Welt angenähert werden kann, so, wie der menschliche Geist (als Waage) sich über seine Begriffe der unendlichen Wahrheit im *conceptus absolutus* annähern soll, wird der Geist ganz besonders zur *speculatio* angeregt. Diese führt, wie oben erläutert, letztlich zu Gott. Zweitens verbirgt sich hinter dem *experimentum* nicht nur die modern-naturwissenschaftliche Konnotation, sondern es ist gleichzeitig Begriff für mystische Erfahrung (*cognitio Dei experimentalis*); dieser Doppeldeutigkeit scheint sich Cusanus sehr wohl bewusst gewesen zu sein.

Soweit kann also festgehalten werden: Das Experiment, welches Cusanus in seinen Werken zweimal explizit einführt – die Versuche mit der Waage in *De staticis experimentis* und das Experiment an der Ikone in *De visione Dei* –, fungiert als ‚hinweisendes *aenigma*‘, als aenigmatischer Wegweiser über alle Empirie hinaus.

Andererseits jedoch verbirgt sich hinter der experimentellen Tätigkeit im cusanischen Werk noch Weiteres. Der experimentelle Vollzug findet sich nicht nur im modernen Experiment, sondern die Tätigkeit des modernen Experimentierens ist gerade jener Vollzug, den auch der menschliche Geist unternimmt; die *mens humana* experimentiert. Die Waage ist

---

35 Zum ‚aenigmatischem Experiment‘ und ‚experimentellem *aenigma*‘ vgl. Christiane Bacher: Aenigmatic experiment and play – playful and experimental aenigma, in: Tagungsband zu I. Simposio Internacional Cusano de Jóvenes Investigadores, Buenos Aires, Buenos Aires (vorauss. 2015).

also nicht nur Bild, sondern der Geist experimentiert tatsächlich, letztlich nicht mit den Dingen, sondern mit Begrifflichkeiten, die an die höchste Wesenheit der Dinge anrühren:

Das bedeutet, dass der aenigmatische Vollzug des mutmaßenden Geistes, welcher den Denkenden zur Einsicht in die *visio* führen kann, geistige Tätigkeit ist, welche selbst durch experimentellen Charakter ausgezeichnet ist.

Bei diesem *experimentum* des *intellectus* geht es, ebenso wie beim empirischen Experiment, um möglichst genaue Erkenntnis, und zwar um eine immer präzisere geistige Erkenntnis. Wieder finden sich die aufgestellten Kriterien: (1) So, wie die Waage in der Experimentierkunst der Welt als genauestes Instrument eingesetzt wird, um höchste Genauigkeit der Wahrheit zu erreichen, wird der Geist als genauestes Erkenntnisinstrument eingesetzt, um zu einer möglichst genauen Erkenntnis zu gelangen, einer Erkenntnis möglichst genauer Begriffe, letztlich dem reinen Begriff. Zwar fungiert der Geist auch beim ‚aenigmatischen Experiment' als Erkenntnisinstrument (der Geist ist Waage der Dinge bzw. er vermisst das Ikonenbild). Wie Cusanus in *De mente* ausführt, bezieht sich der Geist bei diesem geistigen *experimentum* allerdings nicht mehr auf den Körper, durch den er für die naturwissenschaftliche Erkenntnis erkennt, sondern auf sich selbst und seine Begriffe (vgl. Kap. 1.3.2–1.3.4): „se ipsa utatur pro instrumento".[36] Der Geist wiegt, wie die Waage, so genau, dass er in Selbstbetrachtung zu einer möglichst reinen Messung der Begriffe kommen kann, ohne irgendwelches Beiwerk, welches die Genauigkeit beeinträchtigt. Ebenso wie beim empirischen Experiment wird niemals vollkommene Genauigkeit erreicht, da sonst Gott selbst geschaut würde. In den Mutmaßungen jedoch leuchtet die Genauigkeit der absoluten Wahrheit vor jeder Mutmaßung auf.

(2) Dieser experimentelle Vollzug am *aenigma* (‚experimentelles *aenigma*') ist insofern methodisch geregelt, als er zielführend auf die nichterkennende Erkenntnis der *visio* steuert, indem er sich in der konjekturalen Methode übt. In sammelnder Übung, im Erschaffen von immer mehr Begriffen bzw. einem immer genaueren Begriff, schult sich der Geist in immer genauerer Erkenntnis seiner selbst und letztlich Gott, ähnlich wie bei der empirischen Naturforschung vergleichend an einer Serie von Experimenten die Erkenntnis optimiert wird.[37] Es kommt nicht darauf an, wie genau die Erkenntnisse des Geistes sind, sondern auf die Methode, immer mehr Erkenntnisse und Perspektiven hervorzubringen und in

---

36   De mente, n. 115.
37   Natürlich spielt die Liebe und Gnade Gottes bei Cusanus ebenso eine Rolle, wie in
      Kap. 1.2.4 diskutiert wird. Trotzdem – und das ist das neuartige an Cusanus' Anthropologie – ist der Mensch in seiner Freiheit selbst für sein Selbstbild vor sich und Gott
      verantwortlich.

dieser Sammlung zum genauesten Begriff und gleichzeitig der Einsicht der Nichterkenntnis des allem Vorausgehenden zu gelangen.[38]

(3) Cusanus liefert in seinen aenigmatischen Herangehensweisen an die *mystica theologia* Versuchsanleitungen in Form der *manuductio* mit, welche am *aenigma* ausgeführt werden soll. Am ,experimentellen *aenigma*' der Mathematik werden Methodik und Versuchsanleitung besonders deutlich: Von den Sinnendingen soll geistig eine *transumptio*[39] vollzogen werden, indem alle sinnliche auf unendliche geistige Erkenntnis abstrahiert wird und von dort aus zur absoluten Unendlichkeit gelangt wird. Sinnendinge werden vom Geist gleichsam in *aenigmata* uminterpretiert, der Geist tritt in den Vollzug[40] seiner unendlichen geistigen Begriffsbildung ein und gelangt über das über sich hinausweisende *aenigma* in die absolute Unendlichkeit. Die Tatsache, dass sich in *De theologicis complementis*, dem Werk, in welchem Cusanus diese methodische Konzeption der Unendlichkeit erläutert,[41] ursprünglich das *sensibili experimentum* als Vorläufer des Ikonenexperimentes schon findet, weist zusätzlich darauf hin, dass der aenigmatische Vollzug im Geist, in *De theologicis complementis* am *aenigma* der Mathematik verdeutlicht,[42] genau so experimentellen Charakter hat wie das *sensibili experimentum* und demnach ,experimentelles *aenigma*' ist.

So funktioniert das Ikonenexperiment als reines Experiment im Geiste (,experimentelles *aenigma*') auch ohne Vorordnung der empirischen experimentellen Erfahrung an dem Ikonenbildnis, indem die Ikone als *aenigma* erkannt wird und die experimentelle Tätigkeit des Geistes vollzogen wird: Der Geist nimmt verschiedene Perspektiven auf den Begriff ein und gelangt so im Formen von immer mehr Mutmaßungen in die Unendlichkeit. Der Geist ist demnach fähig anhand seiner eigenen Bilder (Begriffe) zur aenigmatischen Schau zu gelangen, indem er, wie Cusanus nicht zuletzt in *De mente* und *De visione Dei* erläutert, über die intellek-

---

38 Vgl. in anderem Zusammenhang Tilman Borsche: Meditative Variation. Ein Weg der Selbstreflexion; Borsche formuliert hier: „Auch die *Methode der Wahrheitssuche* ist immer die gleiche" (84) und erkennt die Hinzufügung des Unendlichen zum Terminus als Methode der Wahrheitssuche. Letztlich geht dies – als Methode – in die gleiche Richtung wie die hier angenommene unendliche Konjektur.

39 Dieser Begriff bezieht sich eigentlich auf die mathematischen *aenigmata* des Cusanus, kann aber letztlich auf alle *aenigmata* als ,experimentelle *aenigmata*' angewendet werden. Zum *aenigma* der Mathematik vgl. Kap. 3.6.1.

40 Harald Schwaetzer benutzt den Begriff des Vollzugs im Hinblick auf das *aenigma* des *non aliud*, auf welches in Kap. 3.7.2 näher eingegangen wird. Während das *non aliud* ein herausragendes *aenigma* ist, so ist deutlich zu machen, dass jedes *aenigma* bloß in experimentellem geistigen Vollzug seinen aenigmatischen Charakter als Wegweiser tatsächlich entfaltet.

41 Zum experimentellen Vollzug an der Mathematik vgl. Kap. 3.6.1.

42 Dass in *De theologicis complementis* die Mathematik bloß beispielhaft für die Erläuterung des ,experimentellen *aenigma*' herangezogen wird, wird in Kap. 3.6.2 beleuchtet, in welchem die Sonderstellung der Mathematik bzw. der mathematischen *aenigmata* im cusanischen Werk diskutiert wird.

tuale Bewegung methodisch zu immer genaueren und reineren Begriffen
gelangt. Die Versuchsanleitung für den Intellekt ist demnach der erkenntnistheoretische wechselseitige Auf- und Abstieg, welcher in Kap. 1.3.2 und
1.3.3 an *De mente* erörtert und dann auf *De visone Dei* übertragen wurde:
Der Intellekt soll sich durch „Übung" (*praxis*) zur mystischen Theologie,
„über jede Grenze, jedes Ende und Endliche erheben".[43]

(4) So wie das empirische Experiment ein wiederholbares Verfahren ist,
so ist der Geist fähig, immer von neuem zur aenigmatischen Erkenntnis
der unendlichen Wahrheit anzusetzen. Die *transumptio* kann immer wieder herbeigeführt werden und durch die unendliche Sehnsucht des Geistes
wird der experimentell-aenigmatische Vollzug immer von neuem gewagt.

(5) Wenn die empirisch-experimentelle Erfahrung als eine vom Experimentator unabhängige, objektive Erfahrung problematisiert werden
musste, so kann auf der Ebene des ‚experimentellen *aenigma*' kaum mehr
von der geistigen Erfahrung der aenigmatischen Erkenntnis als objektive und unabhängige Erfahrung vom Experimentator gesprochen werden.
Zwar ist das Messinstrument und das Ziel der Erkenntnis immer und für
jeden das gleiche[44] – die durch den messenden Geist erlangte Einsicht in
die *docta ignorantia* im Zusammenfall aller definierten Begriffe zu erreichen. Das *experimentum* aber ist *experimentum* der je eigenen, eben nicht
mehr objektivierbaren Einsicht gerade weil es auf die *docta ignorantia* abzielt: Die Erkenntnis, die erlangt wird, ist eine inhaltslose, nicht mehr zu
objektivierende, da nicht mehr benennbare Erfahrung, ein *experimentum*
in mystischem Sinne.

Nutzt der Geist seine selbst gemachte aenigmatische Anschauung,
so ist die Erfahrung, die er machen kann, folglich eine künstlich herbeigeführte Erfahrung: Der Geist bemüht sich in experimenteller
aenigmatischer Anschauung aktiv selbst um seine Gotteserfahrung im
Sinne der *visio intellectualis*, was einen Mehrwert an Erkenntnis bedeutet. Das Experiment als autonome, aktive, selbst gesteuerte Erfahrung
vollzieht sich somit in der aenigmatischen Erkenntnis des Geistes, im
‚experimentellen *aenigma*'.

Die aenigmatische Erkenntnis erfolgt ganz frei und unabhängig von
vorgegebenem Bücherwissen, wie es der Laie in *De sapientia* kritisiert. Somit ist der Vollzug des ‚experimentellen *aenigma*' auch Wagnis. Der Suchende muss sich auf das ‚experimentelle *aenigma*' einlassen, ebenso wie
der Naturforscher sich auf das naturwissenschaftliche Experiment einlas-

---

43   De vis. Dei, n. 4a: „[…] per quandam praxim in mysticam theologiam elevare […]";
      ebd., c. 13, n. 52 „Et ideo oportet ad te accedentem super omnem terminum et finem
      et finitum ascendere."
44   Tilman Borsche bemerkt, dass das Ziel aller Erkenntnis immer das gleiche, letztlich
      die Gleichheit selbst – im Sinne der *coincidentia oppositorum* – sei, vgl. Meditative
      Variation. Ein Weg der Selbstreflexion, 82.

sen muss. Der Experimentator wagt es, neue Perspektiven einzunehmen, sich durch die Erweiterung seines Horizontes nicht nur verändern zu lassen, sondern gar eine ganz andere Form der Erkenntnis anzunehmen, welche letztlich zu einer qualitativ völlig anderen nichterkennenden Einsicht führt und auf ganz neue Art und Weise bewegt.

In der zu erreichenden *visio intellectualis* fallen höchste Aktivität des erkennenden Geistes mit der passiven Erfahrung des Bewegtwerdens in der Einsicht der *docta ignorantia* zusammen; Aktivität des Geistes in der Begriffserkenntnis und mystische Ruhe in Einsicht in die belehrte Unwissenheit als allen Begriffen vorausgehende Unendlichkeit Gottes koinzidieren: „In diesen tiefen Geheimnissen muss aber alles Bemühen unseres menschlichen Geistes verweilen [d. h. der Geist muss in unendlicher erkennender Bewegung bleiben], damit er sich zu jener Einfachheit [Ruhe] erhebt, in der die Gegensätze zusammenfallen […]“.[45] Das ist die kreative Fähigkeit des Geistes, durch welche er sich vervollkommnet und in sich abbildhaft die göttliche Kreativität selbst erblickt: „Beim Handeln oder Tun sieht der Geist ganz sicher das Können-Selbst“.[46]

Bei der Lektüre der *idiota*-Dialoge fällt, wie schon oben festgestellt, auf, dass, während in der mystischen Schrift *De sapientia* vom Messen, Wiegen und Zählen die Rede ist, der Geist in *De mente* nur die Rolle des Zählens und Messens übernimmt. Das Wiegen und die Waage treten erst wieder in *De staticis experimentis* auf. Nicht nur wird, wie oben dargelegt, durch den Vergleich des genauesten Wiegens mit dem Geist, diesem höchste Erkenntnisleistung zugesprochen, sondern durch die Hervorhebung des in *De sapientia* eingeführten Wiegens in *De staticis experimentis* wird die Art und Weise, d. h. die Charakteristik der Erkenntnisleistung des Geistes betont: Der Geist experimentiert. Folglich wird durch die Behandlung des Themas der experimentellen Naturwissenschaft die Thematik der Erkenntnisleistung des menschlichen Geistes, eingeführt in *De mente*, noch einmal expliziert und präzisiert als experimentelle und damit methodisch-genaueste Wahrheitssuche, welche alle Kriterien des modernen Experimentes erfüllt, vorgestellt.

3.5 Zusammenfassung: ‚Aenigmatisches Experiment' – ‚experimentelles aenigma'

Das Experiment im cusanischen Werk kann auf zwei Ebenen verortet werden: Wird es von naturwissenschaftlicher Seite, vonseiten des Objekts, welches als *aenigma* dient, betrachtet, ist es empirisches bzw. ‚aenigmatisches

---

45 De docta ign. III, n. 264: „Debet autem in hiis profundis omnis nostri humani ingenii conatus esse, ut ad illam se elevet simplicitatem, ubi contradictoria coincident […]“.

46 De apice theor., n. 26: „In operatione seu factione certissime mens videt posse ipsum […]“.

Experiment' als ‚hinweisendes *aenigma*'. Es ist Bild, welches zum Verständnis der Idee der Unendlichkeit verhilft, so wie die Ikone zum Verständnis der Idee der Koinzidenz der Gegensätze verhilft und so den Geist zu einem aenigmatischen Vollzug anregen kann. Wird der Fokus auf die durch das empirische Experiment in Gang gesetzte Geistesbewegung gelegt, wird ersichtlich, dass der aenigmatischen Bewegung ein experimenteller Charakter zukommt: Der Geist ist am *aenigma* – auf rein geistiger Ebene – experimentell tätig, es wird ‚experimentelles *aenigma*'.

Experimente, wie sie sich in *De staticis experimentis* ebenso wie in *De visione Dei* als empirisches Experiment darstellen, finden sich demnach im gesamten philosophischen Werk des Cusanus, bloß auf anderer, d. h. geistiger Ebene. Jeder Vollzug von aenigmatischer Anschauung stellt letztlich einen rein geistig-experimentellen Vollzug dar. Wenn die Vorordnung des empirisch-naturwissenschaftlichen Experimentes, wie Cusanus es in *De visione Dei* vornimmt, auch als veranschaulichender Umschlagpunkt zur Verdeutlichung der geistigen Erkenntnistätigkeit dient, so finden sich im cusanischen Werk Experimente auf geistiger Ebene auch ohne Vorordnung des naturwissenschaftlichen Experimentes. Tatsächlich wird an allen von Cusanus verwendeten Sinnbildern der experimentelle Charakter der intellektuell-aenigmatischen Bewegung deutlich, welche nicht eigentlich (wie die Experimente, welche zu aenigmatischen werden) auf ein empirisches Ziel, sondern von vornherein auf das metaphysische Ziel einer Gotteserkenntnis, gerichtet sind und sich rein geistig abspielen. Ein naturwissenschaftliches Experiment mit aenigmatischem Charakter vorzuordnen, wie Cusanus es im dritten der *Idiota*-Dialoge bzw. in *De visione Dei* tut, ist methodisch sinnvoll, um die Parallele der beiden Experimentierwirklichkeiten – der empirischen und der geistigen – zu verdeutlichen sowie die *facilitas* gerade der experimentellen Geistestätigkeit, welche zu Gott führt, zu veranschaulichen. Jene Zweiteilung in ‚aenigmatisches Experiment' und ‚experimentelles *aenigma*' fällt jedoch letztlich in eins. Das ‚aenigmatische Experiment' (*aenigma*) ist nichts anderes als der Anstoßpunkt für den Vollzug am ‚experimentellen *aenigma*' des Experimentes; der geistige aenigmatische Vollzug an sich ist ‚experimentelles *aenigma*'.

3.6 Beispiel: Das aenigma der Mathematik

Von allen *aenigmata*, welche sich im cusanischen Werk finden lassen, sind die geometrischen Formen der Mathematik, welche bspw. in *De beryllo*, ebenso aber auch in anderen Werken und schon in der Schrift *De docta ignorantia* entfaltet werden, wohl die populärsten, einsichtigsten und sicherlich von Cusanus am häufigsten genutzten Sinnbilder, welche er seinen Lesern zum experimentellen Vollzug anbietet. Die Mathematik war für Cusanus ein faszinierendes Gebiet, an welchem er sich immer wieder für seinen *trancensus* zur Gottesschau bedient. Bevor das ,experimentelle *aenigma*' der Mathematik diskutiert wird, soll kurz auf Nikolaus' Verhältnis zur Mathematik und sein Mathematikverständnis eingegangen werden.

Obwohl sich Nikolaus von Kues mit mathematischen Problemen, besonders dem Problem der Kreisquadratur, auseinandersetzte, war er kein fachkundiger Mathematiker, sondern vielmehr mit einem guten Gespür für Mathematik gesegnet.[47] Trotzdem nahm die Mathematik eine wichtige Stellung in seinem Denken ein und, während sie den modernen Wissenschaften meist nur als Hilfswissenschaft dient, kommt ihr bei Cusanus ein höherer Wert, ein Selbstwert zu. Die Mathematik galt, als erkenntnisschulende Kraft, zu Zeiten des Cusanus als Paradigma für die Erkenntnis überhaupt,[48] weshalb Cusanus in ihr ein besonders geeignetes ,hinweisendes *aenigma*' zur Gotteserkenntnis sah und sie für seine mystische Theologie verwendete: Da die Mathematik das Denken des Nicht-Wörtlichen schult, also das abstrakte Denken und die Begriffsentwicklung unabhängig von etwa den grammatikalischen Regeln, eignet sie sich nach Cusanus besonders zur Annäherung an die Unendlichkeit, in welcher sich – vor allem auf dem Gebiet der Geometrie – leicht zugängliche *aenigmata* finden.

Wenn Cusanus sich auch immer auf die ,alten Denker' bezieht und seine eigene Auffassung von einer Beschäftigung mit dem früheren Mathematikverständnis herrührt,[49] so hat er doch ein neues Mathematikverständnis etabliert. Insbesondere bezieht er sich in seinem Denken auf antike Mathematikinteressierte und deren Einfluss auf das Mittelalter, wie z. B. Aristoteles, Platon oder Pythagoras. Über Letzteren schreibt Cusanus: „Hat nicht Pythagoras, der erste, der sich Philosoph nannte und es auch wirklich war, alles Suchen nach Wahrheit in das Studium der Zahlen verlegt?"[50] Wenn Nikolaus auch grundlegend von sowohl der mathematischen Lehre des Aristoteles wie auch der des Platon abweicht, bezieht er doch – ähnlich wie er in seiner Erkenntnislehre einen Mittelweg zwischen den gegensätzlichen Positionen des Aristoteles und des Platon findet (Kap. 1.3.2) – wesentliche Gedanken von diesen in sein eigenes System mit ein

---

47 Vgl. Schwaetzer/Böhlandt: From Heaven to Earth, 44.

48 Das Quadrivium war mit den Fächern Arithmetik, Geometrie, Musik, Astronomie (bzw. Astrologie) mathematisch geprägt.

49 De docta ign. I, c. 11, n. 31: „[...] nemo antiquorum, qui magnus habitus est, res difficiles alia similitudine quam mathematica aggressus est [...]" („[...] keiner von den alten Denkern, der als groß galt, ist schwierige Dinge mit anderem Vergleichsmaterial als mit dem mathematischen angegangen").

50 De docta ign. I, c. 11, n. 32: „Nonne Pythagoras, primus et nomine et re philosophus, omnem veritatis inquisitionem in numeris posuit?" Zu Cusanus' Pythagoreismus vgl. Otto Willmann: Der Pythagoreismus der Renaissance, in: Geschichte des Idealismus, Bd. 2, Braunschweig 1897, 23; Christoph Horn: Cusanus über Platon und dessen Pythagoreismus, in: Nikolaus von Kues in der Geschichte des Platonismus (Philosophie Interdisziplinär 19), hg. v. Klaus Reinhardt/Harald Schwaetzer, Regensburg 2007, 9–31.

und stellt gleichsam eine Symbiose der beiden verschiedenen Mathematik-
verständnisse her:[51] Bei Platon kommt der Mathematik ein eigener Stellenwert insofern zu, als er ihr, ähnlich der platonischen Ideen, eine eigene,
von der Welt abgelöste Ontologie zuspricht. Da alle Sinnendinge verän-
derlich sind, muss es, so Platon, etwas Wahres, Unveränderliches geben,
an welchem die Sinnendinge in der Welt teilhaben und so durch die Ideen
Sein verliehen bekommen.[52] Der Mathematik spricht Platon, ähnlich wie
den Ideen, Wahrheit, und daher höchste Genauigkeit und Allgemeinheit
zu, während die Dinge in der Welt und damit auch die Zahlen der Welt[53]
immer nur ungenau sind. So können weder geometrische Figuren noch
Zahlen im sinnlichen Bereich als rein befunden werden.[54] Da der Bereich
der Mathematik nicht zu den ungenauen sinnlichen Dingen gehört, begreift Platon diesen als einen eigenen Bereich seiender Dinge. Trotz der
Ähnlichkeit zu den platonischen Ideen fällt der Seinsbereich der Mathematik aber nicht mit dem Seinsbereich der Ideen in eins. Da es zu bestimmten Dingen in der Welt immer nur eine einzige Idee gibt, allerdings
viele einander ähnelnde mathematische Formen, nimmt die Mathematik
bei Platon einen dritten ontologischen Bereich ein, zwischen Sinnendingen und Ideen liegend, gleichsam vermittelnd. Der Demiurg ordnet das
Chaos zum Kosmos, indem er, nach mathematischen Verhältnissen, die
Materie nach dem Vorbild der transzendenten Ordnung ausrichtet. Bei
Platon wird demnach der Demiurg, ähnlich wie bei Cusanus Gott, zum
Künstler;[55] die Mathematik wird zum ordnenden Mittler.

Aristoteles teilt zwar den Gedanken Platons, dass es über die Sinnendinge hinaus noch anderes geben muss, möchte die Mathematik jedoch
nicht als etwas Ideenhaftes annehmen, sondern begreift sie tatsächlich
als eine ‚Naturwissenschaft'. Für Aristoteles muss sich die Mathematik,
wie auch alle anderen Wissenschaften und Prädikate, immer auf ein Sub-
jekt beziehen. Nach dieser realistischen Auffassung kommt der Mathematik kein eigener ontologischer Bereich zu, sondern sie ist „lediglich
Abstraktion der realen Einzeldinge".[56] Platon und Aristoteles begegnen
sich also, wie Fritz Nagel erläutert,

> „[…] in ihrer gemeinsamen Auffassung von der Mathematik als
> einer Seinswissenschaft. Doch während Mathematik für Plato die

---

51   Zu folgenden Ausführungen des Mathematikverständnisses bei Platon und Aristoteles
      vgl. Nagel: Nicolaus Cusanus, 36–50.
52   Vgl. dazu u. a. *Politeia* und *Phaidon*.
53   Nagel: Nicolaus Cusanus, 38 spricht von ‚Körperzahlen'.
54   Wie Nagel: Nicolaus Cusanus, 38 erläutert, ist die auf die Welt angewandte Zahl
      nur identisch mit sich selbst im Bereich der außer der Welt seienden reinen Zahlen.
      Werden jeweils zehn Pferde und zehn Hunde gezählt, sind dies körperliche Zahlen
      und nicht miteinander identisch, daher nicht rein.
55   Vgl. Krieger: Belehrte Unwissenheit und Freiheit, 75.
56   Böhlandt: Wege ins Unendliche, 26.

Wissenschaft von besonderen Seienden ist, begreift Aristoteles die Mathematik als eine besondere Wissenschaft von Seiendem, von dessen ‚Sein ja in vielen Bedeutungen gesprochen werden kann' (Aristoteles, Metaphysik M3, 1077 b 20–31)".[57]
Was macht Nikolaus aus den beiden gegensätzlichen Ansichten? Cusanus geht, ähnlich wie Platon, von einer Mittelstellung der Mathematik zwischen der physischen Sehweise und der göttlichen Sehweise aus. Seines Erachtens jedoch hat sie keine eigenständige Ontologie im Sinne Platons, welche der Geist passiv schaut, vielmehr ist sie ein aktiv geistiges Konstrukt des Menschen. Die Mathematik als geistiges Produkt ist völlig frei von allen Sinnendingen, also frei von allem Veränderlichen und Ungenauen, und somit tatsächlich einer anderen Ebene als der Sinnlichen zugehörig. Trotzdem aber darf diese nicht als eigenständiger Seinsbereich angesehen werden, sondern als vom menschlichen Denken abhängig. Mathematische Begriffe sind ebenso wie alle menschliche Begriffserkenntnis der menschlichen Kreativität entsprungen. Demnach kann der Mensch die von ihm selbst erschaffene Mathematik ebenso wie die Begriffe in ihrem ‚an sich' schauen: „Gegenüber dieser Betrachtung, die von sinnlich wahrnehmbaren Gegenständen ausgeht, finden wir die abstrakteren Gegenstände wie die mathematischen als unwandelbar und für uns gewiss […]".[58] Auf Grund der Eindeutigkeit des geistigen Ursprungs und der Klarheit der Zahlen bzw. der Figürlichkeit eignet sich die Mathematik allerdings besonders gut zur Veranschaulichung. Als Beispiel bedient sich Cusanus der sinnlichen mathematischen Figuren in der Welt, der Geometrie, was schon bei Platon begegnet: Er führt an, dass ein auf den Boden gezeichneter Kreis niemals ein wahrer Kreis sein kann, da er niemals Genauigkeit erreichen kann. In der ‚idealen' Mathematik hingegen, welche ursprünglich in unserem Geiste selbst entsteht, kommt es durchaus zu dieser Genauigkeit, so kann ein Kreis gedacht werden, welcher, da er rein geistiges Konstrukt bzw. Begriff ist, ein perfekter Kreis ist.[59]

---

57 Nagel: Nicolaus Cusanus, 50.
58 De docta ign. I, c. 11, n. 31: „Abstractiora autem istis, ubi de rebus consideratio habetur, non ut appendiciis materialibus, sine quibus imaginari nequeunt, penitus careant neque penitus possibilitati fluctuanti subsint, firmissima videmus atque nobis certissima, ut sunt ipsa mathematicalia".
59 Vgl. De beryllo, c. 33, n. 56: „Et si sic considerassent Pythagorici et quicumque alii, clare vidissent mathematicalia et numeros, qui ex nostra mente procedunt et sunt modo quo nos concipimus, non esse substantias aut principia rerum sensibilium, sed tantum entium rationis, quarum nos sumus conditores" („Und wenn die Pythagoreer und alle die anderen so überlegt hatten, hatten sie klar gesehen, daß die mathematischen Dinge und die Zahlen, die aus unserem Geist hervorgehen und in der Weise sind, in der wir begreifen, keine Substanzen oder Ursprünge der sinnenfälligen Dinge sind, sondern nur der Seienden des Verstandes, deren (Substanzen) Schöpfer wir sind"); vgl. auch Isabelle Mandrella: Der wissenschaftstheoretische Primat im Denken des Cusanus: Mathematik oder Metaphysik, in: MFCG 29 (2005), 247–261, 191.

Als Wissenschaft des Geistes bietet die Mathematik somit einerseits Gewissheit, denn „niemand kann davon absehen, dass in der Mathematik die Wahrheit genauer erreicht wird als in allen anderen freien Künsten",[60] zum anderen bietet sie „einen zentralen Zugangsweg zum Göttlichen",[61] denn „wenn es sich so im mathematischen Bereich verhält", schreibt Cusanus, „dann gilt es in größerer Wahrheit für die Theologie".[62] Unmittelbar vor dem mystisch-theologischen Werk *De visione Dei* entstehen zwei kleine Schriften mit den Titeln *De mathematicis complementis* und *De theologicis complementis*. In *De visione Dei* werden nicht nur die Thematiken der *Idiota*-Dialoge wieder aufgenommen, sondern es dient ebenso als Erklärungsschrift zu diesen beiden vorausgehenden mathematischen Schriften. Daran wird deutlich, wie nah Nikolaus' mathematische Ideen seinen Überlegungen zur Gottesschau standen.[63]

3.6.1 Mathematik als ,experimentelles aenigma'

Cusanus ging schon zu der Zeit der Entstehung von *De docta ignorantia* davon aus, dass die geometrischen Figuren die göttlichen Geheimnisse „wachrufen";[64] man solle, so schreibt er, auf dem Weg in Unbekanntes zweckmäßigerweise den möglichst sicheren und bekannten Gegenstand als Ausgangspunkt nehmen: „Da uns zu den göttlichen Dingen nur der Zugang durch Symbole als Weg offen steht, so ist es recht passend, wenn wir uns wegen ihrer unverrückbaren Sicherheit mathematischer Symbole bedienen".[65] Die Mathematik dient Nikolaus als über ihren Selbstzweck hinausweisend als vorzügliches (hinweisendes) *aenigma*; es ist, wie Karl Jaspers formuliert, „[...] nur eines, was Cusanus in der Mathematik

---

60   De theol. Compl., n. 2: „Nemo ignorat in ipsis mathematicis veritatem certius attingi quam aliis liberalibus artibus [...]" (Übers. Dupré, 651).

61   Bocken: Die Zahl als Grundlage, 205.

62   De theol. Compl., n. 3: „Si sic est in mathematicis, sic erit verius in theologicis" (Übers. Dupré, 659). Cusanus kann hiervon ausgehen, wenn er sich auf die klassische Metaphysik bezieht, in der gilt, dass, wenn etwas im Sein so ist, es erst recht im nächst höher liegenden Bereich auch so sein muss.

63   Vgl. hierzu den Aufsatz von Cecilia Rusconi *Visio und mensura*, in welchem sie anmerkt, dass dies auch in den einleitenden Worten der Schrift deutlich wird, wenn Cusanus in der Widmung an Papst Nikolaus V. schreibt: „Visum est autem mihi non decere opusculum illud promulgari [...] nisi adiciam illius utilitatem transcendenter in theologicis figuris" („Es schien mir nun, daß es nicht angebracht sei, dieses Werkchen zu veröffentlichen, ohne etwas über seinen Nutzen, den es in übertragener Weise für theologische Darstellungen besitzt, hinzuzufügen [...]") De theol. compl., n. 1 (Übers. Dupré, 650).

64   Luc Bergmans: Nicholas of Cusa's vanishing geometrical figures and the mystical tradition of ,Entbildung', in: MFCG 29 (2005), 313–322, hier 315.

65   De docta ign. I, c. 11, n. 32: „[...] via incedentes, cum ipsis concurrentes dicimus, cum ad divina non nisi per symbola accedendi nobis via pateat, quod tunc mathematicalibus signis propter ipsorum incorruptibilem certitudinem convenientius uti poterimus".

interessiert: das Unendliche".[66] An ihr kann symbolhaft veranschaulicht werden (*symbolice investigare*)[67] wie der Denkende von den *sensibilia* zu den *intellectualia* gelangen kann, denn an den im Geiste nicht quantitativ bestimmten, reinen Figuren „[...] erschaust du das als unbedingt notwendig, was bei den quantitativ bestimmten unmöglich ist".[68] Besonders der Bereich der Geometrie eignet sich nach Nikolaus im Gegensatz zur Analysis als ‚hinweisendes *aenigma*‘, da es „zählend [...] unmöglich [ist], über die Unendlichkeit hinauszukommen".[69] Am *aenigma* der Mathematik wird im Folgenden das ‚experimentelle *aenigma*‘, d. h. der experimentelle Vollzug des Geistes deutlich gemacht.

Das Messinstrument des Geistes beginnt mit der sinnlichen Erkenntnis (Vermessung) der endlichen mathematischen Gegenstände und überträgt sie methodisch über alles sinnlich-endliche hinaus auf unendliche Gegenstände, um durch diese konjekturale Bildung und die Annäherung an den reinen Begriff schließlich zur Einsicht der *docta ignorantia* und damit zur Schau des einfachen Unendlichen vorzudringen. Die sinnliche Ausgangsfigur, etwa ein Kreis auf einem Stück Papier, ist durch Sinne und Verstand (rational) erfassbar, denn „alles Mathematische ist endlich und lässt sich anders gar nicht vorstellen. Wenn wir deshalb für den Aufstieg zum schlechthin Größten das Endliche als Beispiel verwenden wollen, so müssen wir zunächst die endlichen mathematischen Figuren mit ihren Eigenschaften und Verhältnissen betrachten [...]".[70]

Von hier muss der zweite Schritt, die Übertragung (*transumptio*) auf die unendlichen mathematischen Figuren vorgenommen „[...] und entsprechend die Verhältnisse auf gleichartige unendliche Figuren übertragen"[71] werden, was zwar noch rational begriffen, jedoch nicht mehr in der Welt stattfinden kann, da ein auf ein Papier gezeichneter Kreis niemals ein wahrer runder Kreis gleich dem Kreis im Geiste sein kann. Während eine sinnliche Figur Andersheit besitzt, kommen den (mathematischen) Figuren als rein geistigen Begriffen keinerlei Verschmutzung durch Materie mehr zu: Alles „sinnliche Beiwerk" wird „ausgespien".[72] Der Geist nähert

---

66 Jaspers: Nikolaus Cusanus, 77.
67 De docta ign. I, c. 12, n. 33.
68 De docta ign. I, c. 14, n. 39: „[...] in quibus, quod in quantis est impossibile, vides per omnia necessarium".
69 Bocken: Die Zahl als Grundlage, 210.
70 De docta ign. I, c. 12, n. 33: „[...] mathematicalia sint finita et aliter etiam imaginari nequeant: si finitis uti pro exemplo voluerimus ad maximum simpliciter ascendendi, primo necesse est figuras mathematicas finitas considerare cum suis passionibus et rationibus [...]".
71 De docta ign. I, c. 12, n. 33: „[...] necesse est [...] et ipsas rationes correspondenter ad infinitas tales figuras transferre [...]".
72 De docta ign. I, c. 10, n. 29: „[...] evomere omnia imaginabilia et rationabilia [...]". Cusanus bezieht sich hier möglicherweise auf Martianus Capella: De nuptiis philologiae, et Mercurii, et de septem artibus liberalibus libri novem. Partim integris par-

sich an den wahren Begriff unendlich an. In einem dritten Schritt soll durch Anschauung der *vis creativa* selbst der Begriff (die unendliche Figur) auf das absolut Unendliche übertragen werden, das nicht mehr Figur ist: „Dann aber müssen wir drittens die Verhältnisse der unendlichen Figuren im weiteren Aufstieg auf das unendlich Einfache in seiner Ablösung von aller Figürlichkeit übertragen".[73]

Der experimentelle Vollzug am *aenigma* der Mathematik als geistiges Konstrukt wird deutlich: Durch Befolgen der Versuchsanleitung können die geometrischen Figuren – und das immer wieder von neuem – im methodischen Aufstieg von der Endlichkeit der Begriffe zur nicht mehr begreifbaren Unendlichkeit der Begriffe in der *coincidentia oppositorum* führen. So kann anhand des ‚experimentellen *aenigma*' der Mathematik künstlich das Wagnis der Erfahrung der Unendlichkeit Gottes herbeigeführt werden.[74]

Nicht zuletzt das mathematische Problem der Quadratur des Kreises, mit dem Nikolaus sich in so vielen Schriften beschäftigte, nutzte er genauso für seine experimentell-aenigmatischen Betrachtungen. Bei dem Problem der Kreisquadratur oder Kreisrektifikation geht es darum, ein in einen Kreis eingeschriebenes Vieleck dem Kreis mit Zirkel und Lineal soweit anzunähern bis es schließlich mit dem Kreis kongruiert. Mag es für seine mathematikkundigen Zeitgenossen auch so ausgesehen haben, als beschäftige sich Nikolaus all die Jahre immer wieder mit dem Problem um letztendlich zu einer Lösung zu kommen, war Cusanus, wenn er auch den Kreis manches Mal für vollständig quadrierbar hielt,[75] mehr darauf bedacht, die Konstruktion als Sinnbild, das in die Unendlichkeit führt, zu nutzen.[76]

---

tim selectis et commentario perpetuo edidit Ulricus Fridericus Martianus Capella., 1836, n. 135–138, hier n. 138: „Sed dum talia virgo undanter evomeret puellae quam plures, quarum Artes aliae, aliae dictae sunt Disciplinae, subinde, quae virgo ex ore effuderat [...]" („Während die junge Frau dies alles reichlich ausspie, da fand sich eine ganz schön stattliche Schar von jungen Mädchen ein, die nannte man teils *Artes*, teils auch *Disciplinae*, und die nun sammelten vom Boden auf, was aus der Jungfrau Mund entflossen war [...]", Übers. Die Hochzeit der Philologia mit Merkur, Übers. m. Einl. u. Anm. v. Hans Günter Zekl, Würzburg 2005). Ebenfalls darauf an spielt Alanus ab Insulis: De planctu naturae. Die Klage der Natur, Übers. u. philologisch-philosophiegeschichtlicher Kommentar v. Johannes B. Köhler (Texte und Studien zur Europäischen Geistesgeschichte A 2), Münster 2013, 98.

73 De docta ign. I, c. 12, n. 33: „[...] post haec tertio [necesse est] adhuc altius ipsas rationes infinitarum figurarum transsumere ad infinitum simplex absolutissimum etiam ab omni figura".

74 Vgl. De docta ign. I, c. 17, n. 51: „Ex hiis quidem potest se intellectus iuvare et in similitudine lineae infinitae ad maximum simpliciter super omnem intellectum in sacra ignorantia plurimum proficere" („Aus solcher Überlegung kann die Vernunft eine Hilfe gewinnen und über alles vernunftmäßige Erkennen hinaus [...] zum schlechthin Größten ein weites Stück voranschreiten").

75 Vgl. etwa Schanz: Der Cardinal Nicolaus von Cusa, 21.

76 Dass das Problem der Kreisquadratur nicht mit Lineal und Zirkel lösbar ist wurde erst 1882 von dem deutschen Mathematiker Ferdinand von Lindemann bewiesen.

Seine Schrift *De circuli quadratura* vollendete Nikolaus von Kues am 12. Juli 1450 in Rieti. Er war bei Weitem nicht der Erste, der sich mit dem Problem auseinandersetzte; nicht zuletzt da es mit vielen praktischen Fragen verbunden war, wie z. B. der Ausmessung von Fässern, hatten sich sicherlich schon viele kluge Köpfe vor Cusanus daran versucht. Aber auch heute noch bemühen sich Mathematiker um immer genauere Berechnungen der Zahl π. Das Problem galt schon früh als unlösbar. Aristoteles etwa sah darin seinen Satz des Widerspruches bestätigt, da eine Kongruenz zwischen Gerade und Bogen schlechthin nicht möglich sei. Gelehrte der platonischen Tradition sahen es als Sinnbild für die Unvollkommenheit der menschlichen Erkenntnisfähigkeit gegenüber der unendlichen Welt an.[77] Cusanus erkennt ebenfalls: „Je mehr man die Zahl der Ecken in einem eingeschriebenen Vieleck vermehrt, desto mehr gleicht es sich dem Kreise an, ohne ihm je gleich zu werden, wollte man auch die Vermehrung der Eckenzahl ins Unendliche fortführen. Das Vieleck müßte sich dazu schon umbilden zur Identität mit dem Kreis".[78] Trotzdem befasste er sich immer wieder mit dem Versuch, durch immer mehr Ecken am Vieleck dieses dem Kreis immer ähnlicher zu machen und die beste und genaueste Lösung für die Kreisquadratur zu finden. In seiner letzten Schrift zur Kreisquadratur mit dem passenden Namen *De mathematica perfectione* legt er die unter seinen Versuchen „weitaus vollendetste und bequemste Methode der Berechnung"[79] dar.

Cusanus geht von der endlichen Figur des Vielecks aus, welche sein (aenigmatisches) Versuchsobjekt darstellt, und will anhand dieser künstlich die Erfahrung der Koinzidenz simulieren. Er folgt der methodischen Versuchsanleitung, indem er die endliche Figur des Quadrats als *aenigma* auffasst und durch gedankliche Hinzufügung unendlich vieler Ecken auf eine unendliche Figur überträgt, welche zwar frei von allem Sinnlichen ist, sich aber trotzdem im Bereich der rationalen numerischen Unendlichkeit bewegt: Damit ist die spekulative Bewegung des Geistes in Gang gesetzt, der konjektural-methodische Aufstieg des Geistes beginnt – durch unendlich viele Konjekturen und Mutmaßungen nähert sich der Geist der Unendlichkeit, so wie sich das Quadrat dem Kreis annähert. Soll tatsächlich absolute Gleichheit zwischen Kreis und Vieleck erreicht werden, muss es zu einer Koinzidenz der Gegensätze kommen, eben zu einem Zusammenfall der Geraden (den jeweiligen Seiten des Vieleckes) mit dem Kreisbogen – für den menschlichen Geist undenkbar. Das Denken kann sich jedoch durch immer genauere Begriffsbildung methodisch von der quan-

---

77 Vgl. Schwaetzer/Böhlandt: From Heaven to Earth, 40.
78 De docta ign. I, c. 3, n. 10: „[…] quae quanto inscripta plurium angulorum fuerit, tanto similior circulo, numquam tamen efficitur aequalis, etiam si angulos in infinitum multiplicaverit, nisi in identitatem cum circula se resolvat".
79 Schanz: Der Cardinal Nicolaus von Cusa, 26. Zu Nikolaus' verschiedenen Methoden der Kreisquadratur vgl. auch Böhlandt: Wege ins Unendliche; Nickel: Nikolaus von Kues.

titativ bestimmten Figur zur reinen, nicht quantitativ bestimmten Figur als rein geistiger, wahrheitsgeladener Begriff und damit gleichzeitig in die Erfahrung der Berührung der unendlichen Wahrheit hineinführen. Die mathematische Operation des unendlichen Vielecks im Kreis wird zum ,experimentellen *aenigma*'. Der Geist wird durch das auf die Koinzidenz weisende Sinnbild der Mathematik (,hinweisendes *aenigma*') zur experimentellen Herbeiführung der ihn bewegenden Wahrheit angeleitet (,experimentelles *aenigma*').

In der Mathematik leuchtet für Cusanus die Wahrheit besonders klar auf. Dadurch, dass in der Mathematik die Koinzidenz konstruiert werden kann, ebenso, wie im Blick der Ikone die Paradoxität der *coincidentia oppositorum* anwesend ist, ist das Göttliche im Symbol, im ,hinweisenden *aenigma*' der Mathematik anwesend.

3.6.2 Die Sonderstellung der Mathematik

Dass die mathematischen Figuren im Hinblick auf ihre Zweckmäßigkeit besondere *aenigmata* darstellen, zeigt sich an der Häufigkeit ihrer Verwendung im cusanischen Werk: Schon in *De docta ignorantia* führt Nikolaus die Beispiele der unendlichen Linie an, die gleichzeitig Gerade, Dreieck, Kreis und Kugel ist.[80] Auch fünf Jahre später in *De beryllo* bedient er sich wieder der Mathematik, wenn die Gegensätzlichkeit eines spitzen und eines stumpfen Winkels aufgehoben wird, indem der kleinste spitze Winkel und der größte stumpfe Winkel zu einer geraden Linie koinzidieren.[81]

In der Forschung wird der Mathematik im cusanischen Werk darüber hinaus nicht selten eine Sonderstellung zugesprochen. Tatsächlich lobt Cusanus die Mathematik in höchsten Tönen.[82] So schreibt er etwa im *Trialogus de possest*: „Denn in der Mathematik wird das, was aus unserem Verstand hervorgeht und was wir uns selbst als seinem Ursprung innewohnend erfahren, von uns als unser bzw. unseres Verstandes Ding genau gewußt, nämlich in der dem Verstand entsprechenden Genauigkeit, aus der es hervorgeht [...]".[83] Josef Stallmach kommt zu dem Schluss, dass „alle nicht-mathematischen Erkenntnisse nur konjekturalen Charakter haben, jene von unserem Geist hervorgebrachte *Welt*, mag sie auch ein Ähnlichkeitsbild der Realwelt sein, [könne] doch immer nur eine Konjekturenwelt sein".[84]

---

80 De docta ign. I, c. 13, n. 35.
81 De beryllo, c. 16, n. 19.
82 Cusanus bezieht sich u. a. in folgenden Werken auf die mathematischen *aenigmata*: *De venatione sapientiae, De docta ignorantia, De coniecturis, De possest, De beryllo, De ludo globi, De aequalitate, De mente, De theologicis complementis*.
83 De possest, n. 43: „Nam in mathematicis quae ex nostra ratione procedunt et nobis experimur inesse sicut in suo principio per nos ut nostra seu rationis entia sciuntur praecise, scilicet praecisione tali rationali a qua prodeunt [...]."
84 Josef Stallmach: Geist als Einheit von Weisheit und Wissenschaft in Neuzeit und Gegenwart, in: MFCG 20 (1992), 221–240, hier 88; vgl. zum Thema der besonderen

Cecilia Rusconi setzt in ihrer 2012 erschienenen Dissertation den reinen Begriff des Geistes mit dem mathematischen gleich und vertritt die These, dass in der cusanischen Metaphysik eine epistemologische Grundlage des Gebrauchs der mathematischen Figuren zu finden ist.[85] Die Mathematik sei besonderes *aenigma* auf Grund der Fähigkeit des Geistes, streng analytische Urteile zu formulieren, ebenso wie sie sich in der Mathematik finden. Nach Rusconi gehört das *aenigma* des Experiments aus *De theologicis complementis* als wahrnehmbares Experiment, bei dem zwei Menschen vor dem Engelskopf sich bewegen, nicht demselben Bereich an wie die mathematischen Sinnbilder, da sich das *sensibili experimentum* auf das endlich-organische Sehen bezieht, während sich die mathematischen Rätselbilder auf das geistige Sehen, welches „für seine Aktualisierung keine Grenze"[86] hat, beziehen. Zwar hat Rusconi Recht damit, dass sich die mathematischen Sinnbilder auf die unendliche geistige Bewegung beziehen. Aber erst, insofern das mathematische *aenigma* als ‚experimentelles *aenigma*' angesehen wird, d. h. der Fokus auf der geistigen aenigmatischen Bewegung und damit auf der geistigen Begrifflichkeit unabhängig von der Sinnenwelt liegt und damit Mathematik nicht mehr nur als ‚hinweisendes *aenigma*' dient, d. h. als ein auf eine Idee (etwa die *coincidentia oppositorum*) weisendes Bild. Zwar ist die Mathematik auch nach Cusanus „einsehbarer", „da ihre Materie keiner so großen Andersheit unterworfen ist".[87] Trotzdem aber funktioniert so auch das *aenigma* des *sensibili experimentum* in *De theologicis complementis*, sofern das ‚hinweisende *aenigma*' des ‚aenigmatischen Experiments' mit dem Engelskopf – ebenso wie es mit dem ‚hinweisenden *aenigma*' der Mathematik geschehen muss – von anderer Seite betrachtet und der Fokus auf die vom konkreten Experiment ausgehende aenigmatisch-experimentelle Bewegung des Geistes gelegt wird. In beiden Fällen liegen jene oben am Experiment entwickelten zwei Seiten vor, welche letztlich koinzidieren – einerseits das ‚hinweisende *aenigma*' (Mathematik bzw. ‚aenigmatisches Experiment' am Engelsbild), andererseits das ‚experimentelle *aenigma*', d. h. die experimentelle aenigmatische Bewegung des Geistes am Begriff.

Daraus folgt wiederum, dass, wie oben schon explizit dargelegt, letztlich alle Begriffe, auch solche, die ein Ding in der Welt beschreiben, allein durch den menschlichen Geist hervorgebrachte Begriffe darstellen und als ‚experimentelle *aenigmata*' fungieren. Wird diese Begriffswelt demnach, ebenso wie die Mathematik, als ‚experimentelles *aenigma*' und damit als

---

Stellung der Mathematik ferner auch Wolfgang Breidert: Mathematik und symbolische Erkenntnis bei Nikolaus von Kues, in: MFCG 12 (1977), 116–126; Claudia D'Amico: Die Rolle der geometrischen Figur in der Zusammensetzung der scientia aenigmata, in: MFCG 29 (2005), 265–278.

[85] Vgl. Rusconi: El uso, 22.

[86] Rusconi: Visio und mensura, 200.

[87] De aequ., n. 4: „Mathematicalia autem sunt magis intelligibilia, quia materia non est tantae alteritati subiecta […]".

unabhängig von der Sinnenwelt betrachtet – und das ist sie, wenn davon
ausgegangen wird, dass die Sinnwelt als Anregung für das Staunen und
die geistige, entfaltende Bewegung ist – besteht kein wesentlicher Unterschied zwischen dem *aenigma* der Mathematik und anderen ‚hinweisenden *aenigmata*‘, welche zu ‚experimentellen *aenigmata*‘ werden.

Natürlich bleibt, wie Stallmach feststellt, die Begriffswelt immer konjek-
tural gegenüber der absoluten Wahrheit in Gott. Auch die Mathematik bleibt
aenigmatisches Symbol, und ist nicht die Wahrheit selbst, wenn es um die
Erkenntnis der absoluten Wahrheit in Gott geht, da in ihrer idealen Form aus
unserem Geiste, selbst bevor sie auf das Papier gebracht wird, ihre rationalen
und logischen Regeln gelten. So wie die Mathematik als geistiges Produkt
genau erkannt werden kann, so kann ebenso ein Begriff als geistiges Produkt
genau erkannt werden, und stellt so die Brücke zur Unendlichkeit her.

Es fällt auf, dass in der für die *mystica theologia* ausschlaggebenden Schrift
De visione Dei die Mathematik gerade nicht im Vordergrund steht, während
der Vorgänger des Experimentes in *De visione Dei* – das *sensibili experimentum* in *De theologicis complementis* – von Cusanus noch in eine mathematisch geprägte Schrift gebettet und den Mönchen nicht einmal mitgeliefert
wurde. Gerade bei *De visione Dei*, welches nochmal explizit an die Mönche
vom Tegernsee gerichtet ist, um diese in *facilitas* der mystischen Theologie
zur höchsten Schau zu führen, leitet nicht ausdrücklich die Mathematik,
sondern ein sinnliches Bild und das an ihm vollzogene wahrnehmbare Experiment die Mönche zur *manuductio* hin zur Schau Gottes an.

Cecilia Rusconi behält insofern Recht, dass die Mathematik dahingehend eine Sonderstellung einnimmt, als der Geist etymologisch und
metaphorisch mit einem Maß verglichen wird, das die Dinge in der
Welt vermisst. Erst durch den messenden Geist kommt Erkenntnis zustande. So schreibt Cusanus in *De beryllo*, die Vernunftbegriffe, welche
Grundlage für die Vorstellungsfiguren seien, seien mathematisch.[88] Ist der
menschliche Geist experimentierende Waage, so kann die Sonderstellung
der Mathematik durchaus vertreten werden. Geht es allerdings um reine
Geisterkenntnis, stehen die Ideen, die als solche betrachtet werden, letztendlich gleichberechtigt neben der Mathematik als Schöpfung des Geistes;
mathematische Begriffe sind nicht wahrere oder genauere Schöpfungen
des menschlichen Geistes, mag die Mathematik auch ein sehr klares hinweisendes aenigmatisches Sinnbild für den erkennenden Geist darstellen.
Auch Harald Schwaetzer stellt in diesem Sinne fest, dass „in jedem Fall
aber […] die Vorrangstellung der reinen Mathematik aufgegeben [ist]“.[89]

---

88   Vgl. De beryllo, n. 52: „Est igitur, ut accedamus propius, adhuc considerandum
     quomodo noster intellectus suum conceptum ab imaginatione, ad quam continuatur,
     nescit absolvere et ideo in suis intellectualibus conceptibus, qui sunt mathematicales,
     ponit figuras, quas imaginatur ut substantiales esse formas […]“.
89   In eine ähnliche Richtung im Hinblick auf die Mathematik denkt auch Tilman

Nikolaus sei nicht konsequent, denn „zwar ist die Sonderrolle der Mathematik richtig bestimmt, aber die Voraussetzung einer Festschreibung auf die Quantität als allein imaginierbarer Größe steht im Widerspruch zum Konzept einer universalen, nicht festgelegten Imaginativkraft".[90] Schwaetzer bezieht sich hier also auf die vom Denken her determinierbare *imaginatio*, wie in Kapitel 1.3.2 und 1.3.3 erläutert. Cusanus verweist allerdings auch selbst auf die Universalität der aenigmatischen Methode, wenn er in *De beryllo* betont: „Erit etiam in cuiusque potestate modum qui subicitur applicandi et extendendi ad quaeque indaganda".[91] Wenn Cusanus demnach in der Mathematik durchaus ein besonderes *aenigma* sieht, da sie auf Grund ihrer Anschaulichkeit und Deutlichkeit vorzüglich für den geistig-experimentellen *transcensus* von Welt zu Gott geeignet ist, so nimmt sie darüber hinaus keine Sonderstellung vor anderen *aenigmata* ein.

3.7 Weitere Ebenen der aenigmata im cusanischen Werk

Trotzdem gibt es besondere *aenigmata* im cusanischen Werk. Einerseits wurden die Sinnbilder des Berylls und des Spiegels als sich von der Ebene der ‚hinweisenden *aenigmata*' unterscheidend, nämlich als ‚reflektierende *aenigmata*' vorgestellt (Kap. 1.5.2). Darüber hinaus lassen sich im cusanischen Werk noch zwei weitere Ebenen von *aenigmata* benennen. Zu der dritten Ebene der, wie sie hier genannt werden sollen, ‚performativen *aenigmata*' gehören – ebenso wie zu den ‚reflektierenden *aenigmata*' – zwei Sinnbilder des Cusanus: einerseits das *aenigma* des Experimentes, (oben schon ausführlich thematisiert, allerdings im Folgenden als ‚performatives *aenigma*' neu beleuchtet) sowie das *aenigma* des Globusspiels. Die vierte Ebene bildet das ‚inhaltslos-prozessuale *aenigma*', der nach Cusanus genaueste Gottesname, das *aenigma* des *non-aliud*.

3.7.1 Dritte Ebene: ‚Performatives aenigma'[92]

Das Experiment, welches nicht nur der Begrifflichkeit nach und somit in der Hinführung zum Begriff des ‚experimentellen *aenigma*' eine wichtige Rolle spielt, zeichnet sich als ‚performatives *aenigma*' aus. Ebenso das selbst erfun-

---

Borsche: Was etwas ist, 201, wenn er schreibt: „Vom Unendlichen aus betrachtet, in Wahrheit also, ist es ohne Bedeutung, daß die allgemeinen Begriffe des Verstandes nach dem Bild der rationalen Zahlen in angebbaren Verhältnissen zueinander stehen [...]".

90 Vgl. Schwaetzer: Die intellektuelle Anschauung, 257, 260.
91 Katrin Platzer führt dieses Zitat aus *De beryllo*, n. 1 als Beweis an, dass sich das aenigmatische Verfahren nicht nur auf die Mathematik, sondern „jedes Forschungsthema" anwenden lässt.
92 Zum Thema ‚Performative *aenigmata*' vgl. Christiane Maria Bacher: ‚Performative *aenigmata*' bei Nikolaus von Kues, in: Cusanus 2014 (Texte und Studien zur Europäischen Geistesgeschichte B), hg. v. Tilman Borsche/Harald Schwaetzer, Münster vorauss. 2015.

dene Globusspiel im gleichnamigen Werk des Cusanus: Als dem Experiment entsprechendes *aenigma* fungiert auch es als ‚performatives *aenigma*‘.

3.7.1.1 Experiment

Wenn das ‚aenigmatische Experiment‘ zunächst ‚hinweisendes *aenigma*‘ ist, so zeichnet das ‚experimentelle *aenigma*‘, d. h. der tatsächlich experimentelle Vollzug des Geistes das *aenigma* des Experimentes zusätzlich aus. Während jedes *aenigma* ‚experimentelles *aenigma*‘ werden kann, d. h. nicht nur das ‚aenigmatische Experiment‘, sondern ebenso etwa das ‚hinweisende *aenigma*‘ der Mathematik (oder des Nussbaumes oder des Kreisels etc.), zeichnet sich der Vollzug des Geistes im ‚experimentellen *aenigma*‘ eben durch das Wesenhafte des Experimentes – das Experimentieren – aus. Das Experiment als die Manifestation und illustrative Dokumentation des experimentellen Vollzuges des Geistes kann deshalb als die Verkörperung des aenigmatischen Denkprozesses in der mystischen Theologie des Cusanus angesehen werden. Nicht ein beliebiges Bild, welches den Intellekt zum Mutmaßungsprozess anregt, ist das eigentliche, sondern die prozessual-dynamische Performanz als die dem Geist immanente Tätigkeit ist ebenso dem Experiment immanent. Als vom Geist selbst erfundenes Produkt stellt das Experiment ein vom Menschen in die Welt Gesetztes dar, was dadurch, dass der Mensch sich körperlich und geistig damit bewegt, immer schon in prozessualer Bewegung ist. So ist das Experiment qualitativ unterschieden vom *aenigma* etwa des Löffels, welcher ebenso Produkt des menschlichen Geistes ist, aber nicht, wie das Experiment, zum Experimentieren ‚gemacht ist‘. Zwar kann auch der Löffel als *aenigma* dienen, jedoch ist ihm die (geistige) Bewegung nicht immanent.

Das Experiment als die Verkörperung der intellekthaften Tätigkeit ist demnach das aussagekräftigste und damit klarste *aenigma* in der cusanischen Philosophie. Es ist der Vollzug selbst und kann deshalb als ‚performatives *aenigma*‘ bezeichnet werden.

Das Experiment spielt folglich nicht nur als naturwissenschaftliches Experiment, d. h. als entweder rein empirisches oder als aenigmatisches auf Gott verweisendes Experiment (‚hinweisendes *aenigma*‘) eine Rolle; nicht nur das Experiment kann aenigmatischen Charakter haben, sondern jedes *aenigma* hat zwangsläufig experimentellen Charakter, was das Experiment als Verkörperung dieses Vollzuges zum ‚performativen *aenigma*‘ macht, das der methodische Vollzug der mystischen Theologie selbst ist.

3.7.1.2 Das Globus-Spiel

Das Werk *De ludo globi* wird in der Forschung oft als bloßes Wiederaufgreifen des schon zuvor in Cusanus' Werken Entwickelten angesehen.

Cusanus selbst schreibt: „Ich glaube, daß ich dies und anderes öfters gesagt und geschrieben habe, besser vielleicht als jetzt, weil die Kräfte weithin nachlassen und das Gedächtnis langsam antwortet".[93] Einerseits aber, und das macht es zu einem besonderen *aenigma*, ist das Globusspiel in seinem Aufbau – ähnlich wie das Experiment als Bild für die unendliche Erkenntnis – Abbild des Weges zur *imago Dei*.[94] Andererseits eröffnet gerade die Tatsache, dass es Spiel ist, und die damit einhergehende spielerische Ungezwungenheit,[95] die *facilitas* der *manuductio*. Das *aenigma* des Spiels kommt funktionell dem Experiment gleich. So, wie der Geist die dem Experiment immanente Tätigkeit vollzieht – er experimentiert –, so vollzieht er auf gleiche Weise die dem Spiel immanente Tätigkeit: Er spielt. Das Spielen ist, so wird im Folgenden gezeigt, ebenso wie das Experimentieren, eine dem menschlichen Geist wesentliche Eigenschaft, welche letztlich sich im Experimentieren spiegelt bzw. mit diesem zusammenfällt.

3.7.1.2.1 ‚Aenigmatisches Spiel'

Mit einem Spiel wird zunächst Vergnügen, Belustigung, Entspannung und Freizeit in Verbindung gebracht. Das Spiel jedoch ist nicht nur ein leichtes; Cusanus macht zu Anfang seines Buches deutlich, dass er vom Spiel ermüdet ist: Es gilt die an einer Seite konkav ausgehöhlte, sich spiralförmig bewegende Kugel über die auf den Boden gezeichneten zehn konzentrischen Kreise hinweg möglichst nah an den Mittelkreis zu bewegen. Jeder Wurf ist neu, kein Wurf gleicht dem andern, immer andere Einflüsse beeinträchtigen die Kugel auf ihrer Bahn. Zwar stellt der Mittelkreis, welcher für Jesus Christus steht, das Ziel dar, aber das Ziel ist letztlich, durch immer neue Würfe die Höchstpunktzahl von 34 Punkten zu sammeln. Somit geht es im Globusspiel um Übung; das Spiel übernimmt „die Rolle des für jeden Lernvorgang wichtigen Übens und ‚Einspielens' […]".[96] Einerseits verbessert sich der Wurf durch das

---

93 De ludo, n. 50: „Credo me saepius ista et alia et dixisse et scripsisse, melius forte quam modo, cum amplius vires deficiant et memoria tarde respondeat".

94 Vgl. dazu Harald Schwaetzer: Vom Gehalt geistiger Übung. Das Globusspiel des Nikolaus von Kues, in: Spiel. Facetten seiner Ideengeschichte (Vestigia idearum historica. Beiträge zur Ideengeschichte Europas 1), hg. v. Michel Henri Kowalewicz, Münster 2013, 13–27.

95 Vgl. De ludo, n. 50: „Fuit autem propositum meum hunc ludum noviter inventum, quem passim omnes facile capiunt et libenter ludunt propter crebrum risum, qui ex vario et numquam certo cursu contingit, in ordinem proposito utilem redigere" („Meine Absicht war aber, dies neulich erfundene Spiel, das alle durchweg leicht erfassen und gerne spielen, weil es bei dem verschiedenen und niemals sicheren Lauf (des Globus) so oft zum Gelächter kommt, in eine dem Vorhaben nützliche Ordnung zu bringen").

96 Hans Scheuerl: Das Spiel. Untersuchungen über sein Wesen, seine pädagogischen Möglichkeiten und Grenzen, Weinheim 1962, 209f.

Üben, andererseits sammelt der Spieler gerade durch die Übungsbewegung Punkte, ganz unabhängig davon, ob die Kugel nahe an den Mittelpunkt heranreicht, oder nicht.

Das Spiel ist ‚aenigmatisches Spiel‘, es steht für den Seelenweg: So wie die unvollkommene Kugel[97] sich mit jedem Wurf dem Zentrum des Lebens Jesus Christus, dem höchsten Abbild Gottes, annähern soll, so soll sich der Geist immer mehr dem reinen, unendlichen Geiste Gottes annähern. Es geht nicht darum, den Mittelkreis genau zu treffen, d. h. die Wahrheit in Gott direkt zu erkennen. Das ist dem unvollkommenen, begrifflich denkenden menschlichen Geist auch nicht möglich und es ist nicht seine Aufgabe. Vielmehr soll sich der Mensch auf seinen Lebensweg in der diesseitigen Welt konzentrieren und auf Gott ausgerichtet durch Sammlung von immer mehr Bahnen des Lebens und in jedem Seelenwurf durch neu erfahrene Perspektiven und Begriffe über die Welt neue Konjekturen über die Wahrheit formen. Durch dieses kreative Sammeln ‚wirft‘ sich der Mensch immer näher an sein eigenes Selbst und somit an Gott heran. Wichtiger als die direkte Erkenntnis Gottes ist demnach der Aspekt des Übens auch für den Geist; durch immer neue Versuche soll trotz Ablenkungen und Widrigkeiten der rechte Kurs beibehalten werden und durch Sammeln von immer diffizileren Begriffen (Spiel- und Wurfweisen) optimiert werden, um so letztlich höchste *imago Dei* in Jesus Christus zu werden (Mitte des Spieles).

3.7.1.2.2 ‚Spielerisches aenigma‘

Einerseits also, so wird deutlich, ist das Spiel in seinem Aufbau als Symbol für den Weg zu Gott ‚aenigmatisches Spiel‘. Andererseits jedoch ist es darüber hinaus noch mehr: Nicht nur steht die Kugel für den die Wahrheit suchenden Intellekt, sondern der Intellekt tut genau das dem Spiel Wesentliche, er spielt. Cusanus erkennt, dass es „kein anständiges Spiel gibt, das ganz ohne den Gehalt geistiger Übung ist“:[98] So wie die Kugel immer von neuem geworfen wird, so (ent)wirft der Intellekt sich immer wieder selbst, indem er verschiedene Konjekturen formt. Er spielt mit unterschiedlichen Begriffen, probiert unterschiedliche konjekturale Spielzüge aus. Die Annäherung des Geistes an den Geist Gottes erfolgt, ebenso wie die Annäherung der Globuskugel an den Mittelkreis, spielerisch, durch „spielerische Beweglichkeit“.[99] Der Spieler soll mit dem Hilfs-

---

97 Cusanus weist darauf hin, dass selbst eine runde Kugel unvollkommen wäre, da, ebenso wie kein perfekter Kreis in der Welt, sondern bloß als geistiger Begriff existieren kann auch keine perfekte Kugel in der Welt existieren kann.

98 De ludo globi, n. 2: „Nullum enim puto honestum ludum penitus disciplina vacuum“.

99 Gerda Freiin von Bredow: Der spielende Philosoph. Betrachtungen zu Nikolaus von Kues‘ „De possest“, in: Im Gespräch mit Nikolaus von Kues. Gesammelte Aufsätze 1948–1993, hg. v. Hermann Schnarr, Münster 1995, 23–30.

mittel des Spielzeugs der Globuskugel beginnen zu spielen und, angeregt durch dieses sinnliche *aenigma*, eben genau dies im Geiste tun, nämlich weiterspielen: Der Vollzug am *aenigma* ist selbst Spiel des Geistes.[100] Die Kontingenz, welche dem Menschen im Lauf der Kugel und ebenso im eigenen auf Gottes Unendlichkeit gerichteten geistigen Sammeln begegnet, wird von Cusanus als positiv gedeutet. Sie begrenzt den Menschen nicht in seiner Freiheit, sondern spornt ihn durch eventuelles Scheitern, durch Staunen und Neugier zu immer neuen Würfen an. Mit jedem Wurf baut sich der Horizont des spielenden Intellekts weiter aus. Johan Huizinga formuliert später in diesem Sinne treffend: Kultur „entspringt nicht *aus* Spiel [...] sie entfaltet sich *in* Spiel und *als* Spiel".[101] Das spielerische Tun,[102] das „Spiel mit den Gottesnamen",[103] so erkennt Cusanus, ist letztlich freie Tätigkeit des Geistes, der spielerisch seine geistige Welt immer wieder neu baut und hinter diesem Bau die Wahrheit leuchten sieht.

Die Aufgabe des Intellektes ist es demnach, zu spielen. Wie Hans Rudolf Schär feststellt, wird „in allen Werken des Cusanus" gespielt, „mit Worten, Gedanken, Begriffen, Bildern [...]",[104] so etwa auch in *De visione Dei*, wo sich nach Schär „spielend [...] das Denken ins Bild und in die merkwürdige Erfahrung" versenkt.[105] Durch das Spielen mit Begriffen übt sich der denkende Geist in seinen Konjekturen und verbessert dadurch seine mutmaßende Fähigkeit. Damit ist nicht das hinweisende Bild das Wesentliche in diesem *aenigma* des Spieles, wie etwa bei den geometrischen Formen oder anderen *aenigmata*, durch welche der Geist sich dem Absoluten annähert, sondern der Weg bzw. der Prozess selbst, das menschliche intellekthafte Denken, die Beschaffenheit dieses denkenden Vollzuges bilden in diesem *aenigma* das Zentrum. Der prozessuale Denkvollzug als Spiel rückt in den Fokus: „Dieses Spiel, sage ich, deutet hin auf die Bewegung unserer Seele von ihrem Reich zum Reich des Lebens."[106] Somit

---

[100] Vgl. dazu Bredow: Der spielende Philosoph, 26.

[101] Johan Huizinga: Homo Ludens. Vom Ursprung der Kultur im Spiel, übertr. v. H. Nachod, hg. v. B. König, Hamburg 1987, 189.

[102] Von spielerischem Tun spricht Walter Haug: Das Kugelspiel, in: Daphnis. Zeitschrift für Mittlere Deutsche Literatur 15 (1986), 357–374, hier 362.

[103] Borsche: Meditative Variation, 31.

[104] Hans Rudolf Schär: Spiel und Denken des späten Cusanus, in: Theologische Zeitschrift 26 (1970), 410–419, hier 410.

[105] Schär: Spiel und Denken, 413.

[106] De ludo globi, n. 51: „Iste, inquam, ludus significat motum animae nostrae de suo regno ad regnum vitae [...]". Die Begriffe Seele und Geist werden hier synonym verwendet. Wie in Kap. 1.3.1 erläutert, unterteilt Cusanus die *mens humana* in zwei Teile: Erstens ist der Geist körperverwaltender Geist, *mens ex officio*, d. h. Seele und *mens per se*, über dem menschlichen Körper stehend. Der menschliche Geist muss zur Erkenntnis (der Welt sowie Gottes) allerdings immer beide Bereiche und somit all seine Vermögen (*sensus, imaginatio, ratio, intellectus*) in Anspruch nehmen. Cusanus schlägt die synonyme Verwendung in *De mente*, n. 80 selbst vor: „Mens est viva substantia, quam in nobis interne loqui et iudicare experimur et quae omni vi

deutet nicht nur das Spiel als symbolhaftes, ‚hinweisendes *aenigma*‘ auf
Gott, sondern das Spiel in seiner Performanz, in der Übung der Methoden, welche den Spielenden immer besser werden und dem Ziel näher
kommen lassen, ist gleich der Performanz der geistigen Tätigkeit, welche,
am *aenigma* sich übend, das unendliche Ziel verfolgt und sich somit der
Wahrheit annähert.

Es handelt sich also beim Globus-Spiel nicht nur um ein ‚aenigmatisches Spiel‘, sondern ebenso um ein ‚spielerisches *aenigma*‘, da die spielerische Bewegung im Spiel genau die Bewegung des Intellekts ist. Das
‚spielerische *aenigma*‘ nimmt den gleichen Stellenwert ein wie das ‚experimentelle *aenigma*‘: Der aenigmatische Vollzug des Geistes ist experimentell – der aenigmatische Vollzug des Geistes ist spielerisch. Folglich
kann jedes *aenigma* ‚spielerisches *aenigma*‘ werden, so wie jedes *aenigma*
‚experimentelles *aenigma*‘ werden kann. Nicht nur das *aenigma* des Spiels
also, sondern ebenso die Mathematik, der Nussbaum, der Kreisel etc. werden zu ‚spielerischen *aenigmata*‘, sobald der Fokus auf die Tätigkeit des
Geistes gelegt wird – er experimentiert, er spielt.

3.7.1.2.3 Spiel als ‚performatives aenigma‘

Während also jedes *aenigma* spielerisch ist, so ist darüber hinaus das
Spiel selbst als die Verkörperung des spielerischen Prozesses der Ausdruck
und die Dokumentation des spielerischen Denkprozesses der mystischen
Theologie des Cusanus. Wenn Gerda von Bredow in ihrem Aufsatz *Über
das Globusspiel* schreibt, die cusanische Philosophie sei ein Spiel mit dem
Ball, mit immer neuen Würfen, eine Bewegung der Wahrheit entgegen,[107]
sie sei aber nicht bloß das Spiel als solches, in welchem sich der freie
entfaltende Geist selbst genügt, sondern die hohe Spekulation und die
Betrachtung, die dadurch angeregt wird,[108] übersieht sie den eigentlichen
Gehalt des Spiels als solchem: Gerade das Spiel als das das Spielerische
Verkörpernde ist die spielerische Performanz des Geistes, ebenso wie das
Experiment als das das Experimentieren Verkörpernde die experimentelle
Performanz des Geistes ist. Als vom Geist selbst erfundenes Produkt stellt
das Spiel ebenso wie das Experiment ein vom Menschen in die Welt Ge-

---

alia ex omnibus viribus spiritualibus, quas in nobis experimur, infinitae substantiae
et absolutae formae plus assimilatur. Cuius officium in hoc corpore est corpus vivi-
ficare, et ex hoc ‚anima‘ dicitur.“ („Der Geist ist eine lebendige Substanz, die wir in
uns erfahren, wie sie innerlich spricht und urteilt, und die sich mehr als jede andere
von allen geistigen Kräften, die wir in uns erfahren, der unendlichen Substanz und
absoluten Form angleicht. Ihre Aufgabe in diesem Leib ist, den Leib zu beleben, und
auf Grund dessen wird sie Seele genannt“).

107   Gerda Freiin von Bredow: Über das Globusspiel. Eine philosophische Einführung,
       in: Im Gespräch mit Nikolaus von Kues. Gesammelte Aufsätze 1948–1993, hg. v.
       Hermann Schnarr, Münster 1995, 5–21, hier 20.
108   Vgl. Bredow: Über das Globusspiel, 5.

setztes dar, was dadurch, dass der Mensch sich körperlich und geistig damit bewegt, immer schon ‚in prozessualer Bewegung' ist. Im Globusspiel wird der aenigmatische Denkvollzug demnach nicht nur entfaltet und sichtbar gemacht, sondern ebenso in fester Form manifestiert, da der dynamische Prozess des Geistes dem Spiel immanent ist, d. h. es wesentlich ausmacht. Das Spiel als Verkörperung der intellekthaften Aktivität kann demnach neben dem Experiment als klarstes *aenigma* der cusanischen Philosophie angesehen werden. Es ist das zweite ‚performative *aenigma*' im cusanischen Werk.[109]

Mit der Aussage von Hans Rudolf Schär, Cusanus habe „die hermeneutischen Prinzipien seiner Philosophie institutionalisiert, indem er spielend und am Spiel philosophiert",[110] ist implizit genau die eben dargelegte dreifache Bedeutung des Spieles in der cusanischen Philosophie ausgedrückt: Erstens wird am Spiel philosophiert, das Spiel fungiert als ‚hinweisendes *aenigma*'; zweitens wird spielend philosophiert – jedes *aenigma* ist ‚spielerisches *aenigma*'; drittens wird im Spiel die cusanische Philosophie institutionalisiert, das Spiel ist ‚performatives *aenigma*'.

3.7.1.2.4 Spielen ist Experimentieren – Experimentieren ist Spielen

Der Vollzug des Geistes am *aenigma* kann als experimenteller Vollzug des Geistes einerseits, als spielerischer Vollzug des Geistes andererseits angesehen werden. Wenn am Globusspiel der spielerische Charakter des geistig-aenigmatischen Vollzugs deutlich wird und gar verkörpert ist, das Spiel also ebenso wie das Experiment ‚performatives *aenigma*' ist, so ist damit keine neue Richtung eingeschlagen. Spielen und Experimentieren sind eng miteinander verknüpft und können bei Cusanus gar als koinzidierende Tätigkeiten angesehen werden: „Was ist das Spiel mit dem Globus anderes als ein Experimentieren mit der Wahrheit?", fragt Hans Rudolf Schär,[111] was ist das ‚experimentelle *aenigma*' anderes als ein spielendes Denken im Spielraum um die Wahrheit herum?[112] Harald Schwaetzer bezieht den Spielbegriff auf *De visione Dei* und formuliert: „Man kann das Experiment von *De visione Dei* auch als ästhetisches Spiel bezeichnen",[113] nicht zuletzt sei auf die Bedeutung von *experiri* als ‚aufs Spiel setzen' hingewiesen.

Hans Scheuerl verknüpft in seiner Studie über das Wesen und die pädagogischen Möglichkeiten und Grenzen des Spiels die Tätigkeit des

---

[109] Soweit ich sehe gibt es außer dem Experiment und dem Spiel keine weiteren *aenigmata* mit dem Stellenwert eines ‚performativen Sinnbildes'.

[110] Schär: Spiel und Denken, 418.

[111] Schär: Spiel und Denken, 417.

[112] Inigo Bocken: *Imitatio* und *creatio*, 207 spricht mit Blick auf Johan Huizinga von einem „Spiel des Sehens" bei Cusanus.

[113] Schwaetzer: Vom Gehalt geistiger Übung, 19.

Experimentierens mit der Tätigkeit des Spielens, zumindest insofern das Experimentieren als etwas über sachliche Einsichten Hinausgehendes begriffen wird. Scheuerl schreibt:

> „Das Experimentieren enthält selbst eine Tendenz der Spielhaftigkeit. Das liegt nahe, weil jedes Experiment als Phänomen gewisse grundsätzliche Ähnlichkeiten zum Spiele hat: Zwar ist es eine endliche Handlung, die von der Ausgangsbasis einer deutlichen Fragestellung aus auf ein zu erreichendes Ergebnis gerichtet ist. Aber das Ergebnis ist bei Beginn des Experiments noch unbekannt. Wie ein Wissenschaftler, der eine Untersuchung beginnt, zwar die ungefähre Richtung weiß, auf die er hinaus will, aber keinesfalls am Beginn seiner Untersuchung schon sagen kann, was ‚herauskommt‘, so hat auch das Lärm schlagende Kind vor jedem Schlag durchaus noch keine Gewißheit, wie die Lautstärke, der Klang oder die Wirkung seines Lärms auf die Umgebung sein wird. So ist jedes Experiment ein Wagnis, das glücken muß. Der Experimentator stellt eine in sich geschlossene Situation her, gibt einen Anstoß und beschränkt sich dann auf die reine Beobachtung eines selbstständig ablaufenden Geschehens. Hierin ist das Experimentieren dem Spiel-Betreiben so nahe verwandt, daß ihm zum vollen Spiel nur noch die ‚innere Unendlichkeit‘ fehlt. Diese kann aber leicht entstehen: Ist nämlich das Versuchsgeschehen einmal geglückt, so kann die Tatsache dieses Glückens weit mehr faszinieren als das sachliche Ergebnis selbst. Um dieser Faszination willen knüpft man den Anfang des Experiments erneut an sein Ende und wird damit zugleich im vollen Sinne vom Experimentator zum Spieler [...] Das Experiment, das jedes ‚anome‘ Spielen immer schon überwunden haben muss, kann selbst wiederum in ein gerichtetes Spiel-Betreiben umschlagen, sobald das auf die Ergebnisse gerichtete sachliche Interesse in Gang gesetzte Geschehen [...] nun um seiner selbst Willen erhalten werden soll [...]“.[114]

Geht Scheuerl auch von einem anderen Experimentierbegriff aus, erkennt er doch, so macht das Zitat deutlich, dass es letztlich beim Experimentieren auf mehr ankommt als auf das rational zu erfassende Ergebnis, welches unabhängig vom Beobachter immer wieder am Ende des Versuchs steht. Für ihn macht diese Tatsache zusammen mit dem Faktor des Ungewissen am Anfang jedes Experimentes die Nähe von Experiment und Spiel[115] aus. Scheuerls Betrachtung des Experimentes als Erkenntnis mit Mehrwert und seine Nähe zum Spiel lässt sich auf das ‚aenigmatische Experiment‘ des Cusanus anwenden. Auch das cusanische Wagnis des Experimentes,

---

114   Scheuerl: Das Spiel, 209f.
115   Wenn Scheuerl hier auch von einem weiter gefassten Spielbegriff ausgeht als er in *De ludo globi* vorliegt, kann die These der Nähe des Spiels zum Experiment durch seine Ausführung gestützt werden.

welches den Betrachter zu einer ‚faszinierenden' Erfahrung ‚innerer Unendlichkeit' führen kann, würde auf den Spielbegriff Scheuerls passen. Doch soll hier auf einen anderen Aspekt im Vergleich von Spiel und Experiment bei Cusanus hingewiesen werden. Dazu soll zunächst ein Blick in die Philosophiegeschichte geworfen werden und die Bedeutung des Spiels für die Entwicklung des Menschen bei Denkern vor und nach Nikolaus von Kues betrachtet werden.[116]

3.7.1.2.4.1 Tätigkeit des Spielens in Bezug auf den Menschen

Dass das Spielen als etwas dem Menschen Wesentliches ihm zu eigen ist, stellt Johan Huizinga in seinem 1938 verfassten Werk *Homo Ludens* fest:

> „Als es klar wurde, daß der Name Homo sapiens für unsere Art doch nicht so gut paßte, wie man einst gemeint hatte, weil wir am Ende doch gar nicht so vernünftig sind, wie das achtzehnte Jahrhundert in seinem naiven Optimismus zu glauben geneigt war, stellte man neben diese Bezeichnung für unsere Spezies den Namen Homo faber, der schaffende Mensch. Dieser Name aber ist weniger zutreffend als der frühere, denn faber ist auch manches Tier. Was vom Schaffen gilt, gilt auch vom Spielen: recht viele Tiere spielen. Dennoch scheint Homo ludens, der spielende Mensch, eine ebenso wesentliche Funktion wie das Schaffen anzugeben und neben dem Homo faber einen Platz zu verdienen".[117]

Nicht erst bei Johan Huizinga, der den Menschen als *homo ludens* bezeichnet, zeichnet sich die Tätigkeit des Spielens als ein den Menschen Angehendes und Formendes aus. Wenn Friedrich Nietzsche (1844–1900) schreibt, Philosophie sei Spiel,[118] da er keine Art mit großen Aufgaben zu verkehren kenne als das Spiel, greift er einen philosophischen Leitgedanken auf, der sich schon vor ihm etwa bei Heraklit, Platon oder Immanuel Kant findet.[119] Bei Friedrich Schiller (1759–1805) ist der Spieltrieb des Menschen jener dritte Trieb neben sinnlichem Trieb und Formtrieb, der beide verbindet, d. h. den Menschen als Menschen in Balance hält zwischen Gefühl und Empfindung auf der einen und Vernunft auf der an-

---

116 Dieser Überblick ist nicht vollständig, sondern dient lediglich dazu, auf eine Gemeinsamkeit der Spielbegriffe bei verschiedenen Denkern im Hinblick auf die Rolle des Spielens bei der Entwicklung zum eigenen Selbst hinzuweisen.

117 Huizinga: Homo Ludens, 7.

118 Friedrich Nietzsche: Ecce Homo. Warum ich so klug bin, Aph. 10, in: Friedrich Nietzsche. Sämtliche Werke. Kritische Studienausgabe, Bd. IV, hg. v. Giorgio Colli/ Mazzino Montinari, München [u. a.] 1988, 297.

119 Vgl. dazu Alexander Aichele: Philosophie als Spiel. Platon – Kant – Nietzsche, Berlin 2000. Zu weiteren Bedeutungen des Spiels in der Philosophie vgl. Michel Henri Kowalewicz/ Riccardo Campa (Hg.): Spiel. Facetten seiner Ideengeschichte (Vestigia Idearum Historica. Beiträge zur Ideengeschichte Europas 1), Münster 2013; ferner Hugo Rahner: Der spielende Mensch, Einsiedeln 1952.

deren Seite. Er erkennt so den Spieltrieb als den den Menschen vervoll-
kommnenden Trieb: „Denn", so ist in seinen ästhetischen Briefen zu lesen,
„um es endlich auf einmal herauszusagen, der Mensch spielt nur, wo er in
voller Bedeutung des Wortes Mensch ist, *und er ist nur da ganz Mensch,
wo er spielt*".[120] Wenn Schillers Spieltrieb sich auch vornehmlich auf den
Umgang mit der Schönheit bezieht und somit ästhetisch geprägt ist, kann
aus Huizingas Werk letztlich ebenso gezogen werden, dass der Mensch im
Spiel seine individuellen geistigen Fähigkeiten entwickelt und dadurch zu
sich selbst findet. Auch bei dem Existenzphilosophen Karl Jaspers (1883–
1969) hat das Spielerische Entwicklungscharakter: Karl Jaspers führt das
„spielende Denken" als eine Vorstufe zum existentiellen Denken an. Im
Spiel kann der Mensch nach Jaspers „seine Möglichkeiten vollenden, aus
der Tiefe hören, was ist und sein kann, ganz werden, eigentlich Mensch
sein".[121] Die „Leichtigkeit des Spiels" sei „die Freiheit des Menschen, der
seines Grundes inne wird, indem er sich versucht, genießt, darstellt",[122]
– letztlich übt. Ebenso versteht Jaspers das „bildende Denken" als in sich
Tätigkeiten vollziehend, die dem Spiel gleichen[123] und „deren Ziel es ist,
den Menschen im Ganzen zu formen, sein Wesen auszuprägen [...]".
Der Mensch nähert sich nach Jaspers in „spielender Metaphysik" an das
„ich selbst" an: „Das Spiel wäre Spielerei als beliebige Willkür, wenn es
nicht eine Verbindlichkeit hätte durch seine Beziehung auf mögliche
Existenz"[124] als freiheitliche Selbstwahl, in welcher dem Menschen sein
Bezug zur Transzendenz bewusst wird.[125]

3.7.1.2.4.2 Spielen in Bezug auf Experimentieren bei Cusanus

Das Thema Mensch in Entwicklung hin zu seinem eigentlichen Menschsein, Mensch als sich selbst entwerfendes Wesen in freiheitlich-eigenver-
antwortlicher Selbstwerdung, spielt auch bei Cusanus die entscheidende
Rolle.[126] Dieser Gedanke wird in dem zentralen Satz „Sis tu tuus et ego ero

---

120 Friedrich Schiller: Briefe über die ästhetische Erziehung des Menschen, hg. v.
     Albert Reble, Bad Heilbrunn 1960, 41.
121 Karl Jaspers: Von der Wahrheit, München 1958, 352.
122 Jaspers: Von der Wahrheit, 353.
123 Jaspers: Von der Wahrheit, 353.
124 Jaspers: Philosophie III. Metaphysik (Serie Piper), München 1956, 34.
125 Zur Philosophie Jaspers' vgl. Kap. 4.2.
126 Cusanus umtreibt die Frage nach dem Menschen in seinem eigentlichen freiheit-
     lichen Selbstsein vor Gott. Er bricht mit diesem Freiheitsgedanken aus den beste-
     henden Strukturen aus: Das Ordowissen des Mittelalters verlassend, findet sich der
     Mensch im Globusspiel selbstverantwortlich hineingeworfen in die Kontingenz der
     Welt. Der Weg zu Gott ist kein Aufstieg der Seele über verschiedene Stufen, wie
     etwa noch in Bonaventuras *Itinerarium mentis in deum*, in welchem die Seele einen
     stufenweisen Aufstieg zu Gott antritt. Der äußere konzentrische Kreis stellt nicht
     Anfang, der innere nicht Ende eines Weges zu Gott dar, sondern die Kreise bieten
     eine von der Kontingenz bestimmte Spielfläche für den Seelenglobus. Zum Bezug

tuus" aus *De visione Dei* c. 7, n. 25 deutlich. Im Globusspiel findet sich diese Idee der individuellen Selbstverwirklichung eindeutig realisiert, da der Spieler im Spiel seine individuellen Qualitäten und Eigenschaften kennenlernt und übend entwickeln kann: „Keiner kann genau der Spur des anderen folgen", so heißt es in *De ludo globi*, „sondern es ist notwendig, daß jeder die Neigungen seines Globus und die Leidenschaften beherrscht, dadurch, daß er sich selbst übt [...]".[127] Im Spiel entdeckt der Mensch seine ganz eigenen individuellen (Spiel-) Züge und kann somit sein individuelles Selbst immer besser zur Vervollkommnung bringen. Cusanus erkennt im Spielen eine dem Menschen wesentliche, eine selbstschöpferische Tätigkeit, durch welche die Wahrheit spielerisch berührt werden kann: Das spielende Üben des Menschen bedeutet letztlich ein Handeln aus seiner innersten Ursprünglichkeit heraus, ein immer wieder neues, individuelles ‚sich selbst setzen': „[...] das eigene, individuelle Denken und Tun des Menschen ist dazu aufgefordert, er selbst zu werden [...]".[128]

Aus dem Gedanken der Selbstwerdung heraus kann bei Cusanus eine deutliche Parallele zwischen Spiel- und Experimentierbegriff gezogen werden. Im Spiel bewegt sich der Spielende gleich dem Experimentator beim Experimentieren: Der Geist ist das ‚Spielzeug' (Spielinstrument), mit welchem – so wie die Waage des Geistes immer mehr Dinge vermisst – immer neue Spielzüge ‚vermessen' werden können und der Mensch sich so sich selbst annähern kann. Gerade durch diese immer neuen Züge nähert sich der Geist methodisch der Wahrheit an, indem er immer neue Würfe hin zur Wahrheit ausprobiert. Die übende Bewegung des Geistes ist also gerade Methode, welche auch beim Spiel wiederholbar ist, indem sie immer weiter geführt wird. Ebenso, wie das Experiment einer Versuchsanleitung folgt, folgt das Spiel einer Spielanleitung, in welcher sich der Mensch mit seinen je individuellen Spiel(zügen) je individuell einfindet. Damit ist es eine selbstgemachte, künstliche Erfahrung.

Wenn Spiel auch mit Vergnügen um seiner selbst willen in Verbindung gebracht wird, kann sich der Mensch nach Cusanus gerade spielend auf das höchste Ziel hinbewegen: Der Mensch kann „spielend vor dem Aller-

---

von *De ludo globi* zur Existenzphilosophie vgl. den von Harald Schwaetzer 2012 in Bernkastel-Kues gehaltenen Vortrag zur Aktualität und Modernität des Cusanus; ders.: Vom Gehalt geistiger Übung, 19ff. Elisabeth Bohnenstädt: Einführung zu Vom Gottes Sehen. De visione Dei (Philosophische Bibliothek 219), Leipzig 1944 bringt den Zusammenhang der Gottsuche mit *De ludo globi* auf den Punkt: „Jedesmal gilt es, sich alsbald wieder loszureißen. Es gibt kein Ruhen und Haftenbleiben in seliger Erdenwirklichkeit. Es geht in jedem Augenblick neu darum, im Erfahren unserer Welt- und Menschenwirklichkeit zu deren tiefster Sinnerfüllung im unendlichen Gott vorzustoßen" (49f.).

[127] De ludo globi, n. 54: „Nullus alterius semitam praecise sequi potest. Sed necesse est, ut quisque dominetur inclinationibus globi sui et passionibus seipsum exercitando".

[128] Beierwaltes: Visio facialis, 19.

höchsten die ‚docta ignorantia' erfassen",[129] wie Gerda von Bredow es in ihren ausführlichen Gedanken zum Spiel des Cusanus ausdrückt. Dieser Prozess der Selbstindividualisierung im ‚spielerischen *aenigma*' ist letztlich spielerischer Vollzug, welcher, ebenso wie der experimentelle Vollzug des Geistes, über jedes rationale Verstehen hinaus führt. In der künstlich herbeigeführten Erfahrung des Spiels wagt sich der Spielende ebenso wie im Experiment in die Unendlichkeit hinein. Johan Huizinga erkennt: „Es ist [...] das Hinaustreten aus ihm in eine zweiteilige Sphäre von Aktivität mit eigener geistiger Tendenz [...] Jedes Spiel kann jederzeit den Spielenden ganz in Beschlag nehmen [...] In der Sphäre eines Spiels haben die Gesetze und Gebräuche des gewöhnlichen Lebens keine Geltung."[130] Schiller sieht den Spieltrieb dahin gerichtet, „die Zeit in der Zeit aufzuheben, Werden mit absolutem Sein, Veränderung mit Identität zu vereinbaren".[131] Im spielerisch-experimentellen Vollzug des Geistes wird letztlich die Unendlichkeit des eigenen Seins in Gott berührt.

Da beide – experimentelle wie spielerische Bewegung – dem Geiste auf seinem Bildungswege zur *imago Dei* zu eigen sind, tragen beide Bewegungen zur Vervollständigung des Menschen als höchstes Abbild Gottes bei und können als koinzidierende Tätigkeiten angesehen werden:[132] Während das Experimentieren als das Paradigma für höchste Erkenntnis auf die Vervollkommnung des menschlichen Geistes zielt und somit als epistemologischer Bildungsprozess des Geistes angesehen werden kann, welcher den Geist zum höchsten Wissen in der belehrten Unwissenheit führt, zielt das Spielen auf die Entwicklung des Menschen als Ganzes und kann somit als den ganzen Menschen betreffender Bildungsprozess angesehen werden. Spiel wie Experiment sind deshalb einerseits epistemologisch geprägte und andererseits umfassend anthropologisch geprägte Verhaltensweisen zur Identitätsfindung und zeichnen sich gerade deshalb, weil sie zum Prozess der Selbstindividualisierung des Menschen als Ganzes beitragen, als ‚performative *aenigmata*' aus.

Mit dem Bild des Spiels benutzt Cusanus demnach ein Sinnbild in *De ludo globi*, welches von vornherein mit dem Experiment konform geht: Der spielerische Vollzug ist experimenteller Vollzug.

---

129   Bredow: Der spielende Philosoph, 29.
130   Huizinga: Homo Ludens, 16f., 21.
131   Schiller: Briefe über die ästhetische Erziehung, 37.
132   Friedrich von Hardenberg (Novalis): Das allgemeine Brouillon. Materialien zur Enzyklopädistik 1798/99, hg. v. Hans-Joachim Mähl (Philosophische Bibliothek 450), Hamburg 1993 scheint nicht nur, ähnlich wie Cusanus, den aenigmatischen Vollzug, „Experimentieren mit Bildern im Vorstellungsvermögen ganz auf eine dem physikalischen Experiment analoge Weise" (203) zu verstehen: „Zusammen Setzen. Entstehen lassen," Experimentieren ist ihm zudem, wie Erich Kleinschmidt darlegt, Medium spielerischer Kreativität: Spielen bedeutet nach Novalis Experimentieren mit dem Zufall (vgl. Erich Kleinschmidt: Literatur als Experiment, Poetologische Konstellationen der „klassischen Moderne" in Deutschland, in: Musil Forum. Studien zur Literatur der klassischen Moderne 27 (2001/2002), 1–30, hier 4).

3.7.2 Vierte Ebene: ‚Inhaltslos-prozessuales aenigma‘

Spielen und Experimentieren wurden als selbstindividualisierende Tätigkeiten des Menschen und damit das Experiment und das Globusspiel im cusanischen Werk als ‚performative *aenigmata*‘ postuliert. Obwohl damit schon die dem Geiste wesenseigene Bewegung im *aenigma* ausgedrückt ist – das ‚performative *aenigma*‘ ist selbst der experimentell-spielerische Vollzug des Geistes – ist mit dem *aenigma* des *non aliud* aus Nikolaus’ gleichnamiger Spätschrift der geistige Vollzug noch pointierter gefasst. Als genauester Gottesname stellt das *non aliud* ein *aenigma* dar, in welchem Gott nach Cusanus möglichst genau erfasst werden kann. Das *non aliud*[133] dient, so erklärt Cusanus, „nicht nur als Weg zum Prinzip […], sondern [umschreibt] den unnennbaren Namen Gottes treffender […], so dass er in ihm wie in einem präziseren Sinnbild denen entgegen strahlt, die ihn suchen“.[134] Es stellt für Cusanus einen vorzüglichen „Wegweiser für den, der schaut“,[135] wie es im zweiten überlieferten Titel der Schrift heißt, dar.

Das *non aliud* ist ein besonderes Sinnbild, da es, wie Cusanus direkt zu Anfang des Buches entwickelt und dann weiterhin entfaltet, Definition ist. Diese Tatsache mutet zunächst verwunderlich an: Gerade die Definition als Instrument allen rationalen Wissens[136] soll in die überrationale Intellekthaftigkeit führen. Doch als dasjenige, was dem rationalen Denken überhaupt voransteht, erfüllt die Definition die Aufgabe, dass sie uns „vor allem etwas wissen lässt“,[137] d. h. vor allen verstehbaren Begriffen steht. Cusanus findet in der Definition eine geschickte Lösung, das Unbegreifliche in einen Begriff zu kleiden, was sonst, gerade durch die Verwendung eines Begriffes, immer schon nicht mehr das Unbegreifliche selbst als eben etwas Unbegreifliches ist: Der Begriff des *non aliud* stellt einen Sonderfall dar. Die Definition ist nämlich gerade das, was alles definiert. Durch sie erst kann alles sprachlich-begrifflich erfasst werden. Da es die Definition ist, die alles

---

133   Vgl. Klaus Reinhardt/Jorge M. Machetta/Harald Schwaetzer (Hg.): Nikolaus von Kues. De non aliud. Nichts anderes (Texte und Studien zur Europäischen Geistesgeschichte A 1), Münster 2011.

134   De non aliud, n. 7: „Ex his igitur nunc plane vides de li non-aliud significatum non solum ut viam nobis servire ad principium, sed innominabile nomen Dei propinquius figurare, ut in ipso tamquam in praecisiori aenigmate relucescat inquirentibus“.

135   Cecilia Rusconi: Die Definition, die sich selbst und alles definiert, in: Nikolaus von Kues. De non aliud. Nichts anderes, hg. v. Klaus Reinhardt/Jorje Machetta/Harald Schwaetzer (Texte und Studien zur Europäischen Geistesgeschichte A 1), Münster 2011, 225–231, hier 225 weist darauf hin, dass H. Schedel Nikolaus’ Werk unter diesem Titel im Jahre 1496 abgeschrieben hat.

136   Vgl. dazu den Aufsatz von Egil A. Wyller: Nicolaus Cusanus’ „De non aliud“ und Platons Parmenides: Ein Beitrag zur Beleuchtung des Renaissanceplatonismus, in: Studia platonica. Festschrift für Hermann Gundert, hg. v. K. Döring/W. Kullmann, Amsterdam 1974, 239–251, hier 244.

137   De non aliud, n. 3: „[…] quod nos apprime facit scire“.

definiert, und zwar durch nichts anderes als sich selbst, muss sie folglich auch sich selbst definieren „da sie nichts ausschließt"[138] (*cum nihil excludat*). Als alles durch sich selbst und zugleich sich selbst Definierendes ist die Definition demnach begrenzt Begrenzendes[139] und somit nichts anderes, als das Definierte selbst: „Non-aliud est non aliud quam non aliud".[140]

> „Alles, was ist, ist nämlich insoweit, als es Nichts-anderes ist, und alles, was erkannt wird, wird insoweit erkannt, als es als Nichts-anderes erkannt wird; und alles, was als Wahres geschaut wird, wird insoweit als Wahres geschaut, als man es als Nichts-anderes sieht. In der Summe: was als Anderes gesehen wird, wird insofern als Anderes gesehen, als man es als Nichts-anderes sieht".[141]

Das *non aliud* ist insofern Definition von allem, als es gewährleistet, dass jedes Ding nur dieses und nichts anderes ist, da es Anderes als das Andere ist. Cusanus greift hier den Grundgedanken wieder auf, den er schon in seiner Kosmologie in *De docta ignorantia* (vgl. Kap. 2.2.2) entwickelt hatte. So ist der Himmel zwar in Relation zur Sonne etwas anderes, er ist aber nur in Bezug auf die Sonne etwas anderes, da er nichts anderes ist als er ist, denn der Himmel ist Himmel, „die Sonne Sonne, der Mond Mond, die Erde Erde und [...] jedwedes Ding das [...] was es ist, und nicht ein Anderes, nicht größer und nicht kleiner".[142] Das *non aliud* ist zugleich nichts anderes als es selbst ist wie auch nichts anderes bezogen auf alles Andere, da durch es selbst alles erst nichts anderes ist: „Aber das Andere steht in keinem Gegensatz zu dem, von dem es hat, dass es ein Anderes ist [...]".[143] Die Definition, die sich selbst definiert, ist über jede Definition jene, aus welcher erst alles hervorgeht. Deshalb bedeutet die Selbstdefinition auch keine Begrenzung in jenem Sinne, in welchem dem von ihr Begrenzten Begrenzung zukommt. Dem *non aliud* kommt, als vor jeder Begrenzung nur durch sich selbst Begrenztes, eine gewisse Unendlichkeit zu. Dadurch, dass es sich selbst definiert, begrenzt es sich nicht, sondern konstituiert sich vielmehr als das, was alles andere begrenzt, d. h. letztlich aus sich entfaltet. ‚Nichts anderes' kommt, alles definierend, alles begrenzend, alles entfaltend, demnach dem von anderer Stelle bekannten *concep-*

---

138 De non aliud, n. 3.

139 Vgl. hierzu und zum *non aliud* als Definition insgesamt Rusconi: Die Definition, bes. 226.

140 De non aliud, n. 18.

141 De non aliud, n. 15: „Omne enim, quod est, in tantum est, in quantum non-aliud est; et omne, quod intelligitur, in tantum intelligitur, in quantum non-aliud esse intelligitur; et omne, quod videtur verum, usque adeo videtur verum, in quantum non-aliud cernitur".

142 De non aliud, n. 32: „[...] cur sol sol, luna luna, terra terra et quodvis id, quod est et nec aliud, nec maius, nec minus [...]".

143 De non aliud, n. 21: „[...] sed non opponitur aliud ipsi, a quo habet, quod est aliud [...]".

tus absolutus[144] gleich. Ebenso wie der aus *De sapientia* entnommene absolute Begriff weist das *non aliud* durch seine Vorgesetztheit vor allem durch die Definition Begrenzten über alles Begrenzte hinaus auf Gott. Ebenso wie im Begriff vor allen Begriffen (*conceptus absolutus*), der, wie der Laie in *De sapientia* anleitet, gebildet werden soll, um sich einen Begriff von Gott zu bilden, leuchtet die Wahrheit im *non aliud* auf. Im *non aliud* gelingt Cusanus allerdings etwas, das der *conceptus absolutus* nicht erfüllen kann: Er fängt den experimentell-spielerischen Vollzug des Geistes im *non aliud* ein; sogar auf noch treffendere Weise als durch die ‚performativen *aenigmata*‘.

Das *non aliud* als Definition aller Dinge und gleichzeitig sich selbst ist der Denkvollzug des Geistes selbst. In dem Satz ‚der Himmel ist nichts anderes (*non aliud*) als der Himmel‘[145] wird, wie Harald Schwaetzer verdeutlicht, im *non aliud* der „Denkverlauf“ von ‚Himmel‘ zu ‚Himmel‘“[146] beschrieben. Dies garantiert nicht nur, wie oben schon dargelegt, die Identität eines jeden Begriffes mit sich selbst und macht als prinzipielles *aenigma* die Begriffe überhaupt erst zu Begriffen. Es selbst bleibt im Gegensatz zum *conceptus absolutus* zudem inhaltslos in dem Sinne, dass der *conceptus absolutus* benannt ist als ‚losgelöster Begriff‘, während das *non aliud* der Form nach leer bleibt, quasi nicht mehr benannt ist. Auf Grund dieses nicht mehr nominalen Charakters[147] steht es als Identitätsstifter prinzipiell vor dem *conceptus absulutus*. Das *non aliud* ist deshalb dadurch, dass es *non aliud* ist, gänzlich der Bedeutungsebene enthoben: In der Definition ‚Der Himmel ist nichts anderes (*non aliud*) als der Himmel‘ wird deutlich, dass das *non aliud* nicht nur Begriff vor dem Begriff, sondern der Denkvollzug selbst ist. Das *non aliud* nimmt in der Definition folglich eine ganz besondere Stellung ein: Während das ‚nichts anderes‘ in dem Satz ‚Der Himmel ist nichts anderes (*non aliud*) als der Himmel‘ übersehen werden kann und der Satz als bloße Tautologie hingenommen werden kann, kann der Blick andererseits gerade auf es gerichtet werden. Als jenes Bindeglied, welches im Satz für die Denkbewegung von ‚Himmel‘ zu ‚Himmel‘ steht, allerdings in ihm als Begriff auch nichts anderes ausgedrückt ist als eben jener Vollzug des Geistes,[148] ist es das Denken der nicht greifbaren Denkbewe-

---

144   Nikolaus schreibt in *De non aliud*, n. 94: „Vocetur igitur ipsum non-aliud conceptus absolutus, qui videtur quidem mente, ceterum non concipitur“ („Man kann also Nichts-anderes als absoluten Begriff bezeichnen, der im Geist zwar geschaut, aber nicht begrifflich erfasst wird“).

145   Vgl. De non aliud, n. 5, n. 20.

146   Harald Schwaetzer: Einführung „De non aliud“ und Einordnung ins Gesamtwerk, in: Nikolaus von Kues. De non aliud. Nichts anderes (Texte und Studien zur Europäischen Geistesgeschichte A 1), hg. v. Klaus Reinhardt/Jorje Machetta/Harald Schwaetzer, Münster 2011, 11–23, hier 12.

147   Vgl. dazu Schwaetzer: Einführung, 23.

148   Harald Schwaetzer: Non aliud, in: Nikolaus von Kues. De non aliud. Nichts anderes (Texte und Studien zur Europäischen Geistesgeschichte A 1), hg. v. Klaus Reinhardt/Jorje Machetta/Harald Schwaetzer, Münster 2011, 203–209, hier 203

gung selbst. In der Definition ist demnach das *non aliud* als der Ausdruck des geistigen Vollzugs selbst das, was unbegreiflich bleibt.

Das *non aliud* ist folglich zwar ebenso wie das Experimentieren und das Spielen der geistige Vollzug selbst. Anders aber als im Experimentieren und im Spielen ist es frei von jeglicher Benennung, konstituiert diese erst. Während Experimentieren und Spielen immer noch Begriffe sind, die den Vollzug des Geistes, wenn auch auf genaue Weise, veranschaulichen, so hat das *non aliud* zwar (unweigerlich) im Sprachlich-begrifflichen seinen Ort, es vermeidet jedoch den nominalen Charakter.[149] Als das alles Begrenzende allem, auch allen *aenigmata* vorangehend, ist es deshalb ‚prinzipielles‘ und ‚inhaltsloses *aenigma*‘; am genauesten den reinen vollziehenden Prozess des Geistes wiedergebend, ist es ‚prozessuales *aenigma*‘. Das *non aliud* als das von Cusanus selbst als genauester Name Gottes postulierte *aenigma* kann demnach als höchste Ebene der *aenigmata*, als ‚inhaltlos-prozessuales *aenigma*‘ bezeichnet werden.

3.7.3 Zusammenfassung: Ebenen der aenigmata

Es kann festgehalten werden, dass den vier unterschiedlichen Ebenen der *aenigmata* im cusanischen Werk – ‚hinweisendes *aenigma*‘, ‚reflektierendes *aenigma*‘, ‚performatives *aenigma*‘, ‚inhaltlos-prozessuales *aenigma*‘ – unterschiedliche Funktionen zugeordnet werden können.

1. Ebene: Das *aenigma* als ‚hinweisendes *aenigma*‘ fungiert als Symbol für eine bestimmte Idee wie die Idee der Koinzidenz der Gegensätze oder der Unendlichkeit (z. B. das ‚aenigmatische Experiment‘). Bei dieser Betrachtung steht das *aenigma* als bildhafter Wegweiser oder Zeiger auf eine Einsicht, welche hinter alles rational Verstehbare deutet, im Mittelpunkt. Andererseits fungiert das ‚hinweisende *aenigma*‘ als ‚experimentelles *aenigma*‘, wobei der Fokus auf der experimentellen Bewegung des Intellekts hin zur *visio* liegt. Es wird somit deutlich, dass der aenigmatische Vollzug der *mens* immer experimenteller bzw. spielerischer Vollzug ist. Im Zuge der mystischen Theologie des Cusanus muss deshalb jedes *aenigma* ‚experimentell-spielerisches *aenigma*‘ als experimentell-spielerischer Vollzug des Geistes werden.

2. Ebene: Darüber hinaus zeichnen sich die *aenigmata* des Berylls sowie des Spiegels aus: Als ‚reflektierende *aenigmata*‘ sind sie ebenso

---

formuliert noch am Genauesten: „Die Formel ‚non aliud quam‘ ist Ausdruck eines Denkvollzuges, mit Hilfe dessen aus dem Denken ein Begriff als dieser Begriff begrifflich umrissen wird".

149 Vgl. Schwaetzer: Einführung, 23.

‚experimentelle *aenigmata'*, jedoch erfüllen sie eine andere Funktion als die ‚hinweisenden *aenigmata'*. Sie sind nicht nur Zeiger auf etwas, sondern reflektieren selbst den reinigenden Vollzug des Geistes im Bilde der Brille und des verschmutzten Spiegels.

3. Ebene: Die Tatsache, dass jedes *aenigma* experimentelles bzw. ‚spielerisches *aenigma'*, d. h. geistiger Vollzug werden kann, zeichnet das *aenigma* des Experiments sowie des Spiels aus. Da sie nicht nur auf den intellekthaften Vollzug deuten, sondern als Spielmedium bzw. Experimentiermedium der Vollzug (als Selbstverwirklichungsvollzug des Geistes) selbst sind, können sie als ‚performative *aenigmata'* bezeichnet werden.

4. Ebene: Während im Spielen und im Experimentieren der Vollzug des Geistes zwar geeignetsten Ausdruck findet, bleiben die ‚performativen *aenigmata'* an bestimmte Begriffe gebunden. Das *aenigma* des *non aliud* hingegen stellt, als das Bestimmende selbst, den Vollzug des Geistes als inhaltslosen, da durch sich selbst definierten Begriff dar; es kann als ‚inhaltslos-prozessuales *aenigma'* bezeichnet werden.

Alle *aenigmata* fungieren letztlich als ‚experimentelle bzw. spielerische *aenigmata'*, wenn der Fokus auf der experimentellen Bewegung des Intellekts hin zur *visio* liegt. Im Zuge der mystischen Theologie des Cusanus muss deshalb jedes *aenigma* ‚experimentell-spielerisches *aenigma'* als experimentell-spielerischer Vollzug des Geistes werden. Zwar kommt dem *aenigma* des *non aliud* höchste Reinheit zu, es kann gleichsam nicht ‚gesehen' werden, sondern ist reiner Vollzug des Geistes, so wie der Mittelspiegel durch reinigen des Außenspiegels nicht mehr gesehen werden kann, wenn der unendlich reinigende Vollzug vollendet werden könnte. Trotzdem stellen die *aenigmata* des Spieles, aber v. a. des Experimentes jene *aenigmata* dar, welche die Koinzidenz von menschlicher Selbsterkenntnis in Welt und zugleich Gott, um welche es in dieser Arbeit geht, am deutlichsten werden lassen, da sie den gleichzeitigen Vollzug des Geistes in der Welt aber dadurch in Bezug zu Gott illustrieren.

3.8. ‚Experimentelle Mystik' als Thema der Idiota-Dialoge
3.8.1 Zusammenfall von Welterkenntnis und Gotteserkenntnis: Idiota-Dialoge

Werden die drei Bücher der Laien-Dialoge als ganzheitliche Einheit betrachtet, in welcher jedes Buch zur Vervollständigung der anderen beiträgt, wird deutlich, dass Harald Schwaetzer Recht behält, wenn er behauptet, dass die Trilogie die erste komplette Konzeption des cusanischen

Denkens darstelle und daher nur als einheitlicher Komplex angesehen funktioniere.[150] Die Feststellung von Pauline Moffit Watts, die Dialoge seien nicht systematisch organisiert oder präsentiert, mag auf die einzelnen Dialoge für sich genommen zutreffen, insofern die Unterhaltung „von Thema zu Thema" springt.[151] Als Ganzes gesehen jedoch ist eine Systematik eindeutig zu erkennen: Die Abhandlung über den Geist stellt nicht nur formal die Mitte des Buches dar. Der menschliche Geist, der für alle Erkenntnis zuständig ist, mit dessen Mutmaßungen sich immer weiter an die absolute Wahrheit angenähert werden kann, vermisst Welt und Gott gleichermaßen, er steht gleichsam wie eine Waage zwischen (den beiden Büchern von) Welt (*De staticis experimentis*) und Gott (*De sapientia*):[152] Der menschliche Geist ist die Kraft, an der alle Erkenntnis hängt. Zum einen wendet er sich der Welt praktisch zu, wie an den Tätigkeiten auf dem Marktplatz in *De sapientia* (zählen, messen, wiegen), vor allem aber, wie in dieser Arbeit herausgearbeitet, verstärkt an der naturwissenschaftlichen Experimentierkunst (wiegen) in *De staticis experimentis* deutlich wird. Zum anderen aber wendet die *mens* sich gleichzeitig auch dem Göttlichen zu, wie in der mystischen Schrift *De sapientia* suggeriert.[153] Die Tätigkeit des Experimentierens in der Welt schlägt um in ein ‚aenigmatisches Experimentieren', wodurch das *experimentum* im Geiste im ‚experimentellen aenigma' fortgesetzt wird: Erst durch experimentelle Tätigkeit gelangt die *mens humana* zum *experimentum Dei*, der höchsten Wahrheit. Die in Balance gehaltenen Waagschalen der *mens* werden durch eine einzige Bewegung des Geistes austariert, wodurch Welterkenntnis zu Gotteserkenntnis wird, sie letztlich koinzidieren: Cusanus betreibt ‚experimentelle Mystik'.

Die Orte, an welchen die *Idiota*-Dialoge sich abspielen, verweisen ebenfalls auf jene Balance, die letztlich koinzidiert: *De sapientia* beginnt auf dem Forum Romanum, einem Ort des alltäglichen weltlichen Treibens. Das eigentliche Gespräch über die Weisheit jedoch wird in der Frisörstube geführt, welche zwar ebenfalls ein Ort des Alltäglichen, jedoch auch ein Rückzugsort – allerdings mit Blick auf das Treiben auf dem Marktplatz – darstellt.[154] *De mente* beginnt im städtischen Betrieb auf der

---

150 Vgl. Schwaetzer/Böhlandt: From Heaven to Earth, 64.

151 Vgl. Moffit Watts: Nicolaus Cusanus, 118.

152 Vgl. Schwaetzer/Böhlandt: From Heaven to Earth, 64: „The scales can be understood as the both faculties of the mind to recognize the spiritual and earthly world, or God (‚De sapientia') and nature (‚De staticis experimentis'). By using this enigma, Cusanus points out that it is necessary to form and build both scales equally".

153 Werden die *Idiota*-Dialoge als Ganzes betrachtet, hebt sich die Frage auf, die Renate Steiger in ihrer Einleitung zu *De sapientia* stellt: ob es der *intellectus* ist, der den Geist schmeckt, oder ob kein Erkennen mehr, sondern reine Liebeserfahrung stattfindet. Beides ist mutmaßlich nach Cusanus, wie auch später in *De visione Dei*, von Bedeutung.

154 De sap., n. 4: „Contrahamus igitur nos in hanc tonsoris proximam quaeso apothecam, ut sedentes quietius loquaris. Placuit idiotae. Et intrantes locum aspectum in forum vertentes sic exorditus est *Idiota* sermonem [...]" („Ziehen wir uns also bitte in diese

Römerbrücke, das eigentliche Gespräch über die Fähigkeiten des Geistes aber wird in einer einsamen Höhle fernab der Stadt geführt,[155] in welcher jedoch alltägliche Tätigkeiten, wie das Löffelschnitzen, ausgeführt werden – alle vier Schauplätze suggerieren den Ausgleich zwischen dem weltlichen Treiben einerseits und einem Rückzugsort des Geistes, gleichsam einem geschützten Raum[156] des reflektierenden Denkens – andererseits. In *De staticis experimentis* wird der Ort des Geschehens nicht bekannt gegeben. Der Leser erfährt lediglich, dass der *orator* den Laien erneut aufgesucht hat. Da der Dialog sich mit Naturwissenschaft – dem Wiegen von Dingen – auseinandersetzt, ist es gut möglich, sich den Ort des Gesprächs erneut an einem Ort des Rückzuges – etwa der Höhle – vorzustellen. So würde auch hier, wie in der Frisörstube am Marktplatz beim Gespräch über die Weisheit sowie beim Löffelschnitzen in der Höhle, die Balance zwischen Welt und Gott schon allein äußerlich eingehalten.

Nimmt auch das Spiel keine Rolle in den *Idiota*-Dialogen ein, kommt der spielerischen Tätigkeit doch die gleiche Bedeutung zu wie der experimentellen Tätigkeit: So wie das Experiment höchster Ausdruck epistemologischer Bildung ist, ist das Globusspiel Ausdruck der Bildung des Menschen in umfassendem anthropologischen Sinne. Im Globusspiel als Ausdruck umfassender Welt- und Selbsterkenntnis entwickelt sich der Mensch durch die Welt hin zu sich selbst. Spielerischer und experimenteller Vollzug sind eine einzige Tätigkeit als Erkenntnis- und Bildungsprozess des menschlichen Geistes. Die *mens* als Ort der *docta ignorantia* ist somit der Ort, an dem weltliche und göttliche Erkenntnis in experimentell-spielerischem Vollzug koinzidieren. Durch experimentell-spielerische Welt- und Selbsterkenntnis bzw. -vervollkommnung wird Gott berührt.

3.8.2 Zusammenfall von Welterkenntnis und Gotteserkenntnis: Die Figur des idiota

Die Hauptfigur aus den *Idiota*-Dialogen, der Laie, steht selbst für die Balance und letztlich Koinzidenz beider Wege. Der *idiota* ist jene von Cusanus

---

nächstgelegene Barbierstube zurück, damit du, während wir sitzen, mit mehr Ruhe reden kannst. Das war dem Laien recht. Sie traten ein, wandten den Blick auf das Forum, und der Laie begann folgendermaßen zu reden [...]“).

155   Vgl. De mente, n. 54: „Et cum prope templum Aeternitatis in subterraneum quendam locellum descenderet [...]“ („Und als sie nahe beim Tempel der Aeternitas in einen kleinen untrirdischen Raum hinabstiegen [...]“).

156   Vgl. dazu auch Harald Schwaetzer: Cusanische Bildung, in: Coincidentia. Zeitschrift für europäische Geistesgeschichte, Werte-Bildung in Europa, Beiheft 1 (2012), 13–24, hier 13: „Obwohl es selbstverständlich notwendig und wichtig ist, dass Bildung im Kontext und in Auseinandersetzung mit Welt geschieht, braucht es dafür doch einen Raum, um sich zurückzuziehen. Denn nur an einem geschützten Ort kann sich ein intimes Gespräch entfalten, welches Einsichts- und Bildungsprozesse der Gesprächsteilnehmer in Gang setzt“.

ausgewählte Figur, welche experimentiert, gleichzeitig aber demütig um die belehrte Unwissenheit weiß. Er ist derjenige, der seinen Geist nicht in der Spur des anderen gehen lässt, sondern ihn gleichsam selbst spielen lässt.

Diese Hauptfigur[157] wird von Cusanus nicht zufällig gewählt, sondern dem Laien kommt eine besondere Rolle zu. Der Begriff *idiota*,[158] eigentlich aus dem Griechischen kommend, bezeichnete ursprünglich einen Privatmann im Gegensatz zu einem in der Öffentlichkeit tätigen Amtsträger. Seit dem frühen Mittelalter war der Begriff *idiota* etwa gleichbedeutend mit dem Begriff *illiteratus*, was mit ‚ungelehrt‘, ‚unwissend‘, ‚nicht wissenschaftlich gebildet‘ übersetzt werden kann. Die heutige, eher negative Bedeutung ‚Idiot‘ hängt dem Wort erst seit etwa dem 18. Jahrhundert an. Vorher variierten die Bedeutungen zwar, wirklich negativ besetzt war die Bezeichnung jedoch nie. Nach dem 4. Jahrhundert, nachdem das Schriftlatein nicht mehr den gesprochenen Sprachen entsprach und sich mehr und mehr zu einer Gelehrtensprache entwickelte, war die Fähigkeit Lesen und Schreiben zu können keine Selbstverständlichkeit. Jene, welche lese- und schreibfähig waren und zudem des Lateinischen mächtig, galten als *litteratus*. Ein *illiteratus* oder *idiota* war demnach ein Buchstaben- und Lateinunkundiger. Lateinkundig, und damit *litteratus*, waren bald fast ausschließlich Mönche; während *literaliter loqui* um 400 noch: „gebildet sprechen" bedeutete, heißt es im Mittelalter lediglich noch: „lateinisch sprechen".

Der *idiota* konnte demnach zwar weder lesen noch schreiben, dies machte ihn deshalb aber nicht unbedingt zu einem ungebildeten Bürger; vielmehr war seine Bildung von anderer Art: In schriftloser mündlicher Überlieferung wurden Dichtung, Gesang sowie Rechtliches gepflegt. Wenn dem Laien der Zugang zu Büchern auch verwehrt blieb, so konnte sich ein *idiota* dennoch weiterbilden: Bildung wurde über Dinge bezogen, die auch ohne Buchstaben, d. h. über die eigene Wahrnehmung und Interpretationskraft gelesen werden können. Unfähig die Heilige Schrift zu lesen kam der *idiota* zu seiner theologischen Bildung vornehmlich etwa über Bilder in der Kirche,[159] auf welchen biblische Szenen dargestellt waren. Im 12./13.

---

157   Die Figur des Laien in den *Idiota*-Dialogen bezieht Cusanus aus Johannes Gersons *Mystischer Theologie* (vgl. Steiger: Einleitung, XXVI). Ausführlich zur Figur des Laien, vgl. Herbert Grundmann: Religiöse Bewegungen im Mittelalter. Untersuchung über die geschichtlichen Zusammenhänge zwischen der Ketzerei, den Bettelorden und der religiösen Frauenbewegung im 12. und 13. Jahrhundert und über die geschichtlichen Grundlagen der Mystik, Darmstadt 1961.

158   Vgl. v. a. Herbert Grundmann: Litteratus – illiteratus. Der Wandel einer Bildungsnorm vom Altertum zum Mittelalter. In: Archiv für Kulturgeschichte 40 (1958), 1–65; Folgendes bezieht sich vornehmlich auf den v. a. auf Grundmanns Text basierenden Lexikonartikel: *idiota – illiteratus* im Cusanus-Portal (www.cusanus-portal.de).

159   Vgl. Jaques Le Goff: Einführung. Der Mensch des Mittelalters, in: Der Mensch des Mittelalters, hg. v. Jaques Le Goff, Essen 2004, 41: „Der Analphabetismus, der die Wirkung des Geschriebenen begrenzt, gibt Bildern eine um so größere Macht über die Sinne und den Verstand des mittelalterlichen Menschen. Die Kirche nutzt das

Jahrhundert erfuhr der Laie zudem eine Aufwertung: Sich auf die Apostel-geschichte berufend, in welcher Petrus und Johannes als *idiotae* angeführt werden, bezeichneten sich Anhänger verschiedener religiöser Armuts- und Nachfolgebewegungen als *idiotae et illiterati*, so z. B. die Anhänger Franz von Assisis. Im 15. Jahrhundert kommt es zu einer erneuten Aufwertung des lateinunkundigen *idiota*. Frömmigkeitsbewegungen wie die *Devotio moderna* oder die *Brüder vom gemeinsamen Leben* machen den *pauper idiota* zu ihrer Idealgestalt. Bei Schriftstellern, wie etwa bei dem Mystiker Rulman Merswin oder dem rheinischen Mystiker Johannes Tauler im 14. Jahrhundert, nimmt der *idiota* die Hauptrolle ein und ist derjenige, der den Meister zur mystischen Gotteserfahrung führt, nicht umgekehrt.[160]

Auch bei Nikolaus finden wir den Laien als lese- und lateinunkundigen *idiota*, der über seine eigene Wahrnehmung und Erfahrungssammlung in der Welt (wie in *De sapientia*, er nimmt „natürliche Nahrung", *naturali alimento*[161] zu sich), sogar das Experimentieren in ihr als selbst gemachte Erfahrung (*De staticis experimentis*) seine unmittelbare Bildung bezieht: Er steht damit unmittelbar zur Welt und der Erfahrung in der Welt.[162] Der *idiota* erfährt in der Welt zum einen durch *experimentum* im Sinne von *experientia*, indem er beobachtet (misst, zählt) und so die Welt mit seinem Geist erkennt. Zum anderen erfährt der Laie aber durch das *experimentum* im modernen Sinne, indem er autonome Erfahrung künstlich herbeiführt (wiegt), um zu Mutmaßungen über die Welt zu gelangen und sich so aktiv um die Annäherung an die Wahrheit bemüht. Diese Form von Bildung, unterscheidet sie sich auch von der Bildung der lese- und schreibkundigen Gelehrten, bedeutet gerade den Vorteil angesichts der mystischen Theologie: Dadurch, dass der Laie sich nicht auf vorgekaute Meinung von Autoritäten verlassen kann, er nicht in der „Spur" der anderen geht, entwickelt er eine eigene, unabhängige und kritische Denkfähigkeit und folglich auch ein ganz individuelles und autonomes Selbstbild. Darüber hinaus behauptet er nicht von sich selbst, er wisse viel, sondern nimmt im Gegensatz zu den vermeintlich Gelehrten, mit denen er in Dialog tritt, eine demütige Haltung bezüglich der Weisheit ein, welche diesem auf Grund

Bild bewußt, um ihn zu informieren und zu formieren. Die dialektische und ideologische Ladung des Bildes ist lange Zeit wichtiger als sein ästhetischer Wert".

160   Vgl. dazu: Joannis Tauleri des seligen lerers Predig/fast fruchtbar zu eim recht christlichen leben: Deren Predigen garnah hie in disem Buch des halbtheyls meer sind den[n] in andern vorgetruckten buchere[n]/ die man sidhar mit der hilff gottes funden hat/Der seyn wort yetzt wider erwecket vnnd aller welt verkündet. Gedruckt zu Basel 1522, b iii: „Do sprach der meyster […]. Ich hab mich willen zu besseren mit der hilf gottes und nach deinem rat […] ich bitt dich durch gottes willen/das du mir sagest/wie du zu diesem leben kommen seiest/und wie du dein leben angehabet hast/ und was dein leben und dein übung sey geweßt".

161   De sap., n. 3.

162   Renate Steiger: Einführung, XV: der Laie ist „Figur der Unmittelbarkeit".

des Strebens nach Vielwisserei verwehrt bleibt.[163] Durch fragendes Selbst-
denken eines autonomen freien Geistes und dessen Bildung durch „natürliche Nahrung" kommt der Laie sich selbst und somit Gott näher: „Sis tu
tuus et ego ero tuus"[164]. Er steht somit als mutmaßender autonomer Geist
(*imago Dei*) gleichzeitig unmittelbar zur Wahrheit der Welt und Gottes.

Das geistige *experimentum* (‚experimentelles *aenigma*') als Erfahrung
des Nichtwissens, als mystischer Vorgeschmack der göttlichen Unendlichkeit und als Wagnis des inneren Bewegtwerdens durch die Erfahrung[165]
ist somit jene Form von Erfahrung, in welche *experientia* und modernes
experimentum als aktive Tätigkeiten des Geistes münden. Der Laie ist demnach Experimentator nicht nur im Letzten der Dialoge und gleichzeitig ist
er in jedem der Dialoge Spielender: Im Spiel, ebenso wie im Experiment,
ist er um seine Selbstvervollkommnung bemüht. Der *idiota* wird Cusanus
so zum neuen Intellektuellentypus:[166] Nicht der humanistische Gelehrte,
bzw. der professionelle Dialektiker[167] belehrt den Laien, sondern der *idiota*
wird zum Lehrer, der seine Schüler, den *orator* und den *philosophus* belehrt.
Wie schon in der Rheinischen Mystik, so verkehrt auch Cusanus die Rol-
len: „Die, die eigentlich in der Bibel und den Schriften […] bewandert
sein müßten […], sind die wahren Ungebildeten, denen geradezu überlegen wirkende, gebildete und selbstbewußte Laien gegenüberstehen."[168]
Trotzdem wertet der Laie das Bücherwissen nicht vollends ab: Daran,
dass Cusanus den Laien in den ersten beiden Dialogen *De sapientia* und
De mente das Bücherwissen herabsetzend und somit der Unmittelbarkeit
Gottes näher stehend auftreten lässt, während der Laie im letzten Dialog
De staticis experimentis plötzlich dringlich nach einem Buch verlangt, wird
deutlich, dass Bücherwissen durchaus von Bedeutung ist, sofern es nicht
unreflektiert angenommen wird, sondern zum eigenen experimentell-
spielerischen Vollzug des Geistes anregt. Die Figur des Laien wird so zum
Anführer der Gebildeten auf dem Weg zur Weisheit.

163 Vgl. De sap., n. 1.
164 De vis. Dei, c. 7, n. 25.
165 Vgl. Gerd Heinz-Mohr: Nikolaus von Kues und der Laie in der Kirche, , in: MFCG
     4 (1964), 296–322, hier 320: „Der Cusanische Laie aber ist der unbefangen und
     wagend Vertrauende".
166 Cusanus mag sich selbst als einen solchen Laien betrachtet haben, da er als Sohn eines
     Moselschiffers nicht mit den Voraussetzungen geboren worden war, die Kardinals-
     würde zu erhalten und ein bedeutender Kirchenmann zu werden.
167 Vgl. Moffit Watts: Nicolaus Cusanus, 118.
168 Volker Honemann: Der Laie als Leser, in: Laienfrömmigkeit im späten Mittelalter,
     hg. v. Klaus Schreiner (Schriften des Historischen Kollegs Kolloquien 20), München
     1992, 242. Zur Entwicklung der Laien hin zur Intellektuellenfigur vgl. bspw. den
     hier von Honemann angeführten, um das 14. Jahrhundert entstandenen Traktat *De
     libris teutonicalibus*, in welchen die Laien als „eine durchaus selbstständige, mit wohl-
     entwickelten geistigen Fähigkeiten ausgestattete Gruppe" (284) dargestellt werden.

4. Kapitel: Philosophische Waagschalen in der Moderne

Es ist deutlich geworden, dass Nikolaus von Kues dadurch, dass er die kreativ-schaffende Kraft nicht nur des göttlichen, sondern auch des menschlichen Geistes hervorhebt, d. h. durch seinen ‚Mut' zu ungenauer menschlicher Erkenntnisfähigkeit, eine außerordentliche Aufwertung des menschlichen Geistes vornimmt. Dieser stellt den Dreh- und Angelpunkt aller Erkenntnis, der mystischen sowie der naturwissenschaftlichen, dar. Cusanus macht aus der Not eine Tugend: Durch die Möglichkeit des Geistes, sich selbst zu bilden, befreit er „die menschliche Natur von einem endgültigen Ort in einem hierarchisch geordneten Universum".[1] Damit ist noch vor Pico della Mirandola oder Marsilio Ficino ein Anfangspunkt des humanistischen Denkens der Renaissance gesetzt, aus der letztlich die Moderne ihr spezifisches Selbstbewusstsein schöpft.

Wird jedoch auf die moderne Entwicklung ein genauerer Blick geworfen, gerät der menschliche Geist, der, nach Cusanus, seine Tätigkeit als in der Welt verortet und dadurch zugleich in Hinwendung zur höchsten Weisheit erkennen soll, zunehmend in Ungleichgewicht. In Hinblick auf diese Entwicklung lohnt ein Ausblick auf Naturwissenschaft und mystische Weisheitserkenntnis in der Moderne, ihren Stellenwert und die Frage, inwiefern der Primat der Naturwissenschaft mit einem Konzept wie der ‚experimentellen Mystik' des Cusanus als Koinzidenz von naturwissenschaftlicher Erkenntnis und Weisheitsvollzug trotzdem vereinbar sein kann.

4.1 Die Stellung der Naturwissenschaft und der Mystik in der Philosophie nach Cusanus bis ins 20. Jahrhundert

Die moderne Naturwissenschaft etablierte sich mit Gewichtung der experimentellen Erforschung der Natur im Laufe der Jahrhunderte zunehmend. Gegen mystisch-spekulative Strömungen wie auch gegen jegliche Metaphysik setzte sich die Naturwissenschaft im Zuge dessen mehr und mehr durch. Wenn Cusanus den Anfang der quantitativ-messenden, experimentellen Naturwissenschaft mit vorbereitete, wurde es im 16./17. Jahrhundert Programm der neuen Wissenschaftlichkeit, die Natur quantitativ-mathematisch zu erforschen. Im Gegensatz zu Nikolaus von Kues, der die Naturerforschung immer im Dienste eines ihm höheren Ziels – der Gotteserkenntnis – sah und diese bei ihm sogar koinzidieren, kam es jetzt auf das Wissen als Selbstzweck an. Aus diesen Entwicklungen resultierte die Entstehung der eigenständigen Einzelwissenschaften; im Zeit-

---

[1] McGinn: Würde und Gottebenbildlichkeit, 22.

geist und den verschiedenen Philosophien wurde dies je reflektiert.[2] Auf
Grund der zahlreichen Erfolge der Naturwissenschaft Mitte/Ende des 19.
Jahrhunderts wie Albert Einsteins Relativitätstheorie, Max Plancks Quan-
tentheorie oder die Anfänge der Psychologie wurde Philosophie als metaphysische Spekulation mehr und mehr verdrängt. Mit dem technisch-
naturwissenschaftlichen Fortschritt ging allerdings gleichzeitig auch ein
Wiederaufschwung der Philosophie einher, einer Philosophie allerdings,
die von den Natur- und Einzelwissenschaften geprägt und aus diesen
entstanden war: Philosophie wurde zunehmend verrationalisiert und nur
mehr als wissenschaftliche Erfahrungsphilosophie akzeptiert. Sie war nicht
mehr verdrängter Ursprung aller Einzelwissenschaften, sie wurde selbst
Einzelwissenschaft neben anderen.[3] Dies führte unweigerlich dazu, dass
Philosophie, ebenso wie die modernen Naturwissenschaften, Anspruch
auf allgemeine und zwingende Geltung erhob, und damit der naturwissenschaftlichen Denkungsweise unterworfen wurde.

Vereinzelt gab es in der Zeit nach Cusanus hin zur Moderne mystische
Strömungen oder einzelne Mystiker, welche sich gerade durch ihre wis-
senschaftsablehnende, weltabgewandte Haltung auszeichnen, wie etwa die
protestantische Mystik im 16. Jahrhundert, Jakob Böhme, Angelus Silesi-
us oder Gerhard Tersteegen.[4]

---

2   Zu Francis Bacon, durch den sich die Art und Zielsetzung wissenschaftlicher For-
     schung grundlegend veränderte, reihten sich weitere am Beginn der Neuzeit ste-
     hende Denker wie Isaac Newton (1642–1727) als Mitbegründer einer strengen,
     mathematisch-experimentell verfahrenden Naturwissenschaft oder René Descartes
     (1596–1650), der den Rationalismus und die Methodenfrage, die durch wissen-
     schaftliche Prinzipien zu sicherer Wirklichkeitserkenntnis führen sollte, begründete.
     Der englische Empirismus führte mit der Ansicht, zu wahrer Erkenntnis könne allein
     durch naturwissenschaftliche Untersuchungen gelangt werden, die antimetaphysisch-
     spekulative Tendenz bis hin zu Immanuel Kant weiter. Vgl. hierzu Capra: Wendezeit,
     bes. 54; Paul Ziche: Wissenschaftslandschaften um 1900. Philosophie, die Wissen-
     schaften und der nichtreduktive Szientismus (Legierungen 3), Zürich 2008, bes. 12.
3   Ausprägungen einer wissenschaftlichen Philosophie finden sich am Ende des 19.
     Jahrhunderts im *Neukantianismus* vor allem bei den Begründern der *Marburger
     Schule* Hermann Cohen und Paul Natorp, die besonderen Wert auf eine mathe-
     matisch wissenschaftsorientierte Denkweise legten. Heinrich Rickert, Vertreter der
     Südwestdeutschen Schule des Neukantianismus strebte, wie Gustav Ramming: Karl
     Jaspers und Heinrich Rickert. Existenzialismus und Wertphilosophie, Bern 1948, 28
     darlegt, „ein durch umfassende Denkarbeit theoretisch-wissenschaftlich entwickeltes
     philosophisches Weltsystem" an, dem er „ausdrücklich einen Einfluß auf die prakti-
     sche Lebensgestaltung abspricht und alle dahingehenden Tendenzen als metaphysisch
     ablehnt". Die Vertreter der im 20. Jahrhundert aufkommenden neopositivistischen
     Strömung, welche das methodologische und wissenschaftstheoretische Denken in
     den Vordergrund stellt, legten, eine wissenschaftliche Weltauffassung vertretend,
     höchsten Wert auf logische Genauigkeit auch im Bereich der Philosophie.
4   Vgl. Röd: Der Weg der Philosophie, 431ff.; vgl. Josef Stallmach: Der Verlust der
     Symbiose von Weisheit und Wissenschaft in Neuzeit und Gegenwart, in: MFCG
     20 (1992), 221–240, hier 223. Auch neuere, unter dem Begriff *New Age* zusam-
     mengefasste Strömungen wie etwa *Esoterik*, *Okkultismus* oder *Spiritismus* mögen
     teilweise in diese Richtung gehen, wenn sie die Rationalisierung aller Lebensbe-

Mit Rückbezug auf frühere wissenschaftskritische aber auch lebensphilosophische Autoren wie Søren Kierkegaard (1813–1855) oder Friedrich Nietzsche (1844–1900) kritisierte die um die Jahrhundertwende aufkommende existenzphilosophische Strömung in Deutschland eine Vereinnahmung der Philosophie durch die moderne Wissenschaft bzw. ihre Reduktion auf reine Wissenschaftlichkeit.[5] Vertreter der Existenzphilosophie[6] forderten jene Philosophie zurück, welche sich nicht nur mit dem Menschen als denkendes, wissenschaftlich-rationales Wesen, sondern mit dem Menschen als Ganzes, d. h. als über das vom Verstand zu begreifende hinausgehend, befasst.[7] Die ,wahre' Philosophie als Antwort auf eine Entfremdungs- und Krisensituation[8] sowie insbesondere auf eine verwissenschaftlichte Philosophie,[9] wurde zurückgefordert, womit Vertreter der Existenzphilosophie generell eine oppositionelle Haltung gegen den Primat der Naturwissenschaften in der Philosophie einnahmen.[10]

Auf einem ,ausgewogenen' Mittelweg in naturwissenschaftlich-mystischem *experimentum* wie Nikolaus von Kues ihn gegangen ist, gleichsam der Ausgleich des naturwissenschaftlichen und des mystischen *experimentum* vollziehend, sind auf dem Weg in die Moderne Denker wie Giordano Bruno (1548–1600) oder Johannes Kepler (1571–1630) anzutreffen. Brunos naturwissenschaftlicher Ansatz bleibt spekulativer Natur, wenn er vom All als einem beseelten Göttlichen spricht. Kepler, ebenso wie Bruno mit Cusanus vertraut, kommt zwar durch naturwissenschaftliche Mittel zu seinen kosmographischen Beweisen, trotzdem fußt sein Weltbild immer noch auf der Vorstellung einer gottgegebenen Weltharmonie. Bei Denkern des

---

reiche durch die modernen Wissenschaften ablehnen und eine Wiederverzauberung der Welt fordern (vgl. Klaus Vondung/K. Ludwig Pfeiffer (Hg.): Jenseits der entzauberten Welt. Naturwissenschaft und Mystik in der Moderne (Mystik und Moderne I), München 2006, 8).

5   So etwa Martin Heidegger (1889–1976) in: Der Spiegel. Interview vom 23.9.1966, Nr. 23, 30. Jahrgang 1976, zit. n. Peter Gerdsen: Karl Jaspers und die Wissenschaft, in: Karl Jaspers. Grundbegriffe seines Denkens, hg. v. H. Reza Yousefi/W. Schüßler [u. a.], Reinbek 2011, 181–197: „Die Philosophie ist am Ende. […] Die Rolle der bisherigen Philosophie haben heute die Wissenschaften übernommen […] Die Philosophie löst sich in Einzelwissenschaften auf" (185).

6   Zu den individuellen Ausprägungen der Existenzphilosophie vgl. Kurt Salamun: Was ist Philosophie? (UTB für Wissenschaft 1000), Tübingen 2001.

7   Unmittelbar auf die deutsche Existenzphilosophie folgte der französische Existentialismus, der sich, ausgehend von dem Heideggerschüler Jean-Paul Sartre, als eigenständige Schule entwickelte.

8   Vgl. Fritz Heinemann: Existenzphilosophie lebendig oder tot?, Stuttgart 1954, 175 (zit. n. Salamun: Was ist Philosophie, 43).

9   Vgl. Salamun: Was ist Philosophie, 47.

10   Vgl. Martin Heidegger: Was heißt Denken? Vorlesung Wintersemester 1951/52 (Reclams Universal-Bibliothek 8805), Stuttgart 1992, 8: „Es ist nämlich wahr, daß das bisher Gesagte und die ganze folgende Erörterung mit Wissenschaft nichts zu tun hat, gerade dann, wenn die Erörterung ein Denken sein dürfte. Der Grund dieses Sachverhalts liegt darin, daß die Wissenschaft ihrerseits nicht denkt und nicht denken kann […]".

Deutschen Idealismus im 17./18. Jahrhundert lässt sich, sind sie auch nicht direkt vom cusanischen Denken beeinflusst, eine ähnliche Balance antreffen. So bezieht sich Friedrich Joseph Wilhelm Schelling (1763–1809) stark auf Bruno und Kepler, was sich in seinen Werken *Bruno* (1802) und *Von der Weltseele* (1798) zeigt.[11]

Aber auch im 20. Jahrhundert ist trotz des Übergewichtes der Einwirkungen vonseiten der exakten Naturwissenschaft diese Balance nicht ganz verschwunden.[12] In Opposition gegen die Übermacht und die Alleinherrschaft der modernen Wissenschaft Ende des 19. bzw. Anfang des 20. Jahrhunderts ist nicht nur Ablehnung, sondern durchaus ein Ausgleich zwischen einer Befürwortung der modernen Naturwissenschaft und einem Gottes- bzw. Transzendenzbezug zu beobachten. Wenn sich die Existenzphilosophie insgesamt auch als wissenschaftskritisch auszeichnet, finden sich durchaus existenzphilosopische Denker, bei welchen von einer klaren Balance zwischen naturwissenschaftlicher Erkenntnis und Philosophie gesprochen werden kann. Sowohl bei Karl Jaspers (1883–1969) als auch bei Heinrich Barth (1890–1965) wird eine Balance im Hinblick nicht allein auf das Verhältnis von Naturwissenschaft und Philosophie, sondern im Hinblick auf das Verhältnis von Naturwissenschaft und einem (mystischen) Gottes- bzw. Transzendenzbezug (ähnlich wie er bei Cusanus vorliegt), deutlich. Bei diesen Vertretern der Existenzphilosophie tritt in einer – soweit ich sehe – unvergleichlichen Deutlichkeit eine ineinandergreifende Balance zwischen den beiden Gebieten der Philosophie und der Naturwissenschaft zutage: Ihre Philosophie der Existenz kann letztlich als Transzendenzbezug gedeutet werden. Indem sie sich mit dem Verhältnis von Wissenschaft und Philosophie (explizit als Gottesbezug) auseinandersetzen, schaffen sie zwischen den beiden Feldern Welt und Gott, ähnlich wie Nikolaus von Kues, einen sich gegenseitig bedingenden Ausgleich.[13]

---

11   Die cusanische *visio intellectualis* ist somit, wie Schwaetzer: Änigmatische Naturwissenschaft, 22 formuliert, nichts anderes als „das sich selbst anschauende Ich des Deutschen Idealismus"; vgl. dazu ferner ders.: Aequalitas, 181ff.

12   Sogar im späten 20. und frühen 21. Jahrhundert ist gerade in den modernen Naturwissenschaften wieder von einem Zusammenhang mit einer Mystik die Rede, vgl. dazu etwa Klaus Vondung/K. Ludwig Pfeiffer (Hg.): Jenseits der entzauberten Welt; Hans-Dieter Mutschler: Gemeinsam mehr von der Welt wissen. Zum Verhältnis von Spiritualität und Naturwissenschaft (Ignatianische Impulse 54), Würzburg 2012; (vgl. Kap. 5).

13   Jaspers und Barth stammen darüber hinaus aus dem gleichen philosophischen Umfeld – sie waren Lehrstuhlkollegen in Basel – und gehen zudem beide in ihren Werken geschichtsorientiert vor. Während Jaspers Monographien zu Platon, Nikolaus von Kues, Descartes, Kant und Nietzsche verfasste und auch in den Darlegungen seiner eigenen Philosophie immer wieder mit früheren Philosophen ‚ins Gespräch' treten will, legte Barth Bände über Platon, Augustinus und Kant vor und geht in seiner *Philosophie der Erscheinung* geschichtsphilosophisch vor. Zum Vergleich zwischen Jaspers und Barth vgl. Inigo Bocken: Philosophie der Erscheinung und Psychologie der Weltanschauung. Heinrich Barth und Karl Jaspers, in: Existenz. Facetten, Genese, Umfeld

4.2 Karl Jaspers

Karl Jaspers (1883–1969) war als Vertreter der Existenzphilosophie ausdrücklicher Gegner der wissenschaftlichen Philosophie wie sie sich um das 20. Jahrhundert entwickelt hatte. Aus der von der Wissenschaft bedrohten Philosophie entwickelte Jaspers eine Philosophie, in welcher es nicht auf allgemeinwissenschaftlichen Anspruch ankommen kann, sondern auf ‚philosophischen Glauben‘ des auf freiheitliche Existenz und göttliche Transzendenz als eigentliche Gegenstände der Philosophie hin denkenden und lebenden Menschen. Ähnlich wie beim cusanischen „Sis tu tuus et ego ero tuus"[14] kann der Mensch nach Jaspers über die Rückwendung von der zu erkennenden Welt auf das innere Selbst einen Bezug zu Gott durch Bewusstwerdung seiner von Gott abhängigen Freiheit herstellen. Wird auch im Weiteren nur am Rande auf die direkte Cusanus-Rezeption bei Jaspers eingegangen,[15] so soll mit der Untersuchung der Balance zwischen Welterforschung und Transzendenzbezug bei Jaspers auf eine indirekte Rezeption der bei Cusanus herausgearbeiteten ‚experimentellen Mystik‘ als Ausgleich und sogar Koinzidenz der beiden Bereiche eingegangen werden und damit auf eine ähnliche Symptomatik in Hinsicht auf den Wandel der Bedeutung des Erkenntnisbegriffs – einerseits zum Positiven im Mittelalter, andererseits zum Negativen in der Moderne – hingewiesen werden.

---

eines zentralen Begriffs bei Heinrich Barth (Philosophie Interdisziplinär 21), hg. v. Harald Schwaetzer/Christian Graf, Regensburg 2007, 139–161, hier 141; zum geschichtlichen Vorgehen bei Barth vgl. Wolfgang Christian Schneider: Heinrich Barth und die Epiphanie-Erfahrung der griechischen Religion, in: Existentielle Wahrheit. Heinrich Barths Philosophie im Spannungsfeld zwischen Wissenschaft, Kunst und christlichem Glauben, hg. v. Christian Graf/Harald Schwaetzer, Regensburg 2012, 171–186, bes. 171.

[14] De vis. Dei, c. 7, n. 25.

[15] In seiner 1964 erschienenen Monographie *Nikolaus Cusanus* schätzt Jaspers Cusanus für sein freiheitliches Denken. Trotzdem macht er deutlich, Nikolaus habe sich durch die Dogmatik des christlichen Glaubens doch vor der wahren Freiheit einfangen lassen. Es fragt sich, ob das Einhergehen des cusanischen Denkens mit den Glaubenssätzen einen Verlust der Freiheit bedeuten muss, und ob Cusanus nicht im Hinblick auf seine aenigmatische Philosophie sogar freier ist als Jaspers selbst. Vgl. dazu Inigo Bocken: Kommunikation und Mutmaßung. Versuch eines Vergleichs zwischen Jaspers' Idee der Kommunikation und Nikolaus von Kues' Kunst der Mutmaßung, in: Karl Jaspers. Philosophy on the way to „world philosophy", hg. v. L. H. Ehrlich/R. Wisser, Würzburg 1998; ders.: Der Kampf um Kommunikation. Karl Jaspers existenzielle Cusanus-Lektüre, in: Cusanus-Rezeption in der Philosophie des 20. Jahrhunderts (Philosophie Interdisziplinär 13), hg. v. Harald Schwaetzer/Klaus Reinhardt, Regensburg 2005; ferner Christiane Bacher: Freiheit und Gottesannäherung bei Cusanus und Jaspers, in: Der Bildbegriff bei Meister Eckhart und Nikolaus von Kues (Texte und Studien zur Europäischen Geistesgeschichte B), hg. v. Harald Schwaetzer/Marie-Anne Vannier, Münster 2015, 255-268..

4.2.1. Wissenschaft und Philosophie

Karl Jaspers charakterisiert moderne Wissenschaft folgendermaßen:[16] Wissenschaft ist erstens zwingend gewiss – sie verwandelt alles Ungewisse und Wahrscheinliche in klare zwingende Erkenntnis. Allerdings spricht Jaspers von zwingender Gewissheit der Wissenschaft im Sinne von bedingter Gewissheit, denn absolute Gewissheit kann, so Jaspers, selbst in den Wissenschaften niemals erreicht werden.[17] Wissenschaft bleibt folglich zweitens „grundsätzlich unfertig, weil ins Unendliche fortschreitend":[18] Wissen bleibt vorläufig, das Erreichte darf „nur als Stufe zu weiterem gesehen werden".[19] Wissenschaft stößt folglich stets an Grenzen, die zwar faktisch überstiegen werden, indem neue Erkenntnisse gewonnen werden, jedoch nicht prinzipiell hin zu einer Erkenntnis des Ganzen führen. Wissenschaft ist somit ‚numerisch unendlich', sie wird niemals absolut unendlich.

Der Wissenschaftler verwendet darüber hinaus drittens Methoden, was wiederum, so Jaspers, auf Grenzen verweist,[20] da Methoden sich, ebenso wie Kategorien und Begriffe, in der gegenständlichen, partikularen Welt bewegen.

Wissenschaft ist außerdem viertens allgemeingültig, was bedeutet, dass sie nicht ein „geschlossenes Ganzes"[21] sein kann – wissenschaftliche Einsichten können von jedem Verstand zwingend begriffen werden, sie sind „unabhängig von jeder subjektiven Haltung"[22] und setzen sich deshalb auch faktisch und dauerhaft durch.

Wegen dieser Unumgänglichkeit ist Wissenschaft fünftens auch daran interessiert über alles Hypothesen aufzustellen: Der Wissenschaft ist „nichts gleichgültig […] nichts soll Geheimnis bleiben".[23] Die Radikalität des Fragens, die Suche nach Kritik und das Streben nach einem „allseitigen Zusammenhang",[24] macht die moderne Forschung universal: Wissenschaft entsteht aus dem Willen die Wirklichkeiten „genau zu kennen und zu erkennen".[25]

---

[16] Ausführlich dargelegt ist dies bei Edilbert P. Schülli: Wissenschaft und Philosophie bei Karl Jaspers (Excerpta ex dissertatione ad Lauream in Facultate Philosophica Pontificiae Universitatis Gregorianae), Krefeld 1969, vgl. auch Werner Schüßler: Jaspers zur Einführung, Hamburg 1995, 29–40.

[17] Karl Jaspers: Philosophie I, Philosophische Weltorientierung (Serie Piper), München 1956, 87, 91; ders.: Nachlaß zur philosophischen Logik, hg. v. Hans Saner/Marc Hänggi, München 1991, 387.

[18] Jaspers: Philosophie und Wissenschaft, Zürich 1949, 5; vgl. ders: Der philosophische Glaube angesichts der Offenbarung, München 1963, 97.

[19] Schülli: Wissenschaft und Philosophie, 47.

[20] Vgl. Schülli: Wissenschaft und Philosophie, 46.

[21] Schülli: Wissenschaft und Philosophie, 41.

[22] Schülli: Wissenschaft und Philosophie, 41.

[23] Jaspers: Philosophie und Wissenschaft, 5.

[24] Jaspers: Philosophie und Wissenschaft, 6.

[25] Jaspers: Der philosophische Glaube, 97.

Als zwingend gewiss, grundsätzlich unfertig, methodisch, allgemeingültig und universal bringt Wissenschaft Klarheit, sie beseitigt Mythen,
„Magie und Dämonen",[26] sie stülpt sich über spekulative Erkenntnis und
Plausibilitäten, obwohl, so Jaspers, sie sich immer auf Partikularitäten in
der Welt beziehen muss uns niemals die Welt als Ganzes erfassen kann.

In Hinblick auf die Philsophie befürchtet Karl Jaspers sie gerate unter
Einfluss der Wissenschaft „außer Sicht" und in eine „Selbstvergessenheit".[27]
Die seit Anfang des 20. Jahrhunderts etablierte wissenschaftliche Philoso-
phie sei „keine eigentliche Philosophie [...] sondern mit dem Anspruch,
Wissenschaft zu sein, durchweg ein Erörtern von Dingen, die für die
Grundfragen unseres Daseins nicht wesentlich sind".[28] Philosophie als
Denken aus „totaler Ergriffenheit" gleite ab „in bloße Sachlichkeit gegenständlichen, vermeintlichen Wissens, in das endlose Diskutieren ohne er-
füllenden Gehalt",[29] in „sinnlose Betriebsamkeit" und eine „Endlosigkeit
des Beliebigen".[30] Im Zuge dessen wurden die modernen Wissenschaften,
so Jaspers, unrein und Philosophie als solche gefährdet.[31] Da das wahre
Wesen der Philosophie nicht, wie die Wissenschaft es in Anspruch nimmt,
ein Wissenwollen befriedigen kann, kann sie mit der Entstehung der
exakten Wissenschaften nicht selbst als Wissenschaft fungieren. Philosophie bleibt nach Jaspers selbständiger Ursprung jenseits der Grenzen der
Wissenschaft[32] und folglich immer hinter moderner Wissenschaft zurück:
Philosophie ist nicht wissbar, da sie nicht auf ein Etwas zielt, sondern ihr
Gegenstand, Existenz und Transzendenz, nicht vom Verstandesdenken zu
begreifen ist. Auch gibt es in der Philosophie keine zwingende Einsicht wie
von einem rational zu erfassenden wissenschaftlichen Objekt. Das bedeutet auch, dass philosophische Einsicht nicht allgemeingültig werden kann,
sie spricht vielmehr jeden Einzelnen in seinem existentiellen Vollzug an. In
der Philosophie liegt „der für die Wahrheit ihres Denkens entscheidende
Punkt [...] in der Wirklichkeit des inneren und äußeren Handelns, in
der Verfassung der Seele, im Entschluß" –[33] Philosophie ist keine „objektive Forschung, die mit den Mitteln des Verstandes ihre Gegenstände

---

26 Jaspers: Wahrheit und Wissenschaft, 15.
27 Vgl. Jaspers: Der philosophische Glaube, 101f.
28 Karl Jaspers: Philosophische Autobiographie (Serie Pieper), München 1977, 40.
   Jaspers lehnt in diesem Denken stark an das schon von Søren Kierkegaard in seinen
   Tagebüchern formulierte an, wie er selbst in *Vernunft und Existenz. Fünf Vorlesungen*,
   München 1960, 15 erörtert.
29 Jaspers: Der philosophische Glaube, 102.
30 Jaspers: Philosophie und Wissenschaft, 11, vgl. auch Karl Jaspers: Die geistige
   Situation der Zeit (1931) (Sammlung Göschen 3000), Berlin 1971, 131.
31 Vgl. Jaspers: Philosophie und Wissenschaft, 7.
32 Vgl. Jaspers: Der philosophische Glaube, 97: „Die modernen Wissenschaften sind
   erwachsen je in einem von eigentümlicher philosophischer Substanz erfüllten
   Raum [...]".
33 Jaspers: Der philosophische Glaube, 99f.

allgemeingültig erkennt". Philosophie ist zudem nicht „wie andere Wissenschaften im Fortschreiten", da sie „nichts ‚weiß' [...]",[34] keine neuen
rational zu verstehenden Ergebnisse hervorbringt.

Somit ist Philosophie weniger, gleichzeitig aber mehr als moderne Wissenschaft. In der Erfahrung der Grenzen der Wissenschaft zeigt sich nach
Jaspers die ursprüngliche „Eigenständigkeit der Philosophie"[35] und der je
eigene Erkenntnisanspruch von Philosophie einerseits und Wissenschaft
andererseits.[36] Philosophie entspringt, so Jaspers, aus der ursprünglichen
Selbstvergewisserung des je einzelnen Menschen, sie erkennt nicht, aber
denkt dennoch immer fort hin auf eine „Klarheit", die jenseits aller Er-
kennbarkeit liegt.[37] Sie ist ein Denken, welches nicht allgemeingültig
weiß, aber trotzdem das Wesentliche, d. h. Existenz und Transzendenz als
das allem Vorausgehende – letztlich Göttliche – ‚erhellt': „Philosophie bestimmt sich selber, bezieht sich unmittelbar auf die Gottheit, begründet
sich nicht durch eine Nützlichkeit".[38] Ihre Wahrheit geht über endliche
Wahrheitssuche in den erforschbaren Dingen hinaus, philosophische Erkenntnisse betreffen das Ganze des Seins.

Zwar war Jaspers nicht eigentlich Wissenschaftsgegner, tatsächlich kam
er selbst über sein anfängliches Studium der Naturwissenschaften zur Philosophie. Allerdings forderte er auf Grund der unterschiedlichen Ziele eine
radikale Trennung von Philosophie und moderner Wissenschaft, damit
sich die Philosophie nicht als etwas über die Wissenschaft Hinausgehendes
reduziere und dadurch selbst verliere.[39]

4.2.2 Existenz und Transzendenz – Mystik bei Karl Jaspers?

Wenn Karl Jaspers seine Philosophie auch nicht als eine Form von Mystik
bezeichnet, so nimmt er in seinem Werk *Der philosophische Glaube
angesichts der Offenbarung* eine Einteilung der Mystik in drei verschiedene
Formen vor. 1. spricht er von Mystik als Visions- und Ekstasemystik, 2.
von Mystik als Erleben der „Einung von Ichlosigkeit und Gegenstandslo-
sigkeit" (*unio mystica*),[40] 3. von Mystik als Seinsspekulation, über welche

---

34   Jaspers: Der philosophische Glaube, 101.
35   Jaspers: Der philosophische Glaube, 99.
36   Vgl. Edilbert P. Schülli: Wissenschaft und Philosophie. Ihr unlösbarer Zusammen-
      hang und ihre strenge Scheidung bei Karl Jaspers, in: Philosophische Tradition im
      Dialog mit der Gegenwart. Festschrift für Hansjörg A. Salmony, hg. v. Andreas
      Cesana/Olga Rubitschon, Stuttgart 1985, 303–320, hier 305.
37   Vgl. Jaspers: Von der Wahrheit, 463: „Klarheit [...] ist nicht beschränkt auf das,
      was im formallogischen Zusammenhang von Zeichen oder was definitorisch klar
      werden kann."
38   Jaspers: Philosophie und Wissenschaft, 14.
39   Vgl. Jaspers: Philosophie I, 53f.
40   Jaspers: Der philosophische Glaube, 422.

man durch Überwindung alles Gegenständlichen des Seins innewird.[41] Wenn Jaspers – ebenso wie Cusanus – eine Mystik im ersten und zweiten Sinne auf Grund des weltverneinenden Charakters ablehnt, so trifft die dritte Bedeutung, welche auch dem cusanischen Verständnis von Mystik nahe ist, auf Jaspers' philosophischen Ansatz durchaus zu.[42] Jaspers' Philosophie kann als eine Mystik im Denken bezeichnet werden: „Statt der unmöglichen Erkenntnis des Seins ist im Denken gleichsam ein Ansprechen des Seins oder ein Angesprochen-werden vom Sein gewonnen. Das Scheitern wird zum Anstoß: Die Stille spricht."[43]

4.2.2.1 Existenz

Dieses „ungegenständliche Sein", dessen der Denkende sich in mystischer Spekulation in „erhellender Vergewisserung" aber „inadäquater Vergegenständlichung" innewerden kann, ist nach Jaspers erstens Existenz als eigentlicher Gegenstand der Philosophie, „wenn [das Sein] mir in eigenem Ursprung gegenwärtig werden kann dadurch, daß ich selbst bin [...]".[44] Damit der Mensch Existenz werde, muss er, im Gegensatz zur Tendenz der Entwicklungen der damaligen Zeit, wieder als Ganzes in Blick genommen und folglich als nicht bloß denkend-erkennendes Wesen, sondern vielmehr als denkendes, zu erschütterndes und fühlendes Wesen erkannt werden. Die Freiheit des Menschen spielt bei der Selbstwerdung bei Jaspers, ebenso wie bei der Rückwendung des Intellekts auf sich selbst bei Cusanus, eine wichtige Rolle. Sie ist ausschlaggebend für die Existenzwerdung, da die Freiheit *signum*, gleich einem Wegweiser, für die Existenz ist. Die zur Existenz führende Freiheit ist, ähnlich wie bei Cusanus, eine innere Freiheit als Zurückwendung auf das Selbst. In freiheitlicher Selbstwahl ist der Mensch in Existenzwerdung begriffen.

Während das „ungegenständliche Sein" also Existenz ist, „wenn es mir in eigenem Ursprung gegenwärtig werden kann dadurch, daß ich selbst bin", ist es zweitens göttliche Transzendenz, „wenn es in gegenständli-

---

41   Vgl. Jaspers: Der philosophische Glaube, 422; zum Thema Mystik bei Jaspers vgl. Tsuyoshi Nakayama: Jaspers und die Mystik, in: Karl Jaspers' Philosophie – Gegenwärtigkeit und Zukunft (Karl Jaspers' Philosophy – Rooted in the Present, Paradigm for the Future), hg. v. Richard Wisser/Leonald H. Ehrlich 2003, 179–184.

42   Auch Tsuyoshi Nakayama: Jaspers und die Mystik, 182 schreibt: „In diese ‚Seinsspekulation' kann man meines Erachtens sowohl die ‚negative Theologie' z. B. bei Dionysos Areopagites oder Nicolaus Cusnaus als auch das ‚formale Transzendieren' bei Jaspers einbeziehen, weil sie im Scheitern des Denkens des Seins innewerden lassen".

43   Jaspers: Der philosophische Glaube, 421. Vgl. weitere explizite Äußerungen etwa in Jaspers: Philosophie I, 324: man müsse sich dem „Dunkel anvertrauen"; Jaspers: Philosophie I, 51: der Seinsgrund der göttlichen Transzendenz könne „jeweils für Existenz einen geschichtlichen Augenblick in der absoluten Gegenständlichkeit als eigentliche Wirklichkeit gegenwärtig sein; aber sie bleibt nicht gegenständlich, sondern ist im Verschwinden des Gegenstandes".

44   Jaspers: Philosophie I, 28.

cher Gestalt der Chiffre, aber nur für Existenz erfaßbar, das Sein ist".[45]
Während unten auf die Bedeutung der Chiffer[46] näher eingegangen wird,
wird hier bereits deutlich: In Existenzwerdung als Verwirklichung des ursprünglichen Selbst spürt Freiheit „sich selber". Trotzdem aber ist Freiheit „nicht durch sich selbst hervorgebracht",[47] vielmehr „werde ich", so
Jaspers, „in meiner Freiheit [...] mir geschenkt".[48] In Existenzwerdung
als eigentlicher, ursprünglicher Selbstwerdung erfährt der Mensch die Abhängigkeit von der Transzendenz als „ungegenständliches Sein". In dieser
Bewusstwerdung, dass der Mensch nicht durch sich selbst gesetzt ist, sondern sich gleichsam geschenkt wird, ist der Bezug des Menschen zu göttlicher Transzendenz als Seinsgrund, durch welchen der Mensch sich zu sich
selbst verhalten kann, hergestellt: „*Existenz* ist", so Jaspers, „das Selbstsein,
das sich zu sich selbst und darin zu der Transzendenz verhält, durch die es
sich geschenkt weiß, und auf die es sich gründet".[49] Freiheitlicher Selbstvollzug in Hinwendung zur Existenz macht somit Transzendenz bewusst.
Jaspers' Ausspruch *„Wo ich ganz ich selbst bin, bin ich nicht mehr nur ich
selbst"*,[50] ähnelt durchaus dem „Sis tu tuus et ego ero tuus" des Cusanus. Wie
bei Cusanus der Mensch durch Rückwendung auf seine höchste eigenste
Menschlichkeit im Geiste sich selbst als *imago Dei* erkennen und somit in
freiheitlicher Übung sich selbst Gott immer ähnlicher machen kann, kann
der Mensch nach Jaspers über eine Rückwendung auf das innere Selbst
einen Bezug zu Gott durch Bewusstwerdung seiner von Gott abhängigen
Freiheit herstellen. Beiden Denkern geht es um eine Selbstwahl, durch
welche eine Annäherung an das wahre Selbst und somit ein Bezug zu Gott
bzw. göttlicher Transzendenz erst möglich ist.

4.2.2.2 Transzendenz

Letztlich kann die Transzendenz, welche in Existenz spürbar wird, über einerseits das formale Transzendieren (1) und andererseits über den Zugang
über die Chiffern als Sprache der Existenz (2) berührt werden.

(1) Das formale Transzendieren stellt Jaspers in *Chiffern der Transzendenz*
als ‚mit den Kategorien denkend über die Kategorien hinausdenkend' vor.[51]
Jaspers erkennt, ähnlich wie Cusanus, dass gerade im Scheitern des Denkens
beim Versuch Transzendenz zu erreichen, Transzendenz berührt wird:

---

45   Jaspers: Philosophie I, 28.
46   Bei Jaspers finden sich beide Formen: Chiffer und Chiffre.
47   Karl Jaspers: Die Chiffern der Transzendenz. Mit zwei Nachworten hg. v. Anton
     Hügli/Hans Saner (Schwabe reflexe), Basel 2011, 44.
48   Jaspers: Der philosophische Glaube, 355.
49   Karl Jaspers: Existenzphilosophie. Drei Vorlesungen gehalten am freien deutschen
     Hochstift in Frankfurt a. M., Berlin 1964, 17.
50   Karl Jaspers: Philosophie II. Existenzerhellung (Serie Piper), München 1956, 199.
51   Vgl. Jaspers: Die Chiffern, 87.

„Die Auflösung des Denkbaren ist die Gestalt, in der durch Überwindung der Endlichkeit das Unendliche berührt wird [...] Man
möchte aus dem Gefängnis der Denkbarkeit und des Denkens
hinaustreten in das Sein selbst. Das Transzendieren mit den scheiternden Gedanken ist der Weg der Mystik im Denken."[52]
Mit diesem Denken über alle fesselnden Kategorien hinaus ist Jaspers dem
cusanischen Denken des Prinzips der *coincidentia oppositorum* nahe.[53]

(2) Weiter spricht Jaspers über den Bezug zur Transzendenz über
Chiffern. Diese Wegweiser sind gleichsam Sprache der Transzendenz.
Chiffern sind keine Vergegenständlichung der Transzendenz als ein zu Be-
greifendes in der Welt; vielmehr kommt es darauf an, dass die Chiffern
nicht, ,verleibhaftigt' werden.[54] Sie müssen in der „Schwebe"[55] gehalten
werden, um ihren nicht fixierten, über sich selbst hinausweisenden Charakter zu bewahren.[56] Als „neu erfüllte Gegenstände"[57] gehen Chiffern
den Menschen in seinem tiefsten Innern etwas an, ergreifen ihn, machen
betroffen und eröffnen damit einen Bezug zur Transzendenz: „Durch die
Chiffer vollzieht sich eine Teilhabe am Sein [...]".[58] „Ganz ernst [...] ist
die Chiffer der Wirklichkeit der Transzendenz nur im konkreten Augenblick, wo der Mensch [...] mit sich selbst identisch wird".[59] Vergleichbar
mit den cusanischen *aenigmata* kann Jaspers über ,schwebende', über sich
hinausweisende Chiffern einen Zugang zu Gott finden.

Wenn Jaspers' Philosophie auch wesentlich auf Existenz ausgerichtet ist,
wenn es ihm um eine Selbsterkenntnis des Menschen in seiner Freiheit geht,
d. h. um das eigentlich ursprüngliche Sein und Tun des Menschen, um eine
freiheitliche Selbstschöpfung des Menschen in einer immer wieder neu zu
treffenden Wahl seiner selbst, so gehört doch der Bezug zur Gottheit, letztlich die mystische Seinsspekulation, wesentlich zu der Existenzwerdung des
Einzelnen dazu: „In der Wahl, die in lebendigem Denken [...] vollzogen
wird, wird auch unausweichlich entschieden, daß ich nur des *in der Wahl
gewonnenen* Ursprungs eigentlich inne werde; ihn verstehend berühre ich
zugleich seinen Grund als das Unverständliche [...]".[60] Dieser Ansatz zeigt
die unbedingte Gebundenheit der jasperschen Philosophie an die göttliche
Transzendenz und die Möglichkeit der Erhellung dieser durch das Transzendieren bzw. die Chiffern, was sie als eine Philosophie mit mystischer
Tendenz im Sinne einer Seinsspekulation auszeichnet.

---

52 Jaspers: Von der Wahrheit, 301.
53 Vgl. Jaspers: Von der Wahrheit, 301, 390ff.
54 Vgl. Jaspers: Der philosophische Glaube, 341.
55 Vgl. Jaspers: Der philosophische Glaube, 155.
56 Vgl. Jaspers: Die Chiffern, 30.
57 Jaspers: Von der Wahrheit, 1043.
58 Jaspers: Von der Wahrheit, 1044.
59 Jaspers: Die Chiffern, 46.
60 Jaspers: Philosophie II, 107.

4.2.3 Balance zwischen Welterforschung und Transzendenzerhellung
bei Karl Jaspers

Es fragt sich, ob in einem solchen Denkansatz die Naturwissenschaft als
moderne Wissenschaft, welche Karl Jaspers sogar als die Philosophie ge-
fährdend einstuft und eine radikale Trennung der beiden Gebiete zum
Schutz der Philosophie fordert, dieser gleichzeitig zuträglich ist. Tatsächlich kann in dieser radikalen Trennung der beiden Gebiete gerade eine
Balance erkannt werden, welche der Koinzidenz der beiden Felder ähnelt,
die sich bei Cusanus als am Anfang der Entwicklung der modernen Wissenschaften stehend findet, und die er als unentbehrlich für die Weisheits-
erlangung ansieht.

Wissenschaft und Philosophie dürfen nach Jaspers nicht vermischt, ver-
wechselt, verwirrt werden: „In der Lage der Verwirrung der Wissenschafts-
begriffe […] ist die Reinheit der Wissenschaften zu gewinnen […] ist die
Philosophie unter den neuen durch die moderne Wissenschaft erwachsenen Bedingungen rein herauszuarbeiten",[61] als eigentliche Philosophie sich
aus dem Bereich des Gegenständlichen zurückziehend und sich wieder auf
ihre wahren Gegenstände, welchen keine Gegenständlichkeit zukommt,
richtend. Trotzdem müssen Philosophie und Wissenschaft gemeinsam in
Wechselwirkung begriffen werden, um den Weg zur Wahrheit zu weisen:
„Nach ihrer Trennung durch Einsicht in den ganz verschiedenen Ursprung
ihrer Wahrheit und der daraus entspringenden Trennung der Methoden
ihres Erkennens gehören sie in der Tat unlösbar zusammen."[62] Insofern
Philosophie nicht zu Wissenschaftlichkeit degradiert wird, ist Wissenschaft sogar der Philosophie zuträglich, da Philosophie sich an ihr bewusst
wird und eine gegenseitige Abhängigkeit der beiden Felder besteht.

Allerdings unterscheidet Jaspers zwischen zwei Arten von ‚Weltorientierung‘: der forschenden Weltorientierung (im Folgenden WO I) und der
philosophischen Weltorientierung (im Folgenden WO II).[63] Bei der WO I
geht es um Welt als das partikular zu erfassende und zu verstehende Objekt.
Für wissenschaftliche Weltorientierung ist die WO I durchaus notwendig,
auf die Welt und den Menschen als Ganzes angewendet jedoch, ist diese
Art der Welterkenntnis niemals ausreichend. Trotzdem aber schließt Jaspers
diese Form der Welterkenntnis (WO I) in das Philosophieren mit ein. Philosophieren hat drei Ziele, die sich untereinander bedingen und gegenseitig
hervorbringen: Philosophieren

> „[…] geht in die Welt, sich zu orientieren, dringt über die Welt im
> Appell an sich als mögliche Existenz und öffnet sich der Transzen-
> denz. Es ergreift auf dem Weg in die Welt das Wißbare [wissenschaft-

---

61   Jaspers: Philosophie und Wissenschaft, 10.
62   Jaspers: Der philosophische Glaube, 99.
63   Vgl. Jaspers: Philosophie I, 29.

liche Forschung], um sich von ihm abzustoßen und wird so philo-
sophische Weltorientierung; es erweckt aus dem bloßen Weltdasein
heraustretend die Aktivität der Selbstverwirklichung und wird so
Existenzerhellung; es beschwört das Sein und wird Metaphysik."[64]
In der Welt, welche es zu erforschen gilt, muss die Suche ansetzen die den
Aufschwung zu Existenz und Transzendenz überhaupt erst ermöglicht.
Dazu muss die Weltorientierung jedoch einen ,weiteren', oder ,anderen'
Charakter annehmen (WO II). Jaspers will zwar das „jeweils *Zwingende*
an[...]erkennen", jedoch um „dieses Zwingende zugleich *in der zu ihm ge-*
hörenden Schwebe zu halten",[65] was allein durch tägliche Besonnenheit auf
die Grenzen der Wissenschaft gelingen kann, welche zur Bedingung philosophischen Bewusstseins wird. Insofern der eigentliche Ursprung der Wissenschaften berücksichtigt wird und Weltorientierung I nicht bloß „Wissen
von etwas", sondern *Sichselbstfinden in der Welt*" wird (WO II),[66] führt
Welterkenntnis zu Gottesbezug. „Die Voraussetzung des philosophischen
Seinsbewußtseins", welches letztlich in Bezug zu Transzendenz steht, ist
zwar, so Jaspers, „die Bekanntschaft mit allen Richtungen wissenschaftlicher
Welterforschung. Aber der verborgene Sinn des wissenschaftlichen Weltwis-
sens scheint doch zu sein, durch das Forschen an die Grenze zu kommen,
wo dem hellsten Wissen der Raum des Nichtwissens offen wird [...]."[67]
    Somit beginnt Existenzwerdung, welche in Bezug zu Transzendenz steht,
durchaus in Weltorientierung, allerdings in kritischer Weltorientierung
mit dem Wissen um die Grenzen der Forschung und einem Bewusstsein
für etwas über alles Erkennbare Hinausgehendes. Diese Gedanken muten
nicht wenig cusanisch an, wenn hinter allen Begriffen der nicht-erkennbare
conceptus absolutus erahnt, hinter allen Definitionen um das alles Definie-
rende *non-aliud* gewusst wird. Die cusanische Waage zwischen Weisheitserkenntnis und Welterforschung ist klar erkennbar: Nur als in der Welt
seiend und sich in der Welt orientierend, d. h. als Mensch verwirklichend,
um hinter einem Pluralismus, nicht in einem Absolutheitsanspruch, die
Wahrheit zu vermuten, ist es auch nach Jaspers möglich, in freier Existenzwerdung die allem vorausgehende Transzendenz zu berühren.
    „Wahres Sein aber finden wir nur, wo sich die drei Seinsweisen von
Welt, Existenz und Transzendenz für uns ohne Unklarheit in eins
verflechten, so daß keine ohne die andere ist. Das gelingt nicht
allgemeingültig und nicht endgültig, sondern nur geschichtlich je
einmalig im hohen Augenblick eigentlichen Selbstseins, das ganz in
der Welt, in ihr Transzendenz vor Augen hat."[68]

64	Jaspers: Philosophie I, 28.
65	Jaspers: Philosophie I, 94.
66	Jaspers: Philosophie I, 134.
67	Jaspers: Einführung, 60.
68	Jaspers: Philosophie I, 73.

Gerade auch in den Naturwissenschaften führt nach Jaspers somit das Scheitern des Erkennens zum „Raum des Nichtwissens".

4.3 Heinrich Barth

Heinrich Barth war der vier Jahre jüngere Bruder des bekannteren Theologen und Begründers des evangelischen Kreises der *dialektischen Theologie* Karl Barth.[69] Der frühe Heinrich Barth hatte ebenso Bedeutung für die Ausbildung der *dialektischen Theologie*, war allerdings nicht nur Theologe, sondern gleichzeitig Philosoph. Heinrich Barth entwickelte seinen existenzphilosophischen Ansatz aus Gegenständen der Philosophie des *Marburger Neukantianismus* und der Theologie, sein früher Ursprungsgedanke geht mit dem Begriff der Gotteserkenntnis einher.[70] Im Folgenden soll nur in Ansätzen auf die Theologie Heinrich Barths eingegangen und vornehmlich Bezug auf jene seiner philosophischen Schriften genommen werden, in welchen jene Balance zwischen Welterkenntnis und Gotteserkenntnis deutlich wird und die sich somit als indirekte Rezeption einer ‚experimentellen Mystik' wie sie bei Nikolaus von Kues vorliegt, auszeichnen.

4.3.1 Theoretische Erkenntnis und existentielle Erkenntnis

Mag es auf den ersten Blick auch nicht so scheinen, so vertritt Heinrich Barth ebenso wie Karl Jaspers die Ansicht, dass die moderne Wissenschaft nicht der Schlüssel zur Erkenntnis des Ganzen sein kann. Sie kann, so ist sich auch Barth bewusst, bloß bestimmte Fragen an die Natur stellen und somit nur einen Teilbereich des Ganzen beantworten: Ebenso wie Jaspers will Barth die Philosophie vor einer ‚Nachzeichnung' der Wissenschaften und einem ‚sterilen Begriffe' ihrerselbst bewahren.[71]

---

69 Vgl. dazu Christian Graf: Ursprung und Krisis. Heinrich Barths existential-gnoseologischer Grundansatz in seiner Herausbildung und im Kontext neuerer Debatten (Schwabe Philosophica XII), Basel 2008, 121ff.

70 Vgl. Heinrich Barth: Gotteserkenntnis, in: Anfänge der dialektischen Theologie, Teil 1 Karl Barth – Heinrich Barth – Emil Brunner (Theolgische Bücherei, Neudrucke und Berichte aus dem 20. Jahrhundert 17), hg. v. Jürgen Moltmann, München 1966, 221–255; dazu Christian Danz: Existenz und Gott. Philosophie und Religion im Frühwerk Heinrich Barths, in: Existentielle Wahrheit. Heinrich Barths Philosophie im Spannungsfeld zwischen Wissenschaft, Kunst und christlichem Glauben (Philosophie Interdisziplinär 29), hg. v. Christian Graf/Harald Schwaetzer, Regensburg 2010, 152; Graf: Ursprung und Krisis, 48ff. Zu Heinrich Barth als Theologe vgl. auch Christian Danz: Ursprungsphilosophie und Theologiebegriff. Heinrich Barth im Kontext der dialektischen Theologie Karl Barths, in: Existenz. Genese, Umfeld und Facetten eines zentralen Begriffs Heinrich Barths (Philosophie Interdisziplinar 21), hg. v. Christian Graf/Harald Schwaetzer, Regensburg 2007.

71 Heinrich Barth: Philosophie der theoretischen Erkenntnis. Epistemologie (Philosophie Interdisziplinär 14), hg. v. Christian Graf/Alice Loos/Harald Schwaetzer, Regensburg 2005, 5, 55. Die Kursivierungen, Sperrungen und Unterstreichungen sind aus der von Christian Graf, Alice Loos und Harald Schwaetzer herausgegebenen

Nach Barth fällt theoretische Erkenntnis nicht mit dem Erkenntnisproblem „als solchem" zusammen, sondern betrifft bloß einen Teil des
Problems: „Theoretische Erkenntnis", so schreibt er, „ist Erkenntnis dessen, was <u>ist</u>. [...] Es ist dasjenige ‚ist' das in allem Urteil beschlossen ist
[...]"; insofern ist theoretische Erkenntnis Erkenntnis eines Seienden als
das, „was im Urteil als seiend angesprochen wird." [72] Unter theoretischer
Erkenntnis, wie sie sich Anfang des 20. Jahrhunderts darstellt, versteht
Barth demnach ebenso wie Karl Jaspers auch die reine Naturforschung.
Deshalb stellt er die Frage, ob „die Wissenschaft die Möglichkeiten sinn-
voller Fragestellung, die die Natur angehen" erschöpft, oder ob es „Möglichkeiten der Vertiefung in das, was ‚Wissen' und ‚Wissenschaft' bedeuten, die sich dem reinen Naturforscher entziehen"[73] gibt. Als übergreifenden Teil des Erkenntnisproblems setzt Barth die existentielle Erkenntnis
der theoretischen Erkenntnis entgegen.[74] Existentielle Erkenntnis ist gerade nicht theoretische Erkenntnis, sondern umfasst mehr, wie in dem von
Barth früher für existentielle Erkenntnis verwendeten Begriff der „Lebenserkenntnis", deutlich wird.[75] Das Erkenntnisproblem als Frage nach der
Erkenntnis der Wissenschaften kann, so erkennt Barth, nicht wiederum
mit dem Instrument derselben, d. h. mit theoretischer Erkenntnis beant-
wortet werden.[76] Nach Barth ist es die Aufgabe der Philosophie kritisch
über die Wissenschaften hinaus und damit gerade nach ihrer Voraussetzung zu fragen: *„Sie fragt dort weiter, wo von der Wissenschaft nicht mehr,
oder in unzulänglicher Weise, weitergefragt wird.*[77]

Existentielle Erkenntnis als Lebenserkenntnis steht für Barth in engem Bezug zur Erfahrung, d. h. zur Praxis als Lebenspraxis; „er denkt

---

Edition übernommen. Durch Kursivierungen sind Zufügungen Barths am Rande
gekennzeichnet, Sperrungen bezeichnen Unterstreichungen von Barth, durch Unterstreichungen sind Doppelunterstreichungen Barths gekennzeichnet, < > kennzeichnet supralineare Zufügungen Barths, ( ) und [ ] stammen von Barth selbst, << >>
kennzeichnet Zufügungen der Herausgeber.

[72] Barth: Philosophie der theoretischen Erkenntnis, 13.

[73] Barth: Philosophie der theoretischen Erkenntnis, 6.

[74] Barth bezieht sich hier wesentlich auf Immanuel Kants praktische Vernunft und im
Zuge dessen auf Søren Kierkegaard, der das Praktische zum ersten Mal in den Fokus
rückte. Neben der existentiellen Erkenntnis fügt Barth zudem die aesthetische Erkenntnis hinzu. Da diese in Bezug auf das hier behandelte Thema keinen besonderen
Stellenwert einnimmt und auch Barth in seiner Vorlesung *Philosophie der theoretischen Erkenntnis* die theoretische und die existentielle Erkenntnis in den Vordergrund
stellt, wird die aesthetische Erkenntnis im Folgenden nicht weiter behandelt. Vgl.
dazu Heinrich Barth: Philosophie des Aesthetischen (Philosophie Interdisziplinär
17), hg. v. Chrstian Graf/Cornelia Müller/Harald Schwaetzer, Regensburg 2006.

[75] Vgl. Christian Graf: Existentielle Wahrheit und Erkenntnis bei Heinrich Barth, in:
Existentielle Wahrheit. Heinrich Barths Philosophie im Spannungsfeld zwischen
Wissenschaft, Kunst und christlichem Glauben (Philosophie Interdisziplinär 29), hg.
v. Harald Schwaetzer/Christian Graf, Regensburg 2010, 17–44, hier 20.

[76] Vgl. Barth: Philosophie der theoretischen Erkenntnis, 53.

[77] Barth: Philosophie der theoretischen Erkenntnis, 54.

Erkenntnis selbst als Erfahrung. Als existentielle Erkenntnis hat Erkenntnis einen geradezu körperlich-aktuellen Aspekt sowie einen unmittelbaren Bezug zur Praxis."[78] Barth selbst bringt es auf den Punkt: „Existentielle Erkenntnis' ist übrigens nichts anderes, als was Kant unter ‚praktischer Vernunft' verstanden hat: Vernunft, die als solche ‚praktisch' ist."[79] Existentielle Erkenntnis ist nach Barth insofern praktisch als sie, „anders als die theoretische [Vernunft], die es mit ‚Wirklichkeit' zu tun habe, bezogen [sei] auf ‚Verwirklichung'".[80] Barth spricht hier von Existenz als Erscheinung und meint damit nicht Erscheinung als bloß auftauchendem Phänomen, sondern Erscheinung „in einer bestimmten, erst aufzuweisenden Bedeutung".[81] Erscheinung als Existenz, Erscheinung als ‚In-die-Erscheinung-Treten', hat praktischen Charakter, da mit ihr immer eine Entscheidung im Sinne eines Zukunftsentwurfes einhergeht. Dieser Vollzug der existentiellen Erkenntnis ist nicht zu werten wie eine Entscheidung, welche man nach gründlichem Abwägen fällt, sondern Existenz ist „aktuelle Erkenntnis dessen, was zu entwerfen vorzüglich ist."[82] Als vorzüglich kann allerdings nur erkannt werden, „indem es wirklich vollzogen wird! [...] Entscheidung zerlegt sich nicht in einen Akt der Theorie und einen solchen der ‚praktischen Ausführung'. Entscheidung ist aktualisierende Erkenntnis – Erkenntnis, die die Aktualisierung wesensmäßig in sich schließt."[83] Existentielle Erkenntnis ist demnach insofern praktisch als sie Erscheinung ist, die in Entscheidung, ausgerichtet auf das Vorzüglichste getroffen wird und auf ein Sollen zielt.[84] Im ‚In-die-Erscheinung-Treten' der Existenz vollzieht sich somit eine Vorwegnahme dessen, was der Mensch im Begriff ist in die Wirklichkeit hinein zu entwerfen. Das bedeutet nicht eine Vorwegnahme dessen, was als zukünftig schon gegeben ist und erkannt wird, sondern die Vorwegnahme „entwirft' was nicht vorhanden ist" und in einem „Sein-Sollen erkannt wird".[85]

Existentielle Erkenntnis kann folglich als eine Erkenntnis beschrieben werden, welche nicht, wie theoretische Erkenntnis, verdrängt, vernachlässigt oder ignoriert werden kann, da ihr Gegenstand nicht im theoretischen

---

78 Christian Graf: Heinrich Barth im Gespräch, in: Transzendenz, Bulletin der Heinrich Barth-Gesellschaft 18 (2010), 31–38, hier 38.

79 Heinrich Barth: Existenzphilosophie und neutestamentliche Hermeneutik, Abhandlungen, hg. v. Günther Hauff, Stuttgart 1967, 115.

80 Graf: Ursprung und Krisis, 71.

81 Barth: Existenzphilosophie, 41.

82 Barth: Existenzphilosophie, 42.

83 Barth: Existenzphilosophie, 43.

84 Zur praktischen Vernunft sowie zur Sollensproblematik bei Barth vgl. Graf: Ursprung und Krisis, 71–94.

85 Heinrich Barth: Grundriß einer Philosophie der Existenz (Philosophie Interdisziplinär 22), hg. v. Christian Graf/Cornelia Müller/Harald Schwaetzer, Regensburg 2007, 23; vgl. auch Barth: Existenzphilosophie, 42.

Sein liegt. Sie ist ein immer wieder aufs Neue ernst zu nehmender Akt des Erkennens, in welchem nicht ein im Urteil fixierbarer Inhalt zählt, sondern die Form „als das Ereignis der Erkenntnisaktualisierung, bzw. der performative Akt des Erkennens".[86] Existentielle Erkenntnis als Entscheidung zeichnet somit die Linie dessen, worauf je das eigene Leben aufgebaut wird, wodurch es seine Richtung erhält: Perspektiven, Tendenzen, Zielsetzungen, Überlegungen, Erwägungen, Pläne „verdichten" sich zur aktuellen Entscheidung.[87]

4.3.2 Existenz und Transzendenz – Mystik bei Heinrich Barth?

Von einer Mystik als *unio mystica*, als Überstieg hin zu einem Absoluten kann auch bei Heinrich Barth nicht die Rede sein: „Auch die Möglichkeiten seelischer Erfahrung erreichen keine unbedingte Transzendenz; nicht einmal die der mystischen Erfahrung [...] Es gibt also auch nach der seelischen Seite hin kein eindeutiges, absolutes Transzendieren [...]".[88] Dass Heinrich Barth auch nicht von einem Transzendieren im jasperschen Sinne ausgeht, durchaus aber von einer Transzendenz, macht er in einem Zitat deutlich:

> „In diesem [jasperschen] ,Transzendieren' darf also keine Aequivalenz für die wahre ,Transzendenz' gesehen werden. ,Transzendieren' dürfte nur bedeuten: ,Hinüberschreiten' in die Möglichkeit eines entworfenen Seins, zu der wir uns entschieden haben <<;>> *nicht aber ein Hinüberschreiten in eine Ordnung des Unbedingten. Weil man unter ,Transzendieren' auch das Letztere verstehen <könnte>, ist der Terminus mißverständlich und wird besser ausgeschaltet.* Darin, daß wir die Existenz in ihrem ,EXSISTERE' auf ein ,Sollen' beziehen und sie dabei nicht als einen Schritt in die Transzendenz auslegen, unterscheiden wir uns von andern Formen der Existenzphilosophie."[89]

Trotzdem – auch wenn die Existenz auf ein Sollen bezogen bleibt und daher nicht Transzendenz ist, steht Existenz als existentielle Erkenntnis, als praktische Entscheidung nach Barth in Bezug zu Transzendenz. Um diesen Bezug zu erläutern, müssen zunächst die Begriffe der transzendentalen Existenz (1) und der Transzendenz bzw. der transzendentalen Transzendenz (2) bei Barth geklärt werden.

[86]   Graf: Existentielle Wahrheit, 32.
[87]   Barth: Grundriß, 49.
[88]   Barth: Grundriß, 44.
[89]   Barth: Grundriß, 25f. Inigo Bocken bringt dieses Zitat in *Philosophie der Erscheinung* schon an.

4.3.2.1 Existenz

(1) Barth sieht es als philosophische Notwendigkeit an, „die Frage nach dem u r s p r ü n g l i c h e n   P r i n z i p der E x i s t e n z ; als dem ursprüng-lichen Prinzipe auch der e x i s t e n z i e l l e n   E r k e n n t n i s "[90] zu stel-len. Ein Verzicht auf ein begründendes Prinzip würde, so Barth, dahin führen, dass es „*überhaupt n i c h t s mehr zu f r a g e n gäbe*", „*denn wir hät-ten überhaupt keinen Anlaß, ,E x i s t e n z ', als das* e i n e *Problem <des Seins des> Menschen, ins Auge zu fassen.*"[91] Das mache die existentielle Sinnfrage eines jeden Einzelnen jedoch aus – der eine Sinn der Existenz in Bezug auf den Einzelnen, womit „schon ausgesprochen" sei, dass die „Aktualisierung der Existenz a u f   e i n e m ,P r i n z i p ' b e r u h t ; das ihre ,V o r a u s - S e t z u n g ' ist […]."[92]

Diese Voraussetzung aller Existenz, also aller Erkenntnis als existentieller Erkenntnis, nennt Barth Logos, der transzendentes Prinzip darstellt.[93] Auf Grund dieser transzendentalen Begründung der Existenz durch den Logos, wie Barth sie aus dem *Marburger Neukantianismus* übernimmt, kann er die Existenz auf ihre transzendentale Bedeutung zurückführen:

> „Uns geht es um die t r a n s z e n d e n t a l e   V o r a u s s e t z u n g
> d e r   e x i s t e n z i e l l e n   E r k e n n t n i s . Sie hat eine e r f ü l l t e
> Bedeutung; als der begründende LOGOS existenzieller Erkenntnis;
> in dessen Bedeutung das Moment der E x i s t e n z beschlossen ist.
> *Dies führt uns zu ,E x i s t e n z ' i n t r a n s z e n d e n t a l e r Bedeutung*
> *[…] Wenn wir von der Existenz nach ihrem ,Prinzip' zurückfragen,*
> *dann gelangen wir zu einer Bedeutung des transzendentalen Prinzips*
> *existenzieller Erkenntnis […].*"[94]

Als transzendentale Existenz steht Existenz in Bezug zu ihrem begründen-den transzendentalen Prinzip. In der von Barth als Logos bezeichneten transzendentalen Voraussetzung aller Erkenntnis findet sich aber gerade die Transzendenz als unübersteigbare, absolut-übergreifende Absolutheit: „In diesem prius der transzendentalen Voraussetzung aller möglichen und wirklichen Erkenntnis meinen wir die reine, kritisch einwandfreie und zugleich wahrhaft bedeutungsvolle ,Transzendenz' zu erkennen."[95] Der transzendentale Logos bei Barth ist demnach gleichzeitig als transzendent zu verstehen, Barth spricht auch von ,transzendentaler Transzendenz'.[96]

---

[90]   Barth: Grundriß, 46.
[91]   Barth: Grundriß, 45.
[92]   Barth: Grundriß, 46.
[93]   Vgl. Barth: Grundriß, 49.
[94]   Barth: Grundriß, 49.
[95]   Barth: Existenzphilosophie, 116.
[96]   Vgl. Harald Schwaetzer: Transzendentale Transzendenz – eine Annäherung via Kultur und Religion, in: Existentielle Wahrheit. Heinrich Barths Philosophie im

So kann Barth „vom Prinzip des ‚Transzendentalen' den Zugang zum Begriff der ‚Transzendenz' gewinnen [...]".[97]

Transzendenz ist demnach für Barth weder immanent noch eine jenseitige Zweitwelt. Sie ist zwar absolutes Prinzip, welches aber gerade auf Grund seines Prinzipseins transzendentalen Charakter hat: Die Transzendenz ist zwar absolut, ist aber Prinzip für die Existenz, deshalb nicht losgelöst von ihr, sondern sie begründend. Existenz ist „angewiesen auf die ihr von der Transzendenz her geschenkte Bestimmung".[98] Transzendenz ist somit in transzendentaler Existenz beschlossen. Da Existenz als das vom transzendentalen Prinzip Prinzipiierte auf dieses wesentlich bezogen ist, ist transzendentale Existenz auf transzendentale Transzendenz wesentlich bezogen.

4.3.2.2 Transzendenz

Der Transzendenz kommt nach Barth durchaus Göttliches zu. Wenn auch der christliche Gott in den philosophischen Schriften Barths nicht eigens thematisiert wird, und in Bezug auf Barths Denken der „Fehlschluss" vermieden werden muss, „den Ursprungsgedanken der Philosophie mit der Ursprungsmacht des lebendigen Gottes, wie er sich in den biblischen Texten offenbart, zu identifizieren",[99] macht Barth, wie Michael Hofer darlegt, dennoch deutlich, dass „die Bestimmungen der Transzendenz so etwas wie die notwendigen Eigenschaften des christlichen Gottes darstellen ohne die Gott nicht Gott ist, aber durch die Gott nicht Gott ist";[100] Christian Graf spricht von einer „tendenziellen Gleichsetzung von Ursprung und Gott";[101] Barth selbst räumt ein, dass „[...] solche transzendentale Transzendenz offenbar auch zur Bestimmung Gottes, als des Ursprungs [...] nicht untauglich sein"[102] kann. Nach Barth ist demnach die existentielle Haltung als immer wieder neuer Entwurf Transzendenz- bzw. Gottesbezug, Bezug zum

Spannungsfeld zwischen Wissenschaft, Kunst und christlichem Glauben (Philosophie Interdisziplinär 29), hg. v. Christian Graf/Harald Schwaetzer, Regensburg 2010, 103–122, hier 117.

97 Barth: Existenzphilosophie, 116.

98 Barth: Grundriß, 72f.; vgl. Barth: Erkenntnis, 502; vgl. Michael Hofer: Was heißt transzendentale Begründung der Existenz? in: Existentielle Wahrheit. Heinrich Barths Philosophie im Spannungsfeld zwischen Wissenschaft, Kunst und christlichem Glauben (Philosophie Interdisziplinär 29), hg. v. Harald Schwaetzer/Christian Graf, Regensburg 2010, 89–102, hier 93f.

99 So Armin Wildermuth in seiner *Einleitung* zu Barths *Philosophie der Praktischen Vernunft*, Basel 2010, IX.

100 Hofer: Was heißt transzendentale Begründung, 99.

101 Zum Gottesbegriff Barths vgl. Graf: Ursprung und Krisis, 48–62; Graf legt u. a. dar, inwieweit Barth das Gottesproblem in seiner Funktion für die Philosophie wahrnimmt.

102 Barth: Existenzphilosophie, 273.

Ursprungsprinzip als das, was Erkenntnis überhaupt ausmacht,[103] denn
die Gott-Ich Beziehung ist für Barth eine „Beziehung zwischen einem ver-
pflichtenden und freigebenden letzten Grund (Gott) und einem Ich, das
ausserhalb dieser Beziehung keine Wirklichkeit hat, sondern vielmehr in
ihr sich erst konstituiert".[104]

Vor diesem Hintergrund ist Barth letztlich einer Form von Mystik
nicht abgeneigt. Der „mystische Gedanke" der Anteilnahme des Wirklichen an der Ewigkeit Gottes sei, so Barth

> „[…] einer transzendentalphilosophischen Auslegung nicht unzu-
> gänglich. Es liegt in der Bedeutung der wirklichen Existenz, daß sie
> auf transzendierender, ewiger Existenz beruht. In diesem Sinne ist
> Transzendenz in ihrem Sein beschlossen. Ohne die Transzendenz
> des AETERNUM wäre Aktualisierung der Existenz in der Zeit
> nicht denkbar. Insofern ‚ist‘ in allem Zeitlichen ein Ewiges."[105]

Letztlich geht es Barth um das die Existenz begründende Bedeutungsmo-
ment, welches durchaus mit dem Gedanken eines mystischen Strebens
nach Gotteserkenntnis in Einklang gebracht werden kann.

4.3.3 Balance zwischen Welterkenntnis und transzendentaler Existenz: Theoretische Erkenntnis als Profil der Existenz

Nach dieser kurzen Erörterung des Verhältnisses von transzendentaler
Existenz und transzendentaler Transzendenz ist der erste Schritt hin zu
einer Balance zwischen Erkenntnis und Transzendenz getan. Inwieweit
aber spielt die Naturwissenschaft in der barthschen Erkenntnisphilosophie
eine Rolle und entspricht die barthsche Philosophie einer Philosophie der
Welt- (Naturwissenschaft) und gleichzeitig Gotteserkenntnis (Mystik) wie
sie bei Nikolaus von Kues und Karl Jaspers sich abzeichnet?

Wenn Heinrich Barth theoretische Erkenntnis und damit einhergehend naturwissenschaftliche Erkenntnis von existentieller Erkenntnis ab-
grenzt, so tut er dies weder im Sinne einer radikalen Trennung beider Gebiete, noch in einer abwertenden Haltung gegenüber naturwissenschaftli-

---

103 Nicht nur bzgl. des Transzendenzbezugs steht Heinrich Barth in engem Zusam-
     menhang mit Søren Kierkegaard. Barths gesamte Existenzphilosophie ist stark an
     Kierkegaard orientiert; vgl. dazu Heinrich Barth: Kierkegaard und der deutsche Idea-
     lismus, Vorlesung SS 1925 (unveröffentlicht); ders.: Geschichte und Offenbarung.
     Im Hinblick auf S. Kierkegaard, Vortrag gehalten im C.S.V. Basel am 27. Mai 1926,
     in: Nouvelles de l'ACSE. Association chretienne Suisse d'etudiants, Basel 1926; ders.:
     Kierkegaard der Denker. Vier Vorlesungen von Heinrich Barth, in: Zwischen den
     Zeiten, 4 (1926), 194–234; ders.: Von Hamann bis Kierkegaard, 1929 (unveröf-
     fentlicht); ders.: Das Paradox und die Philosophie, in: Phil.-theol. Rev., 5. Juni 1939
     (unveröffentlicht). Eine ausführliche vergleichende Studie liegt leider noch nicht vor.
104 Graf: Ursprung und Krisis, 58.
105 Barth: Grundriß, 121.

cher Erkenntnis.[106] Barth legt vielmehr in Philosophie der theoretischen Erkenntnis[107] ausführlich dar, dass existentielle Erkenntnis in Bezug zu Transzendenz und theoretische Erkenntnis (auch als naturwissenschaftliche Erkenntnis) in engem Zusammenhang stehen und sich demnach – auch bei Barth – beide Waagschalen der theoretischen, naturwissenschaftlichen Erkenntnis und der Gotteserkenntnis ausgleichen bzw. gegenseitig bedingen. Zwar geht Barth zunächst auf den Primat der existentiellen Erkenntnis vor der theoretischen ein und macht deutlich, dass existentielle Erkenntnis als praktische einen eigenen Bereich einnimmt. Er macht jedoch gleichzeitig deutlich, dass die theoretische Erkenntnis immer auch Teil der sie übergreifenden existentiellen Erkenntnis ist: „Wohl aber erweist sich theoretisches Erkennen als eine Möglichkeit der Aktualisierung der Existenz [...] Theoretische Erkenntnis ist ein *,Profil' der Existenz.*"[108]

Inwiefern theoretische Erkenntnis Profil der Existenz ist, macht Barth deutlich, indem er theoretische Erkenntnis in verschiedene Stufen einteilt[109] und diese als der existentiellen Erkenntnis zugehörig erklärt. Jede der insgesamt vier Erkenntnistypen hat allerdings in unterschiedlichem Maße an Existenz teil. Die erste und existentiell betrachtet unterste Stufe bildet die strenge Naturwissenschaft.[110] In diese gehe zwar das Wirkliche selbst nicht ein, wie Barth am Beispiel des Experimentes verdeutlicht, bei dem zahlreiche Elemente des Phänomens als „irrelevant" ausscheiden, „indem sie bei einer Beobachtung ,keine Rolle spielen'; die aber doch wirklich sind."[111] Trotzdem ist sie aber ein existentieller Akt, da auch die rein objekti-

---

[106] Vgl. etwa Barth: Gotteserkenntnis, 235; Barth: Existenzphilosophie, 46.

[107] Vgl. Harald Schwaetzer: Die Mehrdimensionalität der Vernunft. Theoretische Erkenntnis als Profil der Existenz bei Heinrich Barth, in: Existenz. Facetten, Genese, Umfeld eines zentralen Begriffs bei Heinrich Barth (Philosophie Interdisziplinär 21), hg. v. Harald Schwaetzer/Christian Graf, Regensburg 2007, 67–86.

[108] Barth: Philosophie der theoretischen Erkenntnis, 51.

[109] Barth: Philosophie der theoretischen Erkenntnis, 29 verweist schon vorher auf die Umschlossenheit der theoretischen Erkenntnis durch die existentielle Erkenntnis. Er rekurriert darauf, dass das unbedingte „S i c h - o f f e n - h a l t e n" der Theorie „f ü r d a s , w a s , i s t' [...] für die menschliche Existenz k a t a r t h i s c h e Bedeutung" hat und zeigt dadurch, dass die aristotelische unbeteiligte Haltung der Theorie „ihrerseits bereits ein existentielles Sich-Verhalten" ist. Harald Schwaetzer: Die Mehrdimensionalität, 74–75 geht auf diesen Punkt näher ein. Von dieser Problematik einer einfachen Trennung von theoretischer und existentieller Erkenntnis aus, entwickelt Barth die in dieser Arbeit beschriebenen Profile der Erkenntnis.

[110] Als weitere Stufen nennt Barth das Organische, die Anthropologie und existentielle Geschichtswissenschaft als Formen der theoretischen Vernunft, welche sogar zu einem größeren Teil von existentieller Erkenntnis umgriffen sind, da diese Stufen der Erkenntnis nicht auf Beobachtung, Objektivität und Feststellbarkeit ausgerichtet sind. Sie sind nach Barth zwar wissenschaftlich, aber nicht im Sinne der exakten Naturwissenschaften mechanistisch, empirisch oder deskriptiv, sondern richten sich auf darüber hinaus gehende Erkenntnis. Vgl. Barth: Philosophie der theoretischen Erkenntnis, 43ff.

[111] Barth: Philosophie der theoretischen Erkenntnis, 35. Barth geht mit dieser Aussage auch konform mit der Problematisierung der Beobachterunabhängigkeit, die oben in Bezug auf die experimentelle Naturwissenschaft diskutiert wurde.

ven Naturphänomene ein ,Sich-erscheinen-lassen' und somit Entscheidung voraussetzen. Barth verdeutlicht dies am Beispiel der Zeit, d. h. der Zeit im Sinne von Zeitphasen, im Gegensatz zu Zeit als bloßer Dimension.[112] Die naturwissenschaftliche Erkenntnis, so Barth, abstrahiere von der Zeit: „Sie supponiert die Zeit als eine Dimension, auf der sich die Bewegung abzeichnet."[113] Während naturwissenschaftliche Erkenntnis die Zeit außen vorzulassen scheint, lassen sich die Zeitphasen, wie Barth schreibt, jedoch „nicht prinzipiell ausschalten",[114] sondern bleiben vorausgesetzt. Dadurch ist auch das physikalische Geschehen ein Geschehen in der Zeit. Sein innerhalb der Zeitphasen aber setzt, so stellt Barth fest, Existenz voraus, da Zeitphasen, etwa die Zukunft, Möglichkeiten der Existenzaktualisierung bergen.[115] Der Erkennende kann sich etwa dazu entscheiden ein schwingendes Pendel rein ,sich-erscheinen-zu-lassen' oder in die Pendelbewegung aktiv einzugreifen. Welche Haltung aber immer eingenommen wird, sie setzt Entscheidung „zwischen z w e i o f f e n e n M ö g l i c h k e i t e n der Z u k u n f t "[116] voraus. Wenn auch, oder gerade weil in naturwissenschaftlicher Erkenntnis nicht der volle Wirklichkeitsgehalt getroffen wird, ist sie umgriffen von existentieller Erkenntnis, da der Bezug zu Zeit – und damit Existenz – den Gegenstand in existentielle Erkenntnis hebt. Durch die Einsicht Barths, dass naturwissenschaftliche Erkenntnis nicht in einen genau definierten Bereich einzugrenzen ist, sondern dass in der Zeitbezogenheit einer jeden Erkenntnis Existenz ,immer näher' rückt, wird deutlich, wie der Erkennende sich von dem, was er erkennt immer mehr „in Anspruch genommen"[117] fühlt.

Insofern theoretische Erkenntnis und damit Naturwissenschaft Profil der Existenz ist, d. h. von Existenz, welche immer transzendentale Existenz ist, umfasst ist, steht Naturwissenschaft in Ausrichtung auf Transzendenz. So wie existentielle Erkenntnis demnach auf ihre Bestimmung durch Transzendenz angewiesen ist, ist auch theoretische Erkenntnis, insofern sie Profil der Existenz ist, auf ihre Bestimmung durch Transzendenz angewiesen. Schon in seinem Aufsatz *Gotteserkenntnis* von 1919,[118] in dem Barth das Ursprungsprinzip als Gotteserkenntnis fasst und von da aus über eine reflexive Lebensphilosophie zu einer Philosophie der Existenz aufbricht,

---

112   Vgl. Barth: Philosophie der theoretischen Erkenntnis, 36: „*In der bloßen ,Dimension' stellt sich die Zeit nicht dar. Sein in der Zeit ist S e i n in den P h a s e n der Z e i t.*"
113   Barth: Philosophie der theoretischen Erkenntnis, 37.
114   Barth: Philosophie der theoretischen Erkenntnis, 37.
115   Vgl. Barth: Philosophie der theoretischen Erkenntnis, 39.
116   Barth: Philosophie der theoretischen Erkenntnis, 40.
117   Barth: Philosophie der theoretischen Erkenntnis, 43.
118   Den Aufsatz *Gotteserkenntnis* verfasste Barth im Zuge der Anfänge der dialektischen Theologie (vgl. dazu Jürgen Moltmann (Hg.): Anfänge der dialektischen Theologie, Teil 1 Karl Barth – Heinrich Barth – Emil Brunner (Theolgische Bücherei, Neudrucke und Berichte aus dem 20. Jahrhundert 17), München 1966, Teil 1, IX–XVIII; Graf: Ursprung und Krisis, 121ff.).

macht er die Bezogenheit zur göttlichen Transzendenz in allen Lebensbereichen deutlich: In allen Bereichen – einschließlich den Wissenschaften – besteht Gotteserkenntnis,[119] insofern diese Lebensbereiche als praktische Lebenserkenntnis, als von Entwurf und Entscheidung geprägt, d. h. als Profil der Existenz, wahrgenommen werden.

Auch Heinrich Barth, so kann festgehalten werden, hält in seiner Philosophie die Waagschalen von Gott und Welt, von Transzendenz und Naturwissenschaft in Balance. In der Naturwissenschaft als theoretischer Erkenntnis ist transzendentale Existenz aktualisiert, da theoretische Erkenntnis immer von existentieller Erkenntnis umfasst ist. Als von transzendentaler Existenz umgriffen ist Bezug zu transzendentaler Transzendenz vorhanden. Ebenso wie bei Karl Jaspers im Erforschen der Welt mit dem Wissen um die Grenzen der naturwissenschaftlichen Forschung Existenzwerdung in Bezug zur Transzendenz beginnt, so erkennt Heinrich Barth naturwissenschaftliche Erkenntnis der Welt als über die rein objektiv-räumliche Betrachtung hinausgehend als Profil der Existenz, welche in Bezug zur göttlichen Transzendenz steht. Von dieser Stufe aus kann Barth weiter gehen über die folgenden Profilstufen der Existenz bis hin zur Existenzphilosophie in welcher der „existentielle Akt auf sich selbst reflektiert.“[120] Auch bei Barth kann demnach das Erfassen der naturwissenschaftlichen Tätigkeit als existentieller Akt zu einem Gewahrwerden der existentiellen Erkenntnis als immer wieder neu zu treffender Entscheidung in Bezug auf Welt aber zugleich in Ausrichtung auf Gott führen.

4.4 Zusammenfassung

Obwohl die philosophischen Ansätze Heinrich Barths und Karl Jaspers' eine gänzlich andere Färbung einnehmen, stehen wissenschaftliche Welterkenntnis und existentieller Gottesbezug in engem Zusammenhang: Über die Erkenntnis in Welt kann eine Hinwendung zur Existenz und somit ein Gottes- bzw. Transzendenzbezug erlangt werden. In den Anschauungen der beiden wohl wichtigsten Vertreter der deutschen Existenzphilosophie spielt folglich, ähnlich wie bei Nikolaus von Kues, Welterkenntnis im Sinne von naturwissenschaftlicher Erkenntnis aber zugleich mystischer Gottesbezug gleichermaßen eine Rolle. Gerade die Naturwissenschaft ist gefordert, als an ihre Grenzen stoßend den erkennenden Menschen in Anspruch zu nehmen und über die Grenzen der Erkenntnis hinauszuführen.

---

[119] Armin Wildermuth führt dies an in der *Einleitung* zu Barths Philosophie der praktischen Verunft, X und verweist auf Barth: Gotteserkenntnis, 251f.
[120] Schwaetzer: Die Mehrdimensionalität, 85.

Fazit

Wird es auch im cusanischen Werk nicht ausdrücklich benannt, so entwickelt Nikolaus von Kues ein Konzept einer ‚experimentellen Mystik', welches in seiner Ganzheit vor allem in den *Idiota*-Büchern seinen Ausdruck findet. In der Zusammenschau von *Idiota de mente*, *Idiota de sapientia* und *Idiota de staticis experimentis* ist das cusanische Konzept der Koinzidenz von experimenteller Welterkenntnis (*De staticis experimentis*) und mystischer Gotteserkenntnis (*De sapientia*) im menschlichen Geiste (*De mente*) besonders deutlich in seiner ineinsfallenden Dreiteilung dargestellt. Letztlich jedoch zieht sich dieser für seine *mystica theologia* charakteristische Ineinsfall durch die gesamte aenigmatische Philosophie des Nikolaus von Kues, als Anleitung zum experimentellen Vollzug des Geistes auf dem Weg zum mystischen *experimentum* (als Experiment im modernen sowie als mystische Erfahrung im traditionellen Sinne) des *intellectus*.

Die mystische *visio* Gottes, die Cusanus in *De visione Dei* thematisiert, ist letztlich, so wurde in dieser Arbeit dargelegt, nichts anderes als die Ausrichtung des Geistes auf die Welt in mutmaßendem Selbstvollzug. Wird dieser kreative Vollzug als solcher als höchstes Abbild der göttlichen Schöpfungskraft eingesehen, kann die vor aller Erkenntnis stehende Unendlichkeit nichterkennend erkannt werden, da mit dem sich bildenden Vollzug des Geistes an ihr partizipiert wird. Die Erkenntnis der Dinge in der Welt stellt letztlich den Weg zu Gott dar, insofern der intellekthafte Vollzug als solcher in Blick genommen werden kann und dadurch der absolute Begriff vor jeder Begriffsbildung erahnt wird.

Die experimentelle Naturwissenschaft als Paradigma für die genaueste Welterkenntnis des Menschen, und somit auch das dritte Werk der *Idiota*-Dialoge, *De staticis experimentis*, nimmt einen besonderen Stellenwert in zweierlei Hinsicht ein:

Erstens beweist Cusanus in dem Werk über die Versuche mit der Waage ein neues Bewusstsein für die konjekturale Erforschung der Welt durch die experimentelle Methode. Die Experimente in *De staticis experimentis* erfüllen die Kriterien eines modernen Experiments; sie können als methodische, grundsätzlich wiederholbare Beobachtung bezeichnet werden, was sie zu einer künstlichen Erfahrung macht. Das Kriterium der Beobachterunabhängigkeit für das moderne Experiment, welches in der modernen Naturwissenschaft durchaus vertreten wird, ist in Frage gestellt. Das naturwissenschaftliche Experiment stellt ein Wagnis dar, denn, mag auch das sachliche Ergebnis unabhängig vom Beobachter das gleiche sein – die Waage zeigt die gleiche Gewichtsdifferenz an, egal, wer das Experiment ausführt – so ist das Experiment je nach Experimentator immer ein anderes, da je eigene Schlüsse, Mutmaßungen und Konsequenzen entstehen.

Zweitens fungieren die Experimente in dem Werk über die Waage als ‚aenigmatische Experimente‘, d. h. als auf die Unendlichkeit in Welt und Gott ‚hinweisende *aenigmata*‘. Durch die Experimente wird der menschliche Geist angeregt, sich selbst, ebenso wie die Waage beim Experimentieren, immer mehr an die Unendlichkeit heranzutasten. Am ‚aenigmatischen Experiment‘ wird zudem deutlich, dass der menschliche Geist in aenigmatischer Schau eben genau jene experimentelle Bewegung selbst vollzieht: Der Geist als Erkenntnisinstrument (Waage) führt eine methodische, beliebig oft wiederholbare Erkenntnis herbei und stellt eine selbst herbeigeführte, künstliche Erfahrung her; das ‚experimentelle *aenigma*‘ erfüllt damit die Kriterien des modernen Experiments. Letztlich können ‚aenigmatisches Experiment‘ und ‚experimentelles *aenigma*‘ als Einheit angesehen werden, in welcher der Fokus entweder auf dem Initiator für die geistige Bewegung, oder auf der geistigen Bewegung selbst liegt.

Der Wagnischarakter tritt beim Experiment als ‚aenigmatischem Experiment‘ sowie beim ‚experimentellen *aenigma*‘ noch deutlicher zutage: Der Experimentator lässt sich darauf ein, sich durch die im ‚aenigmatischen Experiment‘ aufgezeigte Idee der unendlichen Wahrheitssuche zu eigenem unendlichem Mutmaßen anregen zu lassen und somit das Experiment in seinen Geist zu übertragen. Das methodische Mutmaßen hin auf das Ziel der Nichterkennbarkeit ist letztlich der experimentelle Vollzug des Geistes (‚experimentelles *aenigma*‘). Dieses *experimentum* kann in ein inneres Verändertwerden im Sinne einer Einsicht, welche über alles rationale Verständnis hinausgeht, in mystisches *experimentum* führen. An diesem Punkt – im ‚experimentellen *aenigma*‘ als der experimentellen Tätigkeit des Geistes, welche in eine Einsicht des Nichterkennens und somit in eine Berührung der Unendlichkeit mündet – koinzidieren die Konzepte des modernen *experimentum* und des mystischen *experimentum*. An den *Idiota*-Dialogen wird dieser Ineinsfall an den Formen von *experiri* in einerseits *De sapientia* in mystischer Bedeutung und andererseits *De staticis experimentis* in modern-naturwissenschaftlicher Bedeutung deutlich. Aber auch in *De visione Dei* zeigt sich die Koinzidenz: Ausgehend von einem sinnlichen *experimentum* in modernem Sinne, dem Experiment an der Ikone, können die Mönche über die experimentelle Tätigkeit ihres Geistes in das mystische *experimentum* der *visio Dei* gelangen.

Durch diese Koinzidenz der Weltzugewandtheit und Gotteszugewandtheit im modernen und zugleich mystischen *experimentum* ist die These belegt, dass Cusanus’ mystische Theologie eine ‚experimentelle Mystik‘ darstellt, in welcher der Weg durch die Welt zu Gott führt bzw. diese beiden *viae* miteinander koinzidieren.

Während alle Dinge oder Begriffe, die Experimente in *De staticis experimentis* ebenso wie die Ikone oder der Nussbaum in *De visione Dei* als aenigmatische Wegweiser fungieren können, und damit eine erste von insgesamt vier angenommenen Ebenen von *aenigmata* im cusanischen Werk – die der ‚hinweisenden *aenigmata*‘ – benannt ist, kristallieren sich in der Untersuchung des Experimentes im cusanischen Werk weitere Ebenen heraus. Die *aenigmata* des Berylls und des Spiegels können als die aenigmatische Schau in sich ‚reflektierende *aenigmata*‘ bezeichnet werden: Durch das Putzen der Brille und des Spiegels, das heißt durch die immer genauere – aber niemals Genauigkeit erreichende – Schau des Geistes, welche sich selbst immer besser reinigt, wird der Vollzug des Geistes im Bild der zu reinigenden Brille und des Spiegels reflektiert.

Die Tatsache, dass der menschliche Geist im aenigmatischen Vollzug genau jene Tätigkeit ausführt, welche im Experiment ausgeführt wird – er experimentiert – und damit jedes *aenigma* in der cusanischen Philosophie als ‚experimentelles *aenigma*‘ experimentellen Charakter annimmt, zeichnet das Experiment als *aenigma* aus, welches der Vollzug selbst ist und deshalb als ‚performatives *aenigma*‘ fungiert. Auf dieser dritten Ebene findet sich neben dem Experiment das *aenigma* des Globusspiels, welches ebenfalls diese performative Funktion einnimmt. Das Spielen des Globusspiels stellt, ebenso wie das Experimentieren, einen Vollzug der höchsten Selbsterkenntnis aus umfassend anthropologischer Sicht dar.

Auf der vierten Ebene des ‚inhaltslos-prozessualen *aenigma*‘ findet sich das *aenigma* des *non-aliud*. Als ohne nominale Bestimmung auf den reinen Prozess des Geistes verweisend stellt es den genauesten aller Gottesnamen dar.

Durch diese Ebenen der *aenigmata* ist ein Kriterium zur Beurteilung der unterschiedlichen Sinnbilder im cusanischen Werk geschaffen. Das ‚performative *aenigma*‘ bleibt das stärkste: In ihm ist die mystische Theologie des Cusanus als experimentelle Bewegung des Geistes beim aenigmatischen Erkenntnisvollzug von Welt und gleichzeitig Gott verkörpert.

Nehmen auch Spiel und Experiment den gleichen Stellenwert in der cusanischen Aenigmatik ein, so bleibt im Ausblick auf die Moderne der Fokus weiterhin auf die experimentelle Naturwissenschaft gerichtet. Einerseits auf Grund des in der Arbeit gesetzten Schwerpunkts, der ‚experimentellen Mystik‘, andererseits, da die experimentelle Naturwissenschaft jenen Faktor darstellt, welcher dadurch, dass er die moderne westliche Welt primär charakterisiert und die Ausrichtung sowie das Weltbild der heutigen Gesellschaft maßgeblich bestimmt, den gewichtigeren Stellenwert im Hinblick auf die Entwicklung sowie das Selbstverständnis des Menschen seit der frühen Neuzeit einnimmt.

Der cusanische Ansatz einer ‚experimentellen Mystik‘ – zumindest als Balance zwischen naturwissenschaftlicher Welterkenntnis und mystischem Transzendenzbezug – ist trotz der um die Jahrhundertwende ihren Kulminationspunkt erreichenden und alle Lebensbereiche dominierenden Naturwissenschaft im 20. Jahrhundert nach wie vor präsent; gewissermaßen sogar gerade auf Grund dieser einseitigen Entwicklung und dem Bedürfnis nach Alternativen. In der Existenzphilosophie, in welcher der Fokus auf den Menschen als Ganzes gelegt wird, kann bei Karl Jaspers sowie bei Heinrich Barth eine Technikkritik nicht im Sinne einer Fortschrittsablehnung, trotzdem aber im Sinne eines bedachten Umgangs mit dem Fortschritt und mithin mit den modernen Naturwissenschaften insgesamt beobachtet werden. Bei Karl Jaspers dient die Erkenntnis in den Wissenschaften als Umschlagpunkt für die Unendlichkeit in Gott, genauer in göttlicher Transzendenz. Heinrich Barth erkennt die theoretische Erkenntnis und mithin die moderne Naturwissenschaft als Profil der Existenz an. Der Bezug der Naturwissenschaften zur göttlichen Transzendenz ist bei Barth durch die Bestimmung der transzendentalen Existenz gegeben.

Somit lässt sich schließen, dass bei Nikolaus von Kues im Zuge eines Wissenschaftsoptimismus gerade die exakte Naturwissenschaft zu der Suche nach Gott anregt, während in der Existenzphilosophie gerade der Wissenschaftspessimismus den Weg zum Göttlichen – aber durchaus Hand in Hand mit den modernen Entwicklungen der Wissenschaften – wiedereröffnet. Wenn also der Primat der Naturwissenschaften ab dem 20. Jahrhundert die Offenheit für eine mystische Komponente immer mehr zu verdrängen scheint, so zeigt sich nicht zuletzt an der noch relativ jungen Ausprägung der Existenzphilosophie, dass die Waage des menschlichen Geistes ihr Gegengewicht immer wieder finden kann, um zu einem *experimentum* zu gelangen, durch welches die vermeintlich verstehbare, weil verwissenschaftlichte Welt momenthaft verlassen, und zu einer Berührung des Ganzen in Bezug zu Transzendenz gelangt werden kann. Dies zeigen auch Entwicklungen der gegenwärtigen philosophischen und naturwissenschaftlichen Debatten. Trotz Max Webers Diagnose von der „Entzauberung der Welt" Anfang des 20. Jahrhunderts – Max Weber war ein geschätzter Zeitgenosse Heinrich Barths und Karl Jaspers' –, welche jenen „Prozeß der Rationalisierung, die im Okzident alle Lebensbereiche durchdrang"[1] verdeutlicht, wird eine Balance und gar eine Koinzidenz beider Bereiche gerade in der Welt der modernen Naturwissenschaft wieder möglich – es scheint in der komplexen Welt der Wissenschaften zu einer Wiederverzauberung der Welt gerade durch sie zu kommen, da der Fortschritt des Forschens und des Wissens immer wieder und möglicherweise mit größerer Intensität auf den Bereich des Nichtwissens, auf die Grenzen des rational Untersuchbaren stößt. Dadurch wird das Bewusstsein für das ‚Mehr' der Philosophie gegenüber der modernen Wissenschaft als nicht rational Erklärbares, aber darüber Hinausgehendes, geweckt.[2] Weiterhin deutet sich

---

1   Max Weber: Gesammelte Aufsätze zur Religionsphilosophie I, Tübingen 1922, 1f., (zit. n. Vondung/Pfeiffer (Hg.): Jenseits der entzauberten Welt, 7).

2   Klaus Vondung und K. Ludwig Pfeiffer bringen im ersten Band der Reihe *Mystik und Moderne* mit dem Titel *Jenseits der entzauberten Welt* das exemplarische Mystik von

die Einsicht des wissenden Nichtwissens an, wie sie sich bei Nikolaus von Kues in seinem kreativen Sammeln von (rationalen) Begriffen sowie in seinem ,aenigmatischen Experiment' und auf ähnliche Weise bei Karl Jaspers' Diskussion der Freiheit in Bezug zu göttlicher Transzendenz zeigt: Der forschende Wissenschaftler und Experimentator wird sich inmitten seiner rationalen Weltannäherung einer allem vorausgehenden Absolutheit bewusst. Die Waagschalen von Welt und einer Idee von Transzendenz, mögen sie auch in ein Ungleichgewicht gekommen sein, finden immer wieder auch ihr Gleichgewicht, das Bewusstsein für eine ,experimentelle Mystik' im cusanischen Sinne – wenn auch in anderer Färbung und unter anderen Voraussetzungen – bleibt weiterhin vorhanden.

Werner Heisenbergs Erfahrung bei seinem Durchbruch zur Quantenmechanik: „Ich hatte das Gefühl, durch die Oberfläche der atomaren Erscheinungen hindurch auf einen tief darunter liegenden Grund von merkwürdiger innerer Schönheit zu schauen", (zit. n. Vondung/Pfeiffer (Hg.): Jenseits der entzauberten Welt, 12). Vondung und Pfeiffer deuten dieses Erlebnis als mystisches Element hinter der Erklärbarkeit wissenschaftlicher Objekte. Auch etwa Anna-K. Mayer: Vervollkommnung aller Dinge. Die Bekehrungen von Frank Sherwood Taylor und Joseph Needham, in: Jenseits der entzauberten Welt. Naturwissenschaft und Mystik in der Moderne (Mystik und Moderne I), hg. v. K. Ludwig Pfeiffer/Klaus Vondung, München 2006, 99–120 befasst sich in ihrem Beitrag mit dem Phänomen von einem Zusammenhang zwischen modern-naturwissenschaftlicher und persönlich-mystischer Erfahrung, indem sie von dem Bedürfnis der Chemiker Frank Sherwood Taylor und Joseph Nedham nach „persönlicher Einheit" während wissenschaftlicher Untersuchungen berichtet, und dieses Erlebnis als „Bekehrung" bezeichnet. Vgl. ferner auch Mutschler: Gemeinsam mehr von der Welt wissen. Mutschler geht zumindest von einer indirekten Vermittlung zwischen Naturwissenschaft und ,Spiritualität' aus.

Verzeichnis der verwendeten Literatur

Werke: Nikolaus von Kues

[h]. Nicolai de Cusa Opera omnia iussu et auctoritate Academiae litterarum Heidelbergensis, Lipsiae 1932sqq., Hamburgi 1959sqq

h I: De docta ignorantia, ed. Ernst Hoffmann/Raymond Klibansky, Leipzig 1932.

h II: Apologia doctae ignorantiae, ed. Raymond Klibansky, Hamburg ²2007.

h III: De coniecturis, ed. Joseph Koch/Karl Bormann, Hamburg 1972.

h IV: De deo abscondito. De quaerendo Deum. De filiatione Dei. De dato patris luminum. Coniectura de ultimis diebus. De genesi, ed. Paul Wilpert, Hamburg 1959.

h V: De sapientia, de mente, ed. Renate Steiger, Hamburg ²1983.

h VI: De visione Dei, ed. Heide D. Riemann, Hamburg 2000.

h IX: Dialogus de ludo globi, ed. Hans G. Senger, Hamburg 1998.

h X/1: De aequalitate (vita erat lux hominum) et appendicem Responsio de intellectu evangelii Ioannis (quomodo ratio divina sit vita), ed. Hans G. Senger, Hamburg 2001.

h XI/1: De beryllo, ed. Hans G. Senger/Karl Bormann, Hamburg ²1988.

h XI/2: Trialogus de possest, ed. Renate Steiger, Hamburg 1973.

h XI/3: Compendium, ed. Bruno Decker/Karl Bormann, Hamburg 1964.

h XII: De venatione sapientiae. De apice theoriae, ed. Raymond Klibansky/Hans G. Senger, Hamburg 1982.

h XIII: Directio speculantis seu de non aliud, ed. Ludwig Baur/Paul Wilpert, Leipzig 1944.

h XVI: Sermones I (1430–1441), Sermo I–XXVI, ed. Rudolf Haubst/Martin Bodewig/Werner Krämer/Heinrich Pauli, Hamburg 1991.

Epistula ad Nicolaum Bononiensem, abgedruckt in: Cusanus-Texte: IV. Briefwechsel des Nikolaus von Kues: Dritte Sammlung: Das Vermächtnis des Nikolaus von Kues. Der Brief an Nikolaus Albergati nebst der Predigt in Montoliveto (1463) (Sitzungsberichte der Heidelberger Akademie der Wissenschaften, Philosophisch-Historische Klasse, Jg. 1955, 2. Abh.), hg. v. Gerda v. Bredow, Heidelberg 1955.

Werke: Nikolaus von Kues (Übersetzungen)

Philosophisch-theologische Werke, 4 Bde. (PhB Sonderausgabe), lat. Texte entnommen der kritischen Edition der Heidelberger Ausgabe Nicolai de Cusa opera omnia, Neuauflage von: Nikolaus von Kues. Schriften in dt. Übersetzung. Im Auftrag der Heidelberger Akademie der Wissenschaften hg. v. Ernst Hoffmann/Paul Wilpert/Karl Bormann 1988–2002, m. einer Einleitung v. Karl Bormann, Hamburg 2002.

De staticis experimentis. Der Laie und die Versuche mit der Waage (Philosophisch-Theologische Schriften III. Studien- und Jubiläumsausgabe), hg. v. Leo Gabriel, übers. u. komm. v. Dietlind Dupré/Wilhelm Dupré, Wien 1967.

Complementum Theologicum. Theologische Ergänzungen (Philosophisch-Theologische Schriften III. Studien- und Jubiläumsausgabe), hg. v. Leo Gabriel., übers. u. komm. v. Dietlind Dupré/Wilhelm Dupré, Wien 1967.

Briefe und Dokumente zum Brixner Streit. Kontroverse um die Mystik und Anfänge in Brixen (1450–1455) Bd. 1, hg. v. Wilhelm Baum/Raimund Senoner, Wien 1998.

Textauswahl in deutscher Übersetzung, hg. v. Institut für Cusanus-Forschung an der Universität und der Theologischen Fakultät Trier:

Heft 8: De quaerendo Deum. Gott suchen, eingel. u. übers. v. Harald Schwaetzer, Trier 2009.

Heft 3: De visione Dei, übers. v. Helmut Pfeiffer, Trier 1986.

Heft 7: „Ein lebendiges Loblied Gottes". Cusanus' Gedenkbüchlein für Nikolaus von Bologna, eingel. u. übers. v. Harald Schwaetzer/Kirstin Zeyer, Trier 2006.

Heft 5: Über Gotteskindschaft, übers. v. Harald Schwaetzer, Trier 2001.

Literatur

Aichele, Alexander: Philosophie als Spiel. Platon – Kant – Nietzsche, Berlin 2000.
Alanus ab insulis: De planctu naturae. Die Klage der Natur, Übers. u. philologisch-philosophiegeschichtlicher Kommentar v. Johannes B. Köhler (Texte und Studien zur Europäischen Geistesgeschichte A 2), Münster 2013.
Albertini, Tamara: Mathematics and Astronomy, in: Introducing Nicholas of Cusa. A Guide to a Renaissance Man, hg. v. Christopher M. Bellitto/ Thomas M. Izbicki/Gerald Christianson, New York/Mahwah, N.J. 2004, 373–406.
Albertus Magnus: Ausgewählte Texte (Texte zur Forschung 35), hg. v. Albert Fries, Darmstadt 1987.

André, João Maria: Die Metapher der „Mauer des Paradieses", in: Intellectus und Imaginatio. Aspekte geistiger und sinnlicher Erkenntnis bei Nicolaus Cusanus, hg. v. João Maria André/Gerhard Krieger/Harald Schwaetzer (Bochumer Studien zur Philosophie 44), Amsterdam/Philadelphia 2006, 31–42.

Aristoteles: Metaphysik. Schriften zur ersten Philosophie. (ΤΑ ΜΕΤΑ ΤΑ ΦΥΣΙΚΑ), übers. u. hg. v. Franz F. Schwarz, Stuttgart 2005.

Augustinus: De trinitate = Des Heiligen Kirchenvaters Aurelius Augustinus fünfzehn Bücher über die Dreieinigkeit. Des heiligen Kirchenvaters Aurelius Augustinus ausgewählte Schriften Bd. 11 (Bibliothek der Kirchenväter 2, 13) Kempten/München, 1935.

Austeda, Franz: Moderne Philosophie. Probleme, Positionen, Profile (Rombach-Hochschul-Paperback 40), Freiburg 1972.

Bacher, Christiane: Aenigmatic experiment and play – playful and experimental *aenigma*, in: Tagungsband zur Ersten Internationalen Jungcusanertagung in Buenos Aires (vorauss. 2015).

Dies.: Idiota de sapientia, Idiota de mente, Idiota de staticis experimentis. Der Laie über die Weisheit, Der Laie über den Geist, Der Laie über Versuche mit der Waage, in: Handbuch Nikolaus von Kues. Leben und Werk, hg. v. Marco Brösch/Walter Andreas Euler/Alexandra Geissler, Viki Ranff, Münster 2014, 179-191.

Dies.: Freiheit und Gottesannäherung bei Cusanus und Jaspers, in: Der Bildbegriff bei Meister Eckhart und Nikolaus von Kues (Texte und Studien zur Europäischen Geistesgeschichte B), hg. v. Harald Schwaetzer/Marie-Anne Vannier, Münster 2015, 255-268.

Dies.: ‚Performative *aenigmata*‘ bei Nikolaus von Kues, in: Cusanus 2014 (Texte und Studien zur Europäischen Geistesgeschichte B), hg. v. Tilman Borsche/Harald Schwaetzer, Münster (vorauss. 2015).

Dies.: The role of freedom in Nicholas of Cusa's idea of the *mens humana*, in: La cuestión del hombre en Nicolás de Cusa: Fuentes, originalidad y diálogo con la modernidad, hg. v. Claudia D'Amico/Jorge M. Machetta, Buenos Aires (vorauss. 2015).

Dies.: Wissenschaft und Intellektmystik bei Nikolaus von Kues, in: Coincidentia. Zeitschrift für europäische Geistesgeschichte 4/1 (2013), 7–24.

Barth, Heinrich: Das Paradox und die Philosophie, in: Phil.-theol. Rev., 5. Juni 1939 (unveröffentlicht).

Ders.: Existenzphilosophie und neutestamentliche Hermeneutik. Abhandlungen, hg. v. Günther Hauff, Stuttgart 1967.

Ders.: Geschichte und Offenbarung. Im Hinblick auf S. Kierkegaard, Vortrag gehalten im C.S.V. Basel am 27. Mai 1926, in: Nouvelles de l'ACSE. Association chretienne Suisse d'etudiants, Basel 1926.

Ders.: Gotteserkenntnis, in: Anfänge der dialektischen Theologie, Teil 1 Karl Barth – Heinrich Barth – Emil Brunner (Theolgische Bücherei, Neudrucke und Berichte aus dem 20. Jahrhundert 17), hg. v. Jürgen Moltmann, München 1966, 221–255.

Ders.: Grundriß einer Philosophie der Existenz (Philosophie Interdisziplinär 22), hg. v. Christian Graf/Cornelia Müller/Harald Schwaetzer, Regensburg 2007.

Ders.: Kierkegaard der Denker. Vier Vorlesungen von Heinrich Barth, in: Zwischen den Zeiten, 4 (1926), 194–234.

Ders.: Kierkegaard und der deutsche Idealismus, Vorlesung SS 1925 (unveröffentlicht).

Ders.: Philosophie der theoretischen Erkenntnis. Epistemologie (Philosophie Interdisziplinär 14), hg. v. Christian Graf/Alice Loos/Harald Schwaetzer, Regensburg 2005.

Ders.: Philosophie des Aesthetischen (Philosophie Interdisziplinär 17), hg. v. Christian Graf/Cornelia Müller/Harald Schwaetzer, Regensburg 2006.

Ders.: Von Hamann bis Kierkegaard, 1929 (unveröffentlicht).

Beierwaltes, Werner: Identität und Differenz. Zum Prinzip cusanischen Denkens (Rheinisch-Westfälische Akademie der Wissenschaften, Vorträge Geisteswissenschaften G220), Opladen 1977.

Ders.: Visio Absoluta. Reflexion als Grundzug des göttlichen Prinzips bei Nicolaus Cusanus. (Sitzungsberichte der Heidelberger Akademie der Wissenschaften, Philosophisch-historische Klasse 1978, 1), Heidelberg 1978.

Ders.: Visio Facialis. Sehen ins Angesicht. Zur Coinzidenz des endlichen und unendlichen Blicks bei Cusanus (Sitzungsberichte der Bayerischen Akademie der Wissenschaften, Philosophisch-Historische Klasse 1988, 1), München 1989.

Bergmans, Luc: Nicholas of Cusa's vanishing geometrical figures and the mystical tradition of ‚Entbildung‘, in: MFCG 29 (2005), 313–322.

Bialas, Volker: Zur Cusanus Rezeption im Werk von Johannes Kepler, in: Nikolaus von Kues. Vordenker moderner Naturwissenschaft? (Philosophie Interdisziplinär 7), hg. v. Klaus Reinhardt/Harald Schwaetzer, Regensburg 2003, 45–53.

Blumenberg, Hans: Die Legitimität der Neuzeit, Frankfurt a. M. 1966.

de Boer, Hendryk: Plädoyer für den Idioten. Bild und Gegenbild des Gelehrten in den Idiota-Dialogen des Nikolaus von Kues, in: Concilium Medii Aevi 6 (2003), 195–237.

Bocken, Inigo: Der Kampf um Kommunikation. Karl Jaspers existenzielle Cusanus-Lektüre, in: Cusanus-Rezeption in der Philosophie des 20. Jahrhunderts (Philosophie Interdiszipinär 13), hg. v. Harald Schwaetzer/Klaus Reinhardt, Regensburg 2005.

Ders.: Die Zahl als Grundlage der Bedeutung bei Nikolaus von Kues, in: MFCG 29 (2005), 201–220.

Ders.: Die Kunst des Sammelns. Philosophie der konjekturalen Interaktion nach Nicolaus Cusanus (Texte und Studien zur Europäischen Geistesgeschichte B 6), Münster 2014.

Ders.: Die Kunst des Spiegelns und die Kunst des Sammelns. Nicolaus Cusanus und die flämische Malerei, in: Spiegel der Seele. Reflexionen in Mystik und Malerei (Texte und Studien zur Europäischen Geistesgeschichte B 3), Münster 2012.

Ders.: *Imitatio* und *creatio* bei Cusanus und Van Eyck. Die neue Bedeutung des Betrachters im 15. Jahrhundert, in: „Videre et videri coincidunt". Theorien des Sehens in der ersten Hälfte des 15. Jahrhunderts (Texte und Studien zur Europäischen Geistesgeschichte B 1), hg. v. Wolfgang Christian Schneider [u. a.], Münster 2011, 195–207.

Ders.: Kommunikation und Mutmaßung. Versuch eines Vergleichs zwischen Jaspers' Idee der Kommunikation und Nikolaus von Kues' Kunst der Mutmaßung, in: Karl Jaspers. Philosophy on the way to „world philosophy", hg. v. L. H. Ehrlich/R. Wisser, Würzburg 1998.

Ders.: Konkrete Universalität – die performative Wahrheit der Konjekturen bei Nicolaus Cusanus, in: Singularität und Universalität im Denken des Cusanus. Beiträge der 5. Jungcusanertagung 11.–13. Oktober 2012 (Philosophie Interdisziplinär), hg. v. Christian Ströbele, Regensburg 2015, 73–88 (im Druck). (Der Aufsatz wurde freundlicherweise von Prof. Dr. Inigo Bocken zur Verfügung gestellt. Die Seitenangabe in der Arbeit richtet sich nach der Manuskriptfassung.)

Ders.: Philosophie der Erscheinung und Psychologie der Weltanschauung. Heinrich Barth und Karl Jaspers, in: Existenz. Facetten, Genese, Umfeld eines zentralen Begriffs bei Heinrich Barth (Philosophie Interdisziplinär 21), hg. v. Harald Schwaetzer/Christian Graf, Regensburg 2007, 139–161.

Ders.: Reflexionen – Die Kunst des Spiegelns und die Kunst des Sammelns. Nicolaus Cusanus und die flämische Malerei, in: Spiegel der Seele. Reflexionen in Mystik und Malerei (Texte und Studien zur Europäischen Geistesgeschichte B 3), Münster 2012.

Bonaventura: Itinerarium mentis in Deum – Der Pilgerweg des Menschen zu Gott, lat.-dt. übers. u. erl. v. Marianne Schlosser (Theologie der Spiritualität. Quellentexte 3), Münster 2004.

Bond, H. Lawrence: Mystical Theology, in: Introducing Nicholas of Cusa. A Guide to a Renaissance Man, hg. v. Christopher M. Bellitto/Thomas M. Izbicki/Gerald Christianson, New York/Mahwah, N.J. 2004, 205–231.

Borsche, Tilman: Das Bild von Licht und Farbe in den philosophischen Meditationen des Nikolaus von Kues, in: „videre et videri coincidunt". Theorien des Sehens in der ersten Hälfte des 15. Jahrhunderts (Texte und Studien zur Europäischen Geistesgeschichte B 1), hg. v. Wolfgang Christian Schneider/Harald Schwaetzer [u. a.], Münster 2011, 163–181.

Ders.: Der Dialog – im Gegensatz zu anderen literarischen Formen der Philosophie – bei Nikolaus von Kues, in: Gespräche lesen. Philosophische Dialoge im Mittelalter, Tübingen 1999, 407–433.

Ders.: Meditative Variation. Ein Weg der Selbstreflexion des Denkens bei Nikolaus von Kues. *De theologicis complementis*, in: Philosophisch-theologische Anstöße zur Urteilsbildung (Lüneburger Theologische Beiträge 5), hg. v. Norbert Clemens Baumgart/Gerhard Ringshausen, Münster 2006, 79–92.

Ders.: Meditative Variation oder dialektischer Fortschritt. Wege der Selbstreflexion des Denkens bei Cusanus und Hegel, in: Nikolaus Cusanus und der deutsche Idealismus (Philosophie Interdisziplinär 25), hg. v. Klaus Reinhardt/Harald Schwaetzer, Regensburg 2007, 23–40.

Ders.: Reden unter Brüdern. Diskurstheoretische Bedingungen der Konkordanz bei Nikolaus von Kues, in: Conflict and Reconciliation: Perspectives on Nicholas of Cusa (Brill's Studies in Intellectual History 126), hg. v. Inigo Bocken, Brill [u. a.] 2004, 9–27.

Ders.: Strategien zur Überwindung von Gegensätzen. Mystik und Irenik in Werk und Leben des Nikolaus von Kues, in: Toleranz und Religion. Perspektiven zum interreligiösen Gespräch, hg. v. Werner Brändle [u. a.], Hildesheim [u. a.] 1996, 69–80.

Ders.: Was etwas ist. Fragen nach der Wahrheit der Bedeutung bei Platon, Augustin, Nikolaus von Kues und Nietzsche, München 1992.

Böhlandt, Marco: Verborgene Zahl – verborgener Gott. Mathematik und Naturwissen im Denken des Nicolaus Cusanus (1401–1464) (Sudhoffs Archiv: Beihefte 58), Stuttgart 2009.

Ders.: Wege ins Unendliche. Die Quadratur des Kreises bei Nikolaus von Kues (Algorismus. Studien zur Geschichte der Mathematik und der Naturwissenschaften 40), München 2002.

Ders./Schwaetzer, Harald: From Heaven to Earth – Nicholas of Cusa as Scientist, in: A Companion to Nicholas of Cusa (1401–1464), hg. v. Arne Moritz, Leiden (vorauss. 2015). (Der Aufsatz wurde freundlicherweise von Prof. Dr. Harald Schwaetzer zur Verfügung gestellt. Die Seitenangabe in der Arbeit richtet sich nach der Manuskriptfassung.)

Bohnenstädt, Elisabeth: Einführung zu Vom Gottes Sehen. De visione Dei (Philosophische Bibliothek 219), Leipzig 1944.

Bormann, Karl: Die Koordinierung der Erkenntnisstufen (descensus und ascensus) bei Nikolaus von Kues, in: MFCG 11 (1975), 62–79.

Ders.: Nikolaus von Kues. De visione Dei, in: Großes Werkelexikon der Philosophie II, hg. v. Franco Volpi, Stuttgart 2004.

Bredow, Gerda Freiin von: Der Punkt als Symbol – Aufstieg von der Metaphysik zur Anschauung und Einung, in: MFCG 12 (1977), 103–115.

Dies.: Der spielende Philosoph. Betrachtungen zu Nikolaus von Kues' „De possest", in: Im Gespräch mit Nikolaus von Kues. Gesammelte Aufsätze 1948–1993, hg. v. Hermann Schnarr, Münster 1995, 23–30.

Dies.: Über das Globusspiel. Eine philosophische Einführung, in: Im Gespräch mit Nikolaus von Kues. Gesammelte Aufsätze 1948–1993, hg. v. Hermann Schnarr, Münster 1995, 5–21.

Breidert, Wolfgang: Mathematik und symbolische Erkenntnis bei Nikolaus von Kues, in: MFCG 12 (1977), 116–126.

Bunge, Mario Augusto: Philosophy of science. From explanation to justification II, New Brunswick N.J. 2009.

Burkard, Franz-Peter: Karl Jaspers. Einführung in sein Denken, Würzburg 1985.

Capra, Fritjof: Wendezeit. Bausteine für ein neues Weltbild, Bern [u. a.] 1983.

Cassirer, Ernst: Individuum und Kosmos, Darmstadt 1932.

Colomer, Eusebio: Das Menschenbild des Nikolaus von Kues in der Geschichte des christlichen Humanismus, in: MFCG 13 (1978), 117–143.

Crombie, Alistair C.: Medieval and Early Modern Science II. Science in the later Middle Ages and Early Modern Times: XIII–XVII Centuries, New York 1959.

Ders.: Von Augustinus bis Galilei. Die Emanzipation der Naturwissenschaft (dtv Wissenschaftliche Reihe), Köln/Berlin 1959.

Danz, Christian: Existenz und Gott. Philosophie und Religion im Frühwerk Heinrich Barths, in: Existentielle Wahrheit. Heinrich Barths Philosophie im Spannungsfeld zwischen Wissenschaft, Kunst und christlichem Glauben (Philosophie Interdisziplinär 29), hg. v. Christian Graf/Harald Schwaetzer, Regensburg 2010.

Ders.: Ursprungsphilosophie und Theologiebegriff. Heinrich Barth im Kontext der dialektischen Theologie Karl Barths, in: Existenz. Genese, Umfeld und Facetten eines zentralen Begriffs Heinrich Barths (Philosophie Interdisziplinar 21), hg. v. Christian Graf/Harald Schwaetzer, Regensburg 2007.

D'Amico, Claudia: Die Rolle der geometrischen Figur in der Zusammensetzung der scientia aenigmata, in: MFCG 29 (2005), 265–278.

Dingler, Hugo: Das Experiment. Sein Wesen und seine Geschichte, München 1928.

Ders.: Geschichte der Naturphilosophie (Geschichte der Philosophie in Längsschnitten 7), Berlin 1932.

Ders.: Grundriss der methodischen Philosophie. Die Lösungen der philosophischen Hauptprobleme, Füssen 1949.

Ders.: Über die Geschichte und das Wesen des Experimentes, München 1952.

Dionysius Areopagita: Über die mystische Theologie und Briefe (Bibliothek der griechischen Literatur 40, Abteilung Patristik), eingel., übers. u. m. Anm. hg. v. Adolf Martin Ritter [u. a.], Stuttgart 1994.

Duclow, Donald: Mystical Theology and Intellect in Nicholas of Cusa, in: The American Catholic Philosophical Quarterly LXIV, 1 (1990), Special Issue: Nicholas of Cusa, 111–129.

Dupré, Wilhelm: Das Bild und die Wahrheit, in: MFCG 18 (1989), 125–158.

Ders.: Sermones (Die deutschen und lateinischen Werke 4), hg. u. übers. v. Ernst Benz [u. a.], Stuttgart 1956.

Eisenkopf, Anke: Der Begriff des numerus bei Nikolaus von Kues – eine metaphysische Größe?, in: MFCG 29 (2005), 221–266.

Enders, Marcus: Unendlichkeit und All-Einheit. Zum Unendlichkeitsgedanken in der philosophischen Theologie des Cusanus, in: Nicolaus Cusanus zwischen Deutschland und Italien (Veröffentlichungen des Grabmann-Institutes 48), hg. v. Martin Thurner, Berlin 2002, 383–444.

Filippi, Elena: Denken durch Bilder: Albrecht Dürer als „philosophus" (Texte und Studien zur Europäischen Geistesgeschichte B 7), hg. v. Johann Kreuzer/Klaus Reinhardt/Harald Schwaetzer, Münster 2014.

Dies.: Maß und Vermessenheit des Menschen. Cusanus und Dürer als Erzieher, in: „videre et videri coincidunt". Theorien des Sehens in der ersten Hälfte des 15. Jahrhunderts (Texte und Studien zur Europäischen Geistesgeschichte B 1), hg. v. Wolfgang Christian Schneider [u. a.], Münster 2011, 333–350.

Dies./Schwaetzer, Harald (Hg.): Spiegel der Seele. Reflexionen in Mystik und Malerei (Texte und Studien zur Europäischen Geistesgeschichte B 3), Münster 2012.

Flasch, Kurt: Die Metaphysik des Einen bei Nikolaus von Kues. Problemgeschichtliche Stellung und systematische Bedeutung, Leiden 1973.

Ders.: Nicolaus Cusanus (Bek'sche Reihe Denker), München 2005.

Ders.: Nikolaus von Kues. Geschichte einer Entwicklung. Vorlesungen zur Einführung in seine Philosophie, Frankfurt a. M. 1998.

Fleischmann, Karl: Vorwort, in: Über den Beryll, Schriften des Nikolaus von Cues in deutscher Übersetzung, hg. v. Ernst Hoffmann, Heft 2, Leipzig 1938.

Föcking, Marc: Serio ludere: Epistemologie, Spiel und Dialog in Nicolaus Cusanus' „De ludo globi", Stuttgart 2002.

Gerdsen, Peter: Karl Jaspers und die Wissenschaft, in: Karl Jaspers. Grundbegriffe seines Denkens, hg. v. H. Reza Yousefi/W. Schüßler [u. a.], Reinbek 2011.

Gerhard Tersteegen: Handbrieflein von der wahren Mystik, in: Gerhard Tersteegen: Ich bete an die Macht der Liebe. Eine Auswahl aus seinen Werken, hg. v. Dietrich Meyer, Basel 1997.

Geréby, György: Diversitas in concordantia. Bemerkungen über die gesellschaftstheoretischen Folgerungen aus der cusanischen Anthropologie, in: Sozialgeschichtliche Fragestellungen in der Renaissanceforschung, hg. v. A. Buck/T. Klaniczay, Wiesbaden 1992, 157–171.

Gerland, Ernst/ Traumüller, Friedrich: Geschichte der physischen Experimentierkunst, Hildesheim 1965.

Gierer, Alfred: Cusanus – Philosophie im Vorfeld moderner Naturwissenschaft, Würzburg 2002.

Glas, Maximilian/Schwaetzer, Harald: Beryll, Diamant, Karfunkel. Edelsteine im Werk des Nicolaus Cusanus, in: Litterae Cusanae 4, 2 (2004), 79–90.

Goethe, Johann Wolfgang von: Schriften zur Naturwissenschaft. Auswahl, hg. v. Michael Böhler, Stuttgart 1994.

Graf, Christian: Existentielle Wahrheit und Erkenntnis bei Heinrich Barth, in: Existentielle Wahrheit. Heinrich Barths Philosophie im Spannungsfeld zwischen Wissenschaft, Kunst und christlichem Glauben (Philosophie Interdisziplinär 29), hg. v. Harald Schwaetzer/Christian Graf, Regensburg 2010, 17–44.

Ders.: Heinrich Barth im Gespräch, in: Transzendenz, Bulletin der Heinrich Barth-Gesellschaft 18 (2010), 31–38.

Ders.: Ursprung und Krisis. Heinrich Barths existential-gnoseologischer Grundansatz in seiner Herausbildung und im Kontext neuerer Debatten (Schwabe Philosophica XII), Basel 2008.

Grell, Heinrich: Mathematischer Symbolismus und Unendlichkeitsdenken bei Nikolaus von Kues, in: Nikolaus von Kues. Wissenschaftliche Konferenz des Plenums der Deutschen Akademie der Wissenschaften zu Berlin anläßlich der 500. Wiederkehr seines Todesjahres. Referate und Diskussionsbemerkungen (Deutsche Akademie der Wissenschaften zu Berlin – Vorträge und Schriften 97), Berlin 1965, 32–42.

Greybels, Hans: Cognitio Dei Experimentalis. A theological Genealogy of Christian Religious Experience, Leuven [u. a.] 2007.

Grundmann, Herbert: Litteratus – illiteratus. Der Wandel einer Bildungsnorm vom Altertum zum Mittelalter. In: Archiv für Kulturgeschichte 40 (1958), 1–65.

Ders.: Religiöse Bewegungen im Mittelalter. Untersuchung über die geschichtlichen Zusammenhänge zwischen der Ketzerei, den Bettelorden und der religiösen Frauenbewegung im 12. und 13. Jahrhundert und über die geschichtlichen Grundlagen der Mystik, Darmstadt 1961.

Haas, Alois Maria: „...das Letzte unserer Sehnsüchte erlangen". Nikolaus von Kues als Mystiker (Trierer Cusanus Lecture 14), Trier 2008.

Ders.: DEUM MISTICE VIDERE... IN CALIGINE COINCIDENTIE. Zum Verhältnis Nikolaus' von Kues zur Mystik (Vorträge der Aeneas-Silvius-Stiftung an der Universität Basel XXIV), Basel/Frankfurt a. M. 1989.

Hacking, Ian: Einführung in die Philosophie der Naturwissenschaften, aus dem Engl. übers. v. Joachim Schulte, Stuttgart 1996.

Hannam, James: Die vergessenen Erfinder: wie im Mittelalter die moderne Wissenschaft entstand, aus dem Engl. übers. v. Katrin Krips-Schmidt, Augsburg 2011.

Hardenberg, Friedrich von (Novalis): Das allgemeine Brouillon. Materialien zur Enzyklopädistik 1798/99, hg. v. Hans-Joachim Mähl (Philosophische Bibliothek 450), Hamburg 1993.

Hartmann, Caroline: Nikolaus von Kues und die Revolution in den Wissenschaften, in: Fusion. Forschung und Technik für das 21. Jahrhundert 22, 2 (2001), 20–31.

Haubst, Rudolf: Der Evolutionsgedanke in der Cusanischen Theologie, in: Nicolò Cusano agli inizi del mondo moderno, Florenz 1970, 295–307.

Ders.: Die erkenntnistheoretische und mystische Bedeutung der „Mauer der Koinzidenz", in: MFCG 18 (1989), 167–191.

Ders.: Christliche Mystik im Leben und Werk des Nikolaus von Kues, in: Die Bedeutung der Mystik für die Kirche. Zeugen christlicher Gotteserfahrung (Trierer Scripte 18), hg. v. Ulrich Dophan [u. a.], Trier 1983, 126–147.

Ders.: Nikolaus von Kues und die moderne Wissenschaft (Kleine Schriften der Cusanus-Gesellschaft 4), Trier 1963.

Ders.: Studien zu Nikolaus von Kues und J. Wenck, Münster 1955.

Haug, Walter: Das Kugelspiel, in: Daphnis. Zeitschrift für Mittlere Deutsche Literatur 15 (1986), 357–374.

Heidegger, Martin: Was heißt Denken? Vorlesung Wintersemester 1951/52 (Reclams Universal-Bibliothek 8805), Stuttgart 1992.

Heinz-Mohr, Gerd: Nikolaus von Kues und der Laie in der Kirche, in: MFCG 4 (1964), 296–322.

Ders.: Die Mauer des Paradieses. Zur *mystica theologia* des Nicolaus Cusanus in ‚De visione Dei‘, Festschrift für Martin Anton Schmidt zum 70. Geburtstag am 20. Juli 1989, in: Theologische Zeitschrift 45, 2/3 (1989), 216–230.

Helander, Birgit H.: Die *visio intellectualis* als Erkenntnisweg und -ziel des Nicolaus Cusanus (Acta Universitatis Upsaliensis, Studia Doctrinae Christianae Upsaliensia 29), Uppsala 1988.

Hirschberger, Martina: Aristoteles' Einteilung der Lebewesen in Bluttiere und Nicht-Bluttiere im Lichte der modernen Biologie, in: Antike Naturwissenschaft und ihre Rezeption IX (2001), 61–71.

Hofer, Michael: Was heißt transzendentale Begründung der Existenz? In: Existentielle Wahrheit. Heinrich Barths Philosophie im Spannungsfeld zwischen Wissenschaft, Kunst und christlichem Glauben (Philosophie Interdisziplinär 29), hg. v. Harald Schwaetzer/Christian Graf, Regensburg 2010, 89–102.

Hoff, Johannes: Kontingenz, Berührung, Überschreitung. Zur philosophischen Propädeutik christlicher Mystik nach Nikolaus von Kues, München 2007.

Hoffmann, Fritz: Die unendliche Sehnsucht des menschlichen Geistes, in: MFCG 18 (1989), 69–86.

Hoffmann, Joseph Ehrenfried: Mutmaßungen über das früheste mathematische Wissen des Nikolaus von Kues, in: MFCG 5 (1966), 98–136.

Honemann, Volker: Der Laie als Leser, in: Laienfrömmigkeit im späten Mittelalter, hg. v. Klaus Schreiner (Schriften des Historischen Kollegs Kolloquien 20), München 1992.

Hopkins, Jasper: Glaube und Vernunft im Denken des Nikolaus von Kues. Prolegomena zu einem Umriß seiner Auffassung (Trierer Cusanus Lecture 3), Trier 1996.

Ders.: Nicholas of Cusa's Dialectical Mysticism. Text, Translation, and Interpretative Study of De visione Dei, Minneapolis 1996.

Horn, Christoph: Cusanus über Platon und dessen Pythagoreismus, in: Nikolaus von Kues in der Geschichte des Platonismus (Philosophie Interdisziplinär 19), hg. v. Klaus Reinhardt/Harald Schwaetzer, Regensburg 2007, 9–31.

Hoye, William J.: Die Grenze des Wissens, in: Nikolaus von Kues in der Geschichte des Platonismus (Philosophie Interdisziplinär 19), hg. v. Klaus Reinhardt/Harald Schwaetzer, Regensburg 2007, 87–101.

Ders.: Die mystische Theologie des Nicolaus Cusanus (Forschungen zur europäischen Geistesgeschichte 5), Freiburg [u. a.] 2004.

Hoyer, Ulrich: Die Stellung des Nikolaus von Kues in der Geschichte der neueren Naturwissenschaft, in: Nikolaus von Kues. Vordenker moderner Naturwissenschaft? (Philosophie Interdisziplinär 17), hg. v. Klaus Reinhardt/Harald Schwaetzer, Regensburg 2003, 25–44.

Huizinga, Johan: Homo Ludens. Vom Ursprung der Kultur im Spiel, übertr. v. H. Nachod, hg. v. B. König, Hamburg 1987.

Inthorn, Julia/Reder, Michael: Philosophie und Mathematik bei Cusanus. Eine Verhältnisbestimmung von dialektischem und binärem Denken (Kleine Schriften der Cusanus-Gesellschaft), Trier 2005.

Jacobi, Klaus: Die Methode der Cusanischen Philosophie (Symposion. Philosophische Schriftenreihe), hg. v. Max Müller/Bernhard Welte/Erik Wolf, München 1969.

Jaspers, Karl: Der philosophische Glaube angesichts der Offenbarung, München 1963.

Ders.: Die Chiffern der Transzendenz. Mit zwei Nachworten hg. v. Anton Hügli/Hans Saner (Schwabe reflexe), Basel 2011.

Ders.: Die geistige Situation der Zeit (1931) (Sammlung Göschen 3000), Berlin 1971.

Ders.: Einführung in die Philosophie, München 1996.

Ders.: Existenzphilosophie. Drei Vorlesungen gehalten am freien deutschen Hochstift in Frankfurt a. M., Berlin 1964.

Ders.: Nachlaß zur philosophischen Logik, hg. v. Hans Saner/Marc Hänggi, München 1991.

Ders.: Nikolaus Cusanus (Serie Piper), München 1987.

Ders.: Philosophie I. Philosophische Weltorientierung (Serie Piper), München 1956.

Ders.: Philosophie II. Existenzerhellung (Serie Piper), München 1956.

Ders.: Philosophie III. Metaphysik (Serie Piper), München 1956.

Ders.: Philosophische Autobiographie (Serie Piper), München 1977.

Ders.: Philosophie und Wissenschaft, Zürich 1949.

Ders.: Vernunft und Existenz. Fünf Vorlesungen, München 1960.

Ders.: Von der Wahrheit, München 1958.

Ders.: Wahrheit und Wissenschaft, in: Karl Jaspers: Wahrheit und Wissenschaft; Adolf Portmann: Naturwissenschaft und Humanismus. Zwei Reden, gehalten anlässlich der 500-Jahr-Feier der Basler Universität, München 1960, 7–25.

Joannis Tauleri des seligen lerers Predig/fast fruchtbar zu eim recht christlichen leben: Deren Predigen garnah hie in disem Buch des halbtheyls meer sind den[n] in andern vorgetruckten buchere[n]/ die man sidhar mit der hilff gottes funden hat/Der seyn wort yetzt wider erwecket vnnd aller welt verkündet, gedruckt zu Basel 1522.

Kleinschmidt, Erich: Literatur als Experiment, Poetologische Konstellationen der „klassischen Moderne" in Deutschland, in: Musil Forum. Studien zur Literatur der klassischen Moderne 27 (2001/2002), 1–30.

Koch, Joseph: Nicolaus von Kues 1401–1464, in: Die großen Deutschen. Deutsche Biographie. Bd. 1, hg. v. H. Heimpel [u. a.], Berlin 1956, 275–287.

Köpf, Ulrich: Religiöse Erfahrung in der Theologie Bernhards von Clairvaux (Beiträge zur historischen Theologie 61), Tübingen 1980.

Krafft, Fritz: Das kosmologische Weltbild des Nikolaus von Kues zwischen Antike und Moderne, in: MFCG 28 (2001), 249–289.

Kremer, Klaus: Erkennen bei Nikolaus von Kues. Apriorismus – Assimilation – Abstraktion, in: MFCG 13 (1978), 23–57.

Ders.: Gottes Vorsehung und die menschliche Freiheit („Sis tu tuus, et Ego ero tuus"), in: MFCG 18 (1989), 227–252.

Ders.: Gott – in allem alles, in nichts nichts. Bedeutung und Herkunft dieser Lehre des Nikolaus von Kues, in: MFCG 17 (1986), 188–219.

Ders.: Größe und Grenzen der menschlichen Vernunft (intellectus) nach Cusanus, in: Nicholas of Cusa. A Medieval Thinker for the Modern Age, hg. v. Kazuhiko Yamaki, Richmond/ Surrey 2002, 5–23.

Krieger, Gerhard: Belehrte Unwissenheit und Freiheit, in: Nikolaus von Kues. Vordenker moderner Naturwissenschaft? (Philosophie Interdisziplinär 7), hg. v. Klaus Reinhardt/Harald Schwaetzer, Regensburg 2003, 71–91.

Kullmann, Wolfgang: Aristoteles und die moderne Wissenschaft (Philosophie der Antike 5), Stuttgart 1998.

Ders.: Die Bedeutung des Aristoteles für die Naturwissenschaft, in: Kann man heute noch etwas anfangen mit Aristoteles?, hg. v. Th. Buchheim/H. Flashar, Hamburg 2002, 63–81.

Ders.: Die Prägung der neuzeitlichen Biologie durch Aristoteles, in: Antike Naturwissenschaft und ihre Rezeption XIII (2003), 17–42.

Leclercq, Jean: Wissenschaft und Gottverlangen. Zur Mönchstheologie des Mittelalters, aus dem frz. v. Johannes u. Nicole Stöber, Düsseldorf 1963.

Leggewie, Klaus/Mühlleitner, Elke: Die akademische Hintertreppe: Kleines Lexikon des wissenschaftlichen Kommunizierens, Frankfurt a. M. 2007.

Le Goff, Jaques: Einführung. Der Mensch des Mittelalters, in: Der Mensch des Mittelalters, hg. v. Jaques Le Goff, Essen 2004.

Leinkauf, Thomas: Nicolaus Cusanus. Eine Einführung (Buchreihe der Cusanus-Gesellschaft XV), Münster 2006.

Linskens, Hans Ferdinand: Nikolaus Chrypffs von Kues als Biologe, in: Litterae Cusanae 6, 2 (2006), 49–62 (Auszug aus der Monographie: Nicolaas Chrypffs van Cusa als bioloog, Nijmegen 1986, übers. aus dem Niederländischen v. Kirstin Zeyer).

Machetta, Jorge M.: Kontemplativer Intellekt in dem Cusanischen Wort: „Sis tu tuus et ego ero tuus", in: Intellectus und Imaginatio. Aspekte geistiger und sinnlicher Erkenntnis bei Nikolaus von Kues (Bochumer Studien zur Philosophie 44), hg. v. João Maria André/Gerhard Krieger/Harald Schwaetzer, Amsterdam/Philadelphia 2005, 19–29.

Mahnke, Dietrich: Unendliche Sphäre und Allmittelpunkt, Stuttgart/Bad Cannstatt 1966.

Maier, Anneliese: Metaphysische Hintergründe der spätscholastischen Naturphilosophie (Storia e Letteratura 52), Rom 1977.

Mandrella, Isabelle: Der wissenschaftstheoretische Primat im Denken des Cusanus: Mathematik oder Metaphysik, in: MFCG 29 (2005), 247–261.

Manstetten, Rainer: Abgeschiedenheit, in: Theologische Quartalschrift 181, 2 (2001), 112–131.

Marcel, Gabriel: Die Verantwortlichkeit des Philosophen in der Welt heute, in: Was ist Philosophie? (UTB für Wissenschaft 1000), hg. v. Kurt Salamun, Tübingen 2001, 64–80.

Martianus Capella: De nuptiis philologiae, et Mercurii, et de septem artibus liberalibus libri novem. Partim integris partim selectis et commentario perpetuo edidit Ulricus Fridericus Martianus Capella, 1836.

Mayer, Anna-K.: Vervollkommnung aller Dinge. Die Bekehrungen von Frank Sherwood Taylor und Joseph Needham, in: Jenseits der entzauberten Welt. Naturwissenschaft und Mystik in der Moderne (Mystik und Moderne I), hg. v. K. Ludwig Pfeiffer/Klaus Vondung, München 2006, 99–120.

McGinn, Bernard: Die Mystik im Abendland 4: Fülle. Die Mystik im mittelalterlichen Deutschland (1300–1500), übers. v. Bernardin Schellenberger, Freiburg [u. a.] 2008.

Ders.: Love, Knowledge and Unio Mystica in the Western Christian Tradition, in: Mystical Union in Judaism, Christianity, and Islam. An Ecumenical Dialouge, New York 1999, 59–86.

Ders.: Würde und Gottebenbildlichkeit des Menschen bei Nikolaus von Kues, Marsilio Ficino und Giovanni della Mirandola (Trierer Cusanus Lecture 16), Trier 2010.

Meessen, Yves: Cognitio et amor, in: Zum Intellektverständnis bei Meister Eckhart und Nikolaus von Kues, hg. v. Harald Schwaetzer/Marie-Anne Vannier, Münster 2012, 81–89.

Meister Eckhart: Expositio libri sapientiae (Meister Eckhart: Die deutschen und lateinischen Werke 2), hg. u. übers. v. Heribert Fischer [u. a.] Stuttgart 1992.

Ders.: Meister Eckhart: Sermones (Die deutschen und lateinischen Werke 4), hg. u. übers. v. Ernst Benz [u. a.], Stuttgart 1956, 425.

Menzel-Rogner, Hildegund: Einführung ,Der Laie über die Versuche mit der Waage'. ,De staticis experimentis' (Philosophische Bibliothek 220), hg. v. Ernst Hoffmann, Heidelberg 1944.

Meuthen, Erich: Nikolaus von Kues 1401–1464. Skizze einer Biographie, Münster 1964.

Miller, Clyde Lee: Knowledge and the Human Mind, in: Introducing Nicholas of Cusa. A Guide to a Renaissance Man, hg. v. Christopher M. Bellitto/Thomas M. Izbicki/Gerald Christianson, New York/Mahwah, N.J. 2004, 299–318.

Ders.: Reading Cusanus. Metaphor and Dialectic in a Conjectural Universe (Studies in Philosophy and the History of Philosophy Vl, 37), Washington D.C. 2003.

Moritz, Arne: Aristotelische Physik und cusanische Koinzidenz, in: MFCG 29 (2005), 161–181.

Ders.: Explizite Komplikationen. Der radikale Holismus des Nikolaus von Kues (Buchreihe der Cusanus-Gesellschaft XIV), Münster 2006.

Ders.: *Speculatio*. Wissenschaft unterhalb der *docta ignorantia*, in: Perspektiven einer Geistphilosophie (Philosophie interdisziplinär 6), hg. v. Harald Schwaetzer, Regensburg 2003, 201–212.

Müller, Tom: Möndchenquadratur und duale Mathematik bei Leon Alberti und Nikolaus von Kues, in: MFCG 29 (2005), 41–64.

Ders.: „ut reiecto paschali errore veritati insistamus". Nikolaus von Kues und seine Konzilsschrift De reparatione kalendarii (Buchreihe der Cusanus-Gesellschaft XVII), Münster 2010.

Mutschler, Hans-Dieter: Gemeinsam mehr von der Welt wissen. Zum Verhältnis von Spiritualität und Naturwissenschaft (Ignatianische Impulse 54), Würzburg 2012.

Möbuß, Susanne: Sartre (Herder Spektrum Meisterdenker 4880), Freiburg/Basel/Wien 2004.

Moffit Watts, Pauline: Nicolaus Cusanus. A Fifteenth-Century Vision of a Man (Studies in the History of Christian Thought Vl, XXX), Leiden 1982.

Moltmann, Jürgen (Hg.): Anfänge der dialektischen Theologie, Teil 1 Karl Barth – Heinrich Barth – Emil Brunner (Theolgische Bücherei, Neudrucke und Berichte aus dem 20. Jahrhundert 17), München 1966.

Möller, Steffen: Nicolaus Cusanus als Geograph, in: Das europäische Erbe im Denken des Nikolaus von Kues. Geistesgeschichte als Geistesgegenwart, hg. v. Harald Schwaetzer/Kirstin Zeyer, Münster 2008, 215–227.

Nagel, Fritz: Nicolaus Cusanus und die Entstehung der exakten Wissenschaften (Buchreihe der Cusanus-Gesellschaft IX), Münster 1984.

Ders.: Scientia experimentalis. Zur Cusanus-Rezeption in England, in: MFCG 29 (2005), 95–109.

Nakayama, Tsuyoshi: Jaspers und die Mystik, in: Karl Jaspers' Philosophie – Gegenwärtigkeit und Zukunft (Karl Jaspers' Philosophy – Rooted in the Present, Paradigm for the Future), hg. v. Richard Wisser/Leonald H. Ehrlich 2003, 179–184.

Newald, Richard: Probleme und Gestalten des deutschen Humanismus (Kleinere Schriften zur Literatur- und Geistesgeschichte), Berlin 1963.

Nickel, Gregor: Nikolaus von Kues: Zur Möglichkeit von theologischer Mathematik und mathematischer Theologie, in: Spiegel und Porträt. Zur Bedeutung zweier zentraler Bilder im Denken des Nicolaus Cusanus, hg. v. Inigo Bocken/Harald Schwaetzer, Maastricht 2005, 9–28.

Nicolle, Jean-Marie: How to look at the Cusanus' geometrical figures?, in: MFCG 29 (2005), 279–294.

Ders.: Innovation in mathematics and proclusean tradition in Cusanus' thought, in: Nicholas of Cusa. A Medieval Thinker for the Modern Age, hg. v. Kazuhiko Yamaki, Richmond/Surrey 2002, 85–88.

Nietzsche, Friedrich: Ecce Homo. Warum ich so klug bin, Aph. 10, in: Friedrich Nietzsche. Sämtliche Werke. Kritische Studienausgabe, Bd. IV, hg. v. Giorgio Colli/Mazzino Montinari, München [u. a.] 1988.

Nogueira, Maria Simone Marinho: Die Metapher des Sehens bei Nikolaus von Kues, in: Intellectus und Imaginatio. Aspekte geistiger und sinnlicher Erkenntnis bei Nicolaus Cusanus (Bochumer Studien zur Philosophie 44), hg. v. João Maria André/Gerhard Krieger/Harald Schwaetzer, Amsterdam/Philadelphia 2006, 135–141.

O'Rourke, Marjorie: Cusanus at Sea. The topicality of illuminative Discourse, in: Journal of Religion 71 (1991), 180–191.

Pico Estrada, Paula: Weight and Proportion in Nicholas of Cusas' *De staticis experimentis*, in: „Nicolaus Cusanus: ein bewundernswerter Brennpunkt". Philosophische Tradition und wissenschaftliche Rezeption (Philosophie Interdisziplinär 26), hg. v. Klaus Reinhardt/Harald Schwaetzer [u. a.], Regensburg 2008, 135–146.

Platzer, Katrin: symbolica venatio und scientia aenigmatica: eine Strukturanalyse der Symbolsprache bei Nikolaus von Kues (Darmstädter theologische Beiträge zu Gegenwartsfragen 6), Frankfurt a. M. 2001.

Rahner, Hugo: Der spielende Mensch, Einsiedeln 1952.

Ramming, Gustav: Karl Jaspers und Heinrich Rickert. Existenzialismus und Wertphilosophie, Bern 1948.

Regenbogen, Arnim/Meyer, Uwe (Hg.): Wörterbuch der philosophischen Begriffe (Sonderausgabe Philosophische Bibliothek 500), Hamburg 2005.

Reichenbach, Hans: Der Aufstieg der wissenschaftlichen Philosophie (Wissenschaftstheorie, Wissenschaft und Philosophie), hg. v. S. Moser/S. J. Schmidt, Braunschweig 1968. ([1]1951: The Rise of Scientific Philosophy, Los Angeles)

Reinhardt, Klaus: Christus, die „absolute Mitte", als der Mittler zur Gotteskindschaft, in: MFCG 18 (1989), 196–220.

Ders./Schwaetzer, Harald: Die Kirchenkritik der Mystiker, Prophetie aus Gotteserfahrung (Studien zur christlichen Religions- und Kulturgeschichte), hg. v. M. Delgado/G. Fuchs, Sonderdruck, Stuttgart 2008, 39–57.

Ders.: Islamische Wurzeln der cusanischen Mauersymbolik? Die „Mauer des Paradieses" *Liber scalae Mahometi*, in: MFCG 19 (1991), 287–291.

Ders./Jorge M. Machetta/Harald Schwaetzer (Hg.): Nikolaus von Kues. De non aliud. Nichts anderes (Texte und Studien zur Europäischen Geistesgeschichte A 1), Münster 2011.

Resch, Felix: Triunitas. Die Trinitätsspekulation des Nikolaus von Kues (Buchreihe der Cusanus-Gesellschaft XX), Münster 2014.

Riedl, Rupert: Die Spaltung des Weltbildes. Biologische Grundlagen des Erklärens und Verstehens, Berlin/Hamburg 1985.

Ritter, Joachim/Gründer, Karlfried (Hg.): Historisches Wörterbuch der Philosophie Bd. 6, Basel 1984.

Roger Bacon: Opus majus, hg. und eingeleitet v. John Henry Bridges, Frankfurt a. M. 1964.

Rombach, Heinrich: Substanz, System, Struktur. Die Ontologie des Funktionalismus und der philosophische Hintergrund der modernen Wissenschaft, Bd. 1, München 1965.

Rompe, Robert/Treder, Hans Jürgen: Nikolaus von Kues als Naturforscher, in: Nikolaus von Kues. Wissenschaftliche Konferenz des Plenums der Deutschen Akademie der Wissenschaften zu Berlin anläßlich der 500. Wiederkehr seines Todesjahres. Referate und Diskussionsbemerkungen (Deutsche Akademie der Wissenschaften zu Berlin – Vorträge und Schriften 97), Berlin 1965, 15–22.

Röd, Wolfgang: Der Weg der Philosophie. Von den Anfängen bis ins 20. Jahrhundert. Erster Band: Altertum, Mittelalter, Renaissance, München 2000.

Rusconi, Cecilia: Commentator Boethii ‚De Trinitate‘ [...] ingenio clarissimus. Die Kommentare des Thierry von Chartres zu *De Trinitate* des Boethius als Quellen des Cusanus, in: MFCG 33 (2012), 247–290.

Dies.: Die Definition, die sich selbst und alles definiert, in: Nikolaus von Kues. De non aliud. Nichts anderes, hg. v. Klaus Reinhardt/Jorge Machetta/Harald Schwaetzer (Texte und Studien zur Europäischen Geistesgeschichte A 1), Münster 2011, 225–231.

Dies.: El uso de las figuras matemáticas en la metafísica de Cusa (1401–1464) (Colección Presencias Medievales. Serie Estudios), Buenos Aires 2012.

Dies.: Visio und mensura als Rätselbilder der Identität in De theologicis complementis, in: Nicholas of Cusa on the Self and Self-Consciousness, hg. v. Walter Andreas Euler/Ylva Gustafsson/Iris Wikström, Åbo 2010, 187–201.

Salamun, Kurt: Karl Jaspers, Würzburg 2006.

Ders. (Hg.): Was ist Philosophie? (UTB für Wissenschaft 1000), Tübingen 2001.

Santinello, Giovanni: Einleitung zu ‚Der Laie über den Geist‘, übers. u. m. Anm. hg. v. Renate Steiger, Hamburg 1995.

Ders.: Weisheit und Wissenschaft im cusanischen Verständnis. Ihre Einheit und Unterschiedenheit, in: MFCG 20 (1992), 57–67.

Sato, Naoko: Cusanus' Epistemology in *De mente*, in: Nicholas of Cusa. A Medieval Thinker for the Modern Age, hg. v. Kazuhiko Yamaki, Richmond/Surrey 2002, 77–84.

Schanz, Paul: Der Cardinal Nicolaus von Cusa als Mathematiker, Wiesbaden 1967.

Schär, Hans Rudolf: Spiel und Denken des späten Cusanus, in: Theologische Zeitschrift 26 (1970), 410–419.

Scheuerl, Hans: Das Spiel. Untersuchungen über sein Wesen, seine pädagogischen Möglichkeiten und Grenzen, Weinheim 1962.

Schiller, Friedrich: Briefe über die ästhetische Erziehung des Menschen, hg. v. Albert Reble, Bad Heilbrunn 1960.

Schelkshorn, Hans: Entgrenzungen. Ein philosophischer Beitrag zum philosophischen Diskurs über die Moderne, Weilerswist 2009.

Schmidt, Margot: Nikolaus von Kues im Gespräch mit den Tegernseer Mönchen über Wesen und Sinn der Mystik, in: MFCG 18 (1989), 25–49.

Schneider, Stefan: Cusanus als Wegbereiter der neuzeitlichen Naturwissenschaft?, in: MFCG 20 (1992), 182–220.

Schneider, Wolfgang Christian: Heinrich Barth und die Epiphanie-Erfahrung der griechischen Religion, in: Existentielle Wahrheit. Heinrich Barths Philosophie im Spannungsfeld zwischen Wissenschaft, Kunst und christlichem Glauben, hg. v. Christian Graf/Harald Schwaetzer, Regensburg 2012, 171–186.

Schulthess, Peter/Imbach, Ruedi: Die Philosophie im lateinischen Mittelalter. Ein Handbuch mit einem bio-bibliographischen Repertorium, Düsseldorf/ Zürich 2002.

Schülli, Edilbert P.: Wissenschaft und Philosophie bei Karl Jaspers (Excerpta ex dissertatione ad Lauream in Facultate Philosophica Pontificiae Universitatis Gregorianae), Krefeld 1969.

Ders.: Wissenschaft und Philosophie. Ihr unlösbarer Zusammenhang und ihre strenge Scheidung bei Karl Jaspers, in: Philosophische Tradition im Dialog mit der Gegenwart. Festschrift für Hansjörg A. Salmony, hg. v. Andreas Cesana/ Olga Rubitschon, Stuttgart 1985, 303–320.

Schürmann, Astrid: Naturverständnis und Geschlechterforschung bei Aristoteles, in: Antike Naturwissenschaft und ihre Rezeption IX (2001), 31–41.

Schüßler, Werner: Jaspers zur Einführung, Hamburg 1995.

Schwaetzer, Harald: Aequalitas. Erkenntnistheoretische und soziale Implikationen eines christologischen Begriffs bei Nikolaus von Kues. Eine Studie zu seiner Schrift *De aequalitate* (Studien und Materialien zur Geschichte der Philosophie 56), Hildesheim [u. a.] 2000.

Ders.: Änigmatische Naturwissenschaft, in: Nikolaus von Kues. Vordenker moderner Naturwissenschaft? (Philosophie Interdisziplinär 7), hg. v. Klaus Reinhardt/Harald Schwaetzer, Regensburg 2003, 9–23.

Ders.: Cusanische Bildung, in: Coincidentia. Zeitschrift für europäische Geistesgeschichte, Werte-Bildung in Europa, Beiheft 1 (2012), 13–24.

Ders.: Das Verhältnis von „coincidentia" und „aequalitas" bei Nikolaus von Kues, in: Coincidentia de Opuestos y Concordia. Los Caminos del Pensamiento en Nicolás de Cusa, Bd. II, hg. v. M. Alvarez-Gómez/J. M. André, Salamanca 2002, 149–162.

Ders.: Die intellektuelle Anschauung als methodisches Prinzip einer naturwissenschaftlichen »scientia aenigmatica«. Anmerkungen zur Konzeption von Wissenschaft bei Cusanus und Prolegomena eines systematischen Bezugs zum Deutschen Idealismus, in: MFCG 29 (2005), 247–261.

Ders.: Die Mehrdimensionalität der Vernunft. Theoretische Erkenntnis als Profil der Existenz bei Heinrich Barth, in: Existenz. Facetten, Genese, Umfeld eines zentralen Begriffs bei Heinrich Barth (Philosophie Interdisziplinär 21), hg. v. Harald Schwaetzer/Christian Graf, Regensburg 2007, 67–86.

Ders.: Die methodische Begründung der Cusanischen Symbolphilosophie, in: Intellectus und Imaginatio. Aspekte geistiger und sinnlicher Erkenntnis bei Nicolaus Cusanus (Bochumer Studien zur Philosophie 4), hg. v. João Maria André/Gerhard Krieger/Harald Schwaetzer, Amsterdam/Philadelphia 2006, 83–95.

Ders.: Einheit und Vielheit als Problem des Partizipationsgedankens bei Nikolaus von Kues, in: Einheit und Vielheit als metaphysisches Problem, hg. v. Johannes Brachtendorf/Stephan Herzberg, Tübingen 2011, 137–156.

Ders.: Einführung in „De non aliud" und Einordnung ins Gesamtwerk, in: Nikolaus von Kues. De non aliud. Nichts anderes (Texte und Studien zur Europäischen Geistesgeschichte A 1), hg. v. Klaus Reinhardt/Jorge Machetta/Harald Schwaetzer, Münster 2011, 11–23.

Ders.: Europa gestalten: Das Erbe des Nikolaus von Kues, in: Das Europäische Erbe im Denken des Nikolaus von Kues. Geistesgeschichte als Geistesgegenwart, hg. v. Harald Schwaetzer/Kirstin Zeyer, Münster 2008, 19–43.

Ders.: Europas Wurzel. Zur gemeinsamen Geschichte von Wissenschaft und Kunst, in: Das Europäische Erbe im Denken des Nikolaus von Kues. Geistesgeschichte als Geistesgegenwart, hg. v. Harald Schwaetzer/Kirstin Zeyer, Münster 2008, 47–64.

Ders.: Non aliud, in: Nikolaus von Kues. De non aliud. Nichts anderes (Texte und Studien zur Europäischen Geistesgeschichte A 1), hg. v. Klaus Reinhardt/ Jorge Machetta/Harald Schwaetzer, Münster 2011, 203–209.

Ders.: „Sei du das, was du willst". Die christozentrische Anthropologie der Freiheit in Sermo CCXXXIX des Nikolaus von Kues, in: Trierer Theologische Zeitschrift 110 (2001), 319–332.

Ders.: Toleranz als Spiegel der Wahrheit, in: Litterae Cusanae 6, 1 (2006), 26–31.

Ders.: Transzendentale Transzendenz – eine Annäherung via Kultur und Religion, in: Existentielle Wahrheit. Heinrich Barths Philosophie im Spannungsfeld zwischen Wissenschaft, Kunst und christlichem Glauben (Philosophie Interdisziplinär 29), hg. v. Christian Graf/Harald Schwaetzer, Regensburg 2010, 103–122.

Ders.: „Visio intellectualis" – Cusanus und Schelling. Eine systematische Annäherung, in: Nicolaus Cusanus und der deutsche Idealismus (Philosophie Interdisziplinär 25), hg. v. Klaus Reinhardt/Harald Schwaetzer, Regensburg 2007, 87–101.

Ders.: Viva similitudo, in: Nicolaus Cusanus. Perspektiven seiner Geistphilosophie (Philosophie Interdisziplinär 6), hg. v. Harald Schwaetzer, Regensburg 2003, 79–94.

Ders.: Vom Gehalt geistiger Übung. Das Globusspiel des Nikolaus von Kues, in: Spiel. Facetten seiner Ideengeschichte (Vestigia idearum historica. Beiträge zur Ideengeschichte Europas 1), hg. v. Michel Henri Kowalewicz, Münster 2013, 13–27.

Senger, Hans Gerhard: Die Philosophie des Nikolaus von Kues vor dem Jahre 1440. Untersuchungen zur Entwicklung einer Philosophie in der Frühzeit des Nikolaus (1430–1440) (Beiträge zur Geschichte der Philosophie und Theologie des Mittelalters, Neue Folge 3), Münster 1971.

Ders.: Einleitung zu Schriften des Nikolaus von Kues in deutscher Übersetzung. De apice theoriae. Die höchste Stufe der Betrachtung, hg. v. Ernst Hoffmann [u. a.], Heft 19, Hamburg 1986.

Ders.: Mystik als Theorie bei Nikolaus von Kues, in: Gnosis und Mystik in der Geschichte der Philosophie, hg. v. Peter Koslowski, München 1988.

Sonoda, Tan: Das Problem der Unendlichkeit bei Nicolaus Cusanus, in: Nicholas of Cusa. A Medieval Thinker for the Modern Age, hg. v. Kazuhiko Yamaki, Richmond/Surrey 2002, 264–270.

Stadelmann, Rudolf: Vom Geist des ausgehenden Mittelalters, Stuttgart-Bad Cannstatt, 1987.

Stallmach, Josef: Der Verlust der Symbiose von Weisheit und Wissenschaft in Neuzeit und Gegenwart, in: MFCG 20 (1992), 221–240.

Ders.: Die cusanische Erkenntnisauffassung zwischen Realismus und Idealismus, in: MFCG 6 (1968), 50–53.

Ders.: Geist als Einheit und Andersheit. Die Noologie des Cusanus in *De coniecturis* und *De quaerendo deum*, in: MFCG 11 (1975), 86–116.

Ders.: Ineinsfall der Gegensätze und Weisheit des Nichtwissens, Münster 1989.

Stammkötter, Franz-Bernhard: *„Hic homo parum curat de dictis Arestotelis"* – Der Streit zwischen Johannes Wenck von Herrenberg und Nikolaus von Kues um die Gleichgültigkeit des Satzes vom zu vermeidenden Widerspruch, in: „Herbst des Mittelalters"? Fragen zur Bewertung des 14. und 15. Jahrhunderts, (Miscellanea Mediaevalia 31), hg. v. Jan A. Aertsen/Martin Pickavé, Berlin/NewYork 2004, 433–444.

Steiger, Renate: Die Lebendigkeit des erkennenden Geistes bei Nikolaus von Kues, in: MFCG 13 (1978), 167–181.

Dies.: Einleitung zu Schriften des Nikolaus von Kues in deutscher Übersetzung: Idiota de sapientia, hg. v. Ernst Hoffmann [u. a.], Hamburg 1988.

Dies.: Anmerkungen zu Nikolaus von Kues: De sapientia. Der Laie über die Weisheit. Lat.-Dt. m. einer Einleitung v. Karl Bormann, Bd. 2, Hamburg 2002.

Stock, Alex: Die Rolle der „icona Dei" in der Spekulation „De visione Dei", in: MFCG 18 (1989), 50–86.

Strunz, Franz: Geschichte der Naturwissenschaften im Mittelalter, Stuttgart 1910.

Vansteenberghe, Edmond: Autour de la docte ignorance. Une controverse sur la théologie mystique au XVe siècle, Münster 1915.

Ders.: Edmond Vansteenberghe: Le Cardinal Nicolas de Cues (1401–1464). L'action – la penseé, Paris 1920 (ND Frankfurt 1963).

Velthoven, Theo van: Gottesschau und menschliche Kreativität. Studien zur Erkenntnislehre des Nikolaus von Kues, Leiden 1977.

Völker, Walther: Kontemplation und Ekstase bei Pseudo Dionysius Areopagita, Wiesbaden 1958.

Vondung, Klaus/Pfeiffer K. Ludwig: Jenseits der entzauberten Welt. Naturwissenschaft und Mystik in der Moderne (Mystik und Moderne I), München 2006.

Walach, Harald: Notitia experimentalis Dei – Erfahrungserkenntnis Gottes. Studien zu Hugo de Balmas Text „Viae Sion lugent" u. deutsche Übersetzung, Salzburg 1994.

Wanke, Gunther (Hg.): Über das Experiment. Vier Vorträge (Erlanger Forschungen/B), Erlangen 2000.

Watanabe, Morimichi: Nicholas of Cusa – A Companion to His Life and Times, hg. v. Gerald Christianson/Thomas M. Izbicki, Farnham 2011.

Westerkamp, Dirk: Via negativa. Sprache und Methode der negativen Theologie, München 2006.

Wieland, Georg: Rationalisierung und Verinnerlichung. Aspekte der geistigen Physiognomie des 12. Jahrhunderts, in: Philosophie im Mittelalter. Entwicklungslinien und Paradigmen, hg. v. Jan Beckmann, Ludger Honnefelder [u. a.], Hamburg 1987.

Wikström, Iris: The two wings of the eagle, in: El prolema del conocimiento en Nicolás de Cusa: genealogía y proyección (Collección Presencias Medievales serie estudios), hg. v. Jorge M. Machetta/Claudia D'Amico, Buenos Aires 2005, 291–303.

Wildermuth, Armin (Hg.): Barth, Heinrich: Philosophie der Praktischen Vernunft, Basel 2010.

Willmann, Otto: Der Pythagoreismus der Renaissance, in: Geschichte des Idealismus, Bd. 2, Braunschweig 1897, 23.

Wilpert, Paul: Vita contemplativa und vita activa. Eine Kontroverse des 15. Jahrhunderts, in: Passauer Studien. Festschrift für Bischof Dr. Dr. Simon Konrad Landesdorfer OSB zum 50. Jahrestag seiner Priesterweihe, darg. v. d. Phil.-Theol. Hochschule Passau, Passau 1953, 209–227.

Wyller, Egil A.: Nicolaus Cusanus' „De non aliud" und Platons Parmenides: Ein Beitrag zur Beleuchtung des Renaissanceplatonismus, in: Studia platonica. Festschrift für Hermann Gundert, hg. v. K. Döring/W. Kullmann, Amsterdam 1974, 239–251.

Yamaki, Kazuhiko: Die „manuductio" von der ratio zur „Intuition" in „De visione Dei", in: MFCG 18 (1989), 276–295.

Ders.: Die Bedeutung geometrischer Symbole für das Denken des Nicolaus Cusanus. Eine Untersuchung am Beispiel der Metamorphose am Kreis, in: MFCG 29 (2005), 295–312.

Zedania, Giga: Nikolaus von Kues als Interpret der Schriften des Dionysius Pseudo-Areopagita, Bochum 2005.

Ziche, Paul: Wissenschaftslandschaften um 1900. Philosophie, die Wissenschaften und der nichtreduktive Szientismus (Legierungen 3), Zürich 2008.

Internetquellen

Cusanus-Portal: www.cusanus-portal.de (zuletzt eingesehen am 3.4.2015).

Thurner, Martin: „Unendliche Annäherung" – die Gestalt des Cusanus, in: Quod est dicendum. Die Online-Zeitschrift für Gesellschaft, Kultur und Glaube. http://www.quod-est-dicendum.org/Persoenlichkeiten_von_gestern_und_heute/Persönlichkeiten_start-htm (zuletzt eingesehen am 3.4.2015)

Personen- und Sachregister

A

aenigma 15–18, 20, 69–77, 94, 107, 126, 134–141, 144–157, 159, 161–163, 165–168, 172, 183, 198f.
Aertsen, Jan A. 30
Aichele, Alexander 159
Aindorffer, Kaspar 23
Alanus ab Insulis 146
Albert siehe Albertus Magnus
Albertini, Tamara 90
Albertus Magnus 28, 37, 82f., 104
Albert von Sachsen 83
Alkmaion 102
Anaxagoras 103
André, João Maria 33, 39, 130
Archimedes 89
Aristoteles 50f., 53, 88, 95, 104, 114, 141–143, 147
Augustinus 14, 23f., 82f., 124, 176
Aunpekh, Georg 89

B

Bacher, Christiane 117f., 135, 151
Bacon, Francis 82, 85, 109, 174
Bacon, Roger 83, 101, 103, 105, 122
Barth, Heinrich 16, 21, 176, 186–188, 190, 192–195, 200
Barth, Karl 186
Beierwaltes, Werner 31, 33, 38, 40, 42, 161
Bergmans, Luc 144
Bernhard von Clairvaux 28, 101, 122
Bernhard von Waging 23, 44, 73
Beryll 16, 72–78, 151, 166, 199

Blumenberg, Hans 83f.
Bocken, Inigo 46, 56, 62f., 66, 68, 72, 79, 84, 93, 144f., 157, 176f., 189
Boethius 50
Böhlandt, Marco 14f., 50, 67, 81, 87, 89, 96, 112, 118f., 141f., 147, 168
Böhme, Jakob 174
Bohnenstädt, Elisabeth 161
Bonaventura 23, 28, 34, 160
Bond, H. Lawrence 12
Bormann, Karl 14, 54, 71
Borsche, Tilman 14, 32f., 37, 46, 55, 65, 78, 134, 137f., 150f., 155
Bradwardine, Thomas 95
Bredow, Gerda Freiin von 154–156, 162
Breidert, Wolfgang 149
Brösch, Marco 117
Brunner, Emil 186, 194
Bruno, Giordano 92, 175f.
Bunge, Mario Augusto 102, 108
Buridan, Johannes 84f.

C

Capella, Martianus 145
Capra, Fritjof 85, 174
Cassirer, Ernst 11
Cicero 101
cognitio Dei experimentalis 15, 19, 45, 66, 121–123, 128, 135
Cohen, Hermann 174
coincidentia oppositorum 17, 29, 33, 35, 37, 41, 63, 134, 138, 146, 148f. 183
Colomer, Eusebío 59
conceptus absolutus 49, 64f. 79, 135, 164f., 185